KB204204

라깡과 기독교의 대화

일러두기

- Lacan은 "라깡"으로 통일한다. 단, 출판물이나 단체명에서 "라캉"일 경우는 예외다.
- 정신분석 용어는 프랑스어로 통일한다. 필요할 경우, 독어와 영어 등을 병기한다.
- 한글 성서는 기본적으로 "개역개정판"을 사용한다. 그 외의 경우는 따로 표시한다.
- 각 글의 출처는 각주에 명기하고 본문 뒤에 따로 정리해놓았다.

기독교 인문
시리즈
007

라깡과 기독교의 대화

라깡의 정신분석으로 기독교 읽기

강응섭

Holy
WavePlus

차례

제7부 라깡과 실재   453

프로이트(Sigmund Freud, 1856-1939)와 라깡(Jacques Lacan, 1901-1981)
의 "정체화"(Identification, 동일시, 동일화) 개념으로 루터(Martin Luther,
1483-1546)의 『노예의지론』을 해설한 박사 논문을 쓴 지 벌써 20년이 넘
었다(1996년 12월 논문 제출, 1998년 6월 30일 학위 취득). 이 논문은 국내에
서 『동일시와 노예의지』(백의, 1999), 『자크 라캉과 성서 해석: 정신분석
학으로 성서 읽기』(새물결플러스, 2014)로 재출간되었다. 나는 그동안 다
른 책과 논문도 계속해서 썼는데, 이번에 논문 15편을 모아 한 권의 책으
로 엮게 되었다.

이 책에 실린 15편의 논문 중 7편은 "한국라깡과현대정신분석학회"
의 학술지인 「라깡과 현대정신분석」에, 6편은 "한국조직신학회"의 학술
지인 「한국조직신학논총」에, 2편은 "한국현상학회"의 학술지인 「철학과
현상학 연구」에 게재했던 것들이다. 단 이 책에서는 6개의 주제를 상정
하고 15편의 논문을 분산했다.

첫 번째 주제인 "라깡 담론의 짜임새"(제2부)에는 "라깡에게서 '짜여
진'(structuré)의 의미"와 "라깡 담론의 짜임새: 정체화 개념"을 담았다. 이
두 글은 기독교와 직접적인 관련은 없지만 라깡식 구조주의 사유를 소

개하려는 목적에는 적합하다.

두 번째 주제인 "라깡과 성서"(제3부)에는 세 편의 글을 담았다. "라깡의 오브제 아(objet *a*)와 신약성서의 예수 이름"은 기표로서 "예수 이름"이 지니는 의미에 관한 것이고, "라깡의 도식들과 성서에의 적용: '다윗의 편지'"와 "예수의 직무 연구: 바리사이파 사람 시몬의 집에서"는 정신분석학으로 제시한 성서 읽기의 예다. 내가 운영하는 블로그(m.blog.naver.com/kangdrim)에는 "말(설교/해석)"이라는 메뉴가 있는데, 나는 이곳에 정신분석으로 성서를 해석한 예를 다수 게재해놓았다. 거기에 정신분석 이론을 소개해놓은 것은 아니지만 내용을 확인해보면 정신분석적 글 읽기가 주는 이점을 분명히 확인할 수 있을 것이다.

세 번째 주제인 "라깡과 신학"(제4, 5부)에서는 라깡과 아우구스티누스(Aurelius Augustinus, 354-430), 라깡과 루터를 함께 살펴보았다. 제4부에는 "라깡, 아우구스티누스식 유비의 방법에 이르는 길"과 "라깡과 아우구스티누스에 따른 마음의 형식과 내용" 그리고 "라깡과 아우구스티누스에 따른 마음과 말의 관계"를 담았다. 앞의 글에서는 현대 기호학에 근접한 아우구스티누스의 사유를 다뤘고, 뒤의 두 글에서는 아리스토텔레스(Aristoteles, 기원전 384-322)의 지향성(*Intentio*)과 라깡의 욕동(Trieb, Drive)의 관계 및 언어활동과 말의 관계를 다룸으로써 두 학자의 사유를 비교했다. 제5부에는 "라깡의 '기표의 우위'와 루터의 신앙론", "라깡의 정체화와 루터의 노예의지"를 담았으며, 라깡이 설명하는 욕망과 대타자의 담론이 루터의 신앙과 노예의지와 어떤 유사성이 있는지 그 구조와 내용을 비교했다.

네 번째 주제인 "라깡과 사랑"(제6부)에는 "자기 사랑: 거울 도식과 나르시시즘"과 "이웃 사랑: 불안 변증법과 경계" 그리고 "하나님 사랑: 사

랑의 문자 S(A)와 실재"를 담았다. 여기서 소개한 세 유형의 사랑은 내가
『첫사랑은 다시 돌아온다』(세창, 2016)에서 제시한 세 겹의 첫사랑(상상
적 첫사랑, 상징적 첫사랑, 실재의 첫사랑)에 대응한다.

마지막으로 다섯 번째 주제인 "라깡과 실재"(제7부)에는 "종교의 형식
과 내용에 관한 라깡적 에세이"와 "라깡의 종교 담론과 기독교 신학 체
계"를 담았다. 가톨릭 교회 사제였던 라깡의 동생 마크-프랑수아 라깡
(Marc-François Lacan)이 형 자크 라깡의 장례미사에서 밝혔듯이, 자크
라깡은 일생을 기독교적 사유 안에서 자신의 이론과 실천을 펼쳤다고
볼 수 있다. 그 구체적인 모습은 책의 초반에 전개할 "라깡의 생애와 사
상"(제1부)에서 살펴보았다. "생애" 부분에서는 라깡의 사상과 연관되는
주요한 것만 다루었고, "사상" 부분에서는 라깡과 기독교 간의 연관에 초
점을 맞추었다.

학위를 마친 후, 신학과 정신분석학 두 영역에서 학술 활동을 할 수 있
도록 적극적으로 도와주신 예명대학원대학교 이명범 총장님, 학술지에
게재한 글을 묶어서 출판할 수 있도록 배려해주신 새물결플러스의 김요
한 대표님과 글을 잘 다듬어주신 직원들께 고마움을 전한다. 그리고 수
업에서 함께 글을 읽고 토론하면서 공감의 장을 만들어가고 있는 예명
대학원대학교의 신학 전공, 정신분석 전공, 상담심리 전공, 복지심리 전
공 교수님들과 학생들에게 고마움을 전한다.

2018년을 맞으며
강응섭

제1부

라깡의 생애와 사상

1장

생 애

뒤늦게 돌아온 탕자처럼

라깡은 1901년 4월 13일 프랑스 파리에서 태어나 생-드니-뒤-사크르 망 교회에서 세례를 받았다. 그의 전체 성명은 자크-마리-에밀 라깡 (Jacques-Marie-Emile Lacan)이었는데, 그는 자기 이름을 1926년부터 간혹 자크-엠 라깡(Jacques-M Lacan)으로 표기하다가 나중에는 자크 라깡 (Jacques Lacan)으로만 표기했다.

그의 이름에서 "자크"는 예수의 동생으로 알려졌으며 행함을 강조하는, 신약성서의 "야고보서"를 쓴 야고보를 지칭하고, "마리"는 예수의 어머니 마리아 또는 예수와 가까웠던 막달라 마리아 등을 지칭한다. "에밀"은 직접적으로 친할아버지의 이름에서 왔지만 라깡의 어머니도 이름이 에밀리(Emilie)였다. 이로 볼 때 라깡의 이름에는 예수의 어머니와 동생, 자신의 할아버지와 어머니가 공존한다고 할 수 있다. 라깡이 "타자의 욕망"에 관한 이론을 전개한 것에서도 볼 수 있듯이, 라깡의 이름은 여러 타자의 욕망을 담고 있는 "대타자"(Autre, 그랑 오트르)를 의미한다고도 볼 수 있을 것이다.

라깡의 유년기는 가문의 진지한 신앙적 분위기와 가족 간의 갈등, 권위적인 할아버지 등과 연관해 이해할 수 있다. 특히 할아버지는 라깡에게 여러 면에서 큰 영향을 끼쳤다. 라깡은 "세미나 9"에서 할아버지 때문에 신을 저주하는 법을 배웠다고 말했다.[1] 청년 시절 라깡은 할아버지의 이름을 자신의 이름에서 거세하는 일을 손수 단행했다. 이런 그의 행동은 "아버지의 이름"과 "아버지 이름의 은유" 등을 제시하기 훨씬 이전에 일어났다. 그렇기에 이런 행동 위에 그의 이론이 서 있음을 짐작하게 된다. 이는 프로이트의 저술이 보여주듯이 정신분석이 "사건 이후 이론", 즉 사후적이라는 사실을 잘 보여준다. 또한 입력되지 않은 것이 나오는 법이 없다는 "심적 결정론"을 보여주기도 한다.

라깡의 동생인 마크-프랑수아의 증언에 따르면 아버지 알프레드 라깡(Alfred Lacan, 1873-1960)은 자식을 사랑하고 자식의 사랑을 받는 사람이었다. 라깡에게도 아버지는 그런 존재였다. 하지만 라깡에게 할아버지는 자신의 아버지 알프레드를 힘들게 했던, 아버지의 아버지였다. 결국 그가 말한 "아버지의 이름"은 바로 아버지의 아버지, 즉 할아버지의 이름이라고 추정할 수 있다.

라깡의 부모는 파리의 중산층에 속한 가톨릭 교회의 유산 가운데서 라깡을 낳아 길렀다. 아버지 알프레드는 그다지 신앙심이 없었음에도 미사에 참석했다. 그는 지적인 것에는 별로 관심이 없었지만 비누와 오일 관련 사업에 흥미를 느끼고 아들이 자신의 사업을 이어받아 번창하

---

1 엘리자베트 루디네스코(양녕자 옮김), 『자크 라캉』(서울: 새물결, 2000), 37 참조. 루디네스코는 라깡이 "세미나 9"의 네 번째 세션인 1961년 12월 6일 수요일에 그런 말을 했다고 전한다. 반면 라깡의 강연일을 정리한 조엘 도르에 따르면 "세미나 9"는 목요일에 진행되었다. 따라서 날짜는 12월 7일로 수정되어야 한다.

기를 바라는 소박한 상인이었다. 그는 자기 아들이 미래에 펼칠 정신분석 이론에 관해서 함께 이야기할 그런 인물은 아니었다. 어머니 에밀리(Emilie Lacan, 결혼 전 이름은 Emilie Baudry)는 풍성한 신앙심을 가진 가문에서 자랐으며 영성적 신비주의를 추구하는 인물로 표현될 만큼 기독교 전통에 심취한 여성이었다. 그녀는 상업에 종사하면서도 자녀 교육에 깊은 주의를 기울였다. 자녀들은 어머니의 영향 속에서 성장했고 라깡의 동생은 결국 가톨릭 교회의 사제가 되기도 했다.

라깡의 여동생인 마들렌느-마리-엠마뉘엘(Madeleine-Marie-Emmanuelle Lacan, 1903년생)과 남동생 마크-마리(Marc-Marie Lacan, 1908년생)는 우연히도 모두 성탄절에 태어났다. 막내인 마크는 1929년에 베네딕트 교단의 오트콩브 수도회에 들어가서 1931년에 수도 서원을 했다. 그는 성인 프란체스코에게 경의를 표하기 위해 자신의 이름 중 마리(Marie)를 프랑수아(François)로 고쳤다. 라깡은 남동생에게 아버지처럼 군림했지만 마크는 형을 잘 따랐으며 형의 권유에 따라 1년간 법학을 공부하기도 했다. 마크가 수사의 길을 가고자 했을 때 라깡은 강력하게 반대했다. 하지만 라깡이 죽었을 때 마크는 장례미사를 집례해 형이 영면에 들게 해주었다.

라깡의 남매는 모두 마리(Marie, 마리아)라는 이름을 가지고 있었는데, 남자의 이름에도 이 여성적인 이름이 들어갈 정도로 집안은 온통 가톨릭 신앙으로 가득 찬 모습이었다. 하지만 라깡의 집안은 그리 평화롭지 못했다. 할아버지의 권위적인 태도는 고부간의 갈등을 조장했고 급기야는 온 가족을 힘들게 했다. 이런 환경 속에서 라깡은 가톨릭에 대한 나쁜 추억을 갖게 된다.

그런데 라깡을 정말로 괴롭혔던 사건은 따로 있었다. 그것은 겉으로 드러나지 않는다. 루디네스코(Élisabeth Roudinesco, 1944-)에 따르면 원래 라깡 바로 아래에는 레이몽(Raymond)이라는 다른 남동생이 있었다. 근데 이 아이는 병에 걸렸고, 1년 남짓 살다가 결국 간염으로 죽고 말았다.[2] 마크 레이징거(Marc Reisinger)에 따르면 라깡의 거울 단계 이론은 바로 이 아이의 죽음과 연관이 있다.[3] 연구가들은 "한 아이의 죽음"이 부모뿐 아니라 형제자매에게도 큰 영향을 끼친다고 말한다. 이때 죽은 아이는 손위의 아이일 수도 있고 손아래 아이일 수도 있다. 전자의 경우 동생이 죽은 아이의 이름을 물려받고 상실에 대한 보상 역할을 담당하게 된다. 여기에 해당하는 역사적 인물로는 베토벤(Ludwig van Beethoven, 1770-1827), 고흐(Vincent van Gogh, 1853-1890), 달리(Salvador Dalí, 1904-1892), 히틀러(Adolf Hitler, 1889-1945), 스탈린(Iosif Vissarionovich Stalin, 1879-1953) 등이 있다. 연구가들은 이를 "교체된 아이"라고 부르며 이와 관련한 연구의 영역을 "나르시시즘의 병리학"이라고 말한다. 이런 연구에서는 신생아의 죽음 후 5개월 안에 다시 아이를 가지게 되면, 부모에게뿐만 아니라 손아래의 동생에게도 심각한 애도감을 남기게 된다고 본다. 실제 제시되는 여러 임상 사례는 그런 영향 가운데서 자란 아이의 미래가 어떨지 짐작해볼 수 있게 해준다.

레이몽의 죽음으로 라깡은 손아래 동생을 잃게 되었다. 라깡이 엄

---

2 루디네스코, 『자크 라깡』, 36. 하지만 엘리자베트 루디네스코, 미셸 플롱(강응섭 등 옮김), 『정신분석대사전』(서울: 백의, 2005)의 "자크 라깡" 항목에서는 라깡 남매의 출생 순서가 자크, 마들렌느, 레이몽, 마크-프랑수아로 나온다. 나는 루디네스코가 『자크 라깡』에서 레이몽과 관련한 연도를 1902년이라고 명확하게 제시했기에 이를 따랐고 마크 레이징거도 이에 근거해 자신의 주장을 펼쳤다.

3 마크 레이징거(강응섭 옮김), 『라깡 신드롬』(서울: 문예, 2002), 제6장 "한 아이의 죽음"을 참고하라. 이후 전개되는 내용도 레이징거의 책에 준거한다. 이를 참고하기 바란다.

마 젖을 먹고 있을 때, 그 젖을 공유하는 동생이 나타났다가 1년 정도 뒤에 사라져버린다. 따져보면 라깡이 동생과 젖을 공유한 시기는 대략 1902년 한 해 정도다. 이런 경우 손위 아이는 자신의 젖을 빼앗아가는 손아래 아이가 사라져주기를 바라는 마음을 가지게 될 수 있다. 그런데 그런 일이 실제로 벌어진다면 그 아이는 어떻게 반응하며 어떤 감성을 갖게 될까?

라깡은 스타니슬라스 학교에서 사춘기를 보냈다. 이 학교는 학생 수가 1,000명이 넘었고, 마리아회 신부들이 운영하다가 평신도 교사들이 합류한 학교였다. 프랑스의 대통령을 지낸 드골(Charles de Gaulle, 1890-1970)도 이 학교에 다니다가 육군사관학교(에콜 드 생-스르)에 들어갔고, 라깡이 정신의학의 유일한 스승이라고 명시한 가에탕 가티앙 드 클레랑보(Gaëtan Gatian de Clérambault, 1872-1934)도 이 학교의 졸업생이었다. 그 외에도 널리 이름을 알린 졸업생이 여럿 있다.

이 학교에서 라깡은 공부에 열중하는 모습을 보였다. 그는 휴식 시간이 되어도 친구들과 놀지 않고 공부에 전념했다고 한다. 그는 특히 종교 과목과 라틴어 번역에서 두각을 나타냈다. 선생님들의 평가에 따르면 그는 변덕스럽고 약간은 건방지며, 몸이 약해 결석하거나 무단 조퇴를 하는 등 좀 특이한 면을 갖고 있었다. 1917-18학년도에 라깡은 장 바뤼치(Jean Baruzi, 1881-1953)라는 철학 교사를 만나게 된다. 라깡은 어릴 때부터 가정에서 실천되는 가톨릭 신앙에 염증을 느끼고 있었는데, 바뤼치를 통해 가톨릭 사상에 새롭게 눈을 뜨고 서양 문화의 심층부를 볼 수 있게 되었다.

이 시기에 라깡은 종교, 문화, 철학 등에 매료되어 있었지만, 의사가 되기로 마음먹는다. 루디네스코가 추측하기로는 제1차 세계대전

때 스타니슬라스 학교가 군 병원으로 사용되었는데, 이때 라깡이 환자들을 보며 의사가 되기로 했다고 한다. 스피노자(Benedict de Spinoza, 1632-1677), 니체(Friedrich Wilhelm Nietzsche, 1844-1900) 등 철학에도 깊은 관심을 가진 의사가 장차 어떤 길을 걷게 될까? 당시 라깡은 스피노자의 『윤리학』(Ethique)의 구조를 화려한 도식으로 만들어 벽에 붙여놓고 사색하기도 했다. 이때 라깡은 이성보다도 정념(effect)에 관해 깊이 연구한 스피노자에 관심을 두면서 욕망의 정신분석을 향한 여정을 시작한 것이 아닐까 싶다.

이런 모습은 라깡이 파리 의과대학에 다닐 때도 나타난다. 라깡은 지성인들이 모이는, 아드리엔 모니에(Adrienne Monnier)가 경영하던 서점인 "셰익스피어 & Co."에 자주 드나들면서 초현실주의자인 앙드레 지드(André Gide, 1869-1951), 쥘 로맹(Jules Romains, 1885-1972), 폴 클로델(Paul Claudel, 1868-1955) 같은 작가와 만남을 가졌다. 또한 그는 제임스 조이스(James Joyce, 1882-1941)의 대중을 위한 『율리시스』 독해 모임에도 열심히 참석했고, 실제로 제임스 조이스를 만나기도 했다. 라깡이 프로이트를 처음 접한 것은 1923년경이었지만 당시 그는 프랑스 우파를 대변하는 신문 "악시옹 프랑세즈"의 사상적 대변인인 샤를 모라스(Charles Maurras, 1868-1952)에게 더 큰 관심을 두었다. 실제로 그는 정치적으로 보수적인 성향이 있었음에도 아방가르드 문학, 다다이즘, 초현실주의 등 다른 성향의 그룹과 교류를 지속했다. 라깡은 몽마르트르에 자리한 다락방에서 독립적인 생활을 하면서 발자크(Honore de Balzac, 1799-1850)의 소설 『고리오 영감』(Le Père Goriot)에 나오는 가난한 시골 귀족 청년 라스티냐크처럼 파리에서 성공을 거두기 위해 고군분투하기도 한다.

라깡은 한때 의학과 정치 사이에서 심각하게 고민한다. 하지만 의학은 라깡을 데리고 정신의학이라는 영역으로 들어갔다. 그리고 그가 만난 운명의 여인은 라깡을 정신의학에서 정신분석의 영역으로 이끌었다. 라깡이 그 여인을 만난 건 그가 여러 병원에서 인턴 과정을 거치던 시절인 1931년 6월 18일, 생탄(Sainte-Anne) 병원에서였다. 그녀의 이름은 마르그리트 팡텐(Marguerite Pantaine, 결혼 후 Marguerite Anzieu)이었다.[4] 그녀는 살인미수 혐의로 병원의 보호 수용소에 갇힌 상태였다. 당시 망상증에 깊은 관심을 기울이던 라깡은 마르그리트의 사례를 보고 곧 흥미가 생겼다. 라깡은 조사에 가까운 상담을 하면서 그녀의 삶의 이야기를 수집했고 그와 관련된 글, 사진 등을 가져가서 돌려주지 않았다. 그리고 라깡은 이 사례를 자신의 박사 논문에 사용했다. 그는 환자의 이름을 숨기기 위해 마르그리트가 쓴 소설 『비방가』(Le Détracteur)에 나오는 소녀 이름인 에메(l'Aimée)를 내세웠다.

에메는 소설의 주인공인 다비드의 애인인데 그 이름말 Aimée는 프랑스어 동사 "사랑하다"(Aimer)의 과거분사형으로서 "사랑받는 여인"을 뜻한다. 그러나 이제부터 에메는 "라깡의 에메"(l'Aimée de Lacan)라고 불리게 된다. 그녀는 라깡이 여성의 광기에 관한 이론을 정립하는 데 이바지했을 뿐 아니라 유년기부터 갈등 속에 있던 가족에 대한 강박관념을 투사하는 대상이 되기도 했다. 라깡은 마르그리트의 사례를 에메라는 익명으로 박사 논문에 실었고 그 논문은 책으로 출간되기도 했다. 그런데 훗날 라깡이 환자의 실제 사례를 사용했다는 사실이 밝혀진다. 이 사

---

4 다음 책들을 참고하라. Elisabeth Roudinesco, *Histoire de la psychanalyse en France*, vol. 2(Paris: Fayard, 1994); Jacques Lacan, *Esquisse d'une vie: histoire d'un système de pensée*(Paris: Fayard, 1993); *Généalogies*(Paris: Fayard, 1994); Jean Allouch, *Marguerite ou l'Aimée de Lacan*(Paris: EPEL, 1994).

건 이후로 라깡은 공식적인 자리에서 발언하거나 기록을 남길 때 자기 환자의 사례를 거론하는 데 신중해지게 되었다.

1926년, 라깡은 생애 처음으로 「신경학회지」(*Revue neurologique*)에 공저 논문을 게재했다. 그 이후 그는 1950년까지 30여 편의 논평과 40편에 달하는 논문(공저 포함)을 60여 개의 잡지에 게재하는 등 왕성한 활동을 펼쳤다. 세미나를 시작한 1951년 이후에도 그는 계속해서 논평과 저술(공저 포함) 활동을 이어갔다. 그런데 그는 자신의 임상 사례를 근거로 제시하는 것을 지양하고 프로이트의 사례나 문학작품에 나오는 내용을 해석하여 자신이 말하고자 하는 뜻을 전달하는 방식을 취했다. 그런 의미에서 1953년부터 시작한 공개 세미나는 "프로이트에게로 돌아가자!"가 그 모토였다고 볼 수 있다. 프로이트에게로 돌아간다는 것은 프로이트의 자료로 되돌아간다는 의미이며, 또 이 말은 프로이트의 자료를 "라깡식으로 읽는다"는 의미이기도 하다. 이는 기독교에서도 마찬가지다. 루터가 "성서로 돌아가자"고 말했을 때 그는 "믿음에서 성서로의 이행"을 말했던 것이며, 또 유명론적 스콜라식 행함을 버리고 루터식 믿음으로 성서를 읽자고 말한 것이다. 이는 오늘날의 개신교를 형성한 근간이 되었다.

에메는 프랑스 중부의 가톨릭 지주 가문에서 태어났다. 그녀의 어머니는 박해 망상으로 고통을 받았다. 에메의 꿈은 보바리 부인처럼 지식인이 되는 것이었다. 하지만 18세 때 우체국에 입사한 그녀는 7년 후 공무원인 르네 앙지외와 결혼한다. 그리고 29세 때 아들을 임신한 에메는 그때부터 박해 망상과 우울증 증상을 보이기 시작했다. 그녀는 우체국 직원으로서 일상적인 생활을 하는 동시에 망상에 의한 상상적 생활도 하게 된다.

에메는 38세 때 2편의 소설을 집필하고 이를 출판하려 했지만 원고를 받아주는 출판사를 찾지 못했다. 에메가 생각할 때 자신에게 불행한 일이 생기는 이유는 누군가가 자신을 박해하기 때문이었다. 그녀는 1930년대 당시 파리의 유명한 여배우였던 위게트 뒤플로(Huguette Duflos)가 바로 그 박해자라고 생각했다. 1931년 4월, 에메는 급기야 그 여배우를 살해하기 위해 칼을 들고 가 공격하기에 이른다. 에메는 살인 미수 혐의로 생탄 병원에 감금되고 그곳에서 인턴으로 일하던 라깡과 만나게 된다. 라깡은 그녀에게서 색광증(érotomanie)과 자기징벌 망상증(paranoïa d'autopunition) 증상을 발굴하고 이 사례를 자신의 논문에 소개한다. 그런데 에메는 이런 사실을 알지 못했다.

하지만 1949년, 철학 공부를 마친 에메의 아들 디디에 앙지외(Didier Anzieu)가 정신분석가가 되기 위해 라깡의 분석 소파에서 교육 분석을 받게 되는 상황이 벌어진다. 당시 디디에는 다니엘 라가슈(Daniel Lagache)의 지도로 프로이트의 자기 분석에 관한 논문을 준비 중이었는데,[5] 그는 자신의 어머니가 라깡의 "에메"라는 사실을 알 수 없었다. 라깡 역시 디디에가 에메의 아들임을 알지 못했다. 하지만 디디에는 자신의 어머니를 통해 에메가 바로 모친이었음을 알게 된다. 이 일로 디디에와 라깡 간에 충돌이 발생했으며, 라깡은 이후 공식 세미나를 하면서도 자신이 상담한 사례는 좀처럼 이야기하지 않게 되었다.

라깡은 박사 논문에서 비정상인과 정상인의 정서 차이 문제를 다루었다. 라깡은 박사 논문 서두에 스피노자의 『윤리학』 제3부 명제 57의

---

5 Didier Anzieu, *L'Auto-analyse de Freud et la découverte de la psychanalyse*(1959)(Paris: PUF, 1988).

라틴어 원문을 명기했다.[6] 그리고 논문을 끝마치면서 다시 이 명제로 돌아와서 이 명제를 번역하고 이에 관한 자신의 의견을 제시했다. 당시 이 문구는 샤를 아퓐(Charles Appuhn)의 번역으로 널리 알려졌는데, 라깡은 스피노자가 "*differt*"와 "*discrepat*"를 구분한다는 것을 강조하면서 다음과 같이 새롭게 번역했다.

한 개인의 본질이 다른 사람의 본질과 다르면 다를수록 한 개인의 임의의 정서는 다른 사람의 정서와 더 커다란 불일치를 보인다.

한 사람의 본질과 다른 한 사람의 본질이 "다르다"면, 그 한 사람의 정서와 다른 한 사람의 정서는 그 다름보다도 더 "불일치"한다는 것이다. 즉 사람마다 정서의 높낮이와 폭은 매우 다르다.

이미 아리스토텔레스는 『니코마코스 윤리학』에서 다양한 정서의 높낮이를 소개했다. 아리스토텔레스는 정서의 중간치가 중용이고 이를 유지하는 것이 행복이라고 말한 반면, 라깡은 정서의 보편적 평균치를 주장하지 않았다. 오히려 라깡은 정상인이나 비정상인 모두 각기 다른 정서의 수치를 갖고 있다고 주장한다. 정서의 수치가 어느 정도가 되어야 정상이며, 어느 정도가 되어야 비정상인지를 가늠할 수 없다는 것이다. 이렇게 보편화되지 않는 정서의 수치는 자아의 분열을 보여줄 뿐이다. 여기서 라깡은 "자아의 분열"이라는 프로이트의 개념에 접근한다. 즉 인간의 근본 구조에 다가선다. 라깡은 스피노자를 매개로 프로이트에 접근했

---

6 "*Quilibet unius cujusque individui affectus ab affectu alterius tantum discrepat, quantum essentia unius ab essentia alterius differt*." 밑줄은 덧붙인 것이다.

으며 라깡에게 스피노자는 프로이트를 들어 올리는 지렛대와도 같았다.

자아의 분열은 심리 장치가 심급들로 구분(분열)되는 것뿐 아니라 심급 자체가 각각 분열된다는 것을 의미한다. 즉 프로이트는 제1차 위상에서 심리 장치를 "무의식-전의식-의식"으로 구분했다. 이것이 심급 장치의 분열이다. 그런데 무의식 자체도 분열되어 있고 전의식 자체도 분열되어 있으며 의식 자체도 분열되어 있다. 이는 전인적인 타락을 말하는 신학과도 일맥상통한다. 신학은 인간이 영·혼·육으로 이루어졌고 인간의 영·혼·육이 모두 망가졌다고 본다. 프로이트는 나중에 가서 심리 장치의 분열을 다른 식으로 표현한다. "이드-자아-초자아"라는 제2차 위상이 그것이다. 프로이트는 심리 장치의 분열을 설명하는 방식을 바꾸면서 분열된 모습을 정교하게 설명하려고 노력했다. "이드-자아-초자아" 각각도 분열되어 있다. 분열되었다는 것이 완전히 망가졌다는 것을 의미하지는 않는다. 프로이트는 인간의 심리가 분열되었지만 그래도 심리가 형성되는 과정과 작동하는 기제를 설명하고자 노력했다. 그는 인간 심리가 분열된 상황에서도 심리 장치의 보편성을 가지고 있음을 보여주었다.

라깡도 심리 장치를 설명하는 구조를 고안했다. "상상계-상징계-실재"가 바로 그것이다. 그는 이 심급들 가운데 하나를 주기적으로 돌아가면서 강조하고 이를 통해 여러 가지 설명을 시도했다. 그는 "거울 단계"를 설명할 때는 상상계에 머물렀고, "도식 L"을 소개할 때는 상징계에 머물면서 언어의 축인 환유와 은유를 설명했다. 또 나중에는 실재의 심급을 강조하면서 부정의 신학 쪽으로 관점을 돌렸다.

스피노자가 말하듯이 사람들의 본질이 다른 만큼 사람들의 정서 역시 다르다. 이런 스피노자의 설명에서 비정상인과 정상인은 구분되지 않는다. 다름과 불일치는 비정상인만 그런 것이 아니라 정상인이라 불리는 사람에게서도 나타난다. 당시만 해도 비정상인만 "다름", "불일치", "분열"의 존재로 이해되었지만 라깡은 그런 신념을 수정한다. 정상인도 그런 존재이기 때문이다. 이 말은 자신이 처한 사회적 환경에 따라 사람의 정서가 다르게 형성된다는 의미다. 그래서 무의식은 머릿속에 있는 것이 아니라 "사람 밖"에 있다는 것이다. "언어처럼 짜여진 무의식"이란 말도 바로 이런 의미를 담고 있다. 한 사람의 정서를 형성하는 것은 유전이나 기질이 아니라 그를 둘러싼 성장 환경이다. 여기서 "사람 밖"이란 정치·경제·사회 등 인간을 둘러싼 모든 구조를 말한다. 프랑스 정신의학 제2세대인 라깡은 이런 생각과 함께, 유전과 기질만으로 인간을 보려고 했던 정신의학의 토양에서 점차 벗어나고 있었다. 라깡은 이런 주장을 펼치면서 제1세대 정신의학자들이 자신의 주장에 어떻게 반응할지 염려했다. 그래서 그는 자신이 영향을 받았던 초현실주의 등 여러 출처를 논문에 명기하지 않았다.

라깡이 세미나를 시작한 것은 1951년부터였다. 라깡은 실비아 바타유(Sylvia Bataille, 1908-1993)의 집에서 2년간 두 번에 걸쳐 비공식 세미나를 개최했다. 이 두 세미나를 "세미나 –1", "세미나 0"이라고 부른다. 그 이후 그가 공식적으로 세미나를 시작한 것은 1953년 1월 13일부터다. 라깡은 친구 장 들레이(Jean Delay, 1907-1987)의 도움으로 파리 생탄 병원 대강당에서 강의를 열 수 있었다. 여기서는 "세미나 10"까지 진행되었다(1963년 7월 3일). 세미나는 그 이후 파리 고등사범학교(Ecole normal supérieur)에서 6회, 팡테온 법과대학(Faculté de droit du Pantheon)에서 11회 개최되었다. 그리고 마지막 두 강의는 루이 알튀세르(Louis Althusser, 1918-1990)의 중재로 프랑스 고등실천연구원(Ecole pratique des Hautes

Etudes)의 제6분과가 주최했다.

라깡은 하나의 주제를 정하고 그것에 관한 강의를 1년 정도 진행하는 일을 계속했다. 그 산물 중 하나가 바로 1966년에 출간된 『에크리』(*Écrits*)였다. 라깡은 몇 년 뒤에 이 책에서 몇 편의 글을 따로 뽑아서 두 권의 문고판을 출간하기도 했다. 루디네스코에 따르면 이 책은 당시에 대략 20만 권 이상 판매되어 큰 주목을 받았다.[7] 그래서 『에크리』는 "거대한 작품"(*Opus magnum*)이라고 불리기도 한다. 이 "거대한 작품"에는 라깡이 10년 넘도록 세미나에서 강의한 내용이 주로 담겼지만 그 이전에 기고했던 글들까지 포함되었다.

『에크리』는 라깡이 강의한 내용을 압축하여 묶은 것이기 때문에 읽기가 쉽지 않으며, 수월한 이해를 위해서는 "세미나"와 병행해 읽어야 한다. 2001년에 출판된 『오트르 에크리』(*Autres Écrits*)에는 1966년에 포함되지 않았던 글들도 포함되었다. 라깡의 저작물은 그의 딸 주디트(Judith Miller, 1941-2017)의 남편인 자크-알랭 밀레(Jacques-Alain Miller, 1944-)가 맡아서 출판하고 있는데, 29개의 세미나 가운데 절반 정도가 정리되어 출판된 상황이다. 그는 라깡의 유언집행자이자 "세미나"의 편집자로 지목되었다. 라깡의 세미나가 어떻게 진행되었고, 어떤 과정을 거치면서 출판되었는지를 살펴보려면 루디네스코의 『자크 라깡』 제9부 제1장 "세미나의 역사"를 참고하기 바란다.[8] 국내에서는 2008년에 맹정현과 이수련의 번역으로 세미나 11권이, 2016년에 맹정현의 번역으로 세미나 1권이 출간되었다.[9]

---

7 루디네스코, 플롱, 『정신분석대사전』의 "자크 라캉" 항목을 참고하라.

8 루디네스코, 『자크 라캉』, 271-94.

9 자크 라캉(맹정현, 이수련 옮김), 『자크 라캉 세미나 11: 정신분석의 네 가지 근본 개념』

라깡은 일흔 살이 넘어서도 강단에 섰다. 1974년에 그는 세르주 르클레르(Serge Leclaire, 1924-1994)가 파리 8대학에 만든 "프로이트 영역"에서 가르쳤다. 그는 세미나를 처음 시작하면서 의도했던 대로 과학으로서의 정신분석학을 만들고자 노력했으며, 수학소와 위상학을 도입하면서 엄밀한 과학으로서의 정신분석학을 구성해나갔다. 그때부터 지금까지 프랑스뿐 아니라 전 세계의 많은 지식인이 라깡의 노력에 동참해 그의 사유를 비평하며 공유해왔다. 1909년에 프로이트가 미국 클라크 대학교에서 정신분석을 강연했듯이, 라깡은 1976년에 마지막 미국 강연 여행을 통해 지식인과 페미니스트, 그리고 프랑스 문학 전공자들에게 자신의 사유를 소개했다.

이런 지칠 줄 모르는 열정 가운데 그의 육체는 대장 종양을 얻었다. 1981년 8월, 라깡은 파리에서 100여 킬로미터 떨어진 기트랑쿠르의 시골 별장에서 기거하던 중 심한 복통을 느끼고 파리의 하르트만 클리닉으로 이송되어 대장 봉합 수술을 받아야 했다. 그러나 수술 부위가 잘 아물지 않고 터져서 복막염이 번졌다. 고통이 더해가던 생의 마지막 모습은 프로이트와 유사했다. 프로이트는 주치의 막스 셔(Max Schur, 1897-1969)에게 자신의 고통이 극에 달하면 안락사를 시켜달라고 부탁했었다. 그 주치의는 프로이트의 딸 안나의 동의를 받고 프로이트에게 약물을 투여했다. 고통으로 힘겨워하던 라깡도 가족의 동의하에 이런 절차를 밟았다. 그는 1981년 9월 9일 밤 11시 45분에 사망했다. 그날은 그가 30년 동안 대부분의 시간을 세미나에 할애했던 수요일이었다.

(서울: 새물결, 2008); 맹정현 옮김, 『자크 라캉 세미나 01: 프로이트의 기술론』(서울: 새물결, 2016).

라깡은 평소에 가톨릭 예전에 참석하지 않았다. 하지만 그는 교회에서 유아세례를 받았고 가톨릭 교회의 정식 절차에 따라 결혼식을 올렸으며 아이들의 유아세례도 허락했다. 그리고 지나가는 말이었지만, 자신의 마지막 길이 성대한 가톨릭 예식으로 치장되기를 원했다. 그 말이 유언이 되어 가톨릭 신부인 동생 마크-프랑수아는 9월 11일 금요일에 생-프랑수아-드-살 교회에서 라깡을 위한 장례미사를 이끌었다. 그는 참석한 사람들에게 형을 위해 기도하자고 제안했다. 그리고 그는 형의 모든 저작이 비록 교회와 성서에 관한 것은 아니라고 해도 가톨릭 문화를 반영한다는 사실을 상기시켰다.

신부였던 라깡의 동생은 그의 형이 가톨릭 문화 속에 있었다고 강조했지만 좀 더 넓게 보면 라깡은 기독교 문화에 기반을 두고 활동했다고 볼 수 있다. 나는 그동안 여러 논문과 강연을 통해 라깡의 저작이 기독교 문화를 반영한다는 사실을 지적했다. 라깡은 성서와 아우구스티누스, 루터 등 기독교 사상가들의 본질적인 사유를 꿰뚫는다. 라깡의 사유는 신론과 기독론, 삼위일체론과 사랑론의 핵심에 닿아 있다고 말할 수도 있다. 그가 추구하는 정신분석의 고유한 기술은 생명 존중에 깊이 뿌리내리고 있기에 그만큼 깐깐하고 정교함을 추구한다. 그는 예술 영역, 학문 영역과 함께 종교 영역을 상징 체계의 주요 요소로 보았고 그것에는 분명한 역할이 있다고 역설했다. 물론 종교 가운데서도 기독교가 그의 생각을 뒷받침해주는 든든한 버팀목이 되어주었다.

라깡의 일생은 누가복음 15장에 나오는 탕자 이야기를 떠올리게 한다. 물론 실제 라깡은 첫째 아들이고 성서의 탕자는 둘째 아들이다. 하지만 우리는 탕자의 예화에서 아들의 강력한 욕망과 이에 대응하며 호응하는 아버지의 넉넉한 욕망을 본다. 탕자는 결국 들에서 돼지를 치는 고달픈 일을 하게 된다. 그런 힘든 상황 속에서 그는 늘 풍요롭던 아버지를 회상한다. 자신의 지분을 챙겨서 집을 나갔던 탕자는 그 모든 것을 탕진한 후 망설임 끝에 집으로 되돌아온다. 이때 아버지는 아무 말 없이 그를 반겨준다.

생로병사(生老病死)의 과정을 거친 라깡의 일생에서도 탕자의 모습이 엿보인다. 라깡은 생-드니-뒤-사크르망 교회에서 받았던 세례(生)로 돌이키고 싶었다. 자신이 물려받은 이름을 버렸던 그의 청년 시절은 자신을 둘러싼 기독교의 유산에서 벗어나고자 했던 몸부림으로 채워져 있다. 하지만 그는 결혼 예식은 교회에서 거행했다. 그 후 종교적 실천에 참여하지 않은 그에게는 늘 결여가 있었다. "팔루스"(Phallus)도 그 결여를 메울 수 없었다. 결여가 있는 인간에 관한 사유는 바로 라깡 자신에 관한 것이기도 했다. 이런 개념이 담겨 있는 "오브제 아"(objet a)는 라깡이 환갑 때 고안한 것이었다. 그는 분쟁과 다툼 속에서 늙어갔으며(老), 마침내는 병(病)이 들고 말았다. 수술까지 받았지만 후유증으로 극심한 고통을 겪었다. 그는 모든 것을 탕진했기에 돌아갈 곳이 없었다. 그러나 안락사로 눈을 감는 순간에도 돌아갈 곳을 희망했다. 그는 성대한 장례 미사를 원했고 결여의 삶이 종결되기를 원했다(死). 이런 인생 여정 가운데 그가 남긴 글들은 상징계에서의 희로애락뿐 아니라 실재에서의 희로애락도 담고 있다.

2장

사 상

오브제 아를 향해 달린 경주자처럼

라깡은 정신의학 박사다. 이것은 상징계에서 그가 취득한 최종 학위였다. 1931년 파리 의과대학교에서 정신의학 영역의 박사가 될 때 작성한 라깡의 논문은[1] 인문학자가 쓴 한 편의 비평서와도 같았다. 그 논문은 초현실주의자인 르네 크르벨(René Crevel, 1900-1935)과 살바도르 달리, 사르트르(Jean Paul Sartre, 1905-1980)의 절친한 교우로서 철학가이자 소설가인 폴 니장(Paul Nizan, 1905-1940)으로부터 즉각적인 찬사와 호평을 받았다.

라깡은 박사 논문에서 인격(personnalité)과 망상증의 관계를 다루었다. 이 논문은 인격과 증상으로서의 병이 어떤 관계를 갖는지에 관한 탐구의 결과였다. 늘 이 질문을 해결하고자 한 라깡은 논문을 통해 무난한 인격의 소유자가 망상증을 갖게 되는 경우는 없다고 결론 내린다. 즉

---

1 Jacques Lacan, *De la psychose paranoaque dans ses rapports avec la personnalité*(Paris: Le François, 1932/Paris: Seuil, 1975).

망상증을 겪는 사람은 일상의 인격에서부터 그런 소인을 보인다는 것이다. 그리고 증상 쪽에 가까운 소인이 인격을 압도하게 될 때 그 증상은 인격을 지배하고 그 결과 인격은 이중화된다.

증상의 구조를 밝히려는 노력은 라깡의 온 생애에 걸쳐 이어졌다. 라깡은 그 과정에서 프로이트가 다룬 사례들을 접하고 그것을 통해 증상의 구조를 더 명확하게 보게 된다. 라깡이 처음 프로이트를 접한 것은 의과대학을 다니면서였다. 프로이트는 의과대학에서 신경계통을 연구하여 박사가 되었고 "안나 O"라는 사례 연구를 통해 정신분석의 세계로 진입하게 되었다. 프로이트가 여인 "안나 O"를 만난 것처럼 라깡도 여인 에메를 만나 새로운 길로 나아가게 되었는데, 그 여인들이야말로 오늘날의 프로이트와 라깡을 있게 했다고 말할 수 있다.

실제적으로 라깡이 정신의학으로 방향을 잡게 된 것은 지도교수였던 앙리 클로드(Henri Claude, 1869-1945)의 영향이 컸다. 그 이외에도 라깡은 클레랑보와 조르주 뒤마(Georges Dumas, 1866-1946), 조르주 오이예(Georges Heuyer, 1884-1997)에게서 가르침을 받았다. 또 그는 1932년 6월부터 루돌프 뢰벤슈타인(Rudolphe Loewenstein, 1898-1976)과 교육 분석을 하게 된다. 하지만 라깡은 "세미나 3"의 도입부와 『에크리』의 "우리들의 스승에 관하여"(De nos antécedents)에서 여러 스승 가운데 "자신의 유일한 스승"(seul maitre en psychiatrie)은 클레랑보라고 말한다. 왜냐하면 그를 통해 프로이트를 만날 수 있었기 때문이다.

라깡이 1932년 박사 논문을 쓸 당시에는 클레랑보의 존재가 부각되지 않았다. 하지만 30년이 지나면서 어떤 일들이 있었던 것일까? 그동안 라깡은 정신의학에서 정신분석 영역으로 이동했다. 이런 이동 과정에서 클레랑보의 역할은 무엇이었을까?

클레랑보는 스타니슬라스 학교를 졸업하고 파리 고등장식미술학교에서 수학과 법학 학사를 취득했다. 그 후 파리 의과대학교에서 수학하고 1902-7년에는 파리 경찰청 산하 특별 정신병동에 수용된 환자들을 돌보았다. 그는 거기서 특별한 사례를 분석한 결과를 1908년과 1910년에 『범죄인류학에 관한 문서록』에 게재한다. 그 글은 "여성에게 있어서 직물에 대한 에로틱한 열정"(Passion érotique des étoffes chez la femme)이었다.[2] 거기 실린 사례는 비단에 대한 열정, 비단에 대해 열정을 보이는 여성, 비단을 접촉하면서 오르가슴을 체험하는 여성, 생리 기간에 비단을 훔치도록 자기 자신으로부터 내몰린 여성 등에 관한 것이었다. 남자만이 페티시즘을 갖는다고 보고되었던 당시의 학문적 풍토에서 그가 모은 사례들은 기존 학설을 수정할 수 있는 근거를 마련해주었다. 국문학자이자 소설가였던 고 마광수 교수도 그런 근거 위에서 여성의 페티시즘에 대해 말했다고 볼 수 있다.

클레랑보가 자신이 연구한 사례들을 여성의 페티시즘이라고 생각한 것 자체가 새로웠는데, 그는 페티시즘을 넘어 도착증 범주로까지 안내했다. 그는 도착증 가운데 자신이 연구한 사례들에 맞는 새로운 이름을 만들었다. 바로 "직물에 대한 사랑"(hyphéphilie)과 "만지기를 좋아함"(aptophilie)이란 용어였다. 그는 많은 사례 중 특징적인 자료를 수집하고 그 사례에서 핵심적인 테마를 찾아내 그것을 새롭게 해석했다. 특히 클레랑보는 1915년부터 1918년까지 북아프리카의 아랍 지역에 체류

---

2 Gaëtan Gatian de Clérambault, *Œuvres psychiatriques*, 2 vol.(Paris: PUF, 1942/Paris: Frénésies Editions, 1987); *Passion érotique des étoffes chez la femme*(Paris: Ed. Le Seuil/Paris: Les Empecheurs de penser en rond, 2002), 강응섭 옮김, 『여성의 에로틱한 열정과 페티시즘: 클레람보와 라캉의 직물과 정신분석』(서울: 숲, 2003).

하면서 아랍 사람들이 비단을 이용해서 직물을 짜는 일에 열정을 보이는 것을 발견했고, 이를 3만 장에 달하는 사진으로 남겼다. 그중 일부는 파리 인간박물관이 소장하고 있다. 또한 그는 고대의 주름진 옷, 이국적인 비단 의복 등의 가치를 알리는 데 힘썼고 파리 국립예술학교에서는 1924-26년에 이런 의복을 체계적으로 연구하기도 했다.

섬유와 의류 산업은 과학의 발전 속에서 품질, 디자인, 기능성 등이 향상되며 인간사와 함께해왔다. 그렇다면 인간은 직물과 어떤 관계를 맺으며 살아가는가? 남성이든 여성이든, 그 직물이 비단이든 스포츠 의류에 사용되는 특수 소재이든, 인간이 대상과 관계를 맺고 살아가는 한 이런 질문은 계속될 것이고 그에 대한 답변 역시 다양할 것이다. 클레랑보는 이런 단순한 호기심을 체계적으로 정리해 인간 정신의 보편성을 찾아내고 해석했다.

이런 클레랑보의 작업을 지켜본 청년 라깡이 이후에 그를 그렇게 높게 평가한 이유는 무엇이었을까? 내가 보기에 스승과 제자를 묶어준 연결 고리는 바로 "직물"이 아닐까 싶다. 1914년 이래 클레랑보는 마로크에서 베일 쓴 여인들을 카메라에 담으면서 직물에 더 흥미를 갖게 되었고, 1929년에는 정신적 장애를 겪는 사람들이 작업의 한 형태로서 직물 짜기에 임하는 것에 관한 글을 발표했다. 파리 국립예술학교는 그의 제안에 따라 고대의 주름진 비단옷을 연구하기도 했다. 씨실과 날실의 교차로 정교하게 짜여진 직물을 통해 클레랑보는 섬세한 정신의 세계를 탐구하고자 했을 것이다. 들뢰즈(Gilles Deleuze, 1925-1995)도 같은 맥락에서 바로크 시대의 주름에 매료되었던 것이 아닐까?

과연 직물은 인간의 정신세계를 설명할 수 있는 도구가 될 수 있을까? 우리가 잘 알듯이 라깡에게 선(線)은 아주 중요한 의미를 지닌다. 공간에서 0차원을 점, 1차원을 선, 2차원을 면체, 3차원을 입체 혹은 초면체, 4차원을 초입체라고 하는데 라깡은 점, 선, 면뿐 아니라 입체와 초입체까지 이용해 정신세계를 설명하고자 했다. 그의 이론을 대표하는 "언어처럼 짜여진 무의식"이란 말은 직물 짜기에서 착안할 수 있는 표현이다. 기표의 미끄러짐을 방지하여 기표와 기의를 묶어주는 "소파 점"(가죽 소파의 단추처럼 고정하는 역할을 하는 점)도 그러하다. 더 나아가 "세미나 3"에서는 정신병을 직물이 끊어진 것으로 이해했다. 또 "세미나 4, 5, 6"에서 욕망의 그래프를 만들어갈 때도 실(紗)을 이용한다. 정체화에 관해 다룬 "세미나 9"는 라깡이 직물을 이용하여 자신의 이론을 설명한 한 폭의 수려한 비단과도 같다.

또 라깡은 수학에서 집합을 설명할 때 사용하는 두 원을 직물의 주원료인 실을 이용해 만들 수 있으리라 생각하고, 새로운 모양의 원체를 만들었다. 그는 그 원체를 이용해 3차원을 넘어 4차원의 세계로 넘나들면서 설명을 이어간다. 라깡은 뫼비우스의 띠를 사용하기도 하지만 그 한계를 넘기 위해, 그리고 자신만의 고유한 도식을 만들기 위해 "나의 거꾸로 된 8"(Mon huit inversé)을 제시한다. 뫼비우스의 띠가 하나의 뒤틀린 원이라면 라깡의 거꾸로 된 8은 두 개의 원이다. 이 원은 각각 몸과 정신에 해당한다. 이 원은 마치 실뜨기를 하는 것처럼 쉽게 만들 수 있다. "거꾸로 된 8"을 이해하려면 실뜨기와 친해져야 한다. 이 간단한 도식은 아주 많은 것을 설명한다.

스피노자는 『윤리학』에서 몸과 정신은 단절된 것이 아니라 하나로 연결되었다고 말했다. 소년 시절부터 스피노자에 친숙했던 라깡도 몸과 정신이 결합되었다는 것을 설명하기 위해 처음에는 뫼비우스의 띠를 사용했고, 세미나 9에서는 "거꾸로 된 8"을 제시한다. 이때 두 원은 2차원에서 3차원으로, 3차원에서 4차원으로 전진한다. 두 원이 만나는 지점은 기표와 기의가 만나는 점, 욕망과 요구가 교차하는 점이다. 하지만 이 둘이 만나는 지점에는 항상 구멍이 존재한다. 이 구멍은 결핍, 부재의 원인이 된다. 프로이트는 임상을 통해 이 구멍을 메우는 방식을 말하는데, 라깡은 "팔루스"(Phallus)라는 용어를 사용해 프로이트의 사유를 더 명확하게 했다. 즉 이 구멍을 메우는 대상이 바로 "팔루스"다.

그러나 이 구멍은 메울 수 없는 것으로서 계속 존재한다. 여기서 "오브제 아"가 등장한다. 직물은 씨실과 날실의 수많은 교차로 이루어지는 만큼 수많은 구멍을 갖고 있고, 그 구멍만큼 욕망의 대상도 수없이 많다. 하지만 그 구멍을 다 메울 수는 없다. 클레랑보의 환자들은 이런 직물의 비밀을 체득했지만 클레랑보는 그 의미를 모두 알 수 없었다. 하지만 다행히도 라깡이 기다리고 있었다. 라깡은 스승 클레랑보가 직물에 대해 가진 열정을 보면서 상징계에서 말할 수 없을 것 같은 욕망을 상징계의 기표로 기술하고자 노력했다. 직물을 친근한 소재이자 학문의 소중한 소재로 삼아 다양한 이론들을 만들어낸 것이다.

프랑스 정신의학의 제2세대에 속하는 라깡은 스승들이 했던 것과는 달리 환자의 문제를 기질이나 유전에서 찾지 않고, 사회적 관계 속에서 형성되는 인격과 연결했다. 라깡의 이런 관점은 클레랑보에게서 배운 것이었다. 그래서 라깡은 자신에게 프로이트를 소개한 이는 클레랑보였다고 말한다. 우리는 이런 스승과 제자의 관계를 통해 정신의학에서 정신분석으로 옮겨가는 라깡의 모습을 확인하게 된다.

우리가 정신분석과 관련해 어떤 설명을 하더라도, 무엇을 주장하더라도, 어떤 방식으로 수행하는지 묻는다고 하더라도 결국 정신분석은 치유의 학문이다. 즉 정신분석은 치유의 기술을 발전시키는 학문이다. 모든 과정을 거치면서 정신분석은 인간 형성의 근본 문제에 도달한다. 넓게 보면 정신분석가는 인격이 형성되는 공간인 사회와 문화에 관해 연구한다. 하지만 좁게 보면 정신분석가는 하나님의 형상을 따라 그 모양대로 지음 받은 인간이 어떤 식으로 존재하는지 연구한다. 물론 정신분석이 신학의 용어를 사용하지는 않는다. 그런데도 정신분석이 밝혀내는 내용은 신학에서 말하는 내용과 일맥상통한다. 그래서 정신분석의 인간학은 신학의 인간학과 통한다고 말할 수 있다.

그런 의미에서 라깡식 정신분석은 귀납적인 의미에서의 신학이다. 또한 라깡식 정신분석은 부정의 신학에 속한다. 연역적인 의미에서의 신학이라면 신으로부터 직접적인 답을 듣는 긍정의 신학이 되겠지만, 귀납적인 의미에서의 신학은 시시포스의 신화처럼 끊임없이 질문을 제기하는 부정의 신학이다. 정신분석은 환자에게 직접적인 답을 주지 않는다. 환자의 질문을 듣고 그 질문이 지시하는 곳으로 환자를 데리고 갈뿐이다. 그리고 환자를 데리고 간 그 자리에서 실재와 대면시키면서 답을 구하도록 한다. 이런 의미에서 정신분석은 긍정의 신학이라기보다는 부정의 신학에 가깝다. 자아심리학이 긍정의 신학에 가깝다면 라깡식 정신분석은 부정의 신학에 가깝다. 부정의 신학의 범주에서 정신분석은 제기한 질문에 대해 어느 정도의 답은 얻고 있다. 이런 면에서 정신분석은 세속화 시대의 적극적 형태의 신학으로 볼 수 있을 것이다. 나는 이 책에서 그것을 보이고자 노력했다.

나는 라깡의 생애를 크게 셋으로 구분한다. 라깡이 프로이트로 돌아가자고 말하면서 세미나를 시작한 1953년 이전이 첫 번째 부분이고, 정체화에 관한 "세미나 9" 이전까지가 두 번째 부분이며, "세미나 9" 이후가 세 번째 부분이다. 기독교 신학의 전통에서 보면 라깡은 위(僞,

pseudo)-디오니시우스(Dionisius Areopagita, 6c?)처럼 긍정의 신학자이자 부정의 신학자다. 기표의 우위를 한결같이 주장했기에 긍정의 신학자이고, 기표로 표기할 수 없지만 수학소와 위상학을 통해 실재로 한없이 들어가기에 부정의 신학자다. 이런 면에서 볼 때 그가 성서의 언어와 신학의 언어를 사용하지 않는다고 해도 그를 신학자라고 부를 수 있을 것이다.

구약성서의 이사야서는 하나님의 입에서 나간 말이 헛되이 그에게로 되돌아가지 아니하고 그의 기뻐하는 뜻을 이루며 그가 보낸 일에 형통하다고 말한다(사 55:11). 이와 비슷하게 라깡은 "말"의 사역에 특별히 의미를 부여한 학자다. 그는 담론을 "언어-언표 행위-말하기"와 "말-언표-말한 것"이라는 두 축으로 설명한다. 그리고 그는 후자를 환유의 축과 은유의 축으로 나누었다. 예리한 듣기는 후자를 넘어 전자로 가게끔 한다. 신학이 추구하는 해석도 이렇게 성서의 "말-언표-말한 것"을 예리하게 들음으로써 하나님의 "언어-언표 행위-말하기"로 가는 것이다.

라깡은 세미나를 진행하면서 간혹 성서를 읽었다. 성서의 많은 부분을 말해야 신학적인 사유를 하는 것은 아니다. 오히려 핵심을 말함으로써 모든 것을 말할 수 있는 자가 참으로 신학적인 사유를 하는 자라고 볼 수 있다. 라깡은 그런 사람이었다. 그는 정신분석을 통해 모든 것이 현재적이라고 말한다. 그런 의미에서 그는 "정신분석에는 유년기가 없다"고 했다. 정신분석이 오이디푸스 콤플렉스를 말하면서 과거의 이야기를 늘어놓는 것처럼 보이지만, 실상 정신분석에서는 모든 것이 현재적이다. 모든 증상이 사후적이기에 증상의 과거는 현재적이다. 정신분석가가 증상을 분석해 현재에서 과거로 소급해 올라가도 그것은 현재를 위한 것이다.

이런 구도는 과거의 사건에 대한 현재적 임재를 의미하는 기독교 신앙과도 다르지 않다. 물론 신앙의 대상에 관한 문제가 남는다. 정신분석 자체가 신을 대상으로 삼지 않기에 고백의 대상이 기독교의 신앙고백과는 다를 수밖에 없다. 기독교 신앙은 하나님이 제시한 기표에 인간이 응답하는 상호적인 것이다. 정신분석의 욕망은 타자의 욕망, 즉 타자가 가진 욕망에 주체가 반응하는 것이다. 여기서 욕망은 팔루스를 추구하는 것이 아니라 타자의 기표를 추구하는 것이다. 즉 신앙은 인류의 첫 부부가 탐했던 선악과나무를 추구하는 것이 아니라 아브라함을 이끌었던 "하나님이 지시하시는 땅"에 도달하는 것이다. 신앙은 대상을 추구하는 것이 아니다. 신앙은 하나님의 말씀에 반응하는 인간의 움직임이다.

라깡은 어머니와 아이의 첫 관계에 이미 팔루스라는 것이 개입한다고 말한다. 팔루스는 결여의 관계를 메우는 역할을 한다. 팔루스는 에덴동산 중앙에 둔 선악을 알게 하는 나무와도 같다. 하나님의 말은 그것을 먹으면 죽는다고 했지만 뱀은 오히려 그것을 먹으면 죽지 않고 하나님처럼 선악을 알게 될 것이라고 말한다. 첫 부부는 뱀의 말에 따라 그것을 먹는다. 그런데 인간은 부끄러움을 알게 되었고 죽게 된다. 창세기 3장에서 첫 부부는 "하나님의 소리"를 듣고 숨어 두려움에 떤다. 하나님은 줄곧 모습은 감춘 채 소리로만 인간과 소통하신다. "먹지 말라"와 "먹어라"라는 기표의 질서 가운데서 인간은 열매를 먹게 되고 그 결과 분열된다. 팔루스로서 열매 자체가 문제이기보다는 팔루스에 대한 기표의 질서를 어긴 것이 문제였다.

하나님은 새로운 팔루스를 인간에게 제시하신다. 여자에게는 "네가 수고하고 자식을 낳을 것이며 너는 남편을 원하고 남편은 너를 다스릴 것이니라"고 말씀하셨다. 여자에게 팔루스는 자식이자 남편이고 동시에 여자는 자식과 남편에게 팔루스가 된다. 여기서 남편은 아이의 아버지이자 여자의 남편이고 아이와 부인에게 법으로서 기능한다. 하나님은 열매로서의 팔루스를 상실한 인간에게 다양한 팔루스를 제공하면서 살아가게 하신다.

여자는 가인을 임신하고 "여자-가인-팔루스"라는 새로운 구도를 만든다. 그리고 여자는 아벨을 임신하면서 "여자-아벨-팔루스"라는 또 다른 구도를 만들게 된다. 여기서 가인과 아벨의 충돌이 발생한다. 아담역시 마찬가지로 농사를 지으면서 팔루스를 생산해야 하는 운명에 처한다. 그리고 아담은 여자와 아이를 다스리는 일을 맡는다. 그는 에덴동산에서처럼 열매라는 팔루스에 빠져서 일을 그르치는 일이 없도록 하는 역할을 수행해야 한다.

첫 부부에게 나무의 열매는 억압되었다. 그런데 땅의 소산으로 제물을 삼아 하나님께 드린 가인으로 인해 다시금 열매에 대한 억압이 이루어진다. 구약성서의 제사가 동물 위주의 제물을 사용하는 점도 이런 억압과 연관이 있을 것이다. 하지만 예수는 오히려 성만찬을 거행하면서 식물의 열매를 사용했다. 빵은 식물의 열매로 만든 것이고 포도주는 포도나무의 열매로 만든 것이다. 예수는 후자를 구약 전승에 등장하는 언약의 동물 피에 비유하였을 뿐 아니라 자신이 흘리는 피에 비유해 "내 피로 세운 새 언약"이라고 말했다. 예수의 성만찬을 통해 식물에 대한 억압된 관념으로부터 해방된 것이다.

라깡은 결여를 메워주는 것을 "팔루스"라고 말한다. 증상을 가진 인간은 팔루스를 추구하며 살아간다. 정신분석은 일상생활의 병리에서 팔루스를 발견하고 그것에 종속되어 살아가는 증상을 가진 인간을 드러낸다. 그리고 인간이 팔루스로부터 해방될 수 있도록 정신분석 기술을 발전시키고 실천한다. 팔루스는 인간의 증상 속에서 기생한다. 이것을 보고 그 것으로부터 인간을 보호하는 사역을 하는 사람이 바로 정신분석가다.

라깡은 욕망을 메우는 것을 넘어서서 욕망과 대면하라고 말한다. 인간이 욕망과 대면한다는 것은 인간이 욕망의 대상으로 채워지는 것을 말하지 않는다. 오히려 그것은 욕망의 원인과 만나는 것이다. 욕망의 원인에는 대상이 있는 것이 아니지만 대상이 없는 것도 아니다. 라깡은 욕망의 원인에 관해서 그것이 무엇이라고 대상을 지목하지는 않는다. 단지 "오브제 아"라고 말할 뿐이다. 우리가 추구하는 가장 궁극적인 욕망의 원인은 무엇인가? 라깡은 욕망의 원인을 욕망하라고 말한다. 그 욕망을 절대 포기하지 말라는 것이 라깡이 선포하는 메시지다. "Ne pas céder sur ton désir!"(욕망을 포기하지 말라!) 인간을 끊임없이 욕망하게 만드는 것은 무엇인가? 인간은 선악을 알게 하는 나무의 열매라는 팔루스를 상실함으로써 결여의 존재, 억압된 존재가 된다. 그래서 그는 그 결여를 메우기 위해 다른 팔루스를 도입한다. 선악을 알게 하는 나무의 열매에 상응하는 다른 것을 취함으로써 자신의 결여를 메우고자 하는 것이다. 하지만 이는 성공하지 못한다. 인간은 에덴에서 쫓겨난 이후에 자신의 결여를 메우기 위해 출산하고 노동하면서 일생을 보낸다.

창세기 2장에는 이런 인간을 가리켜 "네페쉬"라고 표현한다. 한글로 "생령"이라고 번역되는 이 히브리어 "네페쉬"는 목구멍, 갈증, 죽음 등을 의미하는 단어다. 흙으로 사람을 지은 하나님은 흙덩어리에 생기(숨)를 불어넣으셨다. 그 결과 인간의 목구멍에는 바람이 통하고 인간은 목구멍으로 물을 마신다. 목구멍으로 바람이 통하지 않거나 물이 들어오지 않으면 인간은 숨이 막히거나 갈증을 느끼고 결국에는 죽음에 이르게 된다. 바울은 고린도후서 15장에서 "네페쉬"를 그리스어 "프시케"로 번역했다. 이 단어는 "목숨"을 뜻한다. 목숨을 가졌다는 것은 갈증을 느낀다는 것, 결여를 느낀다는 것이다. 그래서 인간은 영원히 숨 쉬게 하고 영원히 목마르지 않게 하는 것을 목구멍으로 넣기 원한다. 바로 그런 존재가 당장 눈앞에 있는 공기와 물을 소유하는 것, 그것을 정신분석에서는 팔루스를 소유하는 것이라고 말한다. 그러나 그것은 일시적이다.

예수는 사마리아 동네에 가서 한 여인과 담론할 때 "이 물을 마시는 자마다 다시 목마르겠지만 내가 주는 물을 마시는 자는 영원히 목마르지 아니하리니 내가 주는 물은 그 속에서 영생하도록 솟아나는 샘물이 되리라"고 말한다(요 4:13-14). 이 땅 위에는 이런 물이 없다. 하지만 이 물은 실제로 존재한다. 야곱의 우물은 팔루스와도 같아서 계속해서 마셔야 하고 언젠가는 모두 증발하여 고갈되는 물밖에 주지 않지만 예수가 주는 물은 영생하도록 솟아나고 고갈되지 않는 물이다. 이는 무엇을 의미할까? 팔루스로서의 물을 버리고 오브제 아로서의 물을 욕망하라는 것이다. 욕망의 대상을 욕망할 것이 아니라 욕망의 원인이 되는 것 자체를 욕망해야 한다. 팔루스를 욕망하는 것이 아니라 오브제 아를 욕망하라는 것이다.

에덴동산에서 네페쉬로서의 인간에게 팔루스는 선악을 알게 하는 나무의 열매였다. 네페쉬로서의 인간이 하나님께 도달하려고 선택한 것은 팔루스였다. 그러나 팔루스는 하나님께 이르는 길을 차단한다. 라깡은 프로이트가 말한 오이디푸스 콤플렉스의 "어머니-아이"라는 2자 구도에서도 이미 팔루스가 있었다고 말한다. 어머니와 아이 사이에 있는 팔루스는 이 둘의 관계를 바로 서게 하는 조정의 역할을 하는 듯했다. 하지만 결국 그것은 그렇게 하지 못하고 이들을 분열시킨다. 팔루스는 한편으로 아이가 어머니는 자신에게 충실하지 않다고 믿게 하고, 다른 한편으로 어머니는 아이가 자신의 전부가 아니라고 믿게 한다. 이는 거세가 작용하면서 발생한다. 그와 비슷하게 "먹지 말라"는 하나님의 소리를 지키지 못한 인간의 심리는 분열된다. 하나님은 첫 부부를 에덴에서 추방할 때 열매라는 팔루스를 대체할 만한 것을 뱀, 여자, 남자에게 각각 주었다. 하지만 그것은 임시적일 뿐 결여된 인간, 분열된 인간에게 영원한 메움을 주지는 못한다. 이 땅에서 이것이 가능하려면 욕망의 원인인 오브제 아를 추구하는 길만 있을 뿐이다.

그 길을 보여준 이는 아브라함이다. 그는 아버지 집에 있는 팔루스를 버리고 하나님이 지시하는 곳으로 가라는 말을 듣는다. 하나님이 지시하시는 곳은 딱 정해진 어느 곳이 아니었다. 그렇지만 아브라함은 그곳이 어디가 될지도 모른 채 그곳으로 발길을 옮겼다. 어느 한 곳을 정해서 간다면 그곳은 팔루스적인 곳이지만 아브라함은 정해지지 않은 어떤 곳으로 간다. 그곳은 오브제 아와 같은 곳이다.

또한 예수 자신도 오브제 아의 길을 보였다. "내가 곧 길이요, 진리요, 생명이니 나로 말미암지 않고는 아버지께로 올 자가 없느니라"(요 14:6)라는 말은 자신을 팔루스가 아닌 오브제 아로 제시한다고 볼 수 있다. 나사렛 예수가 하늘로 승천한 이후에 신약성서는 주, 예수, 그리스도, 예수의 이름 등으로 예수를 표현하는데, 이렇게 기표가 다양하게 제시되는 이유는 팔루스로서가 아니라 오브제 아로서의 예수를 표현하기 위함이라 볼 수 있다.

라깡은 "무의식이 언어처럼 짜여진다"고 말한다. 이 말은 언어학자 야콥슨(Roman Osipovich Jakobson, 1896-1982)에게서 유추한 것인데, 야콥슨은 1956년의 한 논문에서 언어가 은유와 환유라는 두 축으로 구성된다고 주장했다. 라깡은 이것을 즉시 차용해 직물이 씨실과 날실이라는 두 축으로 짜이듯이, 무의식이 은유와 환유라는 두 축으로 짜여진다고 말한다. 그리고 그는 그것이 무엇을 의미하는지 상세하게 설명한다. 그는 환자들의 증상을 분석하면서 그것의 실체를 입증한다. 정신분석 영역에 언어학을 도입한 라깡을 이해하기 위해서는 소쉬르(Ferdinand de Saussure, 1857-1913)로부터 시작해야 한다. 라깡은 사르트르의 스승인 들라크루아(Henri Delacroix, 1873-1937)의 책을 통해 소쉬르의 『일반언어학 강의』를 알게 된다. 라깡은 소쉬르의 기호론을 수정하여 기표의 우위를 주장하며 야콥슨이 제시한 언어의 두 축을 수정하여 이중 기입되는 기표 그래프를 만든다.

라깡은 이런 관점으로 요한복음의 첫 부분인 "*In principio erat verbum*"을 읽는다. 프랑스어 성서뿐 아니라 한글 성서도 이 문장을 "태초에 말씀이 계시니라"라는 의미로 번역한다. 그러나 라깡은 이에 이의를 제기한다. 라틴어 *verbum*은 그리스어 *Logos*에 근거하는데, 이 단어는 "말"이라기보다는 "언어활동"에 가깝다는 것이다. 앞서 제시한 담론의 두 축에서 알 수 있듯이 언어활동(언어 체계, 언표 행위, 말하기)은 말(언표, 말이 된 것)과는 다르다. 그래서 성서의 참뜻을 알려면 "*In principio erat verbum*"이라는 문장은 "태초에 언어활동이 있었다"로 번역해야 한다. 하나님은 이런 "언어활동" 위에서 "말"로써 사물들을 창조하신다고 말할 수 있다.

하나님의 형상을 따라 그 모양대로 인간이 창조되었다는 것은 인간이 담론의 두 축(언어활동)을 가지게 되었다는 것을 의미한다. 좀 더 자세히 말하면, 그것은 인간이 은유와 환유라는 두 축의 교차를 통해 의미를 생성하게 되었다는 의미다. 이것이 제대로 작동되는지를 보기 위해 하나님은 아담에게 동물의 이름을 짓게 했고 이를 돕기 위해 여자를 만들었다고도 볼 수 있다. 하나님의 형상과 모양은 언어체계와 관련된, 말의 체계화라고 할 수 있다. 이런 구도를 통해 인간 창조를 언어의 사건으로서, 성육신을 말의 사건으로서 이해할 수 있게 된다. 인류의 첫 부부 이후 언어와 말의 짜임은 시날 평지의 도시 바벨에서 생긴 사건에서 정점을 맞이한다. 이 짜임은 증상을 담고 있었고 하나님은 그 증상을 치유하기 위해 결단을 내리신다. 하나님이 언어의 짜임을 혼잡하게 하시자 사람들은 도시 건설을 그만두고 흩어지게 되었다.

라깡은 "증상은 언어처럼 짜여진다"고 말한다. 예수도 이런 증상을 대변하는 유대교와 충돌하면서 "새 술은 새 부대에 담아야 한다"고 말했다. 결국 성령을 통해 예수의 제자들은 새 부대를 짜고 거기에 새 술을 넣게 된다. 여기서 새 부대는 신앙을 고백하는 자들이며 초기 교회의 신앙인들이었다. 중세시대를 거치면서 서양 사회는 새 부대를 덧입기 위해 노력했다. 긍정의 신학과 부정의 신학 등은 그런 부대였다. 중세 교회는 여러 개의 부대가 필요했다. 그래서 이런 부대를 만드는 일에 몰두했다. 그런 과정에서 새 술은 자신이 거할 처소를 얻게 된다. 그곳이 바로 가톨릭의 성만찬인 화체설이다. 화체설은 신앙인이 "빵"을 먹으면 그 빵이 예수의 "몸"으로 변한다는 것이다. 여기서 "빵"은 예수의 살이고, "몸"은 예수의 신령한 몸이다. "빵"은 부활 전의 살이고, "몸"은 부활 후의 영체다. 이런 성만찬 이론이 나오게 되는 것은 에큐메니컬 공의회에서 정리한 기독론에 근거한다. 즉 신성으로서의 그리스도는 성부와 동일본질이고, 인성으로서의 예수는 인간과 동일본질이다. 그래서 인성으로서의 예수와 신성으로서의 그리스도는 분리될 수 없다.

이는 새 술이 부대 거죽에 엉겨 붙어버린 꼴이었다. 이것을 양성이의일치(兩性二意一致) 기독론이라고 부른다. 이제 새 술의 부대는 팔루스가되었고 그 결과 중세 교회는 성상(Icon)을 숭배하게 된다. 왜냐하면 양성이의일치에 따라 성상에 그려진 예수를 훼손하면 그것은 예수의 신성이나 인성을 실제로 침해하는 것이 되기 때문이었다. 그런 의미에서 아퀴나스(Thomas Aquinas, 1224-1274)의 기독론은 『신학대전』 제3부의 성만찬과 연결되어 있다. 아퀴나스는 양성이의일치 기독론의 전통에 서 있기에 기독론을 성만찬에서 다루었던 것이다.

이런 과정에서 서방의 중세 사회는 은유와 환유에 관련된 대대적인 토목공사를 단행하게 되었다. 이를 보편 논쟁, 보편 명사 논쟁, 실재론이라고도 부른다. 이런 언어적 방적(紡績) 작업을 통해 보편성을 얻으려는 노력이 이어졌고 그 결과 보편 교회(가톨릭 교회)를 추구하게 되었다. 하지만 일정한 기표에 완전한 기의를 담으려는 노력은 한계에 부딪힐 수밖에 없었다. 그래서 실재론을 파괴하는 유명론이 등장한다. 라깡의 사유에 착안하여 지젝(Slavoj Žižek, 1949-)이 고안한 용어로 표현하자면 이는 "기의 없는 기표"를 추구하는 것이었으며 그 역시 새로운 부대를 짜는 일에 속했다.

이런 작업을 하던 사람 중에 루터가 있었다. 그는 "기의 없는 기표로서의 부정의 신학"에서 "기의 없는 기표로서의 긍정의 신학"으로 돌아선다. 그는 "새 부대로서 기의 없는 기표"에 "새 술"을 담게 된다. 루터도 "양성이의일치 기독론"을 주장하기는 했지만 부대 거죽에 엉겨 붙어 말라버린 새 술을 다시금 새 술이 되게 하는 일에 주력했다. 반면 츠빙글리(Ulrich Zwingli, 1484-1531)는 양성이의(兩性二意)를 분리했고, 그 이후 개신교는 인성으로서의 예수와 신성으로서의 그리스도라는 양분된 기독론의 위기에 처하게 되었다. 종교개혁 이후 양성이의일치 기독론이 파괴되면서 예수와 그리스도 사이에는 큰 공간이 놓이게 되었고, 오늘날의 개신교는 그것을 보고 지금까지 설왕설래(說往說來)하고 있다.

라깡이 펼친 사유의 뼈대는 정체화 이론이라 볼 수 있다. 이 이론은 3개로 구분되는데, "정체화 I"은 긍정의 신학에 속한다고 여겨진다. 이는 "나는 ～이다(be)"로 표현된다. 즉 "나는 팔루스다"라는 공식에 준거하는 단계다. 여기서는 존재의 변증법이 기능한다. "정체화 II"는 "정체화 I"의 부정으로서 부정의 신학에 근거한다. 즉 "나는 ～이다"가 아니라 "나는 ～을 가진다(have)"다. 부정이라고 해서 "이다"의 반대인 "아니다"로 표현되지 않는다. 즉 "정체화 II"는 "나는 팔루스를 가진다"라는 공식에 준거한다. 단 하나의 팔루스, 유일무이한 팔루스에서 무수한 팔루스로의 이행이 가능해진 것이다. 이것은 아버지의 이름이 작용하기 때문에 가능하다. 아버지의 은유는 팔루스를 대체할 수 있게 한다. 이는 소유의 변증법으로서 이에 근거해 폭이 넓어지고 경계가 확장된다. "정체화 III"은 "정체화 I"과 "정체화 II"와는 다른 구도에 속한다. 정체화 I과 II는 은유의 축(압축, 대체)이라면, 정체화 III은 환유의 축(조합, 대치)이다. 정체화 I과 II는 주체가 타자에게 보내는 리비도적 대응 관계(Investissement ↔ Contre-investissement)에 근거한다면, 정체화 III은 그런 리비도적 관계 없이 성립한다. 따라서 이는 직유의 변증법, 유비의 변증법에 가깝다. "정체화 III"은 과거 사건의 현재화이고, "그때-거기"의 "지금-여기로"의 구도에 해당한다. 가령 "그가 맞음으로 우리가 나음을 입었다"는 말을 듣는 지금의 주체는 과거에 채찍에 맞았던 그와 같이 지금 여기서 채찍에 맞는 듯한 경험을 하고 그의 아픔이 곧 나의 나음이 됨을 경험한다. 주체는 사건이 발생했던 거기로 소환되고 상황은 그때로 소급된다. 이미 완료된 사건이지만 영향을 받는 것은 현재다. 굳이 성서의 용어로 말하자면 이는 로고스(과거, 정경화, 고정화)의 레마화(현재화, 주체화, 의미화)라고 볼 수 있다.

라깡의 정신분석은 욕망의 정신분석이다. 여기서 욕망은 팔루스로 메워지는 요구(demande, 요망)가 아니라 오브제 아를 향한 욕망(désir, 욕구)이다. 루터에 따르면 신앙은 인간에게서 발생하기도 하지만 그리스도에게서도 발생한다. 양측에서 발생할 때 진정한 신앙이라고 말할 수 있다. 라깡식 정신분석에서도 무의식의 핵에서 발생하는 욕망은 리비도적 대응관계에서 발생한다. 즉 욕망은 리비도의 밀어내는 힘(Investissement)뿐 아니라 끌어당기는 힘(Contre-investissement)에서도 비롯된다. 욕망은 억압에서 비롯된다. 억압이 없으면 욕망도 없다. 에덴동산에서 생긴 원초적 억압 때문에 첫 부부와 그 자손들은 끊임없이 요구의 힘과 욕망의 힘을 발산했다. 그 결과 죄에 빠지기도 하고 의인이 되기도 했다. 첫 부부는 식물의 열매로 인해 억압되었고 가인 역시 땅의 소산으로 인해 억압되었다. 이런 측면에서 구약성서가 동물 제사 위주라는 측면을 이해할 수도 있을 것이다. 그러나 예수는 성만찬에서 이를 식물로 대체했다. 유대교의 예배가 대부분 동물 제사라면, 가톨릭의 예배는 식물에 근거한 성만찬 위주이고, 개신교는 하나님 말씀에 근거한 기표 위주다.

아브라함은 오브제 아를 욕망하는 것이 무엇인지를 보여주었다. 아브라함이 추구한 것은 팔루스가 아니라 하나님의 말씀이었다. 그는 하나님이 어디라고 꼬집어서 지시하지 않은 그곳을 향해 전진했다. 그는 하나님이 가라고 하면 가고, 서라고 하면 섰던 인물이다. 물론 그에게도 나약한 인간의 모습이 있었지만 팔루스를 하나님과 대체하지는 않았다. 그는 팔루스가 있는 곳으로 가지 않았다. 그는 하나님의 말씀이 지시하는 곳으로 갔다. 롯과 결별할 때도 선택권을 롯에게 주었다. 이는 오브제 아를 추구하는 모습이다.

오브제 아를 추구하는 것은 욕망이다. 이 욕망은 하나님의 말씀에 대한 신뢰요 신앙이다. 그래서 바울은 갈라디아서에서 아브라함의 믿음을 십자가 사건과 동등하게 취급한다. 바울이 아브라함을 믿음의 조상이라고 말하는 이유는 바로 아브라함이 오브제 아와 대면하고 있기 때문이다. 반면 모세가 시내산에서 받은 율법은 팔루스의 질서에 관한 것이었다. 법은 끊임없이 팔루스를 취하는 증상을 가진 자들을 심판한다. 하지만 성령의 사역은 오브제 아를 욕망하는 자들에게 오히려 생명의 열매를 맺게 한다. 가지려고 하는 자는 죽게 되고 비우려고 하는 자는 갖게 된다. 이것이 생명의 법칙이다.

이렇게 라깡식 사유의 짜임은 성서와 비교해볼 때 구조적인 측면에서 공감대를 이루는 부분이 많다. 이제 그 짜임새를 통해 라깡과 기독교 간의 오래되고도 긴 대화를 자세히 살펴보자.

제2부

라깡 담론의 짜임새

3장
라깡에게서 "짜여진"(Structuré)의 의미[1]

들어가는 말

라깡의 "'언어활동처럼 짜여진 무의식'은 프로이트의 꿈 이론에서 비롯된다"[2]는 조엘 도르(Joël Dor, 1946-1999)의 말은 프로이트-라깡식 정신분석을 연구하는 사람들 사이에서는 일반화된 것 같다. 이런 맥락에서 옥타브 마노니(Octave Mannoni, 1923-1998)는 "사실상 무의식은 자신에게 고유한 방식으로 자신의 특수한 통사론을 통해 말하는데 라깡은 무의식이 언어와 같이 구조화되어 있다고 말했다"[3]고 지적한다. 또 주앙-다비드 나지오(Juan-David Nasio, 1942-)는 통사론 체계를 갖는 무의식이 "에

---

1 이번 장의 내용은 2003년 한국라깡과현대정신분석학회 정기(후기) 학술 대회 (2003.10.8., 경희대학교)에서 발표한 내용을 보완하여 다음과 같이 학회지에 실었고 이번에 다시 수정했다. 강응섭, "라깡에게서 '짜여진'(structuré)의 의미", 「라깡과 현대정신분석」 5권 1호(2003.12). 이 글의 주제어는 클레랑보, 라깡, 짜여진, 토폴로지(위상기하학), 직물(Clérambault, Lacan, Structured, Topology, Cloth) 등이다.

2 Joël Dor. *Introduction à la lecture de Lacan, tome 1. L'inconscient structuré comme un langage*(Paris: Denoël, 1985), 27.

3 옥타브 마노니(변지현 옮김), 『프로이트』(서울: 백의, 1997), 97.

너지의 과도한 활동을 억제하도록 운명 지워진 응축과 대치의 메커니즘"이라고 말하면서 이런 입장을 수용한다.[4]

이 같은 흐름이 형성된 데에는 라깡뿐 아니라 필리프 줄리앙(Philippe Julien)이 답습한 "프로이트에게로 돌아가자"[5]는 슬로건이 한몫한 것 같다. 내용적인 면에서는 이런 흐름이 타당해 보인다. 우리는 이들이 말하는 "프로이트의 꿈 이론"이 1895년 출판된 『히스테리 연구』와 『과학적 심리학 초고』 및 1900년에 출판된 『꿈의 해석』을 비롯한 프로이트의 저작 전반에 관한 것이라고 이해한다.

그런데 형식 면에서도 그럴 수 있을까 질문해보자. 우리가 알듯이 프로이트는 라깡이 언어처럼 구조화된 무의식을 설명하기 위해 차용한 언어학에 관해 알지 못했다. 프로이트는 소쉬르가 『일반 언어학 강의』에서 사용한 기표(signifiant), 기의(signifié), 기호(signe) 등의 용어를 알지 못했을 뿐 아니라 야콥슨이 『일반 언어학 이론』에서 사용한 연사축(axe syntagmatique)과 범렬축(axe paradigmatique), 환유(métonymie)와 은유(métaphore) 등의 용어도 알지 못했다. 프로이트가 내용은 가지고 있었지만 형식적인 것을 알지 못했다면, 다른 형식 속에 프로이트의 내용을 수용 및 변형하여 정립한 라깡은 자신만의 체계를 갖는다고 할 수 있다. 이런 면에서 "프로이트-라깡"식 결합은 견고하다고 볼 수 없다.

이번 장에서 우리는 "언어활동처럼 짜여진 무의식"이란 명제에 관심을 기울일 것이다. 하지만 이미 많은 연구가 진행된 "언어활동처럼"(comme langage)과 "무의식"(l'inconscient)이라는 개념보다는 이제까지 간과된 듯

---

4 주앙-다비드 나지오(이유섭 외 옮김), "프로이트", 『위대한 7인의 정신분석가: 프로이트에서 라깡까지』(서울: 백의, 1999), 25.

5 Cf. Philippe Julien, *Le retour à Freud de Jacques Lacan*(Paris: EPEL, 1990).

한 "짜여진"(structuré)에 집중할 것이다. 그동안 학자들은 전자의 두 개념에 관해 큰 관심을 보여왔지만 후자의 개념에는 그렇지 못했던 것 같다. "언어활동"과 "무의식"에 관하여 라깡이 소쉬르와 야콥슨의 형식을 빌렸다는 것은 잘 알려져 있다. 조엘 도르는 라깡 입문서 격인 『라깡 세미나·에크리 독해』(아난케, 2009)와 또 다른 저서에서 자신의 전공 분야인 언어학을 이용해 라깡을 설명하기도 했다.

그러나 우리는 라깡을 그렇게 단순하게 보지 않는다. 왜냐하면 정신분석을 학문 대열에 올려놓고자 일생을 바친 라깡이 언어학화한 정신분석만을 정립하고자 했던 것은 아니라고 평가하기 때문이다. 오히려 우리는 그런 형식을 빌려오도록 라깡을 부채질한 요인에 흥미를 느낀다. 레이징거가 라깡의 딱딱한 논문을 분석하면서 "승천"(assomption)이라는 단어가 나오게 된 라깡의 무의식의 주체를 발견했듯이,[6] 우리 역시 감추어져 있는 것 같지만 훤히 드러나 있는 기표를 추적하여 그 요인을 발견할 수 있을 것이다. 우리는 그 기표를 "직물"과 연관된 것으로 가정하고, "직물"에서 파생되었다고 보이는 라깡의 이론을 "세미나 9"를 중심으로 살펴볼 것이다. 이 글의 순서는 우선 이런 작업을 위해 요구되는 접근 방법을 다루고, "짜여진"이란 단어가 시작되는 곳과 그 단어가 응용된 실례를 찾은 후, 마지막으로 라깡 정신분석의 의의에 관해 이야기하는 것이다.

---

6 Marc Reisinger, *Lacan l'insondable*(Paris: Les Empêcheurs de penser en rond, 1991), 116-17.

1. "짜여진"에 다가서기: 파스칼의 두 정신

파스칼(Blaise Pascal, 1623-1662)은 『팡세』(1670)에서 "기하학적 정신"(esprit de géométrie)과 "섬세한 정신"(esprit de finesse)의 차이점을 설명한다.[7] 그에 따르면 섬세한 정신은 널리 사용되는 반면 기하학적 정신은 잘 사용되지 않는다. 일반적으로 섬세한 정신을 가진 사람에게 기하학적 정신은 결여되고, 원리를 배워 추론하는 방법을 배운 기하학적 정신을 가진 사람에게는 섬세한 정신이 부족하다. 파스칼은 아우구스티누스와 몽테뉴(Michel de Montaigne, 1533-1592)를 섬세한 정신을 가진 사람의 범주에 넣기도 했다. 그러나 파스칼은 "그 사람들은 모두 결과를 보았지만 그 원인은 보지 못했다"고 평한다.[8] 그는 그 이유가 섬세한 정신이 부족한 데 있다고 본다.

파스칼이 말하는 섬세한 정신은 "많은 원리에서 결론으로 깊이 파고드는 정확한 정신"이고 기하학적 정신은 "많은 원리를 섞어 사용함으로 혼돈됨 없이 이해하는"[9] 정신이다. 각각 독립적으로 사용되는 이 두 정신 유형 중 『팡세』에서 파스칼이 역점을 두는 것은 "섬세한 정신"이다. 그가 보기에 이 정신이 부재하기 때문에 사람들은 모든 불확실한 것 앞에서 사려 깊은 결정을 내리지 못한다. 이것이냐 저것이냐를 결정하기 위해서는 확률 계산에 근거한 가치 있는 선택을 해야 하는데 그것이 쉽

---

7 블레즈 파스칼(홍순민 옮김), 『팡세』(서울: 삼성출판사, 1990), 35. 장성민은 『마음의 질서』(서울: 총신대학교출판부, 2008), "제6장 마음의 질서"에서 기하학적 정신과 섬세한 정신, 정신의 질서와 사랑의 질서, 자연적 질서와 초자연적 질서 간의 불연속적 변증법을 말하면서 파스칼이 추구한 것은 후자(섬세한 정신, 사랑의 질서, 초자연적 질서)라고 말한다. 그는 이 두 항 사이에 절대적 대립이 형성되지 않는 것은 "회심" 때문이라고 본다.

8 파스칼, 『팡세』, 127, L'Œuvre, II. 3. n° 452, 958.

9 préface n° 22.

지 않기 때문이다. 그래서 수학 원리를 인문학에 도입하여 글쓰기를 시도한 파스칼은 그 원리가 어떤 일의 결과를 있게 하는 원인 탐구에 유용할 것이라 확신했다.

물론 『팡세』의 맥락에서는 신앙이냐 비신앙이냐를 놓고 갈등하는 상대방을 놓고 대화하고 있지만, 파스칼의 견해는 지금까지와는 좀 다른 대화의 특징을 보여준다. 대화에 수학이 도입된 것은 멀리는 아낙사고라스(Anaxagoras, 기원전 500-428)와 파르메니데스(Parmenides, 기원전 515?-445?), 가깝게는 실재론자들과 유명론자들에 대하여 다른 입장을 내세운 신비주의자들(가령 Nicolaus Cusanus, 1401-1464)에게서 실례를 찾을 수 있다. 그러나 파스칼은 그들보다 더 넓고 깊은 수학 원리를 도입하여 확률 내기 게임을 한다. 그가 사용한 원리는 "무한과 무"(Infini-rien)다. 그는 "무한"을 한 명제로 정리했다.

> 무한한 운동, 모든 것을 가득 채우는 한 점, 정지하고 있는 순간, 질량이 없는 무한, 분리되지 않는 무한한 무한.[10]

우주에서 시작되는 "무한" 개념을 기하학으로 설명한 파스칼은 자신이 "더 이상 부정될 수 없는, 의심하고 있는 나"에게서 시작되는 "코기토"(Cogito) 개념을 주장한 데카르트(René Descartes, 1596-1650)와는 완전히 반대의 길을 걷는다고 단언한다. 그는 "무용하고 불확실한 데카르트"라는 평가를 서슴없이 내린다.[11]

---

10 파스칼, 『팡세』, 122. L'Œuvre, II. 2. n° 445, 952.
11 파스칼, 『팡세』, 63. L'Œuvre, II. 7. n° 195, 874.

라깡도 자신의 정신분석을 "코기토에서 직접적으로 유래하는 모든 철학에 대립하는 것"[12]이라고 선언한 바 있다. 그리고 주체에 관한 전통적인 철학적 관념을 지탱하기 위해서는 "시니피앙(signifiant)과 그 결과들의 실존"[13]이 꼭 필요하다고 지적한다. 데카르트에 대하여 반감이 있던 파스칼과 라깡에게서 우리가 도출해낼 수 있는 공통점 가운데 하나는 앞서 살펴본 파스칼의 "섬세한 정신"이다. 이런 정신은 라깡이 방법론적으로 사용한 "수학소"(mathéme)와 "위상기하학"(topologie) 등과 같은 선상에 있다고 볼 수 있다.

2. "짜여진"의 기원: 클레랑보의 직물

클레랑보는 1908년과 1910년에 『여성이 직물에 대하여 에로틱한 열정을 보일 때』[14]라는 제목으로 두 편의 글을 발표한다. 그는 이 글에서 "직물"과 관계된 여성의 사례를 수집하고 해석한다. 그가 그 논문에서 해석의 틀로 사용하는 임상 개념은 페티시즘과 도착증이다. 그는 이 두 개념을 이용해 각각 3명(1908년 논문)과 1명(1910년 논문)의 사례를 보고한다. 이 사례들이 공통적으로 가진 요소는 여성과 비단이다. 클레랑보의 관찰 대상자들은 모두 여성이었는데 그들은 모두 비단을 만지려는 망상에 사로잡혀 있었고 비단을 만지기 위해서 훔치기까지 했다.

---

12 Jacques Lacan, "Le stade du miroir comme formateur de la fonction du Je telle qu'elle nous est révélée dans l'expérience psychanalytique," *Ecrits*(Paris: Éditions du Seuil, 1966), 93.
13 Jacques Lacan, *L'identification*(Séminaire IX[1961–62], 미출판), 1961년 11월 15일 강의.
14 클레랑보, 『여성의 에로틱한 열정과 페티시즘』.

40세가량의 V. B.라는 첫 번째 사례의 여성을 관찰한 결과 히스테리, 우울증, 불감증, 만지고자 하는 망상, 비단에 대한 열정, 생리 때 찾아오는 도벽 충동, 꿈속에서의 성적 도착(동성애, 마조히즘, 동물 기애증), 단순한 고통을 즐기는 성향 등을 얻었다. 그리고 F라고 불리는 46세가량의 두 번째 여성 역시 히스테리, 자살 충동을 동반한 우울증, 무도덕성과 경범죄, 만지려는 망상(비단에 대한 에로틱한 열정), 생리할 때 느끼는 도벽 충동 등을 보였다. 그리고 45세가량의 B 또는 D라 불리는 세 번째 사례의 여성도 히스테리, 만지려는 망상, 생리할 때 느끼는 도벽 충동, 주기성 폭음 형태의 약물중독, 심리적인 이성애를 동반한 색광증 부류의 강박관념, 불감증, 무도덕성(평범한 경범죄와 자살 성향) 등을 보였다. 그리고 49세 전후의 D 또는 A라고 불리는 네 번째 사례의 여성은 히스테리, 성적인 조숙함, 불감증, 만지려는 망상, 비단에 대한 열정, 생식기관에 영향을 주는 도벽 충동, 희미한 마조히즘의 형태, 무도덕성, 평범한 퇴폐, 약물중독 등을 보였다.

이렇게 요약되는 관찰 내용을 토대로 클레랑보는 사례를 분석한다. 이 사례들에서 공통적인 요소는 히스테리, 생리 때 느끼는 도벽 충동 등이다. 정신적 요소가 육체에 영향을 미칠 때 나타나는 것을 히스테리라고 볼 때, 앞서 언급한 네 여인은 정신과 육체에 어떤 증상을 갖고 있다. 그리고 그들은 특정한 기간에 도벽 충동을 느끼고 그것을 실행에 옮기다가 체포되었다. 그녀들이 훔친 것은 비단 종류의 직물이었다.

첫 번째 여인은 물건을 훔친 당시의 상황에 관해 이렇게 말한다. "나는 그 천을 치마 아래 넣었어요. 그리고 그것을 거기에 대고 문질렀는지? 난 기억이 나지 않아요. 그러나 아마도 그랬던 것 같아요"(43). 훔치는 순간을 특히 강조하는 두 번째 여인은 "비단이 날 끌어당겨요. 리본의 비단이, 치마의 비단이, 코르셋의 비단이 날 유혹해요. 비단의 살랑살랑하는 소리를 느끼면, 비단이 내 손톱 밑에서 날 근질근질하게 만들기 시작해요"(62). 세 번째 여인은 "서른아홉 살 이후부터, 내가 도둑질하는 것은 늘 같은 것이었어요. 비단이에요. 비단은 나에게 놀랍고 관능적인 근육 경련 같은 것을 줘요. 난 비단을 찢을 수 없어요. 아! 그건 정말…(몸을 소스라치는 흉내를 냄)"(69). 네 번째 여인은 "나는 그 아동용 드레스를 잡았고, 내 치마 아래로 슬그머니 밀어 넣은 다음, 커다란 주머니 속에 넣었어요. 그리고 그 순간 드레스 끝자락을 가지고 승강기 옆의 백화점 한가운데서 수음을 했고, 그다음에는 승강기 안에서 수음을 했는데, 극도의 쾌락을 느낄 수 있었지요. 그 순간에 나의 머리는 부풀어 올랐고, 내 얼굴은 새빨갛게 되었고, 관자놀이는 마구 뛰었어요. 나는 이런 방법이 아니고는 더 이상 쾌락을 느낄 수 없었어요"(133-34).

마지막 네 번째 관찰 대상 여인은 26번이나 유죄판결을 받았는데, 그중 25번은 비단을 훔쳤기 때문이었다. 훔친 물건으로 수음을 하고, 수음할 때는 남자를 생각하지 않고, 비단의 색깔과 비단을 만질 때 얻는 촉감과 소리만으로 오르가슴에 도달한다. 다른 사례에서는 여인이 남자를 생각할 때도 있지만 남자와 비단이 연결되지 않는 경우도 있다. 이렇게 몇몇 경우의 수를 관찰한 클레랑보는 일반적인 관찰 결과를 책 후미에 다음과 같이 정리한다.

우선 특정한 직물과 접촉하고자 한다. 그런 유의 직물을 피부로 접촉해도 성교 때 느끼는 오르가슴에 도달할 수 있다. 이런 종류의 최음제를 즐겨 사용한다고 해서 다른 것을 완전히 배제하는 것은 아니다. 또한 우리가 다른 환자들은 무관심을 드러낸다. 즉 형상과 과거, 그리고 이미 사용한 적이 있는 직물 조각에 대하여는 관심을 보이지 않는다. 우리가 알고 있기로는 여성(특히 여성 히스테리 환자)에게만 나타나는 상상력의 소멸, 이미 사용된 물건에 대한 애착의 부재, 반대 성을 추구하지 않는 일반성 부재, 그리고 비단에 대한 선호와 비단을 소유하고자 함에서 비롯되는 도벽증, 마지막으로 이런 항목이 완벽하게 만남으로 나타나는 특성 등이 그것이다(142).

클레랑보의 마지막 보고만 보아도 알 수 있듯이 각 사례의 여성들은 비단에 대하여 에로틱한 열정을 보인다. 당시 정신의학에서는 남성이 직물에 대하여 그런 행동을 하는 경우를 페티시즘의 범주로 설명했다. 그러나 이 사례를 통해 여성에게도 페티시가 적용된다는 점이 드러나게 되었다. 비단에 대한 남녀의 반응과 페티시로서의 비단의 특성에 관하여 클레랑보는 다음과 같이 서술한다.

지금까지 연구된 비단은 주로 산뜻하고 섬세한 특성을 지니지만, 앞서 본 땡땡한 비단의 특징에 관해서는 연구되지 않았다. 이 사례에서는 비단이 미묘하게 피부를 스치기만 하는 것이 아니다. 비단은 뻣뻣하게 힘을 가지고 있어야 한다. 이런 비단의 특성은 뜻밖의 것이지만 그리 놀랄 만한 것은 아니다. 남성 물신 숭배자가 특히 벨벳, 우단, 모피 같은 흐물흐물한(부드러운) 질감의 옷을 열망한다는 것을 지적한 바 있다. 반대로 여성 물신 숭배자는 항상 오로지 비단만을 열망했다. 그녀들은 비단이 내는 외치는 듯한 소리와 바스러질 듯한 뻣뻣한 질감을 좋아한다고 말한다. 비단의 외치는 듯한 소리와 바스러질 듯한 질감 때문에, 아마도 여자 환자들은 예민한 신경쇠약에 걸릴 뿐만 아니라 뻣뻣함을 경험하게 되는 것이 아닐까! 우리가 정리한 것처럼 남자는 부드러운 직물을 통해 완전히 여성적인 특성의 총체를 얻게 되지만 반면에 여성은 직물의 인공적인 부드러움 이외에도 근육을 연상케 하는 일종의 내적인 힘이나 이외의 팽팽함(긴장)을 요구한다(140).

같은 비단이라도 남녀가 취하는 특성은 좀 다르다. 앞서 관찰된 사례들은 남성과 여성, 두 성에 관한 시각을 교정하는 시발점이라 볼 수 있다. 그리고 페티시즘은 남성과 여성에 따라 각기 다른 전개 과정이 있음을 보여준다.

하지만 남녀의 성 차이를 드러내는 이 사례에 직면한 클레랑보는 다른 이름을 이용하여 이를 설명해보려고 노력했을 뿐, 라깡이 했던 것처럼 성 구분 도식을 만들 단계는 아직 아니었다(라깡도 성 구분 도식을 "세미나 20"[1973-74]에서나 제시한다). 더군다나 1908년 전후의 정황에서 볼 때 페티시즘은 치료를 요하는 증상의 범주라기보다 "탈선"(déviance)[15]의 범주에 속했다.

그러나 해석이 진행됨에 따라 클레랑보는 페티시즘으로 분류한 이 사례를 도착증 범주에 넣게 된다. 결국 클레랑보는 "직물에 대한 사랑"(hyphéphilie)과 "만지기를 좋아함"(aptophilie)[16]이란 신조어를 만들어 자신이 관찰한 사례를 규정한다. 이런 사례를 접한 클레랑보는 1914년 이후 모로코에서 아랍 직물을 쓰고 있는 여성들을 카메라에 담게 되고 1929년에는 정신적 장애를 겪는 사람들이 작업의 한 형태로서 직물 짜기에 임하는 경우에 관한 글을 발표한다. 다양한 나라와 시대의 직물에

---

15 Elisabeth Roudinesco, Michel Plon, *Dictionnaire de la Psychanalyse*(Paris: Fayard, 1997), 809.
16 클레랑보, 『여성의 에로틱한 열정과 페티시즘』, 84.

도 관심을 두었던 클레랑보가 남긴 자료들은 오늘날 파리 인간박물관이 소장하고 있다.

클레랑보가 해석한 "직물"을 접하다 보면 그의 제자인 라깡의 정신분석 이론이 형식적인 면과 내용적인 면에서 클레랑보와 연관이 있음을 알 수 있다. 형식적인 면에서는 라깡이 사용하는 도식과 도형이 그렇고, 내용적인 면에서는 직물을 상대로 남자와 여자가 보이는 상이한 반응, 정체화 과정 등이 그렇다. 전자에는 오일러(Leonhard Euler, 1707-1783)의 원, 욕망의 그래프에 사용된 수학소($\$\Diamond D, \$\Diamond a$)와 "거꾸로 된 8", 위상기하학 등이 속한다. 이어서 후자에는 욕망, 오브제 아, 정체화, 성 차이 등이 속한다고 말할 수 있다. 여기서 이런 공통점은 우리의 비교 연구 범위를 좁히기 위해 "세미나 9"에 한정해 산출한 것이다.

3. 라깡에게서 "짜여진"의 의미와 실례

라깡의 위상기하학에 관심을 가진 마크 다르몽(Marc Darmon)은 라깡이 강의 또는 글에서 사용했던 것과 라깡이 생각했던 것을 정리하여 적지 않은 분량의 책을 만들었다. 다음과 같은 그의 글을 통해 우리는 클레랑보와 라깡을 연결해 "짜여진"의 의미와 실례를 찾아볼 수 있다.

"정체화" 세미나 스무 번째 강의(1962. 5. 16.)에서 라깡은 위상기하학을 정신분석 담화 범주에서 이해하기 위해 몇 가지 근본적인 준거점을 제시한다. 이날 강의에서 그는 원환면(tore) 또는 크로스-캡(cross-cap)을 이용해 여러 매듭을 설명했는데, 이를 듣는 사람들은 머릿속에 다양한 구상을 하게 된다. 이런 시도는 라깡이 위상기하학으로서의 보로메오 매듭을 소

개하기 10년 전에 한 것이다.[17]

다르몽의 지적처럼 라깡이 사용하는 위상기하학은 듣는 이로 하여금 머릿속에 여러 구상을 하게 한다. 이날 라깡의 강의 노트를 읽다 보면 그가 사용하는 위상기하학의 출발점이 어디일까 궁금해진다. 이 궁금증은 그 기원을 찾을 수 있을 것이라는 예감에서 시작된다. 그런 예감이 없다면 그 노트를 대할 때 막막하거나 접근하기 어렵다고만 느낄 것이다. 대체로 강독자들이 이해하고 찾아 제시하는 출발점은 언어학의 기호다. 그러나 우리는 이번 장에서 그 기호를 있게끔 한 것이 무엇일까를 생각하고자 한다. 우선 라깡이 사용한 기호를 간략하게 살펴보고 그 기호가 기원이 되지는 못함을 확인한 후 더 근원적인 원인을 찾아보자. 이를 통해 앞서 서술한 클레랑보의 직물과 라깡의 위상기하학이 만나는 지점을 발견할 수 있을 것이다.

정신분석학과 언어학을 결합하고자 노력한 사람은 라깡 혼자만이 아니었다. 루디네스코와 플롱이 쓴 『정신분석대사전』의 한 항목은 그런 시도에 관한 재미난 일화를 소개한다. 페르디낭 드 소쉬르(Ferdinand de Saussure, 1857-1913)의 아들 레이몽 드 소쉬르(Raymond de Saussure, 1884-1971)는 야콥슨으로부터 그 가능성을 소개받았지만 여러 일로 분주했기 때문에 거기에 집중하지 못했다. 레비-스트로스(Claude Lévi-Strauss, 1908-2009)와 라깡을 알게 된 야콥슨은 그들에게도 이런 가능성을 제시하는데, 결국에는 라깡이 그것을 실행에 옮기게 된다.[18] 도식, 그

---

17 Marc Darmon, *Essais sur la topologie Lacanienne*(Paris: Editions de l'Association Freudienne, 1990), 199.
18 Roudinesco, Plon, *Dictionnaire de la Psychanalyse*, 957.

래프, 수학, 위상기하학 등을 자주 사용한 라깡은 소쉬르가 설명하는 기표에 대한 기의의 우위를 다음과 같은 기호를 사용해 표현하고 분수를 뒤집어 기의에 대한 기표의 우위를 주장한다.

$$\frac{S}{S} \longrightarrow \frac{S}{s}$$

소쉬르 　　　　라깡[19]

그리고 그는 야콥슨의 두 축(axe de la sélection-opération metaphorique 와 axe de la combinaison-opération métonymique)을 응용해 도둑맞은 편지 (Lettre)에 적용한 결과를 나타내는 "도식 L"을 고안했다. 이 도식은 알파 벳 마지막 글자(Z)를 닮아 "도식 Z"라고 불리기도 한다.

선택축　　　　　　　　　　　결합축[20]

앞의 분수 기호에서 S와 s를 구분하는 막대(─)는 범렬 축선을 지칭하고 "의미의 저항"이란 뜻을 담고 있다. 이 막대가 "있고 없고"를 고려하여 라깡은 기표의 이중 기입 원리를 설명한다. 또 도식 L에서 오른쪽 위

19　Lacan, *Ecrits*, 515.

20　이 도식은 1955년 2월 2일(Séminaire II, 134) 강의 "자아의 상상적 기능과 무의식 담화"에서 소개된다. 라깡은 이어서 4월 26일 "도둑맞은 편지"를 강의하고, 6월 29일에는 이 도식의 네 가지 구성 요소인 "A, m, a, S"를 다룬다. 계속해서 등장하는 이 도식은 *Ecrits*의 첫 글 "도둑맞은 편지 세미나"에서 "Schéma L"로 소개된다. 여기 제시한 도식은 언어학과 결합하여 임의로 만든 것이다. Cf. Nathalie Charraud, *Lacan et les Mathématique*(Paris: Anthropos, 1997), 19-22.

로부터 왼쪽 아래로 향하는 사선인 결합축은 기표의 의식적 고리 실존을, 오른쪽 아래에서 왼쪽 위로 향하는 사선인 선택축은 기표의 무의식적 고리 실존을 보여준다. 그런데 줄곧 소쉬르와 야콥슨의 언어학을 이용해 설명될 수 있다고 여겨진 이 원리는 정작 "세미나 3"에 이르러 실생활에서 찾은 "소파 점"(point de capiton)[21]을 통해 설명된다. 선택과 결합, 은유와 환유의 교차를 설명하는 이중 기표점은 의미화의 무한한 미끄러짐을 멈추게 하는 작용, 의미를 고정하는 작용을 한다.[22] 즉 이 점은 의식과 무의식에 동시적으로 적용되는 기표의 이중 원리를 보여준다.

1972년 "L'Etourdit"에서 라깡은 이중 교차점을 뫼비우스의 띠에 적용한 글을 발표한다. 뫼비우스의 띠는 오직 하나의 면만 있고 바른 면은 반대 면과 연속되는 형태를 지닌다. 이 띠는 라깡에게 두 개의 기표 고리를 구상하게 하는데, 의식적 고리와 이 고리의 반대 면에 있는 무의식적 기표 고리가 바로 그것이다. 이 띠의 표면은 일방 통로인데 이 통로 위에 오식, 망각, 실수 등 무의식의 흔적이 드러난다.[23] 이 띠의 특징은 단면을 잘랐을 때 "점 없는 선"이 된다는 데 있다. 이 말의 의미는 이 띠의 특성을 잘 드러낸다. 즉 이 띠는 표면이 우선 있어서 그 표면을 자르는 것이 아니라 "잘린 점 없는 선"과 "또 다른 잘린 점 없는 선"이 연결되어 표면을 이룬다. 이 말은 다시 말해서 주체가 있고 그 주체가 잘리는 것이 아니라 "잘린 어떤 것"과 "잘린 또 어떤 것"이 연결되어 주체가 된다는 의미다. 이 말을 라깡은 이렇게 한 문장으로 표현한다.

---

21 이 점은 소파 안의 내용물을 고정하기 위해 단추를 이용해 실로 꿰매는 고정 점을 말한다.

22 Lacan, *Ecrits*, 805.

23 Jacques Lacan, "L'Etourdit," *Scilicet*(1972, n°4), 27.

하나의 기표는 또 다른 기표에 전속된 주체를 재현한다(Un signifiant représente le sujet auprès d'un autre signifiant).[24]

즉 기표 S는 의식에서 유래하고, 기표 S'는 무의식으로부터 나오는데, 하나의 기표와 또 다른 하나의 기표, 계속해서 생산되는 기표들이 무의식의 주체를 보여준다. 그래서 생산된 기표들의 합이 분열된 주체($)가 된다.[25]

기표 S와 S'의 이중 교차점은 세미나 3에서 "소파 점"(1955)으로 설명되고 "L'Etourdit"에서 "뫼비우스의 띠"(1972)로 원숙하게 설명되기까지 교량적 역할을 한 세미나 9를 거친다. 거기서 라깡은 이중 교차점을 정신분석 담화로 설명하기 위해 매듭의 원리를 사용한다. 매듭들은 여러 원이 결합할 때 생기는 형태들을 설명해준다. 단순하게 말할 때 라깡은 이 매듭을 날실과 씨실의 교차에 비유해 설명하고, 좀 더 학적으로 설명하기 위해서는 오일러의 집합 이론을 사용한다. 오일러의 이론은 단순히 선으로 된 원으로 표현된다. 그러나 라깡은 그 원에 바람을 불어넣었고, 그 원은 라깡의 위상기하학에서 원체가 된다.

우리는 아직 바람이 주입되지 않은 원들에서 두 원이 접합하는 지점에 주의를 기울일 필요가 있다. 두 원이 만날 수 있는 형태는 "합"(réunion), "교"(intersection), "대칭적 다름"(différence symétrique)의 세

---

24 Jacques Lacan, *L'envers de la psychanalyse*(Séminaire XVII[1969-70], Paris: Seuil, 1991), 19, 53.

25 Cf. Jacques Lacan, "Positions de l'inconscient," *Ecrits*, 840; Cf. Lacan, *L'identification*, 1961년 12월 6일, 1962년 1월 24일, 3월 21일 강의; Cf. Jacques Lacan, "L'aliénation," *Les quatre concepts fondamentaux de la psychanalyse*(Séminaire XI[1964], Paris: Seuil, 1973/1992), 88.

가지다.[26] 이 세 가지 가능성은 두 원의 교차점이 갖는 특성을 결정한다. 라깡은 교차점을 "마름모"의 구성 원리($\langle + \rangle + \wedge + \vee = \diamond$)를 이용해 설명하면서 욕동 방정식 "$\$ \diamond D$"(세미나 4, 5, 6), 환상 방정식 "$\$ \diamond a$"(세미나 14)뿐 아니라 "대칭적 다름"을 변형한 "거꾸로 된 8"(huit inversé)[27]까지 고안했다. "거꾸로 된 8"은 세미나 9에서 라깡이 고안한 가장 기본적이면서도 가장 흥미 있는 도형 중 하나다. 다음 그림이 바로 "거꾸로 된 8"이다.

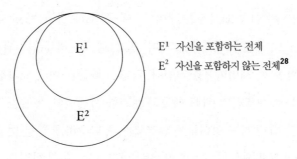

E¹ 자신을 포함하는 전체
E² 자신을 포함하지 않는 전체[28]

"거꾸로 된 8"은 E¹과 E² 간의 계속되는 순환을 보여준다. 여기서 두 원(cercle)이 교차할 경우 두 원 사이에 간극이 없을 때는 "꽉 찬 원"(cercle plein, 만원)이 되고, 간극이 있는 경우에는 "텅 빈 원"(cercle vide, 허원)이 된다.[29] 그리고 전자를 요구(demande), 후자를 욕망(désir)이라 부른다. 큰 원에 작은 원을 통과시킬 때 생기는 틈새에서 흘러나오는 것이 바로 잉여물이고, 그것이 욕망을 일으키는 욕망의 대상으로서 오브제 아다. 이 틈새로 오브제 아는 내왕한다. 이것이 라깡의 "거꾸로 된 8"이 뫼비우스

---

26 Lacan, *L'identification*, 1962년 4월 11일 강의.
27 Ibid.
28 Ibid.
29 Lacan, *L'identification*, 1962년 3월 7일 강의.

의 띠와 다른 점이다.

그런데 실선으로 된 E^1과 E^2가 만나는 이중 교차점을 상상하기에는 좀 어려움이 있다. 그래서 라깡은 E^1과 E^2 사이에 바람을 주입한다. 그 결과 E^1은 내부에, E^2는 외부에 있게 된다. 여기서 우리는 두 선을 도입할 수 있다. 하나는 E^2를 가로지로는 E^1, 다른 하나는 E^2 사이를 회전하는 E^1이다. 즉 전자의 E^1은 E^2를 묶어 봉합(suture)하고, 후자의 E^1은 E^2 사이를 회전하면서 E^2에 구멍(menque, coupure)을 만든다. 그러나 현실의 원리에서 볼 때 봉합이 영속되는 경우도, 구멍(단절)이 영속되는 경우도 없다. 봉합과 단절은 통합축과 연사축이 만나듯 만나고, 마름모의 원리(⟨ + ⟩+∧+∨ = ◇)처럼 작동한다. 참고로 이 두 원은 라깡이 세미나 1에서 말하는 "꽉 찬 말", "텅 빈 말"과 용어 측면에서 비슷하면서도 그 내용은 다르다.

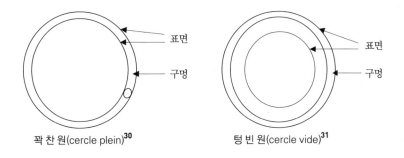

꽉 찬 원(cercle plein)[30]   텅 빈 원(cercle vide)[31]

이 그림들은 언어학의 기호 및 그 기호를 구성하는 기표와 기의 간의 결합 방식을 설명한다. 그리고 기호와 욕구, 욕망을 설명한다. 우리가

---

30 Ibid. 여기서 겉의 원은 E^2를 의미하고, 그 내부의 원은 E^1을 의미한다.
31 Ibid. 여기서 겉의 원은 E^2를 의미하고, 그 내부의 원은 E^1을 의미한다.

여기서 멈춘다면 라깡의 정신분석을 설명하는 근거는 언어학이 될 것이다. 그러나 루디네스코와 플롱은 라깡이 언어학과 정신분석학을 결합한 것은 야콥슨과의 만남 이후라고 말한다. 즉 라깡은 이미 언어학과 정신분석학을 결합할 수 있는 나름의 대안을 갖고 있었다는 것이다. 그 대안이 바로 "짜여진"을 가동시키는 실과 바늘의 원리다. 이에 관해서 잠시 살펴보자.

앞의 그림은 잘 제작된 튜브를 이용해 라깡이 오일러의 집합론을 설명하는 것 같지만, 이 튜브를 이용하기 전에 그가 사용한 것은 좀 더 기초적 단위인 실(絲)이었다. 그는 내부 원과 외부 원을 실로 꽉 묶어서 조였을 때 그 속에 구멍이 없을 경우를 가정하는 상상적 구조를 제안한다.[32] 이 구조는 이상과 현실의 허상적 일치, 상상적 정체화, "정체화 제1장르: m←a"에 해당한다. 이는 상상적 단계에서 어떤 잉여물도 실로 묶은 공간을 빠져나갈 수 없다는 것을 보여준다.

반면 두 원을 다시 묶어 조일 때 그 속에 구멍이 있다면 욕망이 거론된다. 그 구멍으로 욕망을 일으키는 대상(objet de désir)이 내왕한다. 욕망을 불러일으키는 대상은 애초에 타자가 준 것이지만 나중에는 주체가 갖고 있기도 하다. 다시 말해 라깡은 욕망의 대상이 타자가 가진 대상이지, 타자에 대해 주체가 가지는 대상은 아니라고 보았다. 그러나 타자가 가진 유입된 대상은 주체에 흔적을 남긴다. 주체는 그 흔적을 무의식적으로 욕망한다. 이것이 "정체화 제2장르: S←A"다.[33] 그래서 욕망의 대상 오브제 아는 공유된 대상이 된다. 이 공유된 대상은 무엇이라고 항목

---

32 Ibid.
33 Ibid., 143-74.

을 고정할 수 없다. 여기서 욕망의 대상은 무한, 극한에 해당한다. 라깡은 이 대상을 수학소로 설명하기도 한다. 그리고 이 대상은 "불안"(세미나 10)에 관계하고, 마름모를 이용한 "환상 방정식"(세미나 14)에도 관계한다. 정체화된 주체는 욕망의 대상 오브제 아와 관계한다. 정체화 과정은 외부의 대상이 내부로 들어오고, 내부의 대상이 정체되고, 이 대상이 다시 유사한 외부 대상과 관계 맺는 과정이다. 이것이 "정체화 제3장르: $S \diamondsuit a$"다.[34]

앞에서 라깡이 고안한 그림들은 언어처럼 무의식이 "짜여지는" 과정을 설명한다. 누빈다든지 봉합한다든지 짠다든지 하는 것은 실과 바늘에 관련된다. 수제품이든 기성품이든 좋은 직물 제품은 고른 간격으로 정교하게 바느질된 것들이다. 라깡은 보이지 않는 인간 정신을 기표를 통해 보았는데, 그 기표의 존재 방식을 설명할 때 누빔의 흔적을 활용한 것은 훌륭한 선택이었다. 직물은 애초에 있는 것이 아니라 수많은 교차점으로 만들어진다. 씨실과 날실의 교차로 짜여진 직물은 그 매듭이 해지든지 잘리든지 하면 그 기능에 영향을 받는다. 이렇게 실 가닥과 천 조각을 신경증과 정신병 설명에 응용한 사람으로는 프로이트를 비롯해 라깡, 르클레르, 벤베누토(Bice Benvenuto) 등을 들 수 있다. 이에 관해 마단 사럽(Madan Sarup, 1930-1993)은 이중 인용을 사용해 다음과 같이 설명한다.

만일 천과 같은, 말 그대로 가로세로로 짠 실 가닥으로 만들어진 물질의 조각과 같은 평범한 경험을 상상한다면, 우리는 억압을 여기의 째진 곳,

---

34 Ibid., 174-97.

터진 자리라고, 그러나 그럼에도 아직 수리가 가능한 것이라고 비유해 말할 수 있을 것이다. 반면 배제는 직조 그 자체로 인한 그 천의 틈새, 구멍의 본질과 다른 어떤 것이 절대로 될 수 없을 것이므로 그 본질을 절대로 되찾을 수 없을 원초적 구멍, 그래서 프로이트의 용어를 사용하면 천 조각에 의해 그나마 불완전하게 채워질 수는 있는 구멍이라고 비유할 수 있다.[35]

사럽은 인간 정신을 실 가닥과 천 조각에 비유한 르클레르의 문장을 인용하지만 그것을 밀도 있게 추적하지는 않았다. 하지만 이런 언급을 중요하게 생각하는 우리로서는 특히 라깡의 이런 생각이 어디에서 나왔으며 어디로 어떻게 진행하는지 흥미롭게 관찰할 수 있다. 사럽은 앞의 문장을 저서의 제7장 "상상계-상징계-실재"에 기록했다. 그러나 라깡의 3계를 실 가닥으로 연결해본다든지, 3계를 누빈다든지 하는 시도는 하지 않았다. 한편 라깡의 사색을 3개의 층으로 나눈 줄리앵은 첫째 층을 1933-52년, 둘째 층을 1953-60년, 셋째 층을 1961년 이후로 나누었다. 그는 첫째 층에서는 거울 단계를 통한 상상계, 그 위의 층에서는 상상계와 상징계의 어울림, 마지막 층에서는 상상계-상징계-실재의 결합 방식에 관하여 관심을 두었다.

---

35 마단 사럽(김혜수 옮김), 『알기 쉬운 자끄 라깡』(서울: 백의, 1994), 164. 이 문장은 바이스 벤베누토와 로저 케네디가 인용한 르클레르의 글을 사용했는데(Bice Benvenuto, Roger Kennedy, *The Works of Jacques Lacan: An introduction* [London: Free Association Books, 1986], 153), 사럽은 르클레르의 글을 벤베누토와 케네디의 책에서 그대로 가져왔다고 한다. 여기서 그들이 밝힌 르클레르의 글이란 *Psychanalyser*(Paris: Seuil, 1968)인데, 나는 르클레르의 다른 저서 *Démasquer le réel, un essai sur l'objet en psychanalyse*(Paris: Seuil, 1971)도 참고했지만 이 문장을 찾을 수 없었다. 이런 결과가 나온 것이 원본과 영어 번역본의 차이 때문인지, 아니면 르클레르의 글 초판에 들어 있었는데 삭제되었기 때문인지는 정확히 알 수 없다.

세미나 9에서 라깡은 이미 Sir(Symbolique-Imaginaire-Réel) 간의 변증법을 완성하고 있었다. 국제정신분석협회(IPA)로부터 파문당하던 1963년, 세미나 11의 첫 강의 시간 때 라깡은 자신이 스피노자처럼 교회로부터 축출된, 부당한 이단아(hérésie)라고 밝힌다. 이때 이단에 해당하는 프랑스어 기표는 세 번째 층에 해당하는 라깡의 사색을 대변하는 약어(R. S. I.)의 기표이기도 하다. Sir에서 Rsi로 이행하는 라깡의 생각은 증상(symptôme)과 병증(sinthome) 개념을 비교해보면 잘 알 수 있다. 상상계-상징계를 연결하는 세미나 9의 라깡에 의하면 "증상(symptôme)은 마치 언어처럼 짜여 있다."[36] 우리가 알듯이 이때만 해도 라깡은 상상계와 상징계 간의 누빔점을 강조하는 모습을 보였다. 그래서 임상도 그런 방향으로 가닥을 잡았다. 그러나 점차 실재를 개입시켜 보로메오 매듭을 만들면서 상징계의 영향을 벗어나는 병증(sinthome, 세미나 22)을 설명할 때는 다른 견해를 취한다. 병증은 "상징계의 효능의 영향을 받지 않는 즐거움의 중핵"이고 "향락의 독특한 조직을 제공"한다.[37] 이때 라깡이 강조점을 상징계에서 실재로 옮기는 과정에서 도입한 위상기하학은 우선적으로 실, 평면 원, 그리고 원환면으로 이어지면서 입체화된다.

이런 면에서 볼 때 라깡은 자신의 도구를 스승인 클레랑보에게서 차용했을 가능성이 크다. 라깡의 강조점 변화는 과거 이론과의 단절이라기보다 깊이 몰입하는 과정이라고 볼 수 있다. 이런 주장이 가능한 이유는 세미나 9에서 이미 정체화의 제1, 2장르를 정리하고 정체화의 제3장르를 예견한 데서 알 수 있기 때문이다. 라깡은 세미나 9에서 이후 10년

---

36 Jacques Lacan, "Fonction et champ de la parole et du langage en Psychanalyse," *Ecrits*, 269.

37 딜런 에반스(김종주 등 옮김), 『라깡 정신분석 사전』(서울: 인간사랑, 1998), 147.

의 모습을 이미 구조적으로 보여주고 있다. 결국 1970년 이후의 라깡 사유는 이미 그 전부터 조금씩 짜여온 결과이고, 이미 짜여진 것들이 헐거워지고 해지고 찢어지면서 그것들을 다시 바라본 결과라고 할 수 있다.

4. "짜여진"을 통해 본 라깡 정신분석의 의의

1966년, 라깡은 "우리들의 스승에 관하여"에서 자신의 유일한 정신의학 스승으로 클레랑보를 지목했다. 라깡이 1932년의 정황과는 달리 자신의 주요 개념이 정리된 시점에서 그렇게 밝힌 이유는 무엇일까?

남겨진 자료를 살펴보면 클레랑보의 관심은 특히 정신의학과 의복에 있었음을 알 수 있다.[38] 직물은 정신의학과 의복을 매개하는 공통된 요소가 된다. 알려진 바에 의하면 1917-18년 어간에 그는 아랍 직물과 민속품에 관심을 두고 3만 장가량의 사진을 찍었을 뿐만 아니라 연구를 위한 표본을 수집했다. 그리고 1924년 이후에는 이국의 비단과 고대의 주름진 옷, 아랍 비단의 분류, 정신병자와 직물 짜기와의 관계, 그리스 비단옷에 장식된 꽃술과 이음새, 중국의 직조 기술 등에 관한 논문을 발표한다. 또 정신의학 전문의인 그가 국립예술학교에 비단 연구 프로젝트를 제시한다. 파리 인간박물관에 소장된 그의 작품들은 1990년 퐁피두에서 전시되기도 했다. 이런 작업을 통해 클레랑보는 대상으로서의 직물을 발전시켰다.

스승의 관심사를 알고 있던 라깡이 직물을 자신의 학문에 받아들일 때 어떤 방식으로 했는지 아무런 근거 없이 추측할 수는 없을 것이다. 그

---

38 클레랑보, 『여성의 에로틱한 열정과 페티시즘』, 149 이하 "클레랑보 연보"를 참조하라.

러나 앞서 간략하게 설명한 라깡의 도식을 가만히 살펴보면 그가 어렵지 않은 개념에서 출발하여 자신의 이론을 설명하려 했다는 사실을 알 수 있다. 그는 특히 선, 직물에 관계된 가설 아래 여러 분야의 이론을 접목한다. 그 결과 라깡이 자신의 이론을 어렵고 복잡하게 설명하는 것처럼 보이기도 한다. 하지만 앞서 간단하게 살펴본 것처럼 파스칼의 두 정신을 지닌 라깡이 오히려 자기 스승의 직물 개념에 섬세한 정신과 기하학적 정신을 가미하여 자기 이론을 설명했다는 가정은 억지가 아닐 것이다.

라깡 정신분석의 고향은 생탄 병원 보호수용소라 볼 수 있다. 그곳에서 그는 클레랑보가 직물에 대하여 에로틱한 열정을 보인 여성들을 만났듯이 에메를 만났다. 그는 프로이트에게 "안나 O"가 있었다면 자신에게는 "에메"가 있다고 말했다. 라깡이 프로이트의 『초안』과 『꿈의 해석』에서 발견한 "무의식"과 "언어" 개념을 따로따로 생각했다면 학문으로서의 정신분석은 구성되기 어려웠을 것이다. 그러나 그는 날실과 씨실을 교차하여 엮듯이 기표와 기의를 엮어 정신분석이라는 직물을 짰다. 그는 기표와 기의가 분리되었을 때를 형겊에 구멍이 난 것이라고 설명하고 배제 또는 정신병의 범주에 넣었다. 또 기표와 기의가 엉켜 있을 때를 "억압"으로 설명했다. 이런 면에서 라깡의 정신분석이 여성의 직물 짜기처럼 여성적 향유를 강조하면서 진행된 것은 예견되었던 일이라고 볼 수 있다.

파스칼의 지적대로 "짜여진" 직물(결과)을 다루는 기하학적 정신과 "짜이는" 직물(원인)을 다루는 섬세한 정신은 함께 사용되기가 어렵다. 클레랑보의 환자들은 결과로서의 직물을 만지고 훔치는 열정을 보였다. 하지만 클레랑보는 결과로서의 직물을 만지고 훔치는 진짜 원인을 찾고자 노력했다. 더 나아가 라깡은 결과로서의 직물과 직물의 원인으로서 실을 연관시키면서 인간 정신의 보편성을 찾고자 했다고 볼 수 있다. 그의 이론이 어렵게 보이는 것은 어떤 기준 주위로 다른 것들이 중첩되어 있기 때문이다. 그 기준 가운데 하나를 "실"과 "직물"이라고 평가할 수 있다.

인간 정신을 실과 직물에 비유하는 것은 서양의 인식론에서 흔히 사용되는 내적 관계 유비의 방법, 또는 내적 부여 유비의 방법에 해당한다.[39] 본물과 파생물 간의 관계를 "짜여진" 것과 "엮어진" 것으로 다루는 라깡의 "짜기" 사유는 그것을 "단절된" 것과 "잘려진" 것으로 취급한 "오컴의 면도날 사유"와는 대칭적이다. 라깡에게서 언어가 그런 것처럼 주체는 무의식의 "짜여진"을 통해 구성되는데, 이 주체는 이미 잘려진 것의 짜여진 것이다. 잘려진 것의 봉합은 그 기술이 정교하여 온전하게 보일지라도 충격을 받으면 손상을 입는다. 손상을 입은 주체는 깨어진 봉합의 틈으로 어떤 것을 내보낸다.

라깡은 "성 구분 도식"에서 그것을 "사랑의 문자" S(A)라고 지칭한다. 라깡이 『안티고네』에서 말하는 사랑이란 존재하지 않는 것을 현존하는 것처럼 믿는 것, 상징계의 통치를 받는 듯하지만 상징계의 질서를 넘어 상징계의 어떤 것으로도 표현할 수 없는 것이다. 여성이 직물에 대하여 에로틱한 열정을 보일 때 클레랑보는 남자와 여자 간의 다름에 관하여 식견을 보이기는 했지만 그것을 제대로 설명하지는 못했다. 그 다름을 간파한 라깡은 오랫동안 그에 관한 해석 장치를 마련한다. 우리가 "정체화" 세미나에서 본 것은 그 장치의 일부분이다. 이 세미나에서 라깡은 무의식의 주체라는 직물을 견고하게 짜고 있다. 그것을 위해 두 가지의 시니피앙을 날실과 씨실이라는 두 가닥의 실로 설명한 것이다.

---

39 프레드릭 코플스턴(박영도 옮김), 『중세철학사』(서울: 서광사, 1989), 460-63.

나가는 말

날실과 씨실로 무언가를 엮는 것은 우리의 문화에서도 쉽게 발견된다. 가령 직물이나 가옥을 만드는 일에 참여한 사람들은 짜임의 원리를 이해하고, 생활에서 실천하는 데 어려움이 없을 것이다. 그런 작업에 참여하는 사람들, 즉 비단을 짜거나 집을 짓는 사람들은 짜는 방식을 체득하고 그 흔적을 남겨두어 누군가가 그 흔적을 읽고 이해하게 한다. 우리는 우리의 장인 문화에서 삶의 희로애락을 작업에 투영한 무의식의 주체 흔적을 얻을 수 있다. 비록 라깡이 시니피앙이나 3계(三界, 三飛階, échafaudage) 등의 어려운 말을 동원했더라도, 그런 것은 클레랑보가 접한 사례에서, 또는 라깡 자신의 환자에게서 얻은 다양한 통찰을 정리하고 학문화하려는 노력의 일환일 뿐이다.

"짜여진"에서 얻는 것은 정신의 연장이고, 물질의 연장이다. 한 가닥의 실(물질)은 다른 한 가닥의 실과 엮여서 주체(정신)로 연장된다. 물질과 정신, 시니피앙과 주체는 상징으로서의 실, 원환면을 통해 설명된다. "짜여진"은 상징계에 강조점을 둘 당시의 라깡이 사용한 용어이고, 그래서 짜여진 것들은 늘 둘 또는 여러 개가 상호적으로 엮인 것이다. 이런 설명 방식을 상호적 정신분석의 방법, 정신분석적 상호성의 방법(Interpsychanalitique 또는 Interpsychanalisé)이라고 이름 붙일 수 있다. 상호상징은 이동하는 이미지와 그것의 고정, 그러나 빠져나가는 나머지 등을 설명한다. "짜여진"은 이런 의미에서 완성되었다거나 봉합되었다기보다 언제나 〈 , 〉, ∧, ∨ 작용하는 상호 상징성을 나타내는 인간 정신의 모습을 잘 보여준다.

4장

라깡 담론의 짜임새[1]

정체화 개념

들어가는 말

이번 장에서는 라깡의 "정체화" 개념을 살펴볼 것이다. 라깡이 1961-62년에 전개한 세미나 9는 "정체화"를 주제로 했으며 이전의 라깡을 정리하고 앞으로 전개될 라깡을 보여주었다고 평가된다. 여기서 라깡은 기호학을 정신분석에 도입한 이래 기하학이라는 새로운 틀을 선보인다. 그는 오일러에게서 빌려온 집합 이론을 통해 "환유적 기표-은유적 기표"를 "합집합-교집합"으로 표현하고, "기표의 이중 기입"을 "여집합"인 "대

---

[1] 이번 장의 내용은 2007년 한국라깡과현대정신분석학회의 제5차 월례 학술 세미나 (2007.3.16., 이스탄불 문화원 세미나실)와 2007년 정기(전기) 학술 대회(2007.6.18-20., 제주도 ICC 국제컨벤션센터)에서 발표한 내용을 보완하여 다음 학회지에 실었던 것을 수정했다. 강응섭, "라깡에게서 기호학과 기하학의 운용문제 연구: 세미나 9권을 중심으로", 「라깡과 현대정신분석」 9권 2호(2007.12). 이 글의 주제어는 정체화-동일화 -동일시, 라깡, 프로이트, 첫 번째 장르의 정체화, 두 번째 장르의 정체화, 세 번째 장르의 정체화, 동일화, 동일시, 반복, 거꾸로 된 8, 도식 L, 기호학, 위상기하학(Premier genre d'Identification, Deuxiem genre d'Identification, Troisiem genre d'Identification, Lacan, Freud, Répétition, Huit inversé, Schéma L/Z, Sémiotique, Topologie) 등이다.

칭적 다름"으로 대치시킨다. 또 후자를 "거꾸로 된 8"로 설명하면서 의식과 무의식의 연속성을 보여준다. 이는 뫼비우스의 띠를 사용해 설명하는 방식을 넘어섰으며, 세미나 14 "환상의 논리"에 등장하는 "환상의 구조"인 $\$ \diamond a$에서 $\diamond$의 기능을 설명했다.

세미나 9 "정체화"는 직전의 세미나 "전이"(1960-61)와 직후의 세미나 "불안"(1962-63)을 연결함으로써 주요한 개념들을 제시하고 정리한다. 우리는 이 "정체화" 개념을 살펴봄으로써, 특히 임상을 위한 세 구조가 정체화의 세 구조와 연관된다는 측면에서 양자적인 유용성을 얻을 수 있다. 또 기호학과 기하학을 동시에 도입하여 정신을 설명하는 과정에서는 그 운용의 묘미를 발견하게 된다. 정신을 기호적이며 평면적인 것으로 설명하던 라깡이 입체적 기하학을 도입한 이유도 생각해볼 기회가 될 것이다.

1961년 가을에 라깡은 "정체화"(Identification)를 새로운 주제로 정하고 이전과는 다른 분위기로 강의를 시작했다. "세미나"를 차례로 읽다 보면 그 차이점을 대번에 알 수 있다. 이 강의는 프로이트의 텍스트를 주석하는 것이 아니었다. 그렇다고 순수한 임상 사례나 문학적인 텍스트를 다루는 것도 아니었다. 오히려 라깡이 자기 나름의 생각을 펼치기 위해 몸부림치는 어떤 시점이었다.

앞서 밝힌 대로 이 세미나는 "전이"에서 이어지고 "불안" 앞에 위치한다. 전이되는 가운데, 불안 앞에서 라깡은 "정체화"를 강의한다. 이 강의는 라깡의 이전 삶을 정리하고, 이후 삶을 펼쳐 보이는 것이었다. 이 시점에서 라깡은 자신의 인생을 돌아다보면서도 내다보는, 제사장이면서도 예언자인 위치에 서 있다. 이런 점에서 이번 장은 통시적인 면에서는 라깡의 학문적 여정을 고찰하고, 공시적인 면에서는 인간 정신의 구조를 깊이 파헤치는 작업이 될 것이다. 기본적으로는 1961-62년 텍스트에 근거를 두면서 전후에 기록된 그의 저작물을 활용해 이 주제를 풀어나가자.

1. 정체화의 구조와 번역

라깡은 1961년 12월 13일 강의에서 일종의 구조적인 틀을 다음과 같이 제시한다.

> 그러므로 제2장르에 의해 이 정체화에 접근할 수 있는 것 같습니다. 그 이유는 바로 나 자신이 나의 접근 방식을 스스로 제한하기 때문입니다. 또한 바로 거기에는 유사한 장식의 영상이란 토대 위에 세워진, 특히 양면성을 띤 정체화, 정체화 제1장르가 있기 때문입니다.
>
> 우리의 이론적이고 기술적인 참고 문헌이 프로이트와 가장 밀접한 관계를 맺고 있음을 알기 위해서는, 제2정체화가 전개되는 프로이트 전집(G. W.) 13권 117쪽을 보면 잘 알 수 있을 것입니다.
>
> 내가 여러분에게 프로이트의 본문을 보인 직후 전개하고 있는 이 정체화 제2장르는 정체화 제3장르, 즉 욕망의 매개에 의한 타자의 정체화, 다시 말해 우리가 잘 알고 있는 히스테리 정체화와 어떠한 관계가 있겠습니까?

이런 틀 위에 라깡이 사용하는 프랑스어 구문 "A s'identifie à B"는 정신분석적인 의미에서 볼 때 "A는 B에 ~된다"라기보다는 "B에 의해 A는 ~된다"로 이해되어야 한다. 이를 한국어로 번역할 때 "~"에 들어갈 수 있는 "Identification"에 대한 번역어는 대략 세 가지 정도다. 즉 동일화(同一化), 동일시(同一視), 정체화(停滯化)가 그것이다.

홍준기는 임상적인 면과 철학적인 면에서 "동일성-동일화(同一化)"를 사용한다.[2] 이유섭은 임상적인 측면과 기호학적-언어 사회학적 측면에서 기존에 사용되어오던 "동일시"(同一視)를 선호한다.[3] 이종영은 정치인류학적인 관점과 새로운 사회로의 이행의 관점에서 "정체성(停滯化, 멈춤)에서 감수성(작동)에로"라는 구도로 접근한다.[4]

이런 정황을 볼 때, 이 글에서는 "제1장르→제2장르"와 "멈춤에서 움직임으로"의 이행이 있고, 제3장르 내부에서 기하학으로 표현되는 "↔↕ = ◇"와 "멈춤에서 움직임으로"의 역동적인 이행을 담을 수 있는 "정체화"를 Identification의 번역어로 사용한다. 참고로 나는 『동일시와 노예의지』(1999)에서는 이 용어를 "동일시"로 번역한 바 있고, 조엘 도르의 『라깡 세미나·에크리 독해』(2009)의 번역에서는 편집자의 의도에 따라 "동일화"를 사용했다. 그리고 『자크 라캉과 성서 해석: 정신분석학으로 성서 읽기』(2014)와 『자크 라캉의 세미나 읽기』(2015), 『첫사랑은 다시 돌아온다: 프로이트와 라캉의 사랑론』(2016)에서는 "정체화"로 표기했다. 이 용어는 사용하는 맥락에 따라 한국어로 다양하게 표기할 수 있다고 생각한다. 이 용어는 이것이다, 저것이다 규정하기보다 사용하는 맥락에 따라 이해하는 것이 유용할 듯하다. 그만큼 이 용어는 다각의 관점을 포괄한다고 볼 수 있다.

정체화의 하부구조는 우선 프로이트에게 빚지고 있다. 프로이트의 구

---

2 홍준기, 『오이디푸스 콤플렉스, 남자의 성, 여자의 성』(서울: 아난케, 2005).

3 이유섭, 『정신건강과 정신분석』(서울: 무지개사, 2006).

4 이종영, 『지배와 그 양식들』(서울: 새물결, 2001).

조는 "정체화 I: ~이 되다", "정체화 II: ~을 가지다", "정체화 III: 서로 ~하다"로 알려져 있다. 이에 관해 프로이트가 제시한 몇 문장을 살펴보자.

(G. W. XIII) 첫째로, 정체화는 하나의 대상과 친밀한 관계를 갖는 가장 근원적인 형태다. 둘째로 퇴행의 작용에 의해, 정체화는 대상이 자아 안으로 투입되면서 리비도적인 대상관계로 대치되는 것이다. 그리고 세 번째 양상의 정체화는 성적 충동의 대상이 아닌 한 인물과 한 공동체에 새롭게 스며든 것으로 매번 이루어질 수 있는 것이다.[5]

(G. W. XIII) 아버지에 대한 정체화와 대상으로서의 아버지를 선택하는 것 간의 차이를 하나의 공식으로서 정의하고 설명하는 것은 간단하다. 첫 번째 경우의 정체화에서 아버지는 사람들이 되고자 하는 것이고, 두 번째 경우에서는 갖고자 하는 것이다. 그러므로 그 차이를 만드는 것은 그 관계가 주체 위에 머무느냐, 아니면 자아의 대상 위에 머무느냐다.[6]

(G. W. XIII) 친밀한 공동체 안에서 생겨난 군중 개인 간의 상호적 관계가 정체화와 동일한 본성을 가졌음을 이미 소개했다. 그리고 이 공동체가 주동자에게 애착을 느끼는 관계 형태 안에서 머무는 것도 가정했다.[7]

(G. W. XIII) 아이에게 있어서의 가지다(Avoir)와 되다(Etre): "되다"는 정체화에 의한 대상에 리비도 방출을 자연스럽게 표현한다. 즉 나는 곧 대상이다. [그러나] 가지다는 더 나중에 전개된다. 즉 그것은 대상 상실 이후

---

5 Sigmund Freud, "Identification," *Essais de Psychanalyse*(Paris: PUF, 1993), 170. 여기서 "*G. W.*"는 프로이트의 사후에 작품을 연대별로 정리해서 출판한 총서 *Gesammelte Werke*(18 Bände, Nachtragsband "supplément")의 약자다.

6 Ibid., 168.

7 Ibid., 171.

그 존재에게 다시 돌아온다. 예를 들어 가슴은 자아의 한 부분인데, 나는 바로 가슴이다. 좀 더 지나서 단지, 나는 그것을 가졌다, 즉 나는 그것이 아니다.[8]

만약 소년이 아빠에게 정체화된다면 그는 아빠처럼 되기를 원한다. 만약 그가 선택 대상을 취한다면 그는 그것을 소유하기를 원한다. 전자의 경우에서 그의 자아는 아빠를 모델로 하여 변화하지만, 후자의 경우에 그것은 필요하지 않다.[9]

이어서 라깡의 구조는 "정체화 제1장르: m ← a", "정체화 제2장르: S ← A", "정체화 제3장르: S ◇ a" 등이다.

정체화 제1장르의 키워드는 편집증과 거울 단계, 1932년의 라깡의 박사 논문, 1936년 제14차 국제정신분석학회(마리엔바드), 1938년의 글(*Les Complexes familiaux*[가족 콤플렉스], *Psychose structure*[정신병 구조]) 등이다.

정체화 제2장르의 키워드는 프로이트 주석가로서의 자크 라깡, 상상적인 것(Imaginaire)에 대한 상징적인 것(Symbolique)의 우위, 이상적 자아(Moi idéal)에 대한 자아 이상(Idéal du moi)의 우위, 신경증 구조(névrose structure) 등이다. 이 시기에는 "거울 이론"이 개선된다. 즉 1936년의 거울 이론은 앙리 왈롱(Henri wallon)과 르네 자조(René Zazzo)의 전통인 반면, 1953년 광학 모델은 프로이트의 『꿈의 해석』 제7장에 그 지표를

---

8 프로이트 사후에 발견된 이 문장은 각주 형식으로 되어 있으며 프로이트가 마지막에 남긴 원고에 속한다. 이 글은 *G. W.* XVII(단편 12), 151에 수록되어 있다. 프랑스어 être, avoir, réciproque는 독일어 sein, haben, gegenseitige에 상응하는 용어다.

9 Sigmund Freud, *Nouvelles conférences d'introduction à la psychanalyse*(Paris: PUF[Folio], 1984), 89.

둔다. 여기서 라깡은 말의 행렬을 통한 상징 체계로의 진입을 "도식 L"로 표현했다.

정체화 제3장르의 키워드는 상징계의 언어에서 실재로의 진입, 시니피앙의 고리와 고리에서 생기는 의미, 환상의 구조(fantasme structure)와 도착의 구조(pervers structure) 등이다. 이는 정신분석만의 독특성을 전개하는 내용을 담고 있으며 시기적으로도 마지막에 연구되고 심화되었다.

세 장르의 정체화 구조는 라깡의 도식 L에서 그 위상을 볼 수 있다. "m←a", "S←A", "S⬦a" 등이 그것이다.

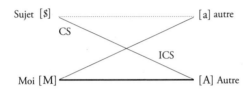

라깡식 정체화의 하부구조는 구조언어학을 수용하면서 그 짜임새가 더 확고해진다. 우선 소쉬르의 『일반언어학 강의』(1916)를 수용하면서 기의(signifié, s)와 기표(Signifiant, S)를 정신분석을 위한 기호로 변형시킨다. 그리고 여러 논문을 엮어놓은 야콥슨의 『일반언어학 이론』(1963) 제2장(1956)을 이용해 꿈의 메커니즘을 기호학으로 풀어냄으로써 꿈을 과학적으로 설명한다. 다음 식을 살펴본 후 라깡의 정체화 세 장르를 자세히 다루어보자.

$$\frac{s}{S} \text{ (소쉬르) } \rightarrow \frac{S}{s} \text{ (라깡) } \Rightarrow f(S)\frac{1}{s} \text{ (라깡)}^{[10]}$$

---

10 Lacan, *Ecrits*, 515.

2. 정체화 제1장르: 존재의 변증법

1953년 이전의 거울 단계 이론에 따르면 정체화의 구조는 거울 단계 이론과 일맥상통한다.

> 정신분석이 코기토(*Cogito*)로부터 직접적으로 유래하는 모든 철학에 우리를 대립시킨다고 말해야만 하는 경험.[11]

기표의 환유적 특성은 정체화 제1장르를 설명하는 함수를 통해 쉽게 이해된다. 야콥슨의 말대로 통합축(syntagmatique)에서 발견되는 기표는 공시축(paradigmatique)에서도 이해된다. 이것이 기표의 이중 기입이다. 아래의 함수는 이중적인 기표의 성질 중 환유적 특성을 보여준다. 라깡은 정체화 제1장르 "m←a"에 따른 환유적 기표의 기입과 흐름, 전치를 표현하는 공식을 다음과 같은 함수로 표현한다.[12]

$$f(S)\,\frac{1}{s} \implies f(S \ldots S')S \cong S(-)s \cong \frac{S}{s}$$

정체화 제1장르는 라깡의 박사 논문 사례인 에메의 경우에서 쉽게 이해할 수 있다. 이 논문을 통해 라깡은 리비도 고착과 동성애, 우울증과 편집증의 구조, a = a′의 동일성 연구에 박차를 가한다.

라깡의 박사 논문 제목이 보여주는 것처럼 라깡은 이 단계를 편집증적으로 이해하고 그 구조를 도식으로 표현했다. 그 구조를 에메의 사례

---

11   Ibid., 93.
12   Ibid., 515.

를 예로 들어 간단하게 정리하면 다음과 같다.

그녀(에메, a)는 언니(동성애 대상, a′)를 사랑한다. [~양가감정~] 그러나 그녀(a)는 언니(a′)를 사랑하지 않고 미워한다. 그녀(a)가 사랑하는 것은 남편(반대의 성, b)이다. 하지만 남편(b)은 그녀(a′)를 사랑한다. 그러므로 그녀(a)는 언니(a′)도 남편(b)도 사랑하지 않는다. 결국 그녀(a)는 그녀 자신(a)을 사랑한다.[13]

리비도가 고착된다는 것은 라깡식으로 말하면 "상상적 매듭"이 형성된 곳이 존재하고 그곳에서부터 정체화 I 구조가 진행된다는 의미다. 라깡은 광기(la Folie)의 본성을 다루면서도 광기가 이 세상의 무질서를 깨닫고 방황하는 것이라는 유의 낭만적인 서술을 하지 않는다. 그는 광기가 현실(l'actualité)과 허상(la virtualité) 간의 무질서를 알지 못하고, 그 차이점을 인식하지 못하는 데서 비롯되는 것이라고 단언한다. 그리고 그런 유형을 일정한 틀로 묶어주는 것이 바로 정체화 I 구조다. 그래서 광인은 자아의 최초 형태 또는 원 자아(Ur-bild)의 동력 안에 사로잡혀 있다고 표현된다. 이는 곧 광인이 정신병 구조를 갖고 있다는 뜻이다.

아이들의 초기 놀이인 숨바꼭질(숨는 행위)에 현실적 가치를 부여한 것은 심리적 세계의 질서에서 프로이트가 해석한 가장 빛나는 직관의 표현 중 하나다. 모든 사람이 그것들을 볼 수 있었지만, 그 누구도 프로이트 이전에는 그들의 반복된 특성 안에서 모든 유형의 분리를 겪는 아이 또는 젖떼

---

13 [ ] 안의 내용은 덧붙인 것이다.

기 아이가 행하는 자유 반복을 이해하지 못했다.[14]

3. 정체화 제2장르: 소유의 변증법

1953년 이후의 광학 모델과 "도식 L"은 말(parole)의 세계 속에서 보이는
주체에 관한 것이 된다. 거울 단계는 일련의 과정으로 전개된다. 우선 실
재 대상(a=autre)이 빛에 의해 사람의 눈에 허구 대상(a´=autre´)이 되어
들어온다. 이때 허구 대상은 허구 영상(i´[a]=image´[autre])으로 각막에
맺힌다. 그리고 이 영상은 사람에게 실재 영상(i[a]=image[autre])으로 남
게 된다. 라깡은 "뒤집힌 꽃다발 경험"을 설명하면서 사물의 인식 과정,
기억 과정을 설명한다.

> 이 박스는 여러분의 신체를 지칭한다고 말하고 싶다. 꽃다발은 욕동[충
> 동]과 욕망, 욕망의 대상이다. 그리고 그 냄비[오목거울]는 무엇인가? 그
> 것은 신체의 껍질일 것이다.[15]

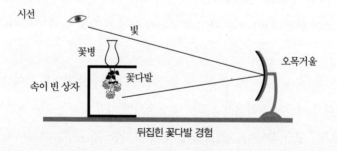

뒤집힌 꽃다발 경험

---

14 Jacques Lacan, "Propos sur la causalité psychique"(1946), *Ecrits*, 187. 라깡은 이 글을
    Sigmund Freud, "Jenseits des Lustprinzips," *Essais de psychanalyse*, 49-56에서 인용한다.

15 Jacques Lacan, *Les écrits techniques de Freud*(Séminaire I[1953-54], Paris: Seuil, 1975),
    94.

이는 아우구스티누스의 『삼위일체론』 등에서 이미 기억의 과정으로 설명된 것이다. 그러나 라깡은 기억 이론과는 달리 이미지를 통해 내투되는 기표의 이중 기입을 말하면서 앞서 살펴본 환유적 기표에 이어 은유적 기표를 펼쳐 보인다.

탁구공은 탁구공입니다. 그러나 탁구공은 하나의 시니피앙이 아니라 대상입니다. 이것에서 다음과 같이 말해보겠습니다. 즉 이 소문자 a는 소문자 a입니다. 공이 사라지는 순간을 나는 명백하게 봅니다. 이렇게 사라짐 없이는 내가 제시하고자 하는 것을 표현할 방도가 더 이상 없습니다. 또한 이미지 형성도 되지 않을 것입니다. 공이 언제나 거기에 있다면 나는 그것을 뚫어지게 보다가 강경증에 걸리게 될 것입니다.[16]

탁구공이 사라지고 난 후, 환유적 기표 형태로 탁구대 위에서 노닐던 탁구공이 사라지고 난 후, 나의 탁구채를 피해 지나간 그 탁구공은 실점이라는 위기로 다가온다. 이때 탁구공은 나에게 은유적 기표가 된다. 라깡은 은유적 기표 또는 은유적 억압을 다음과 같은 함수로 표현한다.[17]

$$f(S)\frac{1}{s} \Rightarrow f(\frac{S'}{S})S \cong S(+)s \cong \frac{S}{s}$$

공의 사라짐과 나타남의 반복, 이는 기표(시니피앙)의 이중 기입에 관한 예로서 반복을 통해 기표의 차이가 발생한다는 것을 보여준다. 그래

---

16 Lacan, *L'identification*, 1961년 12월 6일 강의.

17 Lacan, *Ecrits*, 515.

서 이 기표에서는 동일성이 성립되지 않는다(a≠a).

결국 a와 a의 이중적 얽힘, a와 a의 이중주는 풀어야 할 매듭이요 차이일 뿐이다. 이 지점은 인간 경험에서 나타나는 "반복의 자동성"이 비롯되는 곳이다. 분석은 바로 이 지점에서 시작된다. 분석에서 나타나는 반복은 기의가 아니라 기표가 갖는 유일무이한 특징(Trait unaire, Einziger Zug)에 관한 경험이다. 따라서 분석은 이 반복을 중요하게 다룬다.

라깡은 정체화 제2장르를 이해하기 위한 사례로 클라인(Mélanie Klein, 1882-1960)의 "딕"을 내세운다. 라깡은 클라인의 사례를 설명해가면서 상징계 편입 여부에 대한 이견을 나타내 보인다. 즉 a≠a에서 비롯되는 신경증 구조(névrose structure)와 상징계(Symbolique)의 구조를 제대로 설명한 것이다.

클라인이 관찰한 "딕"이란 아이는 자기 주위의 대상 대부분과 장난감들 앞에서 그것들의 의미와 기능을 포착하지 못한 채 "무관심하게" 행동한다. 반면 기차, 정거장, 문손잡이, 문의 닫힘과 열림에 흥미를 보인다. 클라인이 딕에게 장난감을 주었을 때 아이는 두 개의 기차, 즉 그가 "아빠 기차"라고 부르는 큰 기차, "딕 기차"라고 부르는 작은 기차를 잡았다. 계속해서 딕은 클라인이 "딕"이라고 불렀던 기차를 잡았다. 그리고 창가까지 그것을 굴리고 가서는 "역"(驛)이라고 말한다. 클라인은 아이에게 "역, 그건 엄마야. 딕은 엄마에게 들어간다"고 설명했다. 그러자 아이는 즉시 그것을 놓고 방의 내부 문과 외부 문 사이까지 달려가 서서는 "어둡다"라고 말하면서 문을 닫았다. 그는 이 행동을 여러 번 "반복"했다.[18]

---

18 Mélanie Klein, "L'importance de la formation du symbole dans le développement du moi"(1930), *Essais de psychanalyse*(Paris: Payot, 1965).

이런 관찰을 통해 클라인은 다음과 같이 해석한다.

그(딕)는 엄마의 신체에서 페니스에 특별한 관심을 두기 시작한다. 문과
자물쇠는 엄마의 신체를 드나드는 입구와 출구를 표상한다. 반면에 문의
손잡이는 아빠의 성기와 자기의 성기를 의미한다. 그러므로 상징적 형성
을 멈추게 했던 엄마의 신체에 대한 통찰 이후, 아빠의 성기를 검토하는
데 두려움을 갖는다.[19]

이 분석 덕분에 클라인은 환상화된 주체의 실존과 접촉하고, 특히 딕
의 무의식에 접근하게 된다. 그 결과 그녀는 "정신착란과 편집증, 편집증
단계에 선행하는 정신착란 단계는 나르시시즘적 단계에 고착된다"[20]라
는 프로이트의 가정에 동의하게 된다. 이 단계에서 나타난 딕의 두려움
이 상징계에 진입하는 과정이라고 본 것이다. 그러나 라깡은 딕의 사례
를 다르게 해석한다.

근심은, 프로이트가 늘 그것을 질(質) 또는 주체의 색깔이라고 형상화했
듯이 함축된 말이고 신호다. 그런데 이 근심은 이 주체에게 나타나지 않
는다. 딕은 상징적 단계로 향하는 정체화 제1장르에 도달할 수가 없다. 매
우 역설적이긴 하지만, 그는 현실 세계에 직면해 있고, 현실 속에 살고
있다. 딕이 상담받는 클라인의 사무실에는 타자도 자아도 없고, 다만 순수
하고 단순한 현실만이 있을 뿐이다. 내부 문과 외부 문 사이의 틈은 엄마

---

19 Ibid., 268.
20 Ibid., 277.

의 신체다. 이는 이름 붙일 수도, 이름 불릴 수도 없는 어떤 것이다.[21]

    딕에게는 아직 정체화 제1장르도 작동이 원활하지 않기에 다음 단계로 이행할 수 없다. 라깡은 이런 판단 기준을 정체화 제1-2장르 이론에 두고 "멜라니 클라인에게는 상상 이론도, 에고 이론도 존재하지 않는다. 현실의 한 부분이 상상적이고 또 다른 부분이 실제적이라거나 또는 그 반대로 현실의 한 부분이 실제적이라거나 다른 한 부분이 상상적이라는 개념을 도입하고 이해하는 것은 바로 우리들이다"[22]라고 말한다.

    그렇다면 라깡의 말대로 클라인에게는 라깡식의 정체화 이론이 부재하는가? 딕의 두려움은 클라인의 말처럼 상징계에 진입하면서 나타나는 것인지, 라깡의 견해처럼 상상계에도 진입하지 못해서인지, 이 사례를 잘 모르는 우리로서는 누구의 편을 들어야 할지 알 수 없다. 하지만 클라인과 라깡은 분명하게 이 단계에서 저 단계로의 이행이 있고, 그 시점에서 발견되는 것이 있다는 데는 모두 동의한 듯하다. 클라인의 사무실 공간에서 일어난 사건에 관한 이런 논의는 주로 기호학적인 측면에서 다루어졌다.

4. 정체화 제3장르: 소통의 변증법

라깡은 기호학을 이용해 앞서 다룬 두 장르의 정체화를 설명했다. 그러나 이제는 구도를 바꾸어서 두 원을 이용한다. 라깡은 제1장르의 환유적

21 Lacan, *Les écrits techniques de Freud*, 82.
22 Ibid., 97.

기표와 제2장르의 은유적 기표를 연결해 기표의 이중 기입이란 문제를 대두시킨다.

나는 그것[두 원 간의 관계]을 여러분께 해설할 것입니다. 하나는 만원(滿圓)이고, 또 하나는 허원(虛圓)인데, 후자는 욕망과 어떤 관계를 갖습니다. 여러분은 이 두 원을 통해 원의 기능을 배우게 될 것입니다. 만원은 연속적으로 회전하면서 요구들[내부와 외부를 둘러치는 원들]을 통합하고 이와는 달리 허원은 욕망[내부와 외부 사이를 관통하는 원]을 보여줄 것입니다. 허원에는 환유적 대상인 오브제 아와 관계있는 무엇인가가 있습니다.[23]

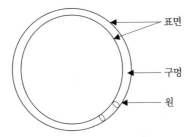

꽉 찬 원(cercle plein): 내부와 외부를 둘러치는 원들의 통합

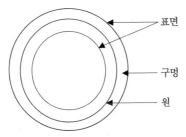

텅 빈 원(cercle vide): 내부와 외부를 관통하는 원[24]

---

23   Ibid., 1962년 3월 7일 강의.
24   Ibid.

이 그림들은 내부와 외부에 있는 두 원으로 표현되는 꽉 찬 원과 텅 빈 원을 보여준다. 그리고 이들의 관계는 집합론을 전개한 수학자 오일러의 이론을 통해 설명된다. 제3장르를 다루는 라깡이 관심을 두는 것은 이 두 원의 교차점이다. 이 교차점은 환상 방정식이라 부르게 되는 메커니즘이 발생하는 곳이다.

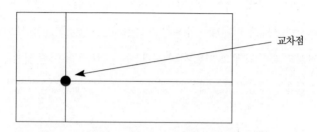

속이 꽉 찬 원과 속이 빈 원 간의 교차점, 한 점에 모이는 네 개의 점

라깡은 오일러의 집합론을 이용하여 이 교차점을 설명한다. 이 지점은 합과 교 이후에 나타나는 "대칭적 다름"이다.

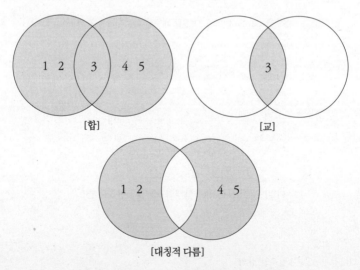

교차점과 오일러의 원, 두 원 간의 합, 교, 대칭적 다름

라깡은 오일러의 집합론을 통해 1962년 4월 11일 강의에서 자신이 고안한 "거꾸로 된 8"을 설명한다. 여기서 "대칭적 다름"의 교차점은 의식과 무의식이 함께 작용하고, 환유와 은유가 더불어 움직이는 "실재"(Réel)를 보여준다.

> 만약 오일러가 이 원을 사용하는 대신, 오늘 내가 여러분께 소개할 "나의 거꾸로 된 8"(Mon huit inversé)을 사용한다면, 무슨 일이 일어나겠습니까? 자신들을 포함하는 전체들은 전체라고 규정될 수 없습니다. 전체에 포함되는 전체는 전체로서 인정될 수 없습니다.

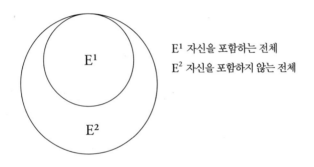

E¹ 자신을 포함하는 전체
E² 자신을 포함하지 않는 전체

여기서 내부의 원(E¹)은 외부 원 전체로부터 제외된다. 즉 "거꾸로 된 8 = 내부의 원(E¹)"은 외부 원으로부터 제외된다. 이것은 합집합의 기능에도 기여하지 않고, 교집합 기능에도 사용되지 않는다. 그것은 외부 원을 반영할 수 없다. 그러나 E¹과 E²의 접촉 지점이 중요한 역할을 한다. 이는 마치 제비가 물을 스친 후 박차고 오르듯이, 제비가 물에 빠진 것도 아니요 물에 닿지 않은 것도 아닌, 경계선 위에서 일어나는 일을 설명해 준다.

두 원 안에는 역설이 존재할 뿐이다. "교차 영역[E¹과 E²의 접촉 지점]

은 동시에 두 원과 관계되지만 두 원의 관계를 벗어나는 곳인데, 바로 이곳이 비영역(non-champ)이다."[25] 외부 원의 선은 상호 연관되는 내부 원의 선 안으로 연장된다. 이 내부 원은 외부 원에 의해 구성되는 경계(Limite)에 닿는다. 이 경계에 시니피앙의 기능이 자리하는데, 다른 원환면의 구멍을 통과하는 원들 안에서 그들의 상응성 또는 두 원이 문제시되는 곳이 바로 여기다. 라깡은 이 경계를 "차이의 자동성"이라 부른다.

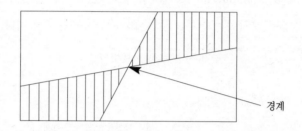

경계

E¹과 E²의 접촉 지점인 경계의 본성은 스스로를 취하고, 자기 스스로에게 정체되는 것이다. 이 경계는 외부 원과 내부 원을 분리하는 거리가 되는 동시에 결합하는 지점이 된다. 이 경계는 자신에 관한 고찰을 하지 않는다. 경계는 열리는 순간 닫힌다. 라깡은 크로스-캡(Cross-cap) 또는 마름모(Poinçon)로 이 경계를 가리킨다. 왜냐하면 이것은 논리적 기호 또는 마름모의 상징인 〈, 〉, ∧, ∨으로 나타나기 때문이다. 다르몽은 마름모(◇) 기호를 다음과 같이 설명한다.

만약 두 원이 주체와 대타자를 표시한다면, 교집합 지역은 대상이 원환면 둘레를 어떻게 빠져나갈 것인가를 보여준다. 바로 거기에서 교집합 분야

---

25 Ibid.

처럼 마름모꼴에 대해 가능한 첫 번째 강독이 이루어진다.

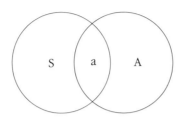

이 이중 고리는 오일러의 원에 대한 라깡의 기하학적 변형 작업의 결과다. 이것은 자신과 다른 시니피앙의 잘림, 또는 대상 회전으로 만들어지는 요구의 잘림을 보여주지만 이 요구에 관계된 욕망에 의해 이중화된다. 원환면에서 잘림은 어떤 대상도 포위하지 않고, 크로스-캡 위에서 이 잘림은 이중 고리에 의해, 즉 주체 S 또는 오브제 아가 이루는 뫼비우스의 띠 표면에서, 생긴 잘림과 분리된다.[26]

이 잘림은 한편으로 뫼비우스의 띠와 유사하게 상상할 수 있는 비대칭적 표면이고, 다른 한편으로 상상할 수 없는 대칭적 표면이다. 마름모의 열림과 닫힘을 관찰하는 것이 중요하다. 조엘 도르는 표현하기 불가능한 이 점을 "선 밖의 점"(le point hors ligne)[27]이라고 불렀다. 라깡은 수수께끼 같은 잘림의 본성을 다음과 같이 설명했다.

그러므로 잘림의 기능과 그것이 예로서 보여주는 것은 그 본성과 기능이

---

26 Darmon, *Essais sur la topologie Lacanienne*, 255-56.
27 Joël Dor, *Introduction à la lecture de Lacan, tome 2. La structure du sujet*(Paris: Denoël, 1992), 215.

우리에게 완전히 수수께끼 같은 표면을 나누면서 생긴 면이다. 우리가 그 표면을 공간에 위치시키기란 어려운 일이며, 그 표면은 내가 방금 거울상에 나타난다고 말했던, 즉 거울상의 영상에 환원되지 않는 그런 특유한 기능으로 나타난다. 그 표면의 모든 특성을 나타내면서도 그 면은 거울상에 나타나지 않는다.[28]

환상 방정식 덕분에 라깡은 "외부 영역과 언제나 동질인 내부 영역의 가능성"[29]을 확신한다. 주체는 대타자로부터 오는, 사라지는 시니피앙의 결과다. 그 결과 주체는 "선 밖의 점"표면 위에 그의 흔적을 남기지 않는다.

라깡은 이미 정체화 제3장르를 통해 환상적 정체화를 설명한다. 환상의 구조를 표기하는 a◇a는 "정체화" 세미나 이후 1966-67년에 다루게 된다. 주체의 환상적 형태를 전개하기 위해, 라깡은 프로이트의 세 본문에 집중한 네 번째 세미나에서 "욕망에 대한 전복적 노선"을 검토한다.[30] 여기서 프로이트의 세 본문은 "성적 도착의 기원에 대한 인식에의 공헌, 매 맞는 아이"(1919), "여성 동성연애자의 심리 기원에 대하여"(1920),[31] "히스테리에 대한 분석 단편(도라)"(1905) 등이다.[32] 이 "대상과의 관계" 세미나에서 라깡은 "도식 L"에 표현된 "S-A" 관계

---

28 Lacan, *L'identification*, 1962년 6월 6일 강의.

29 Ibid. 1962년 4월 11일 강의.

30 Jacques Lacan, *La relation d'objet et les structures Freudiennes*(Séminaire IV[1956-57], Paris: Seuil, 1994), 95-147.

31 앞의 두 저서(1919, 1920년)에 관한 참고 문헌은 다음과 같다. Sigmund Freud, *Névrose, psychose et perversion*(Paris: PUF, 1973), 245-70.

32 Sigmund Freud, *Cinq psychanalyses*(Paris: PUF, 1992), 1-91.

를 부연한다. 여기서 라깡은 한편으로 프로이트의 본문을 해석하는 방식을 보여주면서, 또 다른 한편으로는 구멍 난 대상에 관한 생각을 보여준다. 그가 예로 드는 사례는 프로이트의 "도라"와 "여성 동성연애자"다. 이를 통해 라깡은 환상 방정식 문제를 해결한다.

"여성 동성연애자의 심리 기원에 대하여"에서 프로이트는 고위층의 자녀이며, 적어도 열 살 위의 여인을 사랑하는 "18세 소녀의 경우"를 우리에게 들려준다. 그 부모는 딸이 그 여자를 만나지 못하게 하지만 "어떤 금지도, 어떤 감시도, 소녀가 그 여인이 어디 있는지 찾거나 그녀의 습관을 알아내는 것을 방해하지 못한다. 좀 더 적극적인 행동으로는 그 소녀가 그 여인의 집 앞이나 전철역에서 기다리거나 그녀에게 꽃을 보내는 것이 있다."[33] 소녀의 부모는 자기 딸이 또래의 소년들에게 관심을 두지 않는다는 점은 전혀 고려하지 않는다. 어느 날 길거리에서 소녀의 아빠는 이 부인과 동행하는 자기 딸과 마주치고는 노려보면서 지나갔다. "그 즉시 소녀는 동반자의 팔을 뿌리치고는 난간을 넘어 아래쪽 도시 철도 길로 뛰어들었다."[34] 그런데 "회복된 후, 소녀는 이전보다 더 자기 욕망에 부합하는 상황을 찾게 되었다."[35]

프로이트는 그 소녀가 자기 남동생에게 강한 애정을 가진다고 보았다. 프로이트는 이것을 "엄마가 되어 아이를 갖고 싶어 하는 강한 욕망"이라고 해석한다.[36] 이 욕망은 자기 엄마가 아빠의 아이를 가짐으로써 현실화된다. "남자의 성을 가진 아이를 갖고 싶다는 욕망은 그녀에게

---

33 Freud, *Névrose, psychose et perversion*, 246.

34 Ibid.

35 Ibid.

36 Ibid., 254.

확실히 의식적인 것이 된다. 그것은 아빠의 아이가 되어야 하고 그의 형상을 따라 만들어져야 한다. 그러나 아이를 가진 것은 자신이 아니라 무의식적으로 그녀가 미워하는 경쟁자, 바로 엄마다. 분개하고 기분이 상한 소녀는 좁게는 자기 아빠에게, 넓게는 남자로부터 관심을 돌린다. 이 첫 번째 크나큰 실패는 그녀가 자기의 여성 됨을 포기하게 하고, 다른 곳으로 자기 리비도를 돌려 대상을 찾게 했다."[37]

아이를 갖고자 하는 욕망을 추진하면서 "소녀는 남자로서의 역할을 하게 되고 사랑의 대상으로서 아버지의 자리에 엄마를 놓는다." 소녀에게 엄마가 문제시되는 이유는 엄마와 양가 감정적 관계를 맺고 있기 때문이다. "동성연애자가 되면서, 소녀는 자기 엄마에게 남자들(아버지를 포함하여)을 양보하며 그때까지 엄마에 대해 품었던 미움과 증오의 마음으로부터 탈피하게 된다."[38]

여성 동성연애자의 경우를 대하면서 라깡은 두 가지 요소를 겨냥한다. 아빠의 아이 갖기 실패, 그리고 자살 시도다. 라깡은 동성연애의 직접적 요인으로 첫 번째 요소를, 첫 번째 요소의 현상으로서 두 번째 요소를 지적한다.

딸은 아빠에 대하여 확실히 공격적입니다. 자살 시도는 말하자면 자기와 밀접한 대상이 자신을 거부함으로써 초래되는 일련의 실망감 때문에 생겨납니다. 그래서 반공격성의 현상, 진정한 놀이 대상의 단계에서 성급하게 환원이 문제시되는 것을 상징적으로 만족하게 하는, 초기에 주어진 일

---

37 Ibid., 256.
38 Ibid., 257.

종의 모든 상황의 붕괴와 연계된, 아빠에 맞선 공격의 주체에게로 되돌아오는 것이 문제시됩니다.[39]

라깡은 "욕망의 대상에서 기인한 실망이 완전히 위치 전환될 경우 중 하나가 문제시되기 때문에"[40] 그의 생각의 토대를 아빠의 아이 갖기 실패에 둔다. 그리고 "근본적 위기" 이후에 소녀는 사랑의 대상으로 여자를 선택한다. 라깡은 이 관계를 "상징적"이라고 부른다.

제도, 준거 그리고 봉사 같은 사려 깊고 상징화된 사랑의 관계의 가장 높은 수준에서 젊은 소녀와 여인의 관계가 설정됩니다. 단지 감수하는 태도가 아니라 한편으로 만족을, 또 다른 한편으로 불만족을 겨냥하는 사랑입니다. 이 질서 안에서, 대상과의 관계에서 부재의 구성이라는 이상적 사랑은 펼쳐질 수 있습니다.[41]

라깡은 동성애 관계에서 구멍 난 대상을 관찰하고 "그 여인에게서 (소녀가) 찾는 것은 그 소녀에게 결여된 무엇입니다. 그녀 저 너머에서 찾는 것은 모든 리비도적 구조의 중심적인 대상, 즉 팔루스입니다"라고 말한다.[42] 프로이트는 소녀에게서 위치의 전이를 제대로 발견했지만, 라깡은 팔루스적 대상 a의 본성을 찾았다. 만약 여성 동성연애자의 경우에 "환유적 기능"이 문제시된다면 도라의 경우에 문제는 반대로 "은유

---

39 Lacan, *La relation d'objet et les structures Freudiennes*, 106.

40 Ibid., 105.

41 Ibid., 109.

42 Ibid., 110.

적 기능"에 관계된다. 왜냐하면 K 씨와 그 부인은 도라에게 은유이기 때문이다. "K 부인은 도라가 거주해야 할 곳을 찾지 못하고 있다는, 이 상황을 인식하지도 깨닫지도 못하고 있음을 보여준다."[43] 도라는 그녀 자신에게 부재하는 것에 정체화된다. "도라는 어디에 위치해야 하며, 어디에 자신이 존재하며, 무엇에 봉사해야 할지, 사랑이 무엇에 소용이 있는지를 알지 못한다."[44] 도라에 의해 겨냥된 위치는 K 부인과 아버지의 위치다. 모두는 하나의 대상에 정체화된다. 그 대상은 무엇인가? "K 부인은 도라의 아빠가 도라 저 너머로 사랑할 수 있는 무엇으로 나타난다. 도라는 이 무엇에 집착한다. 그것이 무엇인지 모르는 한도에서 도라는 타자 속에 아빠에 의해 사랑받는 그 누구에게 밀착되어 있다."[45] "이 무엇"이란 무엇인가? 이것은 팔루스 Φ다. 이 대상은 +, -, +, - 또는 ⟨, ⟩로 표현된다.

팔루스는 상상의 단계에도 나타나지 않는 무엇이고, 거울상의 영상으로부터 잘리고 단절된 것이다. 즉 그것은 "오브제 아가 부재하는 자리에 나타난다."[46] 라깡은 다음과 같이 오브제 아의 본질을 정의하고, $i(a)$와 $i'(a)$ 간의 알력을 발견한다.

환상 안에서 욕망의 매개인 오브제 아는 사람에게 욕망의 영상을 구성하는 것 속에서 보이는 것이 아닙니다. 오브제 아의 나타남, 이것은 욕망의

---

43 Ibid., 141-42.

44 Ibid., 146.

45 Ibid., 141.

46 Jacques Lacan, *L'angoisse*(Séminaire X[1962-63], Paris: Seuil, 2004), 1963년 1월 16일 강의.

시작(*Initium*)입니다. 바로 여기에서 허구 영상(i´[a])은 환각(prestige)을 얻습니다. 그러나 인간이 자기 욕망의 대상이 있다고 믿는 것에 접근할수록, 그는 이 욕망의 대상 안에서 거울상의 영상을 묘사하는 것에서 우회하고 탈선합니다. 그가 진지할수록, 이 욕망 안에서 거울상의 영상이 이 꽃병의 완전한 모양을 보호, 유지, 그리고 보존하려 합니다. 우리가 빈번히 대상과의 관계에서 완벽한 노선이라 부르는 것에 동참할수록 그는 더욱더 미궁으로 빠집니다.[47]

주체는 누구인가 하는 질문보다 주체는 어디에 있는가 하는 질문이 정신분석에 부합한다. 이에 관해 라깡은 "사람은 대타자 안에 자리한 한 지점에서 자기 집을 발견합니다. 그 이미지 너머에서 우리는 만들어지며, 이 자리는 우리가 존재하는 곳으로서 부재를 묘사합니다"[48]라고 말한다. 그 지점은 "욕망의 지점 또는 불안의 지점"이라 불리는 오브제 아다.[49] 우리는 오브제 아를 육안으로 볼 수 없다. 라깡은 두 눈과 구별하면서 "제로 지점"이라 불리는 "제3의 눈, 환상"을 말한다.[50] 제3의 눈은 대타자의 단계에 있고 결함은 무의식의 영역에 있다. 라깡은 다음과 같이 어머니와 아이의 관계를 들어 오브제 아의 본성을 간단하게 설명한다.

어머니의 신체 구조, 이것은 오브제 아가 아이의 기관에서 분리된 대상임을 우리에게 보여주는 인체학에 대한 고찰로 구조화된 것입니다. 이 단계

---

47 Ibid., 1962년 11월 28일 강의.
48 Ibid., 1962년 12월 5일 강의.
49 Ibid.
50 Ibid., 1963년 5월 15일 강의.

에서 엄마와의 관계는 오브제 아가 분리되는 기관적 전체성과의 관계에 의해 고립되고 묘사되는 본질적인 관계입니다. 이 대상으로부터 고립된 것처럼 엄마와의 이 관계, 부재와의 관계는 욕망의 관계 안에서 가능한 것처럼 부분적 대상과의 분별이 작용하는 자리 너머에 위치합니다.[51]

또한 라깡은 오브제 아를 철학적 전통 안에 도입한다.

변증법의 잔류로 작용하는 오브제 아를 정의하기 위해서는 예전과 다르고 우리가 아는 것과도 다른 욕망의 분야 안에서 취급해야 합니다. 즉 넓게 보아서 시각 범위 안에서 떠오르는 어떤 단절이고, 전통적인 철학으로 이미 자리 매겨지고 의식의 틀 아래서 칸트에 의해 결합된 근본적 확신이라는 특성을 되찾는 곳이 바로 이 대상입니다. 우선 오브제 아라는 틀은 정언적 명령의 형식 아래 지금까지 수수께끼같이 나타나는 것을 자리매김할 수 있도록 허락해줍니다.[52]

불안은 그러므로 오브제 아 앞의 불안이다. 그 결과 불안은 향락의 신호이자, 오르가슴의 신호로 이해된다. 불안을 만드는 것은 (욕망의 주체가 사망했다는 측면에서) 향락에 근접함을 뜻한다. 오브제 아의 출현에서, 아이를 불안하게 하는 것은 엄마의 젖의 부재가 아니라 그것의 다가옴이다. 라깡의 불안 개념은 세미나 "불안"에서 사고의 진화 단계를 거친다. 왜냐하면 초기에 그는 그것을 대타자의 욕망(le désir de l'Autre)으

---

51 Ibid.
52 Ibid.

로 표현하고, 나중에는 대타자의 욕망의 부재라고 강연하기 때문이다. 대타자의 욕망 안에는 신비가 있다. 라깡이 환상을 무의식의 주체와 오브제 아 간의 관계로 이해하듯이, 그는 대상의 있음과 그것의 부재 간에 상관성을 발견한다. 라깡은 그것을 상호관계(interrelatif)라고 부르고 나는 그것을 상호적 정신분석의 방법, 정신분석적 상호성의 방법(Interpsychanalitique 또는 Interpsychanalisé)적인 구멍으로 묘사한다. "향락에 욕망이 부재(béance)하다는 것은 향락과 욕망 간에 발생하는 불안이 자리함을 의미한다."[53] 그 결과 라깡은 우리에게 "구멍투성이"[54]의 실재(le réel)를 보여준다.

나가는 말

1962년 여름에 마친 라깡의 "정체화" 세미나는 "불안" 세미나(1962-63) 앞에 서 있다. 불안은 언제나 오브제 아 앞의 불안이다. 오브제 아 앞에서 주체는 늘 소외된 주체($)다. 1960-61년 "전이" 세미나에서 라깡이 새롭게 제시한 오브제 아는 1961-62년에 새롭게 강조된 Autre, $와 함께 기호학적이며 평면적인 도식 L의 내용을 더 풍부하게 한다. 그리고 새롭게 도입된 기하학(Topologie)은 3차원적인 측면에서 정신을 설명한다. 라깡은 정신분석 담론을 전개할 수 있는 기호학을 정리하는 데 박차를 가하면서도 기하학이라는 새로운 영역을 보여주었다. 그는 정신의 구조를 셋으로 정리함으로써, 프로이트가 1921년 "제7장 정체화"에서 불완

---

53 Ibid., 1963년 3월 13일 강의.
54 Ibid.

전하게 남겨둔 부분을 보충하고 재정립하는 데 기여했다. 이를 통해 임상의 3구조인 신경증-정신병(정신증)-도착증을 이해할 수 있는 틀을 제공했다. 우리는 이제 라깡이 프로이트의 주석가에서 라깡 자신만의 사유로 나가는 모습을 확실하게 보게 된다. 무엇보다 "거꾸로 된 8" 개념은 1966-67년의 "환상의 논리"에서 말하게 될 ◇를 미리 정리한 것이었다.

이처럼 기호학에서 기하학으로 옮기면서 자신의 이론을 설명하기 시작한 라깡은 솔직히 이해하기가 쉽지 않다. 그 결과 정신을 너무 구조화시킨다거나 무분별하게 다른 학문의 개념을 사용한다는 지적이 일어나기도 한다.[55] 하지만 라깡의 이런 노력은 주체가 무엇이고 누구인가에 초점을 맞추는 우리에게 커다란 스캔들이며, 주체는 어디에 어떤 방식으로 있는가를 보고자 하는 사람들에게는 하늘이 준 기회다. 이런 의미에서 라깡을 둘러싼 평가에는 언제나 어긋난 주장이 존재할 수밖에 없다고 생각한다.

---

55   앨런 소칼, 장 브리크몽(이희재 옮김), 『지적 사기: 포스트모던 사상가들은 과학을 어떻게 남용했는가』(서울: 민음사, 2000).

제3부

라깡과 성서

5장
라깡의 오브제 아와 신약성서의 예수 이름[1]

들어가는 말

이번 장의 내용은 「라깡과 현대정신분석」(7권 2호)에 게재된 "라깡과 종교"에서 이어진다. 여기서 우리는 종교에 관한 라깡의 입장에 착안하여 개신교 신학 체계와의 만남을 모색하고, 이어서 성서에 나오는 시니피앙으로서 "예수의 이름"을 분석할 것이다. 우리가 사용할 도구는 라깡의 "장막 도식"과 "도식 L" 및 "오브제 아"다. 이 도구들은 욕망과 욕동 개념을 잘 설명해준다.

　기독교에서 계시신학과 자연신학은 양대 축으로서 명맥을 이어왔다. 둘 중 어느 축도 버릴 수 없는 서구 신학에서 양자의 접점은 늘 문제가

1　이번 장은 협성대학교 분석심리학회(2005.12.8.)와 2006년 한국라깡과현대정신분석학회 정기(전기) 학술 대회(2006.6.3., 전북대학교 의과대학교)에서 발표한 내용을 보완하여 다음과 같이 학회지에 실었고 이번에 좀 더 다듬었다. 강웅섭, "라깡, objet *a*, 예수 이름", 「라깡과 현대정신분석」 8권 1호(2006.8). 이 글의 주제어는 라깡, 오브제 아, 예수의 이름, 장막 도식, 도식 L/Z, 물(Lacan, objet *a*, Jésusonoma, Schéma du voile, Schéma L/Z, La Chose, Das Ding) 등이다.

되어왔다. 이 접점은 전통적으로 유비의 방법이나 상관의 방법으로 설명되었고, 정신분석에서는 그 지점을 환상의 논리, 보로메오 매듭, 만원과 허원의 만남 지점인 거꾸로 된 8로 명명하고 그 성격을 해석해왔다. 특히 이 지점은 모사 개념을 담고 있는 "오브제 아"(objet *a*)를 통해 잘 설명된다. 오브제 아는 어떤 것 자체는 아니지만 그 주위를 맴도는 것, 그것 자체는 아니지만 그것에 접근하도록 하는 힘이 있는 어떤 것이다.

"예수의 이름"은 공생애 사역을 하신 나사렛의 예수가 승천한 후, 제자들이 사용한 기호다. 이 글에서는 이것을 부분적이지만 유일한 시니피앙으로 이해한다. 즉 공생애의 예수가 했던 모든 것을 담을 수 있는 시니피앙으로 이해되는 "예수의 이름"은 신앙인과 하나님을 만나게 하는 도구로 사용된다. "예수의 이름"은 그 시니피앙의 등장 위치에 따라 의미가 결정된다. 왜냐하면 매 상황에서 "예수의 이름"이라는 시니피앙이 사용되는 곳에는 무의식의 주체로서 신앙이 등장하기 때문이다. 또한 여기서 이 신앙인은 율법에 의해 감금된 자아가 아니라 복음에 의해 해방된 참된 자신이기 때문이다.

「라깡과 현대정신분석」(7권 2호)에 게재된 나의 논문 "라깡과 종교"는 라깡의 글에 나타난 "종교 담론에 관한 시니피앙"을 분석한 글이었다. 그 글이 종교 전반에 관한 구조적인 접근을 보여주었다면 이번 글은 성서에 나타난 시니피앙 "예수의 이름"에 라깡식으로 접근해보는 것이다. 시니피앙으로서의 "예수의 이름"은 기독교계에서 사용되는 중요성에 비해 연구가 부족하고 전통적인 신학 방법론으로는 그 의미를 충분하게 밝히지 못해왔다.[2] 그래서 나는 신학 방법론에 응용된 라깡의 이론으로 이 시니피

---

2 Adelheid Ruck-Schröder는 그의 책 *Der Name Gottes und der Name Jesu*(하나님의 이름

앙을 해석할 경우 도출되는 산물이 무엇인지 살펴보고자 한다.

1. 라깡과 종교: 담론의 가능성

라깡이 확연하게 종교 담론을 제시한 곳은 세미나 7의 1960년 2월 3일 강의에서였다. 그날 라깡은 "10. 주제 밖의 간단한 주석"(X. petits commentaires en marge) 부분에서 아주 간단하게 예술, 종교, 서양 학문을 언급한다. 이 세 범주에 대해 그가 내뱉은 말을 인용해보면 다음과 같다.

De même que

dans l'art il y a une Verdrangung, un refoulement de la Chose-que

(예술에 물에 대한 억압이 있듯이)

dans la religion il y a peut-être une Verschiebung [de la Chose]–

(종교에 아마도 [물에 대한] 전치가 있듯이)

c'est à proprement parler de Verwerfung [de la Chose] qu'il s'agit

dans le discours de la science.

(학문 담론에는 솔직하게 말해서 [물에 대한] 부인이 있다).[3]

과 예수의 이름)에서 구약성서의 하나님 이름과 신약성서의 예수 이름 간의 세 가지 가능성을 연구사적 자료를 토대로 언급한다. ① 교환 불가능(Rudolf Bohren), ② 예수의 이름에 내재한 하나님 이름(Christian Link), ③ 하나님의 이름의 역할을 완성시키는 예수 그리스도(Horst Seebass). 루크-슈뢰더는 이런 가능성들을 염두에 두고 신약성서에 "예수의 이름"이 나오는 본문을 해석한다. 그녀가 언급한 세 가지 틀과는 달리 나는 라깡의 시니피앙 이론에 근거해 "예수의 이름"이란 시니피앙을 해석할 수 있는 도구를 제시할 것이다. Adelheid Ruck-Schröder, *Der Name Gottes und der Name Jesu: eine neutestamentliche Studie*(Neukirchen-Vluyn: Neukirchener Verl, 1999).

3 Jacques Lacan, *L'éthique de la psychanalyse*(Séminaire VII [1959-60], Paris: Seuil, 1986),

이 문장은 "~에 ~이 있듯이, ~에 ~이 있다"는 구조로 되어 있다. 이런 구문에서 강조되는 것은 앞의 문장(예술과 종교 담론)이라기보다는 뒤의 문장(학문 담론)이다. 그러나 내가 여기서 관심을 두는 주제는 구문의 가운데 위치한 "종교"다. 라깡이 이런 구문을 사용한 까닭은 학문 담론을 예술과 종교라는 담론과 같은 선상에서 강조하기 위해서였다고 볼 수 있다. 그렇지만 라깡의 종교 담론에 관심을 두고 있는 나는 이 구문을 변형시켜 예술과 학문 담론 선상에서 종교 담론을 살펴보고자 한다. 그런 목적에 맞게 앞의 인용문을 우리 방식으로 재구성해보자. "예술 [담론]에 물의 억압이 있듯이, 학문 담론에 [물의] 부인이 있듯이, 종교 [담론]에 [물의] 전치가 있다."

여기서 유의해야 할 번역은 "물에 대한"(de la Chose)⁴인데 이를 주어로 삼느냐 목적어로 삼느냐가 문제다. 두 가능성에 따라 앞의 인용문을 다시 번역해보자. 이 중 어느 것을 취하느냐에 따라 그 의미는 전혀 달라진다.

예술 담론에서는 물이 억압된다. / 예술 담론에서는 물을 억압한다.
학문 담론에서는 물이 부인된다. / 학문 담론에서는 물을 부인한다.
종교 담론에서는 물이 전치된다. / 종교 담론에서는 물을 전치한다.

---

157. [ ]의 내용은 내가 넣고 번역한 것이다. 그러나 지금의 번역은 직역된 것으로서 바른 번역은 아니다. 내가 최종적으로 생각하는 번역은 de la Chose의 용법을 살펴본 후 임의로 번역하는 과정을 거쳐 이번 장의 "나가는 말" 전에 제시될 것이다.

4 나는 la Chose를 "물"(物, Das Ding, La Chose, The Thing)로 번역한다. 국내에 번역된 라깡 관련 사전들을 참고하라. 에반스, 『라깡 정신분석 사전』; 미국정신분석학회 엮음(이재훈 등 옮김), 『정신분석 용어사전』(파주: 열린책들, 2002); 루디네스코, 플롱, 『정신분석대사전』 등.

"주체와 물" 간의 이런 세 가지 양상은 프로이트와 라깡의 임상 분석 사례를 통해 주체와 대상 간의 다음 두 방향성으로 나타난다. 우선 주체가 "물" 쪽으로 향하면서 그 "물의 무"를 메우려 시도하는 것이다. 그리고 주체가 "물의 무"로부터 오는 욕망에 사로잡혀 그 "물"에 감금되는 상황이다.[5] 이런 면에서 라깡이 내뱉은 종교 담론은 두 가지 방향에서 동시적으로 번역되어야 한다고 여겨진다. 즉 "종교는 주체가 물 쪽으로 전치한다, 또는/그리고 종교는 주체가 물로부터 전치된다." 물 쪽으로 전치한다는 말은 "주체가 대상부재 쪽으로 향한다"(욕동, pulsion)는 말과 다르지 않고, 물로부터 전치된다는 말은 타자의 결여된 욕망(또는 대상부재)에 주체가 사로잡힌다는 말과 같다.

그래서 앞의 구문을 다시 임의로 번역해보면 다음과 같다.

예술에는 물이 억압되어 있기에 승화가 이루어진다.
학문 담론에는 물이 부인된다. 즉 물은 거부(négation)될 수 없고 다만 부인(dénégation)된다.
종교에는 물이 전치된다, 또는/그리고 종교에는 물 쪽으로의 전치가 있다.

이런 가능성을 염두에 두고 라깡의 여러 개념을 살펴봄으로써 라깡의 종교 담론을 어떻게 번역하는 것이 옳은지 알아보자.

---

5   전자의 경우는 도라가 K 부인의 자리에 가서 아버지를 취하는 경우이고, 후자의 경우는 18세의 소녀로서 열 살 위의 동성을 사랑한다는 이유로 아버지가 보내는 시선에 사로잡혀 acte de passage를 하는 경우다.

2. "물"의 개념

라깡을 연구하는 학회에서는 "la Chose"(the Thing)를 "물"(物)로 번역하는 데 의견을 모은다.[6] 이 용어는 칸트-프로이트-하이데거-라깡을 잇는 계보에서 이해할 때 바른 이해를 얻게 된다. 칸트(Immanuel Kant, 1724-1804)는 순수실천이성과 구분되는 순수이성을 말하면서 순수이성은 "가감계"에 속하는 반면 "물 자체"는 "가상계"에 속한다고 보았다.[7] 여기서 "물 자체"는 독일어 "Das Ding"에 해당한다.

라깡에게서 la Chose가 칸트의 Das Ding과 연관이 있는지를 살펴보기 위해서는 라깡과 칸트 사이에 속한 프로이트와 하이데거(Martin Heidegger, 1889-1976)의 생각을 살펴보아야 한다.

라깡에 따르면 프로이트는 『무의식』(1915)에서 사물 표상(Sachvorstellung)과 말 표상(Wortvorstellung)을 대립시켰다. 프로이트에 따르면 전자는 무의식에 속하고 후자는 전의식에 속한다. "Sache"와 "Wort"는 언어로 활동하는 인간에 의해 만들어진 것으로서 인간이 알 수 있도록 표상된다. 이는 전의식-의식 체계에 의한 것이다. 프로이트는 무의식에 있는 것이 어떤 식으로든지 표상이 된다는 점을 강조한다. 그러나 라깡은 전의식-의식 체계에 나타나지 않는 무의식 체계가 있다고 강조한다. 즉 Das Ding은 전의식-의식 체계에 속하는 Sache와 Wort와는 달리 다른 곳에 위치한다는 것이다.

라깡은 하이데거의 『에세이와 강연』과 『물』을 강독하면서 "물"을 이해한다. "세미나 7"에서 라깡은 "꽃병"을 예로 들어 "물 자체"(res)와 그 물의

---

6 라깡과현대정신분석학회의 홈페이지(www.lacan.kr)를 참고하라.
7 임마누엘 칸트(전원배 옮김), 『순수이성비판』(1787년)(서울: 삼성출판사, 1982), 73.

기호(시니피앙/시니피에, $Sn = \frac{S}{s}$) 사이에 존재하는 "구멍"을 설명한다. 이 예화는 "물 자체"로서의 꽃병에 생기는 구멍이 아니라 물 자체인 꽃병에 "이름"을 붙이므로 생기는 "물 자체와 그것의 이름 간에 생기는 구멍"에 초점을 맞춘 것이었다.

라깡은 ① 이 꽃병의 구멍이 채워지는 것을 피하거나(예술 담론에서는 억압되기에 승화가 요청됨), ② 그 구멍을 채우거나(학문 담론에서는 부인된다. 학문의 글쓰기는 구멍의 실존을 부인하는, 즉 메우는 것이다), ③ 다시 그 구멍을 비우거나(종교 담론에서 전치, 종교 경험은 구멍의 빈 공간에서 발생한다) 할 수 있는 세 가능성을 제기한다. 그는 이처럼 "꽃병"의 예를 통해 "그 구멍"을 중심으로 "물" 개념을 이해한다.[8] 분석적 측면에서 볼 때, "꽃병"은 실재의 중심을 보여준다. 즉 실재의 중심인 "무"를 표상한다. "물"의 표상 안에 나타나는 이 빈 공간은 "무"다. 토기장이는 손으로 이 "빈 공간"의 둘레에 꽃병을 만들고, 그 "구멍"에서부터 그리고 그 구멍 "저편"에 꽃병을 만든다.[9] 라깡은 인간도 "물"을 중심으로 실존한다고 말한다. 이 "물"의 실존을 알려주는 것이 바로 "시니피앙"(signifiant)이다. 그러나 이 "시니피앙"은 "물"의 본질을 알려주지는 못한다. 빈 공간으로부터 "시니피앙"만이 계속해서 발생할 뿐이다. 그래서 "물"의 본질은 알지 못하고 "시니피앙"의 실존만을, "물"의 파생물만을 생산하는 인류는 "시니피앙 때문에 괴로워한다."[10]

이처럼 "물"은 라깡에게서 "시니피앙"과 연결된다. 그런데 라깡은 세

---

8 Lacan, *L'éthique de la psychanalyse*, 146. 일상적인 측면에서 볼 때 "꽃병"은 "재료에 의해 만들어진다. 무에서 만들어지는 것은 없다."

9 Ibid.

10 Ibid., 150.

미나 4에서 이미 "시니피앙-무-물"의 구도를 장막/커튼이란 이름의 도식으로 표현했다.[11]

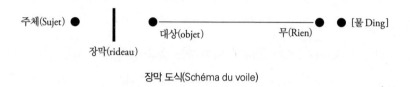

장막 도식(Schéma du voile)

3. 프티 오트르, 그랑 오트르, 시니피앙의 개념 [12]

라깡은 이런 성질의 "물"을 인간이 상상한다는 것은 불가능하다고 본다. 그러나 "물"에서 나오는 시니피앙은 인간을 통해 세상에 보내지고, 정신분석은 그 사실을 확인한다. 라깡은 이 빈 공간/무를 중심으로 새롭게, 가능한, 세 개의 다른 담론 양태를 제시한다. 이것이 앞서 살펴본 세 담론인 예술, 종교, 학문 담론이다. 예술 담론은 물 자체와 빈 공간의 "사이"가 이루는 구조 체계에 의해 특징지어진다. 종교 담론은 이 빈 공간을 견디지 못하고 그 공간으로 돌진한다. 서양 전통의 지혜와 철학에 기원을 두는 학문 담론은 이 빈 공간을 언어화시키는 것을 부인(dénégation)한다. 여기서 "부인"이란 단어는 빈 공간을 서술하는 것을 거부/부정하는 것이 아니라 불가능하지만 시도하는 것을 말한다. 즉 예술은 "물"이 주는 억압을 승화(sublimation)시키고자 하고, 종교는 "전치"를 시도하고,

---

11 Lacan, *L'éthique de la psychanalyse*, 156. 이 도식에서 "물"은 내가 기입했다.

12 autre, Autre, signifiant은 종종 "소타자", "대타자", "기표/능기"라고 번역되지만 이보다는 프랑스어 발음대로 프티 오트르, 그랑 오트르, 시니피앙이라고 부르는 것이 이해에 도움이 될 때가 있다.

학문은 "물"을 구체적으로 기술하는 것을 부인한다.[13]

이런 과정을 거치면서 라깡이 말하게 되는 "물"의 개념은 더 정교해진다. 그에게 "물"은 "무언(無言)의 현실", 기의(signifié)를 넘어서는 것, 실재의 "물"이다.[14] 이는 우리가 상상하는 것이 불가능한 어떤 것이다.[15] 이런 라깡의 주장은 "가감계"를 벗어나 있는 "가상계"에 속한 "진리의 섬"인 "물 자체"와 유사하다.

앞의 도식에서 볼 때 "대상"(objet, object)은 "물"(Chose, Thing)과는 다르다. 우리가 일반적으로 말하는 대상으로서의 물건은 "대상" 자리에 위치한다. 이 대상들은 각각 이름이 있다. 이 이름에는 이름의 소리(signifiant, 시니피앙)와 이름의 뜻(signifié, 시니피에)이 사회적 합의에 따라 규정되어 있다. 이 이름은 그림에서 "장막"에 표기된다. 이 "장막"은 아주 큰 한 장짜리 사전, 이 세상의 모든 것을 기입할 수 있는 메모리 칩과도 같다. 라깡은 이것을 상징 체계, 상징계(Symbolique)라고 부른다. "주체"와 "물" 사이에는 상징계가 놓여 있고, 이 상징계는 "주체"와 "물"을 분리한다. "분리선으로서의 장막"은 "시니피앙의 합"과도 같다. "시니피앙"은 입에서 나오는 소리뿐만 아니라 몸짓, 실수하는 행위, 손으로 움직인 종이나 화면 위의 흔적 등으로 다양하게 나타난다. 하지만 "시니피앙"이란 상징계를 구성하는 어떤 것으로서 반드시 이름의 뜻이 결부될 수 있는 것이다(뜻을 알 수 없는 동물의 소리는 시니피앙으로 보기가 어렵다. 인간만이 언어를 사용한다고 볼 수 있다).

---

13 Cf. Jacques Lacan, *Les formations de l'inconscient*(Séminaire V[1957-58], Seuil, 1998), 157.

14 Cf. Ibid., 54-55.

15 Cf. Ibid., 125.

"시니피앙"은 상징계에서 "대상"의 세계를 표현하는 도구다. 하지만 "시니피앙"은 "물"을 표기할 수는 없다. 이런 면에서 "시니피앙"이 지칭하는 "대상"을 "(프티) 오트르"(autre)라는 용어로 표기한다. 소문자로 시작하는 프랑스어 "autre"는 영어의 "other"에 해당하는 문자로 여러 의미를 표현하기 위해 고안된 용어다.

정신분석은 초기부터 무의식의 주체가 욕망할 때 그 욕망의 에너지를 100% 충족시킬 수 있는 대상이 있느냐를 논의했다. 그 결과 상징계에서는 그 해결이 불가능하고, 오직 상징계를 벗어나는 것만이 그런 충족을 얻을 수 있는 길이라고 보았다. 결국 100%로 충족을 얻지 못한 주체는 억압되고 부분 충족을 얻을 수 있는 부분 대상을 찾음으로 해결책을 모색한다. 이때 부분 대상을 지칭하는 말이 라깡에게는 "오트르"(autre)다. 오트르는 유아와 어머니와의 관계에서 어머니의 "유방"이 되기도 하면서 오이디푸스 삼각 구도에서는 "어머니 자체"이기도 하고, 상황에 따라 다양하게 사용될 수 있는 용어가 된다. 따라서 주체가 상징계에서 관계를 맺는 대상들이 모두 오트르로 표현되는 것이라 볼 수 있다. 가령 라깡이 말하는 환상의 방정식은 $\$\lozenge a$인데, 여기서 a가 바로 오트르다. 이 방정식은 무의식의 주체가 대상들과 $\langle$, $\rangle$, $\vee$, $\wedge$의 관계를 갖는다는 것을 의미한다.[16]

앞서 말한 대로 오트르는 시니피앙이 지칭하는 대상들이다. 그런데 대상들의 총칭과는 달리 이 대상들을 표기하는 시니피앙을 일컬을 때는 대문자로 시작하는 프랑스어 "Autre"(그랑 오트르)를 사용한다. 그랑 오

16　Cf. Lacan, *La Logique de la Fantasme.* 여기서 autre가 나중에 가서 말하게 될 오브제 아로 확장된다.

트르는 시니피앙의 저장소다. "물"이 "무"의 공간을 거쳐 "대상"으로 표상되면서 시니피앙 형태로 주체를 드러낼 때, 그랑 오트르의 공간에서 "물"은 시니피앙 형태로 표상되어 주체의 모습을 드러낸다.

이런 구도를 설명하는 것이 라깡의 "도식 L" 또는 "도식 Z"다. 도식 L이란 말은 이 도식을 에드거 앨런 포(Edgar Allan Poe, 1809-1849)의 콩트 "도둑맞은 편지"를 분석하면서 제시했기에 "편지"(Lettre)를 의미하는 L을 붙인 것이다.[17] 한편 이 도식은 그 모양이 알파벳 Z와 비슷하기에 "도식 Z"라고 하기도 한다. 이 도식은 우리가 지금까지 살펴본 내용을 충분히 담아 시각적으로 잘 설명해준다.

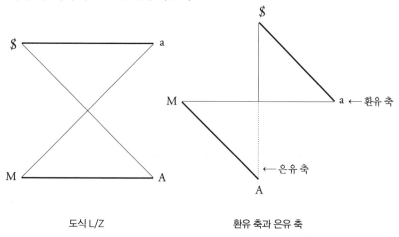

도식 L/Z   환유 축과 은유 축

이 도식에서 a는 autre(other, 소타자), M은 Moi(Ego, 자아), $는 Sujet inconscient(unconscious Subject, 무의식의 주체), A는 Autre(Other, 대타자)다. 왼쪽의 도식은 a → M, A → M, A → $으로 이동하는 모습을 보

---

17 라깡은 *Ecrits*의 서문에서는 "도둑맞은 편지"를 분석하면서 거울 단계 도식을 제시하기도 했다.

여준다. "a →M"은 대상(autre)이 자아(M)에게 와서 각인시키는 과정
이다. 이는 빛이 몸 외부에서 내부로 이동하면서 눈을 통해 "대상"이 인
식되는 과정과 비슷하다. 이렇게 "대상"이 자아에게 오는 것, 앞서 이것
을 오트르와 인간의 관계로 설명했다. 그러나 이것은 "시니피앙"과 인간
의 관계가 아니라 "대상"과 인간의 관계다. 여기서 "대상"이란 "물"이 아
니다. "물" 건너 "무"를 넘어 존재하는 "대상"인 것이다. 이 구도를 라깡은
상상적인 관계, 상상계(Imaginaire)라고 말한다.

　이런 과정에서 인간은 장막을 얻게 된다. 이 장막에는 상상적인 관계
를 통해 기입된 것들이 모여 상징계를 이룬다. 앞의 오른쪽 그림에서 A
의 위치를 살펴보자. 이 그림은 환유와 은유를 설명해준다. 이 두 개념은
야콥슨의 도움을 받아 라깡이 "언어처럼 구조화된 무의식"을 체계화할
수 있도록 한 중요한 요소들이다. 소쉬르의 개념을 보면 환유는 선택-전
치, 은유는 결합-응축에 해당한다. 프로이트에게서 발견되는 소쉬르와
의 연관성처럼, 라깡에게서는 프로이트와 소쉬르를 묶는 야콥슨의 요소
가 발견된다. 이를 통해 라깡은 마치 언어학자처럼 언어를 통해 무의식
을 설명하게 된다.

4. 종교 담론과 신학 체계

앞서 언급한 "장막 도식", "도식 L/Z"에서 설명한 "autre" 또는 "Autre"등
을 라깡의 종교 담론과 연결해보면 라깡이 생각한 종교가 무엇인지 이
해할 수 있는 길이 열린다.

　종교에는 물로부터 전치가 있다,

또는/그리고 종교에는 물 쪽으로의 전치가 있다.

우선 "물"로부터의 전치가 있으려면 "물"이 "무"를 건너 "대상"에게로, "대상"을 건너 "장막"에 각인되어야 한다. 또한 "물" 쪽으로의 전치가 있으려면 "장막"을 뚫고 "대상"을 지나 "무"를 건너 "물"에 도달해야 한다.

전자의 과정을 생각해보자. "물"이 "장막"에 각인되는 경우를 기독교에서는 어떤 방식으로 설명할 수 있을까? "물"을 무엇이라 생각할 수 있으며, "장막"을 무엇이라 말할 수 있을까? 또 후자의 과정에서 "장막"을 뚫고 나간다는 의미는 무엇인가? "무"를 지나 "물"에 도달하는 것을 어떻게 설명하고 있는가?

전자의 과정이 만들어내는 구도를 서구 신학 전통에서는 계시신학(Théologie révélée), 후자의 과정이 만들어내는 구도를 자연신학(Théologie naturale)이라고 표현한다. 이렇게 보면 라깡의 종교 담론은 결국은 신학의 큰 두 줄기에 관계된다고 볼 수 있다. 서양의 인식론은 이렇게 서로 만난다고 볼 수도 있다.[18]

그런데 중요한 것은 이 다른 두 구도가 각각 독립적으로 위치하느냐 아니면 상호 관련되느냐의 문제다. 우리가 신학자들의 사상을 검토해보면 알 수 있듯이 이런 두 구도를 연결하려고 했던 시도가 종종 있었다. 그중 중세시대의 대표적인 학자는 유비의 방법으로 연역과 귀납을 연결한 토마스 아퀴나스이고, 현대에 와서 대표적인 학자는 상관의 방법으로 두 축을 정리한 폴 틸리히일 것이다.[19] 틸리히는 연역법과 귀납법, 계

---

18 이런 구도는 서방 기독교의 주장이지 종교학의 보편적인 주장은 아니다. 이런 구도로 종교학을 구조적으로 설명하려는 태도는 지양해야 한다.

19 Paul Tillich, *Systematic Theology*, vol. I(Chicago, Illinois: University of Chicago press,

시와 경험, 노엠(의식의 대상면)과 노에즈(의식의 작용면)를 동시적으로 생각하는 방법을 추구하면서 그 경계선에서 발생하는 일을 다루었다.

그렇다면 라깡이 말하는 두 구도를 상세하게 살펴보자. 도식 L/Z에서 a→M, A→$는 "물"이 "장막"에 각인되는 첫째 구도라고 말할 수 있을 것이다. 거울 단계[20]를 창안한 라깡에 따르면 인간 주체는 거울 앞에 서서 거울을 통해 세상을 각인하는 수동적인 인간이다. 그렇다면 욕망을 강조한 라깡의 관점에서 볼 때 도식 L은 오히려 a←M←A←$처럼 능동적으로 나타나야 하는 것은 아닌지 반문해야 옳은 듯하다. 그러나 이는 분명한 오해다. 라깡이 말하는 pulsion(욕동, 충동)과 désir(욕망) 개념을 바로 이해하면 이 오해는 사라질 것이다.

라깡의 pulsion/trieb/drive(≠instinkt)와 désir/wunsch/desire(≠wish) 개념은 상반적인 것처럼 보인다. 밖에서 안으로 이동하면서 자아와 주체로 분열되는 과정을 보여주는 도식 L이 설명하는 désir는 a→M 구도(밖에서 안으로)로 내투된다. 반면 pulsion은 융의 견해와는 달리 "자기 성애적 욕동"에서는 존재하지 않는 리비도가, "성 욕동"에서 자아 리비도(제1차 나르시시즘)와 대상 리비도(제2차 나르시시즘)로 구분되어 전개되면서 외부 대상과 관계를 맺는다.[21] pulsion은 운전을 뜻하는 drive, 즉 움

1953), 64-66.

20 거울 단계는 1936년 광학의 원리를 이용해 라깡이 고안한 것으로서 제14차 국제정신분석학회서 발표했지만 반응이 좋지는 않았다. 그러나 그 원고는 1939년 앙리 왈롱의 주선으로 정식 출판되었다. 그 후 이 원리는 라깡이 말하는 인식론의 근거가 될 만큼 중요한 위치를 차지하게 되었다. 라깡은 1953년 프로이트로 다시 돌아가자는 슬로건을 내건 이후, 프로이트의 오이디푸스 콤플렉스와 리비도 이론 대신 거울 단계와 이미지라는 대체 장치로 프로이트를 재해석한다.

21 도식 L에서 désir의 방향과는 달리 외부 대상과 리비도 관계를 맺음으로써 나르시시즘을 완성하는 pulsion의 구도가 a←M←A←$(안에서 밖으로)라고 볼 수 있을지는 더

직인다는 의미를 가진다. 이것은 a ← M 구도다. 이런 능동적인 모습은 "pulsion"으로 표현된다.

그러나 이 개념은 프로이트가 볼 때 애초에는 인간에게 존재하지 않고 대상과의 관계를 통해 자신에게만 존재하다가 점차 타자와의 관계도 갖게 된다. 이 "pulsion" 개념은 바로 나르시시즘 개념과 동일하다. 라깡은 대상관계에 대한 수동성과 능동성이 인간에게 둘 다 있지만 Moi(자아) 형성에 더 영향을 끼치는 것은 능동성을 지닌 pulsion보다는 수동성을 가진 autre라고 말한다. 라깡이 말하는 désir는 내가 autre를 욕망하는 것이 아니라 autre가 욕망하는 것을 내가 욕망하는 것이다. 그래서 타자의 욕망(désir de l'autre)은 타자에 대하여 주체가 갖는 욕망이 아니라 타자가 가진 욕망에 내가 사로잡히는 것이 된다. 그래서 라깡은 종교 담론에서 "물"의 전치가 있다고 본다. "물"로부터 시작된 욕망은 "무"를 건너 "대상"을 거쳐 a → M 구도로 무의식의 주체를 사로잡는다. 이것이 바로 신앙에 의해 사로잡힌 인간의 모습을 보여주는 것이 아닌가?[22] 이런 구도를 보인 후에 점차 자아는 자신을 대상으로 삼고 리비도를 방출하다가 외부 대상과의 관계에 들어간다. 이런 프로이트의 대상관계에 대해 더 구체적으로 질문하고 답한 것이 "거울 단계" 이론이다.

타자의 욕망에 사로잡힌 $를 보여주는 a → M는 상징화된 세계 속에서 상징 세계를 표현하는 시니피앙들의 결과물이 무엇인가를 보여준다. 시니피앙을 담고 있는 창고가 그랑 오트르이고, 그랑 오트르가 내보내

생각해볼 문제다.

22 이와 관련해 욕망과 신앙을 연결하는 시도를 한 프랑소와즈 돌토의 다음 저작을 참고하라. 프랑소와즈 돌토(김성민 옮김), 『정신분석학의 위협 앞에 선 기독교 신앙』(서울: 다산글방, 1999).

는 시니피앙들을 모으면 무의식의 주체가 된다.

a→M은 선택, 전치, 환유의 위치이고, A → $는 결합, 응축, 은유의 위치다. 결국 [a→M] → [A → $]는 무의식의 주체가 어떻게 형성되는 가를 보여준다. a를 있는 그대로 받아들이지 못하는 주체가 빗금 친 $가 된다. a=a가 되지 못하기(a≠a) 때문에 주체가 분열되는 것이다. 이런 구도를 통해 기독교 신앙을 관찰해보면 신앙도 이처럼 "물"은 물론이거니와 오트르를 있는 그대로 경험하지 못한다는 것, "계시"를 "기록"할 때나 "계시된 것"을 "경험"할 때, 그리고 "경험한 것"을 "간증"할 때, 즉 "사물의 표상"(représentations de choses)을 "단어의 표상"(représentations de mots)으로 표현할 때 "있는 그대로" 되지 않는다는 것을 볼 수 있다. 그래서 a≠a 구도는 종교 경험의 모습, 즉 신학과 체험의 관계를 보여준다.

그러나 라깡은 틸리히처럼 방법론으로 볼 때나 본질적인 내용 면에서 볼 때나 두 구도의 경계선에서 작업하는 것은 아니다. 라깡에게서 M(자아)은 거울 앞에 선, 거울에 비친 (프티) 오트르를 보는, 직접 "물"을 바라보거나 사유할 수 없는, 부분 대상들만을 경험하는 인간의 모습이다. 그리고 $(무의식의 주체)는 언어의 자리, 시니피앙의 저장소인 그랑 오트르에서[23] 나오는 수많은 시니피앙의 결과물이다. 라깡은 "언어처럼 구조화된 무의식의 주체"를 "시니피앙과 시니피앙의 고리들의 연결"로 보았다. 즉 무의식의 주체란 하나의 시니피앙과 또 하나의 시니피앙과 또 다른 시니피앙의 연결로 본다. 어떤 육체를 가진 인간을 무의식의 주체라고 보는 것이 아니다. 오히려 무의식의 주체는 시니피앙의 고리

---

23 이 개념은 1961-62년 세미나 9 "정체화"에서 줄곧 주장되며 Julien, *Le retour à Freud de Jacques Lacan*, 204에서 줄리앵도 Autre를 le lieu du langage(언어의 자리), l'ordre du signifiant(기표의 질서), l'ordre du manque(부재의 질서)라고 설명한다.

들로 연결된 것이며 이 시니피앙의 드러남이 바로 주체의 드러남이다. 그래서 무의식의 주체는 육체의 덩어리가 아니라 시니피앙의 덩어리이고 그 출원은 바로 그랑 오트르다.

성서가 말하는 신앙은 신앙을 지닌 육체적 인간이 아니라 신앙의 고백을 두고 하는 말이다. 이런 고백을 하는 사람이 제자, 그리스도인이라 규정된다. 성서는 기관을 가진 인간을 말한다기보다 신앙을 고백하는 사람들을 모은 책, 시니피앙으로서의 신앙을 서술한 상징 체계, 시니피앙의 저장소라 볼 수 있다.[24] 즉 성서에서 신앙은 무의식의 주체라 볼 수 있다. 기독교에서 신앙이란 "기록된 계시"를 "경험"하는 방식(인간의 신앙)뿐 아니라 "물 자체"가 "스스로를 계시"하는 방식(그리스도의 신앙)도 된다. 그래서 성서가 말하는 신앙은 "인간의 신앙+그리스도의 신앙"이라고 볼 수 있다.[25]

기독교 신학은 20세기 들어 "스스로를 계시"하는 것과 "기록된 계시" 간의 차이를 부각해 "역사적 예수"를 논의했다. 그러나 예수 자신이 남긴 글이 없기에 이런 시도는 무리한 것이었다. 그래서 그 이후 초기 신앙인에게 각인된 예수 그리스도의 죽음과 부활이라는 경험의 핵에서부터 다시 "스스로를 계시"하는 것과 "기록된 계시"를 엮는 작업이 진행되었다.

이렇게 신약성서를 알고 있는 상황에서 출발하는 신학에서는 "숨은 하나님"과 "스스로를 드러내는 하나님"을 분리해서 설명한다. 후자는 곧 "기독론을 강조하는 신학 체계"라고 부를 수 있는데 이는 라깡이 설명하

---

24 성서가 시니피앙의 덩어리라는 개념을 염두에 두고 성서를 보면 많은 것이 다르게 해석될 수 있다.

25 Jean Ansaldi, *Dire la Foi aujourd'hui: Petit traité de la vie chrétienne*(Poliez-le-Grand: Editions du Moulin SA Aubonne en Suisse, 1995), 2장 참조.

는 방식처럼 구도상 "물"과 "무"와 "대상"을 구분한다. 여기서 "물"은 숨은 하나님, 보좌와 그 좌우에 앉은 하나님일 것이다. "무"는 "물"과 "대상" 사이의 임박한 신의 현현 순간을 보여준다고 볼 수 있다. 신구약성서에는 신의 현현을 알리는 구름 등의 표현들이 많이 등장한다. 그리고 "대상"은 상징계에 드러낸 "물"의 모습이라 볼 수 있다. 그래서 "대상"인 그것과 "물"인 그것은 서로 다르다. 즉 a≠a다. 이런 면에서 볼 때 "기독론을 강조하는 신학 체계"는 라깡에게 수용될 가능성이 크다.

신약성서는 성부께로 가는 유일성이며 보편성인 어린양 예수의 속죄를 "부분 대상이지만 유일 대상"으로 이야기한다. 부분적 대상이지만 유일한 대상인 "어린양 예수" 또는 "예수의 이름"으로 지칭되는 구원자, 이 구도는 a=a라는 구도에 빠지지 않게 하면서도 예수 그리스도의 속죄의 효력을 극대화·보편화시키는 것이다. 여기서 구원자 어린양 예수/예수의 이름은 아버지로서의 하나님과 구분되는 아들의 공생애를 담고 있다. 이는 "사물의 표상"(représentations de choses)이 "단어의 표상"(représentations de mots)으로 전치할 때 나타난 시니피앙이다. 이런 경우가 바로 라깡이 말하는 "물"이 전치된 종교 담론이라 볼 수 있다. 즉 "사물의 표상"(représentations de choses)이 "단어의 표상"(représentations de mots)으로 알려지는 경우다.

그러나 "신론을 강조하는 신학 체계"에서 "물"과 "무"는 공생애의 나사렛 예수를 일컫는 시니피앙을 매개로 만나지 않는다. 단지 "일상적 대상" 또는 "선별된 대상"을 통해 "무"를 대면하고, 이를 통해 "물"을 경험하게 된다. 구약성서에서 "선별된 대상"을 통해 "무"에서 "물"로 나아가는 경우는 많이 발견된다. 가령 꿈, 우림과 둠밈(삼상 28:6), 거울(겔 1:4), 구름(출 19:9) 등을 통해 하나님의 계시를 받는다. 신학사에서 볼 때 캔터

베리의 안셀무스(Anselmus, 1033-1109)가 쓴 『프로슬로기온』에서 유래하는 신학 체계는 이런 신학 체계로 인도할 가능성을 열어준다. 칼 바르트(Karl Barth, 1886-1968)는 초기에 슐라이어마허(Friedrich Schleiermacher, 1768-1834)를 친근하게 읽고 영향을 받았지만 곧 안셀무스의 『프로슬로기온』 2-4장을 주석하면서 자신의 『교회교의학』 전체를 서술하기 위한 방법론적 근거로 사용하기에 이른다.[26] "신론을 강조하는 체계"에서는 하나님 우편에 앉으신 어린양이 거론된다. 즉 "무"를 건너 "물"에 속한 어린양 예수를 표현한다. 이런 경우도 역시 라깡이 말하는 "물"이 전치된 종교 담론이라 볼 수 있다. 즉 "단어의 표상"을 통해 "사물의 표상"을 추적하는 경우다.

이렇게 "신론을 강조하는 신학 체계"는 도처에 산재할 수 있는 대상으로 "물"을 경험하지만 "기독론을 강조하는 신학 체계"에서는 "부분적이지만 유일한 시니피앙"으로서의 "예수라는 이름의 구원자", "어린양 예수"를 통해 "물"을 경험한다. 여기서 "어린양 예수"는 풀밭에서 거니는 동물이 아니다. 이 단어는 나사렛 예수의 공생애 사역 전체를 담고 있는 상징어다. 다시 말해 이 상징어와 연결할 수 있는 새끼 양을 풀밭 어느 곳에서도 찾을 수 없다. 단지 우리가 알 수 있는 것은 풀밭의 수많은 양과 어린양 예수 간의 차이점이다. 후자는 동물로서의 실재 대상(i[a])이나 허구 대상(i'[a])이 아니라 동물로서의 양과는 전혀 다른 하나님의 아들로서 인정되고 고백된다. 즉 그것은 실재 대상도 허구 대상도 아니기에 상상계의 대상이 아니다. 상상계의 대상이 아니기에 상징계의 대상

---

26 캔터베리의 안셀무스(박승찬 옮김), 『모놀로기온 & 프로슬로기온』(서울: 아카넷, 2002) 참조.

도 아니다. 그것은 상상계를 통해 흘러들어 왔지만 그 모습이 변형되었기에 상징계에서 포착되지 않는다. 그럼에도 그것은 실재로 안내하는데, 이는 말하자면 상상계에 흔적을 남기지 않은 것도 아니고 상징계에 반영되지 않은 것도 아니고 실재에 그 흔적을 남기는 것이다. 신앙으로서만 포착 가능한 이것은 무의식의 주체를 상상계에서 포착할 수 없고 상징계에서도 자아와 주체를 오인하고 오직 시니피앙의 연결 고리로만 파악하는 것과 같다.

동방 신학과는 달리 서방 신학은 1054년 칼케돈 회의 이후 제3위로서 성령을 인정하게 되면서 "신론을 강조하는 신학 체계"와 "기독론을 강조하는 신학 체계"에 덧붙여 "성령론을 강조하는 신학 체계"를 전개할 가능성을 열어놓았다. 우리가 "삼위일체론"이라 일컫는 하나님에 관한 교리는 성부, 성자, 성령 각각을 이야기하면서도 동시에 세 교리를 통합해서 거론할 수 있어야 한다. 교리적으로 볼 때 "성령론을 강조하는 신학"에 관해서는 아직도 삼위일체 내에서 정합적으로 거론되지는 못하는 것 같다. 라깡의 구도에서 볼 때 "성령론을 강조하는 신학"은 $[a \rightarrow M] \rightarrow [A \rightarrow \$] \rightarrow a$을 관통할 힘이라고 볼 수 있다. 이 힘은 내부에서 솟아나는 것이 아니라 오트르에서 유래하는 것이다. 여기서 오트르란 "물"과 "무"와 "대상"을 관통하여 M에게로, 그랑 오트르의 공간을 지나 $\$$를 창출하는 근거가 되는 것이다. 내부에서 물과 무를 탐구하려는 호기심이 분출하는 것은 내재적이라기보다는 내투에 따른 투사라고 볼 수 있다. "전이"를 통해 더 서술할 것이 많은 이 세 번째 신학 체계는 라깡의 사유를 통해 앞서 말한 두 신학 체계를 설명하는 것과 구도가 유사한 것 같다.

5. 오브제 아와 예수의 이름

도식 L의 종결된 순환성을 보여주는 [a → M] → [A → $] → a는 결국 새로운 개념을 만들어낸다. 시작 부분의 a와 종결 부분의 a는 서로 같은 a가 아니라는 것이다. 라깡은 종결적인 a에 이탤릭체를 적용해 "오브제 아"(objet *a*)라는 이름을 붙여준다. 이 개념은 라깡이 생산한 개념 중 그 비중이 남다르다. 오브제 아는 부분적이지만 유일한, 그래서 "물"의 본질을 가장 잘 표상(representer)할 수 있는 장치다. 오브제 아는 "물"의 흔적을 내포한다. "물"의 흔적을 내포하는 오브제 아는 실재를 뚫고 나온 것이다. 그래서 라깡은 실재가 이런 오브제 아 때문에 "구멍투성이"라고 말한다.[27] 실재를 구멍투성이로 만드는 오브제 아는 M과 대면하는 것이 아니라 $와 대면한다. 몸을 가진 인간이 아니라 시니피앙의 결과물인 $가 만나는 오브제 아 역시 우리가 눈으로 보는 "대상"이 아니다. 여기서 오브제 아는 "물의 흔적"이다. 신학에서도 이런 흔적을 계속해서 이야기해왔다. 그중 히포의 아우구스티누스는 자신의 『삼위일체론』에서 "삼위일체의 흔적"(*vestigium trinitatis*)에 관해 이야기한다.[28] 『삼위일체론』은 15권으로 되어 있는데 처음 7권은 연역적 의미에서 삼위일체를 거론하고, 마지막 15권은 각 권을 요약하고, 중간의 8-14권은 피조계에 각인된 삼위일체성의 흔적을 예로 들어 삼위일체론을 증명한다. 그가 예로 드는 흔적들은 유비의 방법을 전제로 사용되는데 그중에는 물-포도주-꿀, 마

27　Lacan, *L'angoisse*, 1963년 3월 13일 강의.

28　나는 다음 글에서 이 흔적에 관해 이야기했다. 강응섭, "아우구스티누스와 라깡: 율동하는 마음의 동인으로서 성령", 『생명의 영성』(조직신학논총11집, 서울: 대한기독교서회, 2004), 63-98. *vestigium trinitatis*는 바르트가 사용하는 개념이기도 하다. Karl Barth(tr. G. W. Bromiley), *Church Dogmatics I*(1932)(Edinburgh: T & T Clark, 1975), 334(신준호 옮김, 『교회교의학 I /1』[서울: 대한기독교서회, 2003], 433).

음-사랑-지식 등이 있다. 그런데 그는 결국에는 흔적으로 "물 자체"를 설명할 수 없다고 결론짓는다.[29]

종교로서의 기독교 신앙은 "무" 뒤에 아롱거리는 "물"로 침투하려는 사람들의 부단한 시도다. 교리로서의 삼위일체론은 "물"에서 "대상"으로 침투한 흔적을 무수하게 보여준다. 이런 가운데 신앙은 "물"을 만났거나 소유한다고 오인하기도 한다. 신앙이 "물"을 만나는 방식은 "부분적·유일한 대상"을 통해서만 가능한지, 나머지의 가능성이 열려 있는지는 각자가 취하는 신앙의 개념에 따라 다소 차이가 있을 것이다. 나는 『동일시와 노예의지』에서 "물"이 상징계 내에서 그랑 오트르의 결과물인 무의식의 주체를 만나는 방식, 바로 이 방식은 "부분적·유일한 대상"인 오브제 아를 통해서이기 때문에 "상호상징성"이라는 용어로 그런 내용을 지칭했다. 그리고 루터의 "노예의지론"에 따른 숨은 하나님과 계시된 하나님의 구분을 이해하기 위해 라깡의 개념을 도입함으로써 "부분적·유일한 대상"인 오브제 아를 통한 세상 이해와 삼위일체 이해를 설명할 수 있다.[30] 오브제 아는 1960년의 세미나 "전이"에서부터 부분 대상인 오트르의 한계를 벗어나서 존재론적인 개념어로 사용된다. 상호주체성(L'intersubjective)이란 말이 거울 단계와 현상학을 연구하던 시기의 라깡이 상상계에 속하는 담론을 설명하는 용어라고 볼 때, 오브제 아는 상상계의 담론을 더 잘 설명하기 위해 라깡이 나중에 고안한 것이라 할 수 있다.

라깡의 종교 담론 "종교에는 물로부터 전치가 있다, 또는/그리고 종교

---

29 아우구스티누스(김종흡 옮김), 『삼위일체론』(서울: 크리스천다이제스트, 1993) 참조.

30 다음 자료를 참고하라. 강응섭, 『동일시와 노예의지』(서울: 백의, 1999); 마르틴 루터(이장식 옮김), 『노예의지론』(1525)(루터선집 6권, 서울: 컨콜디아사, 1982).

에는 물 쪽으로의 전치가 있다"에서 중간 항인 "또는/그리고"는 이제 취사선택되어야 한다. 나는 우선 "그리고"를 선택해야 한다고 본다. 왜냐하면 "물로부터(das Ding)와 물 쪽으로(die Sache)"가 만나는 곳이 바로 오브제 아이기 때문이다. 오브제 아는 역설이 작용하는 지점이기도 하다. 역설점은 하나의 반복점이다. 라깡은 반복 개념을 강조하는데 그 장치로 "뫼비우스의 띠", "거꾸로 된 8", "고정점"을 이용한다. 이 점은 pulsion과 désir가 만나는 곳이고, 시니피앙과 시니피에가 만나 "의미"가 고정되는 소파 점이며, 고정된 다른 한 지점 사이를 왕래하는 기준점이 되기도 한다. 나사렛 예수의 공생애를 대표하는 "예수의 이름"은 나사렛 예수의 행적을 기록한 복음서에는 나타나지 않는 용어다. 그러나 사도행전이 보여주듯이 예수의 승천 이후 지상명령을 받은 제자들이 스승의 분부대로 일을 할 때 사용한 용어가 "예수의 이름"이다. 제자들이 이 이름을 무엇이라 생각하고 사용했는지는 간단히 설명할 만한 연구 주제가 아니다. 그러나 앞서 "들어가는 말"의 각주에 밝혔듯이 이 용어가 바로 나사렛 예수인지, 하나님 이름 그 자체인지(즉 이 용어가 물 자체인지), 나사렛 예수도 아니고 하나님 이름 그 자체도 아니지만 이 둘을 엮은 것인지의 세 가지 구도에서 연구 범위를 좁힐 수 있다. 우리는 지금까지 마지막 부분에 가능성을 두면서 형식적인 면에서는 "대상-무-물", 내용적인 면에서는 "오브제 아" 등 라깡의 개념을 동원했다.

오브제 아는 결정적으로 욕망의 원인이다.[31] 에반스는 이 용어를 설명하는 항목에서 "오브제 아는 욕망을 작동시키는 어떤 대상, 특히 욕동을

---

31 오브제 아가 욕망의 대상이 아니라 욕망의 원인이라는 것은 Lacan, *L'angoisse*, 1963년 5월 15일 강의에 나타난다.

정의하는 부분 대상들이다. 욕동은 오브제 아를 얻으려고 하기보다는 오히려 그것의 주위를 맴돈다"고 정리한다.[32] 이처럼 오브제 아로 말미암아 외부에서 내부로 유입된 타자의 욕망으로 인해 주체는 욕망을 일으키지만 이 주체의 욕망은 오브제 아를 획득하지는 못하고 그 주위를 맴돌 뿐이다.

나는 1995년에 제출한 학위 논문에서 신학 분야에서는 처음으로 오브제 아를 기독론으로 설명했다.[33] 그 후 나는 오브제 아를 더 세분화하는 기회를 얻을 수 있었다. 그것은 오브제 아를 보편 교리인 기독론이 아니라 "예수의 이름"이라는 "부분적·유일한 시니피앙"으로 보면서부터다. 여기서 "예수의 이름"은 한편으로는 성부-성자-성령의 삼위일체를 지칭하고 다른 한편으로는 삼위일체의 동시 현현 장소인 예수의 공생애를 통칭한다. 달리 말해 "예수의 이름"은 역사적 예수의 문제가 아니라 삼위일체 하나님을 통전적으로 경험한 제자들에 의해 만들어진 시니피앙이다. 이 시니피앙은 "아버지로부터 상속받고-성령이 가지고 온-십자가에서 죽고 부활한"[34] 공생애의 예수를 담고 있다. 이 시니피앙은 "물로부

---

32 에반스, 『라깡 정신분석 사전』, 401.

33 "처음으로"라는 말은 나의 지도 교수인 앙살디의 지지와 내가 조사한 결과에 따른 것이다. 다른 학자에 의해 그 이전에 사용된 사례가 있다면 이 말은 적절치 못하다. Kang eung-séob, *Les théories Freudiennes et Lacaniennes sur l'identification: Application au traité du serf arbitre de Martin Luther*(France-Montpellier, Institut Protestant de Théologie, Thèse de Doctorat, 1998.6).

34 마 1:21; 요 5:43; 14:26 참조. 이런 주장을 하는 신학자로는 REM Weekend Seminar에서 "예수의 이름"을 "삼위일체의 이름"으로 설명하는 이명범 총장을 들 수 있다. 그녀의 저서로는 "제7장 삼위일체", 『신앙과 이성』(1986년); 『예수 이름』(1987년); 『성령론』(1987년); "제3장 하나님과 예수 이름", 『하나님의 뜻』(1990); "성령은 누구이신가 또는 삼위일체", 『REM Weekend Talks』(1995년); 『요한복음 강해』(1996-98) 등이 있다.

터-물 쪽으로"의 만남 지점이 된다.

그러나 이 시니피앙은 지금껏 우리가 보았듯이 물 그 자체를 표현할 수 있는 것은 아니다. 성서에 나오는 "주", "예수", "그리스도", "예수 그리스도", "예수의 이름"은 그 의미가 각각 문맥마다 다르다. 성서학의 엄밀한 석의가 선행되어야 하겠지만 성서에서 "예수의 이름"이 등장하는 본문은 삼위일체가 동시에 거론되어야 의미가 통하는 부분이 많다. 본질적인 면에서 삼위일체는 표상되지 않는 "물"이지만 기호적으로는 표현이 가능하다. 원래 이 "물"은 인간 언어로 거론조차 할 수 없는 것이다. 그러나 일단 인간의 언어로 표현되는 그 무엇─삼위일체라는 교리를 포함하여─도 "물"이나 "무"가 아닌 하나의 표상, 오브제 아에 지나지 않게 된다. 매우 많은 오브제 아가 상징계에 있을 수 있고 이것이 "물"과 "무"를 가장 잘 보여줄 수 있다. 라깡은 그래서 이를 "존재의 모사"라고 했다.[35] 이런 라깡의 논의를 통해 우리는 서양 신학 전통에서 "신론"을 강조하거나 "기독론", "성령론"을 "강조하는 신학 체계"처럼 "예수의 이름을 강조하는 신학"의 인식론적 의의를 높이 살 수 있다.[36]

6. 실재의 현시로서 "예수의 이름"

"예수"라는 단어만큼 현대신학에서 큰 파장을 불러일으킨 것은 없을 것이다. 불트만(Rudolf Bultmann, 1884-1976)은 "역사적 예수"를 거론해 신

---

35 Jacques Lacan, *Encore*(Séminaire XX[1972-73], Paris: Seuil, 1975), 84.

36 다음을 참조하라. 강웅섭, 『예수 이름을 강조하는 신학에 관한 고찰』(서울: 도서출판 레마, 2001).

학 전통을 흔들어놓았다.[37] 그의 시도는 앞서 우리가 전개한 맥락에서 보면 "물 자체"를 학문으로 기술하려는 것이었다. 라깡이 말한 학문 담론은 불트만의 그런 시도에 들어맞는다. 불트만의 시도는 "무"와 대면하게 된다. 불트만에게 "무"는 역사적 예수 이후에 복음서에 기록된 진술들이다. 연구 끝에 그는 성서에서 "물 자체"는 만나지 못하고 단지 "무"에 함몰되었다. 물론 그의 이런 시도는 용감한 것이었다. 그러나 칸트 이후의 전통에 따르면 그의 시도는 무모했다. 왜냐하면 텍스트 밖으로 나가서 "물 자체"를 거론하려 했기 때문이다. 이것은 정신분석에서 말하는 주이상스(Jouissance)에 해당한다. "물 자체"를 만나려는 시도는 고통의 쾌를 안겨다 준다.

신약학은 그 이후 보른캄(Günther Bornkamm, 1905-1990), 케제만(Ernst Käsemann, 1906-1998), 헹엘(Martin Hengel, 1926-2009)을 거치면서 좀 다른 길을 걷는다. 『신약성서의 속죄론』에서 헹엘은 "물 자체"로서 예수에 접근하는 색다른 시도를 했다. 이런 시도는 그레샴 메이천(John Gresham Machen, 1881-1937)과 헹엘의 "바울"에 관한 연구에서 이미 분명한 예표를 드러냈다.[38] 즉 "물 자체"로서 "예수"에게 가는 길은 "바울"을 통해서 가능하다는 것이다. "바울"이 "예수"를 메시아라고 이해한 것이 신구약 중간 시대의 묵시문학 전통을 따른 것인지, 자신이 역사적 "예수"를 직접 목격하고 경험한 것인지, 아니면 다메섹 도상에서의 경험에 따른 것인지,

---

37 Cf. Rudolf Bultmann, *Jesus*(München/Hamburg: Siebenstern Taschenbuch Verlag, 1926)(허혁 옮김, 『예수』[서울: 삼성출판사, 1977]).

38 다음 자료를 참조하라. 그레샴 메이천(김남식 옮김), 『바울 종교의 기원』(1921)(서울: 베다니, 1996); 마르틴 헹엘(정경연 옮김), 『신약성서의 속죄론』(1980)(서울: 대한기독교서회, 2003); 강한표 옮김, 『그리스도인 이전의 바울』(1991)(서울: 한들, 1999).

이에 덧붙여 이미 예수를 알고 있는 사람들과 접촉하여 그들로부터 지식을 얻고 그것들을 종합하여 서술한 것인지 알아내기 위해 다양한 접근법이 사용되어왔다. 메이천은 마지막 가설에 한 표를 던진다. 헹엘 또한 그렇게 본다. 메이천의 책보다 70년 이후 저술된 헹엘의 책에서는 그 의미가 더 구체적으로 묘사된다. 즉 바울은 다른 많은 자료 가운데 하나의 사건에 강조점을 두었다는 것이다. 그 사건은 바로 십자가에서의 죽음과 그 이후 발생한 부활이다. 헹엘에 따르면 신약성서에 나타나는 자료들이 검증되지 않았고 출처가 불확실하다고 해도 발생한 그 사건만큼은 "바울"을 비롯해 그 사건을 증언하는 자들에게 분명한 의미가 있었다.

우리는 "시니피에"에 강조점을 두는 습관이 있다. 이 말은 "시니피앙과 시니피에"의 결합에 의해 "의미화"가 이미 일어난 상황을 염두에 두는 것이다. 그러나 성령의 역사는 "의미화"되기 이전에 시작되어 "새로운 의미화"를 야기한다. 그렇기에 "지금-여기"(*hic et nunc*)가 강조되는 신앙의 실존, 다시 말해 "물로부터-물 쪽으로"의 구도가 힘을 얻는 체계에서는 "시니피앙"이 강조된다. 작동된 "시니피앙"이 "시니피에"와 결합하여 "의미화"를 나타내기 때문이다. 때로는 이런 과정에서 "의미화"가 생기지 않을 수도 있다. 가령 사도행전 1장에서 일어났던 방언도 이런 맥락에서 이해할 수 있을 것이다. 방언 사건은 누군가가 전혀 배우지 않은 말을 했고 그 말을 본국인이 이해했다는 것보다는, 인간이 알 수 없고 이해할 수 없는 방식으로 성령이 역사했다는 것을 드러내고 그런 일이 상징계에서도 일어날 수 있다는 사실을 보여준다. 신앙은 이런 일로 구성되는 경우가 많다. 라깡이 말하는 종교 담론, 즉 "물로부터-물 쪽으로"가 보여주는 것은 바로 "사물의 표상"이 "단어의 표상"으로, "단어의 표상"에서 "사물의 표상"으로 오가는 분석 상황에서 서술될 수 있다.

지금까지 살펴본 결과 앞서 제시한 라깡의 세 담론은 다음과 같이 번역될 때 우리의 새로운 시각을 열어주어 이미 있는 것을 다시 확신하게 해줄 것이다. 즉 예술에는 물이 억압된다. 학문 담론에서는 물이 부인된다/학문의 담론에서는 물을 부인한다. 종교에는 물로부터 전치가 있다/종교에는 물 쪽으로의 전치가 있다.

나가는 말

"종교에는 물로부터 전치가 있다, 그리고 종교에는 물 쪽으로의 전치가 있다"는 라깡의 담론은 타당성 있게 기독교에도 적용된다. 기독교가 전파된 곳에서는 이 둘의 성격 중 어떤 쪽이 바르냐를 놓고 시비가 일곤 했다. 인간이란 존재 자체가 "욕동"(pulsion)에 내몰리고 "욕망"(désir)에 감금되는 한, "물 자체"로 침투하는 인간이 있고 "물 자체"로부터 각인된 인간이 존재하는 한, 라깡이 말한 종교 담론은 일리가 있을 것이다.

지금까지 우리는 라깡의 기본 도식을 통해 그의 주요 개념을 정리하고 그 개념으로 기독교 교리를 간단하게 살펴보았다. 이 논의가 실천으로 이어져 신앙인에게 자기 이해의 길을 열어준다면, 라깡은 분명 필요한 도구를 제공하는 셈이 될 것이다. 우리는 라깡 이론을 기독교에 도입한 후 오브제 아와 "예수의 이름"이란 시니피앙이 연관됨을 살펴보았다. 또한 여기서 모두 다루지는 못했지만 라깡이 발견해 의미를 부여한 "보로메오 매듭"은 기독교의 삼위일체론을 부연할 수 있는 탁월한 도구다. 그는 정신의 구성을 설명할 때도 상상계-상징계-실재로 구분하고, 아버지를 설명할 때도 상상계의 아버지-상징계의 아버지-실재의 아버지로 구분한다. 이런 구분을 기독교 신학에 직접 대입하는 것은 좀 서툰 접근법이기에 이 글에서는 그렇게 하지 않고, 대신 그와 같은 과정을 거치면서 정신론의 삼위체가 오브제 아로 매개되는 라깡의 인식론에 관해 살펴보았다. 라깡의 생산적인 개념이 기독교 성서에 빈번하게 나타나는 시니피앙을 설명할 좋은 도구가 될 수 있다는 사실은 분명하다.

6장

라깡의 도식들과 성서에의 적용[1]

"다윗의 편지"

들어가는 말

다윗이 쓴 편지들 가운데 한 통은 지금도 우리를 놀라게 한다. "그 편지" 는 가히 충격적인 내용을 담고 있었다. 신앙인들이 존경하는 다윗이 그 런 내용의 편지를 썼다고는 믿기지 않을 정도다. "그 편지"가 왜 쓰였고 어떻게 읽혔는지, 편지의 내용이 어떤 방식으로 실천에 옮겨졌는지가 구약성서 사무엘하 11장에 기록되어 있다. 하지만 사무엘하 11장은 앞서

---

1 이번 장의 내용은 강응섭, 『자크 라깡과 성서 해석: 정신분석학으로 성서 읽기』(서울: 새물결플러스, 2014)의 제5부, 그리고 2014년 임상복지예술심리치료학회(KCAP) 정기 (후기) 학술 대회(2014.12.13., 명지대학교)의 발표문에 기초한다. 더 직접적으로는 "사 회혁신과 교회개혁을 위한 신학의 모색"이란 주제로 추풍령 단해교회에서 열린 제10회 한국조직신학자전국대회(2015.4.24-25.)에서 "변혁의 근원으로서 '주체의 구조'에 대한 모색: 프로이트와 라깡의 관점으로 사무엘 11장의 '다윗의 편지' 읽기"라는 제목으로 발제한 논문을 수정한 것이다. 이와 관련된 나의 논문으로는 제11회 한국조직신학자전 국대회(2016.4.22.)에서 우수논문상을 받은 "성경은 어떻게 읽어야 하는가?"가 있다. 이 논문은 한국조직신학회가 엮음, 『목회를 위한 교의학 주제 해설』(서울: 대한기독교서 회, 2016)에 실렸다. 이 논문이 최종적으로 발표된 곳은 다음과 같다. 강응섭, "다윗의 편 지에 나타난 주체: 프로이트와 라깡의 관점으로", 「한국조직신학논총」 제41집(2015.6).

사무엘상과 사무엘하 1-10장을 읽은 독자에게 충분한 설명을 하지 못한다. 왜 사무엘하 저자는 이 본문을 이렇게 어정쩡하게 남겨둔 것일까?

아우어바하(Erich Auerbach, 1892-1957)는 이처럼 설명되지 않고 모호하게 작성된 텍스트를 부를 때 "Fraught with Background"[2]라는 형용사구로 표현한다. 이는 문자적으로 "(뒷)배경투성이인"으로 번역되는 말로서 무언가 풀어내야 할 것이 밑바탕에 깔려 있다는 의미다. 이 형용사구 표현법이 갖는 "본성"과 "기능"을 밝히기 위해 게일 A. 이(Gale A. Yee)는 내가 다루고자 선택한 사무엘하 11장을 먼저 연구했다.[3] 또한 페리(Menakhem Perry)와 스턴버그(Meir Sternberg),[4] 아르팔리(Boaz Arpali),[5] 가르시엘(Moshe Garsiel)[6] 등도 사무엘하 11장을 다루면서 텍스트의 애매함이 시사하는 바에 관해 다룬 바 있다. 이런 연구가들이 내린 결론을 보면 텍스트의 애매성은 독자들을 일깨우는 역할을 한다. 즉 저자가 동기를 모호하게 서술할수록 오히려 독자는 글 읽기를 적극적으로 한다는 것이다.

---

2 Erich Auerbach(tr. Williard Trask), *Mimesis: The Representation of Reality in Western Literature*(Garden City, NY: Doubleday Co., 1957), 9.

3 게일 A. 이(김형기 옮김), "뒤가 복잡하다: 사무엘하 11장의 문학상의 애매모호함", 「기독교사상」(1988.12.), 222-36.

4 Menakhem Perry, Meir Sternberg, "The King Through Ironic Eyes: The Narrator's Devices in Biblical Story," *Ha-Sifrut 1*(1968-69), 263-92(히브리어 부분), 451-52(영문 요약 부분).

5 Boaz Arpali, "Caution, A Biblical Story! Comments on the Story of David and Bathsheba and on the Problem of the Biblical Narrative," *Ha-Sifrut 1*, 580-97(히브리어 부분), *Ha-Sifrut 2*(1969-71), 684-83(영문 요약 부분).

6 Moshe Garsiel, "David and Bathsheba," *Dor le Dor 5*(1976), 24-28(1부), 85-90(2부), 134-37(3부); "A Review of Recent Interpretations of the Story of David and Bathsheba," *Immanuel 2*(1973), 18-20.

중세시대의 성서 해석이 문자(文字, literal sense), 전의(轉義, tropological sense), 우의(寓意, allegorical sense), 유비(類比, analogical sense)에 근거했다면, 근대에 와서는 역사비평(양식비평과 편집비평)이 그 자리를 차지했다. 요 사이는 문학비평(새로운 문학비평, 신문학비평)이 등장해 저자 중심(author-centered), 본문 중심(text-centered), 독자 중심(reader-centered)의 해석법을 소개하는 추세다.

이런 맥락에서 볼 때 앞서 언급한 연구가들은 문학비평의 세 번째 부류에 속하는 "독자반응비평"(Reader Response Criticism)을 염두에 두는 학자들이라고 볼 수 있다. 여기서 독자(Reader, 讀者)란 저자가 가정한 독자로서, 연구가들은 그 독자의 관점에서 본문을 읽으려는 노력을 계속하게 된다.[7] 이런 독자는 사무엘하 11장에 쓰인 동사에 주목하게 된다.

- 보내다: 밧세바에게, 우리아에게
- 씻다: 밧세바가, 우리아가
- 눕다: 밧세바가, 우리아가
- 거하다: 왕궁에, 장막에

여기서 동사의 주어와 목적어를 조사하다 보면 독자는 점점 저자의 의도에 도달하게 된다. 이런 방식을 우리는 흔히 "귀납적 접근"이라고 말하는데, 이것은 독자가 "실제 삶의 정황의 애매성과 개별적으로 깨닫고 부딪치고 씨름하는 가운데 각자의 입장에 도달했기 때문"에 가능하게

---

7 오덕호, "신약성서 연구를 위한 독자반응비평", 『성서해석학』(호남신학대학교 해석학연구소 논문집 제2집, 서울: 한들출판사, 1997), 210.

된다.[8]

앞서 언급한 연구가들의 주장처럼 계시로서의 성서가 모호하고 (뒷)배경투성이인 "텅 빈 말씀"(la parole vide)[9]으로 구성되는 것이라면, 독자반응비평과 귀납적 접근은 한편으로는 "저자"를 독자로부터 소외시키고, 다른 한편으로는 "본문"(텍스트)을 컨텍스트화하는 것일 수도 있다. 그래서 "저자"를 살리면서도 "본문"을 컨텍스트화되는 것으로부터 보호할 수 있는 "독자의 본문 분석 방법"이 요청된다.[10] 나는 이를 위한 대안으로 프로이트와 라깡의 관점을 염두에 둔다. 프로이트와 라깡의 안목으로 사무엘하 11장을 보면, "그 편지"를 둘러싼 작성 경위, 이해 정도, 이행 과정 등을 알 수 있다. 주체가 했던 "말"이나 쓴 "글"을 파악할 때 사용하는 이런 방법이 "그 편지를 쓴 사람"에 대해 좀 더 깊은 성찰을 할 수 있게 해준다. 프로이트와 라깡의 방식으로 텍스트를 읽으면, 독자의 책 읽기에 의지하거나 텍스트의 컨텍스트화를 통하지 않고도 저자의 의도를 알 수 있다는 것이다. 나는 지금부터 프로이트와 라깡의 견해가 성서의 인간을 고찰하는 도구로서 어떤 가치를 지니는지 실례를 보이고 그 결과를 통해 성서가 보여주는 인간론의 단편을 드러낼 것이다.

1. 다윗의 편지가 쓰이기까지 : 사무엘상과 사무엘하 읽기

"다윗의 편지"를 이해하기 위해서 우선 구약성서 사무엘상과 사무엘하

---

8 게일 A. 이, "뒤가 복잡하다: 사무엘하 11장의 문학상의 애매모호함", 236.

9 Lacan, *Les écrits techniques de Freud*, 61.

10 백원정, "여성신학적 시각으로 본 다윗의 여인들: 미갈, 밧세바, 아비가일 이야기", 「한국여성신학」 제41호(한국여성신학회, 2000년 봄), 154-71.

의 내용을 숙지하는 것이 필요하다. 사무엘상과 사무엘하는 신정 체제였던 이스라엘에 왕정 체제가 도입되는 과정을 기록하고 있다.[11]

사무엘상의 내용을 간략하게 설명하자면, 이스라엘 사람들이 사무엘에게 왕을 구하자(8장) 하나님은 사무엘을 통해 사울을 왕으로 임명한다(11장). 왕이 된 사울이 하나님의 말을 듣지 않자 하나님은 사울을 왕으로 세운 것을 후회하고 왕의 자리에서 끌어내려 하신다(15장). 그리하여 다시 왕을 지목하게 되는데 그가 바로 다윗이다. 사울은 다윗의 장인이 되지만 다윗을 시기하고 두려워하면서 일생 적수가 되어 살아간다(18장 이하). 사무엘상은 왕으로 지목은 받았지만 임명되지 못한 다윗의 험난한 여정과 함께 그의 됨됨이를 잘 보여준다.

사무엘하는 사울의 죽음으로 시작하여(1장) 다윗이 유다의 왕으로 임명되고(2장), 곧 온 이스라엘의 왕으로 임명되는 과정을 보여준다(5장). 다윗은 블레셋을 무찌르고 "하나님의 궤"를 다윗의 성에 가져와 휘장 가운데 둔다(6장). 하지만 자기는 백향목 궁에 살고 하나님의 궤는 휘장에 놓여 있는 상황이 불편했던 다윗은 예언자 나단에게 하나님의 궤를 모실 처소를 자신이 마련하게 해달라고 간청한다. 하나님은 이를 기뻐하신다. 이에 관해 다윗은 감격스러운 기도를 야웨 하나님께 드린다(7장). 하나님의 궤는 이스라엘 백성이 출애굽하던 날부터 다윗 때까지 장막과 성막에 놓인다. 다윗은 계속 전쟁을 하면서 하나님이 아브라함에게 약속하신 땅을 정복하며(8장), 사울과 그의 아들 요나단을 추모하는 가운데 요나단의 아들 므비보셋을 극진하게 돌본다(9장). 그러는 중에도 다

---

11 이경숙, "다윗 왕조에 관한 신명기 역사가들의 기대와 비판", 「기독교 사상」 제341호 (서울: 대한기독교서회, 1987.5.), 112-31. 여기서 이경숙은 사무엘상 8장과 12장, 13장과 25장, 사무엘하 22-23장을 분석하면서 다윗 왕조의 왕권 구축을 설명한다.

윗은 암몬과 다시금 전쟁을 치르고 전투에서 부분적인 승리를 거두지만 전쟁이 마무리된 것은 아니었다(10장).

이런 줄거리에 이어지는 것이 사무엘하 11장이다. 다음 인용 구절은 사무엘하 11장 첫 구절로서 10장에서 마무리하지 못한 전쟁의 상황을 전해준다.

그 해가 돌아와 왕들이 출전할 때가 되매 다윗이 요압과 그에게 있는 그의 부하들과 온 이스라엘 군대를 보내니 그들이 암몬 자손을 멸하고 랍바를 에워쌌고 다윗은 예루살렘에 그대로 있더라(삼하 11:1).

전쟁이 한창일 때 다윗은 예루살렘에 머물러 있다. 사무엘상에서부터 시작된 다윗의 험난한 인생은 사무엘하 10장에 이르러서 최고조의 상황을 맞는다.[12] 완전한 승리가 목전에 있는 상황이었다. 그런 시점에 다윗은 반전을 불러일으킬 사소한 일상과 마주하게 된다.

2저녁 때에 다윗이 그의 침상에서 일어나 왕궁 옥상에서 거닐다가 그곳에서 보니 한 여인이 목욕을 하는데 심히 아름다워 보이는지라. 3다윗이 사람을 보내 그 여인을 알아보게 하였더니 그가 아뢰되 "그는 엘리암의 딸이요, 헷 사람 우리아의 아내 밧세바가 아니니이까?" 하니 4다윗이 전령

---

12 노희원, "다윗, 이방인?", 「신학사상」 제101호(한국신학연구소, 1998년 여름), 102-26. 이 논문은 논문 저자가 밝히듯 "정체불명의 다윗이 이방인의 세력을 바탕으로, 특히 모압과 가나안 그리고 블레셋의 세력을 바탕으로 가나안 일대를 잠시 통일하나, 결국 유다만의 작은 도시국가로 다시 전락하게 되는 일련의 과정과 배경도 아울러 살피고자 한다"(103).

을 보내어 그 여자를 자기에게로 데려오게 하고 그 여자가 그 부정함을 깨끗하게 하였으므로 더불어 동침하매 그 여자가 자기 집으로 돌아가니라 (삼하 11:2-4).

다윗은 목욕하는 한 여인에게 관심을 두게 된다. 그는 그 여인이 누구인지 알아보게 한다. 그리고 그 여인을 자신에게로 데려오게 한다. 사무엘하 11:2-4의 내용을 보면 다윗이 우연하게 그리고 충동적으로 그 여인을 대한 것이 아님을 알 수 있다. "부정함을 깨끗하게 하였다"는 것을 볼 때, 아마도 그 여인은 달거리 중이었을 것이며 그것이 끝나고 7일이 흐른 것으로 보인다. 이는 레위기 15:19 이하의 내용을 보면 확실해진다.[13] 다윗에게는 기다림이 필요했다. 다윗에게 인내심을 요구했던 밧세바는 그저 한 달에 한 번 지나가는 생리 현상처럼 그냥 지나치는 여인일 수 있었다. 그런데 사건이 터진다.

그 여인이 임신하매 사람을 보내 다윗에게 말하여 이르되 "내가 임신하였나이다" 하니라(삼하 11:5).

그 사건은 밧세바의 임신이다. 산부인과적 관점에서 보면 달거리 후 5-7일이 지나야만 가임기가 시작된다. 레위기 15:28의 내용처럼[14] 달거리 후 7일이 지나 둘의 동침이 일어났다고 보면 밧세바의 임신도 충분히 일어날 수 있는 상황이었다. 이 사건의 발단은 밧세바일 수도 있고 다윗

---

13 "어떤 여인이 유출을 하되 그의 몸에 그의 유출이 피이면 이레 동안 불결하니 그를 만지는 자마다 저녁까지 부정할 것이요"(레 15:19).
14 "그의 유출이 그치면 이레를 센 후에야 정하리니"(레 15:28).

일 수도 있었지만 다윗은 이 일을 밧세바 부부의 일로 돌리고 싶었다. 그래서 작전을 꾸민다. 통수권자였던 다윗은 밧세바의 남편 우리아를 전쟁터에서 불러들인다. 이것이 다윗의 "첫 번째 작전"이다.

6다윗이 요압에게 기별하여 "헷 사람 우리아를 내게 보내라" 하매, 요압이 우리아를 다윗에게로 보내니 7우리아가 다윗에게 이르매 다윗이 요압의 안부와 군사의 안부와 싸움이 어떠했는지를 묻고 8그가 또 우리아에게 이르되 "네 집으로 내려가서 발을 씻으라" 하니 우리아가 왕궁에서 나가매 왕의 음식물이 뒤따라 가니라. 9그러나 우리아는 집으로 내려가지 아니하고 왕궁 문에서 그의 주의 모든 부하들과 더불어 잔지라(삼하 11:6-9).

다윗은 우리아에게 일종의 특별 휴가를 준다. 우선 그간의 노고를 격려하고 왕궁의 음식을 하사하며 집에서 아내와 함께할 시간을 준다. 그러나 다윗의 계획대로 되지 않는다. 다윗은 우리아에게 집으로 가서 쉬라고 했지만 그는 오히려 왕궁의 문에서 잠을 잔다.

10어떤 사람이 다윗에게 아뢰되 "우리아가 그의 집으로 내려가지 아니하였나이다." 다윗이 우리아에게 이르되 "네가 길 갔다가 돌아온 것이 아니냐? 어찌하여 네 집으로 내려가지 아니하였느냐?" 하니 11우리아가 다윗에게 아뢰되 "언약궤와 이스라엘과 유다가 야영 중에 있고 내 주 요압과 내 왕의 부하들이 바깥 들에 진 치고 있거늘 내가 어찌 내 집으로 가서 먹고 마시고 내 처와 같이 자리이까? 내가 이 일을 행하지 아니하기로 왕의 살아 계심과 왕의 혼의 살아 계심을 두고 맹세하나이다" 하니라(삼하 11:10-11).

다윗은 우리아에게 왜 자신의 선처를 따르지 않았는지 추궁한다. 이에 우리아는 모두가 야영 중인데 어찌 자신만 편한 밤을 보낼 수 있겠는가 반문하며 오히려 충성을 맹세한다. 이에 다윗은 더 강하게 우리아를 몰아세운다.

12다윗이 우리아에게 이르되 "오늘도 여기 있으라. 내일은 내가 너를 보내리라." 우리아가 그날에 예루살렘에 머무니라. 이튿날 13다윗이 그를 불러서 그로 그 앞에서 먹고 마시고 취하게 하니 저녁때에 그가 나가서 그의 주의 부하들과 더불어 침상에 눕고 그의 집으로 내려가지 아니하니라 (삼하 11:12-13).

이제 다윗은 우리아의 강한 의지 앞에 굴복한 척한다. 다윗은 우리아에게 내일이면 전쟁터로 보내줄 테니 오늘 밤도 여기서 보내라고 말한다. 그리고 다윗 앞에서 먹고 마시고 취하게 한다. 다윗은 자신의 계획이 실패로 돌아가지 않도록 일을 직접 관장한다. 하지만 이번에도 헛일이었다. 다윗의 강력한 작전에도 불구하고 우리아는 자기 입장을 고수한다. 명장이자 왕인 다윗도 우리아를 강제로 집으로 보낼 수는 없었다.

14아침이 되매 다윗이 편지를 써서 우리아의 손에 들려 요압에게 보내니 15그 편지에 써서 이르기를 "너희가 우리아를 맹렬한 싸움에 앞세워두고 너희는 뒤로 물러가서 그로 맞아 죽게 하라" 하였더라(삼하 11:14-15).

두 번의 시도로 이루어진 "첫 번째 작전"이 실패로 돌아가자 다윗은 "두 번째 작전"을 꾸민다. 첫 번째 작전이 우리아를 전쟁터에서 궁으로 끌어들인 것이라면, 두 번째 작전은 우리아를 궁에서 전쟁터로 내모는 것이다.

다윗의 두 번째 작전은 우리아가 집으로 내려가지 않았다는 보고를 받고서부터 꾸며졌을 것이다. 하지만 두 번째 작전은 첫 번째 작전처럼 단순하지 않았다. 다윗이 고안한 두 번째 작전의 키워드는 "편지"였다. 첫 번째 작전에서는 자신이 직접 우리아에게 "말"(言)로 전했지만 실효가 없었다. 그래서 두 번째 작전에서는 자신이 직접 손으로 쓴 "글"(文)을 우리아의 손에 들려 요압에게 전하는 방식을 택한다.

16요압이 그 성을 살펴 용사들이 있는 것을 아는 그곳에 우리아를 두니 17그 성 사람들이 나와서 요압과 더불어 싸울 때에 다윗의 부하 중 몇 사람이 엎드러지고 헷 사람 우리아도 죽으니라(삼하 11:16-17).

다윗의 "두 번째 작전"은 요압에 의해 신속하게 시행되었고 그 결과는 성공적이었다. 이에 요압은 다윗에게 사람을 보내어 작전 상황과 결과를 보고한다. 이때 요압은 작전 중에 우리아가 죽게 된 상황을 보고할 때 신중하게 말해야 할 사항을 전령에게 꼼꼼하게 가르친다.

18요압이 보내어 전쟁의 모든 일을 다윗에게 고할새 19그 전령에게 명령하여 이르되 "전쟁의 모든 일을 네가 왕께 보고하기를 마친 후에 20혹시 왕이 노하여 네게 말씀하기를 '너희가 어찌하여 성에 그처럼 가까이 가서 싸웠느냐? 그들이 성 위에서 쏠 줄을 알지 못하였느냐? 21여룹베셋의 아들 아비멜렉을 쳐 죽인 자가 누구냐? 여인 하나가 성에서 맷돌 위짝을 그 위에 던지매 그가 데벳스에서 죽지 아니하였느냐? 어찌하여 성에 가까이 갔

더냐?' 하시거든 네가 말하기를 '왕의 종 헷 사람 우리아도 죽었나이다' 하라." 22전령이 가서 다윗에게 이르러 요압이 그를 보낸 모든 일을 다윗에게 아뢰어 23이르되 "그 사람들이 우리보다 우세하여 우리를 향하여 들로 나오므로 우리가 그들을 쳐서 성문 어귀까지 미쳤더니 24활 쏘는 자들이 성위에서 왕의 부하들을 향하여 쏘매 왕의 부하 중 몇 사람이 죽고 왕의 종 헷 사람 우리아도 죽었나이다" 하니(삼하 11:18-24).

요압은 이처럼 부하를 보내 전투의 결과와 우리아가 죽게 된 상황을 다윗에게 세세하게 전달한다.

다윗이 전령에게 이르되 "너는 요압에게 이같이 말하기를 '이 일로 걱정하지 말라. 칼은 이 사람이나 저 사람이나 삼키느니라. 그 성을 향하여 더욱 힘써 싸워 함락시키라' 하여 너는 그를 담대하게 하라" 하니라(삼하 11:25).

보고를 받은 다윗은 오히려 이 일로 요압의 사기가 저하될까 봐 우려하며 요압이 더 힘을 낼 수 있게끔 용기를 부어주라고 전달한다. 그러면서 "칼은 이 사람이나 저 사람이나 삼키느니라"라고 말한다.

26우리아의 아내는 그 남편 우리아가 죽었음을 듣고 그의 남편을 위하여 소리 내어 우니라. 27그 장례를 마치매 다윗이 사람을 보내 그를 왕궁으로 데려오니 그가 그의 아내가 되어 그에게 아들을 낳으니라. 다윗이 행한 그 일이 여호와 보시기에 악하였더라(삼하 11:26-27).

이렇게 다윗의 두 번째 작전은 성공했다. 그 결과 다윗은 임신한 밧세바를 왕궁으로 데려와 자신의 아내로 삼는다. 우리는 여기서 다윗에게 질문거리를 갖게 된다. 왜 두 번째 작전이었는가? 이를 대체할 다른 작전은 없었는가? 율법을 알고 있던 다윗은 이런저런 궁리를 다 해보았을 것이다. 그중 두 번째 작전이 최선책이었을까?

사무엘하는 다윗이 행한 이 일이 "여호와 보시기에 악했다"고 기록한다. 우리는 이 내용을 프로이트와 라깡의 관점에서 살펴볼 수 있다. 특히 프로이트와 라깡이 "글을 쓰는 사람"에 관해 어떤 관점을 갖는지가 도움이 될 것이다.

2. 프로이트가 말하는 "글을 쓰는 사람"이란?

1) 제1차 위상에 따른 사람의 정신 과정

프로이트가 제안한 정신 구조의 첫 번째 원리는 "무의식-전의식-의식"이다. 우리는 이것을 보통 "제1차 위상", "첫 번째 장소론"이라 말한다. 정신 구조를 이렇게 셋으로 구분하는 것은 논리적인 면에서일까, 아니면 실제적인 면에서일까? 우리나라 사법에도 3심급 제도가 있다. 왜 하나가 아니라 여러 급의 법원이 있는 걸까? 프로이트는 사법기관에 3심급이 있듯이 정신에도 3개의 심급이 있다고 말한다. 심급(審級)은 프랑스어로 "Instance"인데, 이것은 간청, 소송 절차, 심급, 재판소라는 의미를 가진다.

프로이트가 "제1차 위상"에서 말하는 정신의 과정(움직임)은 "지각 조직 → 기억 조직 → [무의식(제1차 과정, 압축과 전치, 은유와 환유)-전의식(제2차 과정)-의식] → 운동 조직"이다. 이런 움직임을 프로이트는 Trieb라고 표현했는데, 이것은 보통 Pulsion(프랑스어), Drive(영어), 충동 또는 욕동(한국어)으로 번역된다.[15] 여기서 제1차 과정은 무의식의 작용에 해당하고 제2차 과정은 무의식의 의식화 작용에 해당한다. 글을 쓰는 주체가 "지각 조직 → 기억 조직 → 운동 조직"의 흐름으로 "글을 작성한다"고 할 때, 운동 조직의 결과물인 "글"을 분석한다는 것은 이 과정을 "거꾸로 되돌리는 행위"(제2차 과정에서 제1차 과정으로 역행, 퇴행하는 행위)다. 다음에 제시된 그림에서 가운데 부분에 있는 "칸막이들"은 되돌리는 행위를 간섭하고 방해하는 "저항"을 의미한다.[16] 이를 어떻게 잘 피해 갈 것인가가 정신분석의 기술이다.

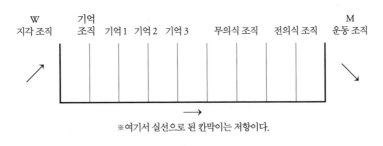

※여기서 실선으로 된 칸막이는 저항이다.

제1차 위상에 따른 정신의 구조

2) 제2차 위상에 따른 사람의 정신 과정

프로이트가 제안한 정신 구조의 두 번째 원리는 "이드-자아-초자아"의 구조로 설명된다. 우리는 이것을 "제2차 위상", "두 번째 장소론"이라고 부른다. 이 구조는 "모든 것이 무의식"이라고 말해준다.[17]

---

15 강응섭, "아우구스티누스의 *intentio*와 라깡의 pulsion", 「라깡과 현대정신분석」 제8권 2호(2006.12.), 7-35.

16 Sigmund Freud, *L'interprétation des rêves*(Paris: PUF, 1967), 456-59.

17 Sigmund Freud, "Le Moi et le ça," *Essais de psychanalyse*(Paris: Payot, 1993), 239-41,

"제1차 위상"에서는 무의식과 전의식을 "연결하는 지점"에서 저항이 발생한다. 즉 무의식과 전의식 사이에서만 저항이 발생하여 "무의식-저항-전의식"이 된다. 그러나 "제2차 위상"에서는 제1차 위상의 "무의식-저항-전의식"의 차원을 넘어선다. 모든 것이 무의식에서 비롯되는 만큼 모든 것에서 저항이 발생한다. 즉 1심급(이드)에서도 저항이 발생하고, 2심급(자아)에서도, 3심급(초자아)에서도 저항이 발생한다. 정신의 심급이 3개이니만큼 저항 역시 3항(抗)이다. 정신을 이처럼 3개의 심급으로 설명한다는 것은 정신의 분열, 주체의 분열을 염두에 둔 결과다.

프로이트는 정신을 설명하는 구조를 제1차 위상에서 제2차 위상으로 바꾼 만큼, 저항을 해결하는 기술 역시 정교하게 다듬는다. 프로이트가 정신분석의 기술을 통해 얻고자 했던 것은 사람의 본심을 듣는 방법이었고, 이를 위해 기술을 발전시키는 것이었다. 그에게 환자를 돌보는 최선책은 환자가 하는 이야기의 참뜻을 파악하는 방법의 구현에 있었다. 그리고 이는 바로 인간의 정신에 관한 이해에서 시작된다. 이런 과정에서 만들어진 정신분석의 기술은 성서를 읽는 우리에게 어떤 유익이 있을까? 계속해서 그 가치를 살펴보도록 하자.

3. 라깡이 말하는 "글을 쓰는 사람"이란?

1) "언어처럼 구조화된 무의식"으로 본 사람의 정신 과정

라깡이 "무의식은 언어처럼 짜여 있다"고 말했을 때, 이 말은 언어로 표현된 것에는 무의식의 주체가 등장한다는 말이다. 즉 말에는 말한 이의

243-44, 251-52.

참뜻이 담겨 있다는 것이다. 다시 말해 오래전에 작성한 문서일지라도 그 속에 저자의 마음이 담겨 있다. 이것이 라깡식 정신분석 해석법의 기본 전제다. 그리고 라깡이 "하나의 기표(시니피앙)와 또 하나의 기표(시니피앙)를 연결하면 주체가 드러난다"고 말했을 때,[18] 이 말은 언어학적인 관점을 넘어서서 욕망을, 즉 무의식의 주체는 욕망을 담고 있다는 것을 표현한다.

앞서 살펴본 대로 라깡이 사용한 프랑스어 문장 "L'inconscient est structuré comme un langage"[19]를 번역하면 "무의식은 언어처럼 짜여(구조화되어) 있다"는 의미다. 여기서 "언어처럼 짜여"란 말은 야콥슨이 주장한 "환유의 축"과 "은유의 축"에 의한 언어의 구조와 연결된다. 언어의 구조는 환유의 축과 은유의 축으로 짜여진다. 이런 짜임에서 "의미"가 생성된다. "의미"가 환유의 축(→, 수평축, 시간의 축)과 은유의 축(↑, 수직축, 공간의 축)에 의해 생성된다면, 생성된 의미는 무의식적인 것이 된다. 왜냐하면 이런 언어 법칙에 의해 짜여진 것은 "무의식"이기 때문이다.

이는 라깡식 인간학의 핵심에 해당하는데, 이런 관점으로 성서를 읽으면 말한 이와 글쓴이의 마음을 엿볼 수 있게 된다.

2) "도식 L"로 본 사람의 정신 과정

언어의 두 축은 라깡이 말하는 "도식 L"에도 나타난다. "도식 L"은 언어의 두 축 이외에 또 하나의 축을 가지고 있다. "도식 L"은 라깡식 해석법의 기본 전제 가운데 첫 번째다. 앞서 살펴본 대로 "도식 L"을 시계 방향으

---

18 Lacan, *L'envers de la psychanalyse*, 19, 53.

19 Lacan, *Les quatre concepts fondamentaux de la psychanalyse*, 137.

로 45도 돌리면 야콥슨이 말한 언어의 두 축이 두드러진다. 다시금 "도식 L"을 살펴보면서 그 내용을 환기해보자.

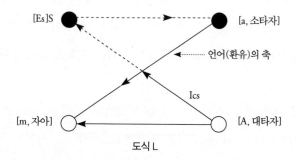

도식 L

① 그 가운데 첫 번째 것은 오른쪽 위(a, 소타자)에서 왼쪽 아래(m, 자아)로 향하는 축이다. 이것은 이미지의 축, 언어의 축, 환유의 축이다. 이를 표기하면 다음과 같다.

- 소타자(a=autre)→(이미지, 환유의 축)→자아(m=moi, personne)

여기서 "a"는 앞서 말했듯이 소문자를 사용하는 프랑스어 "오트르"(autre)를 의미한다. 오트르란 사물이나 사람 등 외부 대상을 일컫는데 정확히는 그것들의 "부분 대상"이다. 이 대상을 접수하는 이는 "자아"다. "자아"는 라틴어로 *ego* 또는 *persona*, 프랑스어로 "personne" 또는 "moi"로 표기되며, "가면"이라는 뜻을 품고 있다. 즉 선천적인 인격이 아니라 후천적으로 습득한 인격을 의미한다. 배우가 가면을 쓰면 자신의 정체성을 숨기고 다른 인물로 역할할 수 있게 되듯이, 자신을 위장하고 숨기는 것이 곧 "자아"다.

② 그에 반해 두 번째 축은 오른쪽 아래(A, 대타자)에서 왼쪽 위(S, 주

체)로 향하는 축이다. 이것은 무의식의 축, 은유의 축이다. 이를 간단히 표기하면 다음과 같다.

- 대타자(A＝Autre)→(무의식, 은유의 축)→주체(S＝Sujet inconscient)

여기서 "A"는 대문자를 사용하는 프랑스어 그랑 오트르(Autre)로 영어 Other에 해당하는 "대타자"다. 대타자란 사물과 사람 등의 기표(시니피앙)로 이루어진 저장소다. 이 기표와 대면하는 이는 "주체"(S)다. 이 주체는 무의식의 주체(Sujet inconscient)다. 이 주체는 자아와는 달리 위장을 해제하고 자신을 드러낸다.

이렇게 첫 번째 축과 두 번째 축이 만나는 지점에서 "의미"(signification)가 생긴다. 라깡이 말하는 "글을 쓰는 사람"도 두 축이 만나는 지점에서 탄생한다.

③ 마지막으로 왼쪽 위(S, 주체)와 오른쪽 위(a, 오브제 아)의 축은 세 번째 축이다. 이 축은 환상의 축, 욕망의 축의 성향이 있다.

- 주체(S＝Sujet inconscient)→(환상/욕망의 축)→objet a

앞서 밝혔듯이 여기서 "S"는 무의식의 주체(Sujet inconscient)다. "a"는 오브제 아로서 원(原) 대상을 표상하는 결여된 무엇이자 어떤 것인데, 라깡은 이 대상의 성격을 환상적 대상(환상화된 대상)으로 규정한다. 또한 그는 주체와 환상적 대상 간의 관계를 환상 방정식의 기호인 마름모꼴로 설명하는데, ◇는 +, × 또는 〈, 〉, ∧, ∨ 또는 주체와 대상 상호 간의 닫히고 열리는 관계 또는 합집합과 교집합을 보여준다.

이런 구도를 활용해 구약성서 사무엘하 11장을 풀어보면 정신분석 이론에 대한 이해도 분명해지고, 성서의 의미도 깊이 파악하게 될 것이다.

3) 상상계, 상징계, 실재로 본 사람의 정신 과정

라깡의 학문적 일생을 나눌 때, 흔히 상상계-상징계-실재라는 "3계"를 기준으로 삼는다. 상상계를 강조하던 시기에 라깡은 "거울 단계"라는 방식으로 인간의 정신 과정을 설명했다. 상상계는 프랑스어로 "이마지네흐"(Imaginaire)인데, 이것은 "도식 L"의 첫 번째 축에 해당한다. 상징계는 프랑스어로 "셍볼리크"(Symbolique)인데, 이것은 "도식 L"의 두 번째 축에 해당한다. 실재는 프랑스어로 "레엘르"(Réel)인데, 이것은 "도식 L"의 세 번째 축에 해당한다.

라깡은 자신의 사유를 첫 번째 축에서 두 번째 축으로, 두 번째 축에서 세 번째 축으로 진전시키는데, 처음에는 "이미지"를 강조하고 이어서는 "언어"를, 나중에는 언어에 사로잡히지 않는 것을 강조한다. "상상계-상징계-실재"는 각각이 따로 있는 것이 아니다. 이것은 서로 유기적으로 작동한다. 다만 이 가운데 어떤 것을 강조하느냐에 따라 사물이나 주체에 관한 해석이 다르게 나타난다.

가령 "글을 쓰는 사람"이 상징화의 도구인 언어로 자신의 생각을 정리하기 이전에 이미지 형태만 가지고 전전긍긍하는 상태가 "상상계"에 해당한다면, "글을 쓰는 사람"이 자신의 생각을 언어로 표현하는 상태가 "상징계"에 해당한다. 또한 글을 써 놓고도 갈팡질팡하며 자신이 말하고자 한 것을 다 표현하지 못하는 상태가 "실재"에 해당한다고 볼 수 있다.

이런 라깡식 "3계"는 프로이트의 "3위상"(제1차 위상에 따른 "무의식-전

의식-의식"과 제2차 위상에 따른 "이드-자아-초자아")과 비교된다. 라깡식
"3계"는 주체가 자신의 글로부터 자신이 소외되는 과정을 보여준다.

4) "욕망의 그래프"로 본 사람의 정신 과정

라깡은 세미나 5와 6에서 "욕망의 그래프"(Graphe du Désir)를 만들어
간다.[20]

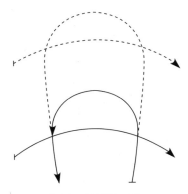

세미나 5의 욕망의 그래프

이 그래프의 기본은 야콥슨이 말한 언어의 두 축인 환유의 축과 은유
의 축이다. 전자는 왼쪽에서 오른쪽으로 향하는 화살표이고 후자는 오
른쪽 아래에서 왼쪽 아래로 향하는 화살표다. 이는 "통사축"과 "범렬축"
이라는 두 축, 즉 기표 고리와 담화 고리를 확장시킨 것이다. 이것이 실
선으로 된 부분이다. 그 위에 점선으로 된 부분도 언어의 두 축으로 짜여
진다.

욕망의 그래프는 이중화된 축으로 구성되며 두 개의 담론을 담고
있다. 실선으로 된 아랫부분은 상징계에 속하며 의식이 지배하는 담론

---

20 Lacan, Les *formations de l'inconscient*, 200.

으로서 타자와 소통이 가능한 의미의 차원이다. 언표 주체가 의식적 담론을 지배한다. 반면 점선으로 된 윗부분은 무의식이 지배하는 담론으로서 일상적 의미를 벗어나서 타자와 소통이 가능하지 않은 무의식의 차원이다. 언표 행위의 주체가 무의식의 담론을 지배한다. 결과적으로 이 그림은 의식적 담론에는 포착되지 않고 빠져나가는 무의식적 욕망의 기표 고리(점선의 윗부분)가 의식적 담론(실선의 아랫부분) 너머에 있음을 보여준다. 가령 우리가 어떤 사람을 만났을 때 겉말로는 "만나서 정말 반갑습니다"라고 말하지만 속말로는 "아이, 재수 없어!"라고 생각하는 경우에 해당할 수 있다. 만화에서는 이 속말을 말풍선으로 처리하여 머리 위에 놓기도 한다. 바로 이때 의식의 담론과 무의식적 욕망의 기표 고리를 엿볼 수 있다. 우리는 이 그래프를 통해 "글을 쓰는 사람"의 정신 과정을 들여다볼 수 있다.

4. 사무엘하 11장 해석하기

1) 프로이트의 제1차 위상으로 해석하기

프로이트가 제시한 제1차 위상은 "무의식→전의식→의식"의 정신 구조를 지닌 사람을 보여준다. 이 구도에서 사무엘하 11장을 조망해보면 다윗의 "첫 번째 작전"은 의식적인 다윗의 모습을 보여준다. 즉 밧세바가 임신한 사실을 알게 된 후, 다윗은 우리아를 왕궁으로 불러들여 밧세바와 만나게 하려고 의도적으로 일을 꾸민다. 여기서 다윗은 아주 의식적인 사람으로 보인다. 제1차 위상에 의하면 저항의 작용에 의해 다윗의 무의식은 억눌려 있다. 그래서 다윗이 우리아를 부른 이유는 포상 휴가 정도로 규정될 뿐, 의식 이면에 있는 어떤 요인으로 인해 이런 일이 벌어졌는지 알아보려면 엄밀한 분석 과정을 거쳐야 한다. 다윗의 모습은 의식적인 면에서 이해될 뿐이다. 다윗의 "두 번째 작전"에 따른 "그 편지" 역시 제1차 위상에서 보면 아주 의식적인 전술로 볼 수 있다.

이렇게 제1차 위상의 관점에서 볼 때 다윗이 우리아를 제거하기 위해 꾸민 두 개의 작전은 다윗의 의식에 따른 정신 활동의 결과다. 하지만 우리가 사무엘상과 사무엘하에서 간략하게 보았듯이, 다윗이라는 인물은 이런 일을 저지를 사람도 아니고, 그런 작전을 꾸밀 사람도 아니다. 그렇다면 다윗을 올바로 이해하기 위해서는 프로이트가 말하는 제1차 위상만으로는 충분하지가 않다고 할 수 있다.

2) 프로이트의 제2차 위상으로 해석하기

프로이트가 제시한 제2차 위상은 "이드-자아-초자아"의 정신 구조를 지닌 사람을 보여준다. 이 사람은 모든 것이 무의식에서 비롯되는 사람이다. 그러니까 다윗이 꾸민 "첫 번째 작전"은 물론이고 "두 번째 작전" 역시 무의식적인 요소가 반영된 것이다. 제1차 위상에 따른 해석이 무의식적 요소를 통제하는 의식적인 다윗의 면모를 강조한다면, 제2차 위상에 따른 해석은 무의식적 요소를 통제하지 못하는 다윗, 무의식적 요소에 내몰린 다윗의 면모가 강조된다. 즉 다윗이 첫 번째 작전을 꾸밀 때, 반복적으로 우리아를 아내가 있는 집으로 보내려 했던 것도 무의식에 의해 내몰렸기 때문이고 그래서 더 초조하고 불안했던 것이다. 그 결과 우리아를 죽음에까지 이르게 한다. 이렇게 제2차 위상의 관점으로 보면, 다윗이 무서운 작전을 펼치게 된 것은 무의식적인 요소에 의해 내몰렸기 때문이다. 그렇다면 무의식적 요소란 무엇일까?

이렇게 우리는 프로이트가 제시하는 제1차 위상의 관점이나 제2차 위상의 관점으로도 다윗을 볼 수 있다. 어떤 관점으로 보는 것이 다윗을 더 잘 이해하는 길인지는 라깡의 연구를 살펴보면 알 수 있다. 라깡은 제2차 위상에 근거한 라깡식 방식을 발전시켰다. 지금부터 라깡식 방식을 살펴보면서 무의식적 요소에 관해 자세히 알아보자.

3) "언어처럼 구조화된 무의식"으로 해석하기

우리가 "무의식은 언어처럼 짜여 있다"고 하는 틀을 이용해 사무엘하 11장을 읽는다는 것은, 프로이트의 제2차 위상으로 사무엘하 11장을 읽는다는 것과 맥을 같이한다고 볼 수 있다. "무의식이 언어처럼 짜여 있다"는 관점으로 사무엘하 11장을 읽으면 역시 "사무엘하 11장이 다윗의 무의식을 반영한다"고 말할 수 있게 된다. 앞서 본 다윗의 "첫 번째 작전"은 다윗의 무의식을 반영하고, "두 번째 작전" 역시 다윗의 무의식을 반영한다. 사무엘하 11장의 사건은 지금으로부터 약 3,000년 전의 일이지만 다윗의 무의식은 문자에 그대로 반영되어 있다. 물론 성서학적인 관점에서 보면 사무엘하의 저자와 다윗 간의 관계가 문제로 남는데, 이는 정신분석의 관점에서 볼 때도 마찬가지다.

하지만 여기서는 사안을 단순화시킨 라깡식으로 답하자면, 사무엘하 11장이 보여주는 기표 하나하나가 바로 다윗이라는 무의식의 주체를 보여준다고 말할 수 있다. 이런 관점으로 본문을 읽으면 우리는 금방 다윗이라는 주체와 만나는 신비를 경험하게 된다. 다윗이 제시한 단어 하나하나에 그 자신의 욕망이 배어 있다. 그토록 오랜 시간이 지났지만 우리는 라깡이 제시한 관점 덕분에 다윗을 지금 생생하게 만나게 된다. "무의식은 언어처럼 짜여 있다"는 것이 어떤 식으로 해석되는지 아래의 "도식 L"로 설명해보겠다.

4) "도식 L"로 해석하기

① 사무엘하 11장 본문을 라깡의 "도식 L"로 읽을 때 "부분 대상"은 "편지"다. 이 편지의 수신자는 요압이다. 이때 운반 매개는 "우리아"다. 여기서 편지는, 검은 것은 글자이고 흰 것은 종이인 한낱 문서에 불과하다.

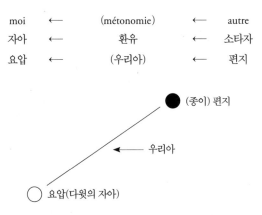

이 "편지"는 다윗이 아침에 작성했다. "요압"은 이 편지를 읽고 편지에 적힌 대로 실행한다. 이런 실행은 요압의 해석에 따른 것이다. 이때 "요압"은 다윗의 "자아"에 해당한다. 묘하게도 이 편지는 운반 매개인 우리아에 관한 내용을 담고 있다. 이것이 도식 L의 "첫 번째 축"에 해당하는 내용이다.

- 아침에 쓴 편지 → 우리아의 운반 → 다윗의 자아로서 요압의 해석

② 그렇다면 두 번째 축을 보자. 두 번째 축은 "도식 L"의 오른쪽 아래에서 왼쪽 위로 향한다. 이를 기호로 표기하면 다음과 같다.

$$\text{Sujet inconscient(\$)} \quad \longleftarrow \quad \text{(métonomie)} \quad \longleftarrow \quad \text{Autre}$$

무의식의 주체 ← 은유 ← 대타자

여기서 대타자는 편지의 진실, 편지가 담고 있는 욕망을 지칭한다. 이 편지를 받는 이는 요압이나 우리아가 아니라 무의식의 주체(Sujet inconscient)인데, 그는 이 편지를 환유의 과정과 은유의 과정을 통해서 받는다. 환유의 과정을 통해 받는다는 말은 하나의 문장을 이해할 때 하나의 단어와 하나의 단어를 연결해 문장 전체를 통해 의미를 파악한다는 뜻이다. 은유의 과정을 통해 받는다는 말은 환유를 통해 읽는 것과는 달리 하나의 문장에서 단어 하나의 의미를 파악한다는 뜻이다. 즉 그것은 하나의 문장에서 한 단어의 의미를 파악하고 문장 전체에서 각 문장의 의미를 파악하는 것을 의미한다. 여기서 이 편지의 진실을 아는 이는 다윗의 무의식의 주체뿐이다.

"도식 L"의 첫 번째 축에서는 본문의 의미가 드러나지 않는다. 왜냐하면 무의식의 주체가 등장하지 않고 자아만이 해석에 참여하기 때문이다. 이 단계에서는 편지의 진실이 감추어진다. 다윗의 편지를 읽는 요압은 진실로부터 소외된 다윗의 자아처럼 기능할 뿐이다. 그래서 사무엘하 11장에서 세 사람(다윗, 우리아, 요압)의 행위는 통상 전쟁에서 지휘자와 부하 간에 있을 법한 행위처럼 보일 뿐이다.

그러나 "도식 L"의 두 번째 축에서는 본문의 의미를 다르게 이해할 수 있다. 여기서는 다윗의 무의식에 관해 이야기해야 한다. 우리는 그 편지를 통해 그의 의도를 알 수 있다. 다윗의 진의는 도식 L의 첫 번째 축 선상에서는 감추어져 있지만 두 번째 축 선상에서는 잉태되어 나타난다. 무의식의 주체로서 다윗의 의도는 우리아와 요압에게는 매우 은밀하게 숨겨져 있다.

③ 그리고 마지막으로 "도식 L"의 세 번째 축인 왼쪽 위와 오른쪽 위의 축은 욕망의 실현과 욕망의 결여를 동시에 보여준다. 이는 "무의식의 주체"와 "욕망 편지" 간의 관계다. 첫 번째 축에서 "종이 편지"는 한낱 문서에 불과하고 우리아와 요압은 편지를 종이 대하듯 함으로써 다윗의 진의를 가렸다. 하지만 두 번째 축에서 "편지 내용"은 진의를 담고 있는 것으로 이해되고 이것을 "무의식의 주체로서 다윗"이 대면한다. 세 번째 축에서 "편지"는 원하는 바를 이미 성취했지만 아직 성취하지 못한 것을 담고 있는 어떤 것이다. 이것은 라깡의 "오브제 아"인데, 이 오브제 아는 원(原) 대상을 표상하는 결여된 무엇이자 어떤 것으로, 리비도적 구조의 중심 대상인 팔루스로 표시된다. 환상의 성격을 띠는 이 대상은 +, ×, 또는 ⟨, ⟩, ∧, ∨, 또는 주체와 대상 상호 간의 닫히고 열리는 관계, 또는 합집합과 교집합의 결합 관계를 설명하는 마름모(◇)로 표시된다. 세 번째 축의 모습에 관해서는 요압이 다윗에게 보낸 전령과 다윗 사이에서 나누어지는 대화를 참조하면 된다. 여기서는 편지가 거론되지 않는다. 편지의 내용대로 하지 않음에 대한 추궁도 없다. 오히려 편지의 지시대로 하지 않은 것에 관한 관용만이 있을 뿐이다. 편지의 존재를 감추기 위해 강화해야 할 무엇이 필요하다고 느껴진다. 그래서 다윗은 전령에게 "'이 일로 걱정하지 말라. 칼은 이 사람이나 저 사람이나 삼키느니라. 그 성을 향하여 더욱 힘써 싸워 함락시키라' 하여 너는 저를 담대하게 하라"(삼하 11:25)고 말한다. 다윗은 우리아의 죽음에 관한 해석을 내놓으며 전령에게 요압의 자아를 강화하라고 명령한다. 이것은 진의를 엄폐하기 위해 무의식의 주체를 누르면서 다윗의 자아가 내뱉는 말이다.

"첫 번째 축에서 편지"는 단순한 "종이 편지"(종이 위의 글자)에 불과하지만, "두 번째 축에서 편지"는 무의식의 주체가 가진 "욕망"을 담고 있다. 그리고 "세 번째 축에서 편지"는 자신의 목적을 실현한 후 유령처럼 자아와 주체 주위를 "맴돈다." 이때 고삐 풀린 망아지처럼 주체의 욕망은 상징계의 법칙을 넘는다. 주체가 품은 욕망은 수위를 넘고, 욕망을 담은 그 편지는 또 다른 욕망으로 치달아 적군과의 싸움에서 아군이 아군을 죽이는 일을 실행하는 무서운 힘을 발휘한다. 이 편지의 진실을 보는 이는 무의식의 주체다. "편지"는 요압이나 우리아와 같은 자아(moi)에게는 지휘관의 병법으로 이해되고, 주체(Sujet)에게는 지휘관의 욕망의 찌꺼기로 이해된다. 이를 간단하게 표기하면 세 번째 축인 아래의 형태가 된다.

주체(다윗의 무의식) ●————————————○ 오브제 아(편지)

지금까지 살펴본 대로 "무의식이 언어처럼 짜여 있다"는 것을 설명하는 "도식 L"은 사무엘하 11장에 드러난 무의식의 주체를 보여준다.

5) 상상계, 상징계, 실재로 해석하기

다윗이 자신의 욕망에서 비롯된 밧세바의 임신을 우리아에게 돌리고자 계획한 첫 번째 작전은 "상상계"에 속한다고 볼 수 있다. 이때 다윗은 아직 상징계의 도구인 문자 언어로는 명확하게 지시하지 않은 상태다. 그래서 다윗의 계획은 두 번씩이나 수포로 돌아간다. 다윗이 우리아에게 한 말은 정확한 의미를 생성하지 못했고, 그 결과 우리아는 다윗의 의도대로 실행할 수 없었다. 구두 언어는 상징계를 이루는 문자이기는 하지만 구두 언어로 이루어진 상징계는 자꾸 상상계로 미끄러진다. 그래서 주체가 의도한 상징계가 구성되지 못한다.

그래서 다윗은 작전을 바꾼다. 다윗이 계획한 두 번째 작전은 "상징계"를 든든하게 구성하기 위한 것이었다. 다윗은 고심한 끝에 명료한 문장으로 자신의 의도를 전달한다. 다윗의 의도는 요압에게 전달되었고 요압은 다윗의 의도를 정확하게 실행한다. 다윗이 의도했던 상징계가 형성된 것이다. 다윗이 의도한 상징계란 우리아가 죽는 것이었다. 결국 다윗은 자신의 작전을 성공시킨다.

사무엘하 11장은 상상계에서 상징계로의 이동뿐 아니라 실재도 잘 드러낸다. 바로 앞서 살펴본 25절과 함께 27절의 "그가 그의 아내가 되어 그에게 아들을 낳으니라. 다윗이 행한 그 일이 여호와 보시기에 악하였더라"라는 내용도 그러하다. 이 문장은 다윗의 아내가 될 밧세바가 낳은 아이의 미래를, 그리고 이 일이 "여호와 보시기에" 악하였기 때문에 그 결과가 어떠할지를 "율법의 관점"에서 기록한다. 하지만 "복음의 관점"에서 이 문장은 전혀 새롭게 해석될 것이다. 마태복음 1장과 사도행전 13장은 다윗을 두고 다음과 같이 말한다.

6이새는 다윗 왕을 낳으니라. 다윗은 우리야의 아내에게서 솔로몬을 낳고…16야곱은 마리아의 남편 요셉을 낳았으니 마리아에게서 그리스도라 칭하는 예수가 나시니라(마 1:6, 16).

21그 후에 그들이 왕을 구하거늘 하나님이 베냐민 지파 사람 기스의 아들 사울을 사십 년간 주셨다가 22폐하시고 다윗을 왕으로 세우시고 증언하여 이르시되 "내가 이새의 아들 다윗을 만나니 내 마음에 맞는 사람이라. 내 뜻을 다 이루리라" 하시더니 23 하나님이 약속하신 대로 이 사람의 후손에서 이스라엘을 위하여 구주를 세우셨으니 곧 예수라(행 13:21-23).

"편지 사건"에도 불구하고 마태는 계보를 만들어 예수가 다윗의 후손임을 증명한다. 여기서 다윗은 "편지 사건"을 행한 다윗이다. 반면 바울은 "내 마음에 맞는 사람" 구문을 소개하면서 예수가 다윗의 후손이라고 말한다. 이 구문은 하나님이 사무엘에게 말씀하신 "내가 네게 알게 하는 자에게 나를 위하여 기름을 부을지니라"(삼상 16:3)와 "이가 그니 일어나 기름을 부으라"(삼상 16:12)에서 유래한다. 즉 바울이 말하는 "내 마음에 맞는 사람"은 "편지 사건" 이전의 다윗, 왕이 되기 위해 기름 부음을 받을 때의 다윗을 가리킨다. 이처럼 마태는 "편지 사건" 이후의 다윗을 염두에 두고, 바울은 "편지 사건" 이전의 다윗을 염두에 둔다.

그렇다면 바울은 "편지 사건"을 하찮은 것으로 치부하는가? 그렇지는 않은 듯하다. 사도행전 13장의 맥락에서 보면 바울이 강조하는 것은 "하나님이 약속하신 대로"다. 즉 바울도 마태처럼 "편지 사건"의 전말을 알고 있다고 볼 수 있다. 그런 마태와 바울이 예수를 다윗의 후손이라고 이해하게 된 까닭을 살펴보면, 그것은 다윗의 의로움 때문이 아니라 다윗의 자아를 부수는 하나님의 분노 때문이다. 하나님의 분노는 하나님의 약속 이행과 관계된다. 사무엘하 11:27이 보여주듯이 "밧세바-아기-하나님의 분노"는 다윗이 구축한 든든한 상징계를 파괴한다. 즉 "밧세바-아기-하나님의 분노"는 다윗이 사무엘하 11장에서 구축한 상징계를 허무는 기능을 한다. 아무리 다윗이 상징화의 도구인 언어를 이용해 자신의 의도를 성취했다고 해도 그가 이룬 상징계의 현실은 무너질 수밖에 없다. 그 이유는 다윗이 구축한 상징계에 셀 수 없이 많은 구멍이 있고 그것으로는 하나님의 약속이 성취될 수 없기 때문이다. 그 구멍의 중심에는 "밧세바-아기-하나님의 분노"가 자리하며 이는 "실재"에 해당한다. 실재는 상징계의 틀에 포획되지 않고 상징계를 관통하면서 상징계를 위협하는 기능을 한다. 이런 기능 가운데서 하나님은 다윗의 음모를 파괴하면서 자신의 약속을 성취하신다.

이처럼 라깡이 제시하는 "상상계-상징계-실재"라는 개념으로 사무엘하 11장을 들여다보면 더 깊이 있게 다윗이라는 주체를 엿보게 된다. 그렇다면 다윗의 깊은 곳에서는 어떤 일이 벌어진 것일까? 욕망의 그래프를 통해 그것을 관찰해보자.

6) "욕망의 그래프"로 해석하기

라깡은 "Un signifiant représente le sujet auprès d'un autre signifiant,"[21] 즉 "하나의 시니피앙은 다른 하나의 시니피앙에 연결된 주체를 보여준다"고 했다. 여기서 주체란 말과 말로 연결된 주체다. 즉 육으로 된 몸이 아니라 말의 고리로 된 몸이다. 그래서 주체는 몸으로 된 부분 대상인 소타자(autre)가 아니라 말로 된 대타자(Autre)와 관계하면서 "대타자의 욕망"에 사로잡힌다. "대타자의 욕망"은 대타자가 갖고 있는 욕망이다. 주체는 "대타자의 욕망"에 예속된다.

앞서 살펴보았듯이 "도식 L"의 첫 번째 축 a→m은 아래에 나오는 "욕망의 그래프"(Graphe de Désir)의 아랫부분, 즉 실선으로 표현된 부분에 해당한다. 여기서는 "요구(demande)의 담론"[22]이 이루어진다.

---

21 Lacan, *L'envers de la psychanalyse*, 19, 53.
22 Lacan, *L'identification*, 1962년 3월 7일 강의. 이날 강의에서 라깡은 "요구(demande)의 담론 구조"를 "속이 찬 원"(滿圓, Cercle Plein 또는 Cercle engendrant)으로 설명한다.

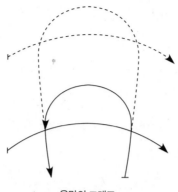

욕망의 그래프

사무엘하 11장에는 다윗이 요압에게 건넨 편지의 내용이 나온다. 여기서는 무의식의 주체인 다윗의 욕망이 드러나지 않는다. 요압은 단지 다윗이 제안한 병법을 편지 내용으로 받는다. 그것은 싸움에서 이기기 위해 지휘관이 내세우는 최고의 병법, 다윗이 요압에게 내리는 요구다. 실선 단계에서는 요압이 사무엘하 11:14의 앞부분만 크게 본다. 즉 요압은 다윗이 "우리아를 맹렬한 싸움에 앞세워두고"라고 말한 부분을 크게 부각한다. 이것이 다윗의 병법이라고 받아들인다. 그러나 요압은 그다음 문장인 "너희는 뒤로 물러나 그로 맞아 죽게 하라"는 말을 "그에게 승전 중에 순직할 기회를 주라"고 받아들이는 듯하다.[23]

반면 실선 이면에 점선으로 표기된 부분은 "욕망(désir)의 담론"[24]을 보여준다. 사무엘하 11장에 기록된, 우리아의 손을 통해 요압에게 전해진 다윗의 편지에는 무의식의 주체의 진실이 담겨 있다. "너희는 뒤로 물러

23 장일선, "다윗과 요압: 사랑과 미움의 갈등관계", 「현대와 신학」 제10호(연세대학교 연합신학대학원, 1985), 81-99.

24 Lacan, *L'identification*, 1962년 3월 7일 강의. 이날 강의에서 라깡은 "욕망(désir)의 담론 구조"를 "속이 빈 원"(虛圓, Cercle vide)으로 설명한다.

나 그로 맞아 죽게 하라." 여기서는 병법을 행사하는 지휘관이 간데없다. 이 편지에는 다만 자신의 욕망을 처리하려는 방안이 기록되어 있을 뿐이다.

이 "욕망의 그래프"에 나오는 왼쪽에서 오른쪽으로 향하는 아랫부분의 화살표는 요구와 의미에 관한 "언표"를 보여준다. 이는 글(편지) 자체가 보여주는 문자적 의미에 관한 것이다. 이를 "보통 담론"이라 볼 수 있다. 우리는 일상적으로 이런 선상에서 살고 있다. 말하는 자나 듣는 자나 이런 수위에서 의미를 파악하고 반응한다. 이것은 우리가 해석의 예로 삼은 사무엘하 11장에서 표면적으로 흐르는 내용이자 우리아와 요압이 이해하는 내용이다. 전쟁에서 병법이라고 말하는 담론이 여기에 속한다고 볼 수 있다. 요압은 병법에는 욕망이 담기지 않는다는 신념을 갖고 있다. 단지 병법에는 승리의 "요구"(demande)만 있을 뿐이라고 믿는다.

그러나 병법에 "욕망"(désir)을 담은 이가 있으니 바로 다윗이다. 그는 새로운 병법을 도입하여 아군을 죽게 한다. 이런 생각을 담은 "윗부분"의 화살표는 요구의 피안, 즉 욕망에 관한 언술 행위를 보여준다. "언표"와 "언술 행위" 간에는 차이가 있다. 편지는 이중적인 내용을 담고 있다. 병법으로서의 편지는 "언표"에 해당하고, 주체의 욕망 해소를 위해 작성된 편지는 "언술 행위"에 해당한다. 이로써 두 가지 의미가 생성된다. 즉 욕망의 그래프 "아랫부분"의 화살에 해당하는 것과 "윗부분"의 화살에 해당하는 것, 두 가지 의미가 생겨나는 것이다.

점선으로 된 윗부분은 무의식적인 것이고, 실선으로 된 아랫부분은 의식적인 것이다. 하지만 의식도 무의식에서 비롯된다는 후기 프로이트의 관점(제2차 위상)에서 보면, 실선으로 된 그래프도 사실은 무의식에서 비롯되는 것임을 알 수 있다. 하지만 "욕망의 그래프"는 담론이 이중화되어 있음을 보여준다. 즉 담론의 제1의미(아랫부분의 화살)가 드러나도 담론의 제2의미(윗부분의 화살)는 감추어질 수 있다는 것이다. 그러나 사무엘하 뒷부분에서 예언자 나단은 담론의 제2의미를 알게 된다. 결국 담론의 제2의미도 의식적인 부분이 된다.

담론의 제1의미와 제2의미가 드러나도 여전히 주체에게 남는 부분이 있다. 담론의 제1의미에서 보면 다윗은 요압을 시켜 우리아를 죽였다. 하지만 완전하게 죽일 수는 없다. 요압이 우리아의 사망 소식을 다윗에게 알리고, 이제 우리아는 죽은 사람이 되었다. 그런데도 다윗에게 우리아는 완전하게 죽은 것이 아니다. 왜냐하면 우리아를 죽였다는 죄책감은 죽이지 못하기 때문이고, 상징계를 떠난 우리아가 다윗의 실재로 뛰어들어 다윗과 대결하기 때문이다. 그래서 이를 점선으로 표현하는 것이다. 또한 담론의 제2의미에서 보면 우리아가 죽은 후 다윗은 미망인 밧세바를 가질 수 있을 것 같았지만, 밧세바에게 달린 꼬리표 때문에 고민에 빠진다. 결국 그녀와의 사이에서 출생한 아이는 죽고 만다. 그리고 이런 사실 자체가 십계명에 위배되는 것임을 예언자 나단이 지적한다.[25] 다윗은 홀로 남은 밧세바를 위한 진정한 남자가 되지 못한다.

7) 욕망과 회개

결국 다윗의 모습이 이렇다면 왜 다윗은 두 번째 작전을 선택한 것일까? 앞서 우리가 질문했듯이 왜 다윗은 두 번째 작전을 대체할 다른 방도를

---

25 박원일, "다윗의 범죄와 통일 왕국의 몰락", 「세계의 신학」 제59호(한국기독교연구소, 2003년 여름), 46-55.

찾지 못한 것일까? 우리는 그 이유를 "요구의 형식"(자아의 구조)에 욕망을 담아서 자신을 위장했기 때문이라고 볼 수 있다. 그는 주체로 거듭나지 못했기에 두 번째 작전을 대체할 또 다른 작전을 찾지 못한다. 다윗은 율법의 진노를 회피하기 위해 여러 날 동안 궁리했지만 답을 얻을 수 없었다. 율법에는 축복과 저주는 있지만 회개에 따른 용서는 없다고 생각했다. 다윗에게 율법은 주체로 나아가는 길이 차단된 통로처럼 보였다. 그래서 그는 율법과 정면충돌을 하게 된다. 하지만 사무엘하 뒷부분을 보면 율법과 충돌하지 않을 방안이 있다. 나단은 그것을 보여준다. 그것은 하나님 앞에서 회개하는 길이었다. 사실 다윗이 그토록 궁리했던 것은 자아의 구조가 요청하는 요구를 실행하는 것이 아니라 주체의 구조가 원했던 욕망을 성취하는 것이었다. 그러나 다윗은 자아의 구조와 주체의 구조 간의 싸움에서 자아의 구조를 따르고 말았다.

사무엘하 11장은 성(聖)서의 한 부분이다. 그러나 그 내용은 보통 사람들의 관점에서 보면 "거룩한 책"에 담길 만한 것이 아닌 듯하다. 바로 이런 견해가 "도식 L"의 자아에게서 나온다. 자아는 성(聖)서를 성(性)서로 보게 된다. 그러나 성서는 도덕책이 아니다. 말 그대로 "거룩한 내용"을 담았다고 성서가 되는 것은 아니다. 우리가 발견한 무의식의 주체는 위장하고 숨기는 자아와는 달리, 위장을 벗고 드러내는 솔직한 면이 있다. 주체는 자신을 감추거나 위장하지 않는다. 주체는 바울이 말한 속사람, 즉 날로 새로워질 수 있는 사람이다. 주체는 자신을 숨기고 부패한 자아와는 다르다. 그래서 바울은 겉 사람과 속사람이 자기 자신 안에서 다툰다고 말한다.

이런 마음의 이중 구조를 경험을 통해 발견하고 바울의 글을 통해 확인한 사람 중 하나가 바로 히포의 주교 아우구스티누스다. 그는 『고백론』

8권 5장에서 자신의 내적 투쟁을 묘사하는 가운데 다음과 같이 말하면서 옛 의지로서 자아의 구조와 새로운 의지로서 주체의 구조 간의 힘겨운 알력을 실존적으로 보여준다.

> 오, 나의 하나님, 당신을 자유롭게 예배하고 즐기려 하는 "새로운 의지"가 내 안에 태어났어도 그 의지는 아직 약해서 오랫동안 나를 사로잡고 있었던 강한 "옛 의지"를 이겨내지 못했습니다. 이리하여 나의 두 의지, 즉 옛 의지와 새로운 의지, 육의 의지와 영의 의지는 내 안에서 서로 싸워 내 영혼을 찢어놓고 말았습니다.…당신은 여러 면에서 당신이 말씀하신 것은 진리임을 나에게 보여주셨습니다. 그러나 나는 그 진리를 확신하면서도 "잠깐만! 잠깐만! 잠깐만 더 자도록 내버려두시오!" 하고 잠꼬대처럼 말하는 것 외에 할 말이 없었습니다.[26]

"도식 L"은 감추는 "자아"와 드러나는 "무의식의 주체"를 보여준다. 신학은 스스로를 감추시는 신의 낯선 사역, 낯선 창조(Opus Alienum)와 스스로를 드러내시는 신의 본래적인 사역, 본래적인 창조(Opus Proprium)를 구분한다. 즉 숨기는 것과 드러내는 것의 양면이 있다. 이를 하나님의 "이중사역"이라고 표현할 수 있다. 자아심리학은 숨기거나 누르는 쪽에 강조점을 두고 이를 적극적으로 돕는다. 그러나 라깡식 정신분석은 드러내거나 밝히는 쪽에 강조점을 두고 이를 적극적으로 다룬다. 다시 말해 라깡식 정신분석은 "요구의 담론" 저편에 있는 "욕망의 담론"을, 아직도 숨기고 있는 그들의 모습을 드러내는 "정신분석적 기술"(Technique

---

26 아우구스티누스, 『고백록』(서울: 대한기독교서회, 1991), 243-45.

174 제3부 _ 라깡과 성서

psychanalytique)을 전개한다. 여기서 자아의 구조는 고착의 근원으로서, 주체의 구조는 소통의 근원으로서 작동한다.

이런 의미에서 볼 때 자칫 잘못 생각하면 모든 것을 폭로하는 것이 라깡식 분석의 임무라고 오해할 여지가 있다. 그러나 그렇지 않다. 고발당한 지점에서 문제의 근원은 치유의 장소로 전환된다. 즉 곪은 자리가 생명의 자리로 변하고, 자아 중심에서 주체 중심으로 변하고, 받는 위치에서 주는 위치로 자리바꿈을 하게 된다. 이것이 라깡이 말하는 "사랑의 은유"다.[27]

이런 전환은 회개를 통해 가능하며 그 속에서 새 생명이 싹트기 시작한다.[28] 이를 잘 보여주는 루터의 유명한 "3 simuls"—*Simul peccator simul penitens simul justus*(죄인인 동시에 회개하는 동시에 의롭다 인정되는 동시에)[29]—는 프로이트가 제시한 3심급인 "제1차 위상"(무의식-전의식-의식), "제2차 위상"(이드-자아-초자아)이 보여주는 "주체의 구조"와도 상응하며, 라깡이 제시한 "도식 L", "3계"(I-S-R), "욕망의 그래프"가 보여주는 언어처럼 짜여진 무의식으로서의 "주체의 구조"와도 상응하는 "새사람의 구조", "거듭남의 구조"(요 3:5)를 드러낸다. 이렇게 발견된 "주체의 구조"는 성서에서 담보한 성령을 통한 "새사람의 구조"와 이어지는데, 타자 앞에서 모든 것이 벗겨져 훤히 그 모습을 드러내어 변화에 순응한다는 점에서 그렇다. 이것은 위장하는 "자아의 구조"와는 대립적이다. 이런 "주체의 구조"는

---

27 Jacques Lacan, *Le transfert*(Séminaire VIII[1960-61], Paris: Seuil, 1991), 185.

28 강응섭, "루터에 따른 믿음과 회개: 들려줌과 들음의 변주",「한국조직신학논총」제38집(동연출판사, 2014.6.), 197-233.

29 Martin Luther, "Commentaire de l'Epître aux Romains(t. II)," *Œuvres* 12(Genève: Labor et Fides, 1985), 210.

개인적인 차원을 넘어 보편적인 차원으로 이동하며, 하나님과 대면함으로써 그분의 말씀대로 지어져 가도록 짜여 있다. 이런 "주체의 구조"로 공동체가 이루어질 때 이 구조는 변혁의 근원으로 작용할 것이다.

하나님의 이중사역 앞에서/아래서 편지 한 줄 때문에 소외당한 다윗이 소생하며, 신하를 죽음으로 내몬 지휘관 다윗이 다시금 깨어나고, 무엇보다도 하나님 앞에서 모든 것이 드러나 더는 감출 것이 없는 한 인간의 실존이 회개함을 통해 새롭게 인정받는다. 사무엘하 11장에 이어지는 사무엘하 12장은 이 사실을 우리에게 분명히 계시해준다.

나가는 말

나는, 지금까지 분석한 사무엘하 11장 본문에서 글을 접하는 사람들의 세 모습(다윗, 우리아, 요압)과 무의식의 주체를 살펴보았다. 무의식의 주체는 글을 쓰는 주체다. 그의 글쓰기는 자아를 드러내고 주체를 소외시킨다. 하지만 라깡식 분석 앞에서 자아는 고발당한다. 이미 나단이 그 진실을 파악했듯이 라깡식 분석도 주체의 진실을 간파한다. 다윗은 한 줄의 편지 때문에 십계명의 제6, 7, 8, 9, 10계명을 어긴 자로 판정된다. 바울은 의문(儀文)이나 법조문(法條文)의 죽은 것들, 즉 죽은 그라마 (γράμμα[롬 2:27, 29; 7:6; 고후 3:6, 7; 엡 2:15; 골 2:14, 20; 갈 6:14])[30]를 말한 적이 있다. 그러나 의문의 죽은 것은 없다. 존재하지 않는다. 다만 "도식

---

30 예를 들어, "우리를 거스리고 우리를 대적하는 의문에 쓴 증서[법조문, 율법]를 도말하시고 제하여버리사 십자가에 못 박으시고"(골 2:20); "그러나 내게는 우리 주 예수 그리스도의 십자가 외에 결코 자랑할 것이 없으니 그리스도로 말미암아 세상이 나를 대하여 십자가에 못 박히고 내가 또한 세상을 대하여 그러하니라"(갈 6:14).

L"의 첫 번째 축에만 머물고자 하는 자아의 집단이 있을 뿐이다. "의문의 죽은 것들"을 라깡식 분석 앞에 세워보자. 라깡식 분석은 그들에게 무의식의 주체, 주체의 욕망, 자아와 주체 간의 관계를 보여줄 것이다. 즉 의문이나 법조문의 죽은 것들은 감추어졌을 뿐이다. 그래서 그것들은 다시 모습을 드러내게 된다.

라깡식 분석 앞에서 모호한 글, 뒷배경투성이인 글은 자신의 본연의 모습을 스스로 드러낸다. 이는 정신분석 상황에서 환자가 분석가에게 자신의 모습을 드러내는 것과 같다. 하지만 이는 독자반응비평에서 독자로서의 논평가가 저자의 글에 대해 자신의 경험을 투사하는 것과는 다르다. 정신분석이 전이(본문 → 논평가)에 강조점을 둔다면, 독자반응비평은 역전이(논평가 → 본문)에 강조점을 둔다고 볼 수 있기 때문이다.

사무엘하 11장의 "사건"이 발생한 지 3,000년이 흐른 지금도 다윗의 마음은 우리에게 전달되고 있다. "도식 L"의 첫 번째 축이 전개되는 과정과 함께 "동시에" 두 번째 축이 전개되고 "동시에" 세 번째 축도 전개된다. "욕망의 그래프"에서도 아랫부분이 전개되는 "동시에" 윗부분이 전개되며 이야기가 흘러간다. 이렇게 다면적인 사건 전개 방식을 담고 있는 것이 성서다. 성서는 숨기거나 감추어서 거룩함을 만들어내지 않는다. 오히려 성서는 추하고 폭력적인 것을 들추어내어 인간의 욕망을 드러내고 이에 대한 하나님의 대안을 담고 있기에 거룩하다. 그러므로 사무엘하 11장은 애매한 텍스트가 아니다. 이미 텍스트 자체가 하나님의 계시를 온전하게 담고 있다. 계시는 그 자체로 "꽉 찬 말씀", "충만한 말씀"(la porole pleine)[31]이다. 우리는 현실에서 이런 말씀으로 사역하시는

---

31 Lacan, *Les écrits techniques de Freud*, 61.

하나님의 역사를 경험하게 된다. 지금까지 살펴본 대로 우리는 이와 같은 결론을 프로이트-라깡식 방법에서 도출할 수 있다.

7장

예수의 직무 연구[1]

바리사이파 사람 시몬의 집에서

들어가는 말

코기토(*Cogito*)로 대변되어온 이성적 자아중심(自我中心)의 자아심리학에 따른 견해와는 달리, 라깡식 정신분석이 제시하는 "언어활동처럼 짜여진 무의식"[2]의 정신 구조는 무의식적 주체편심(主體偏心, Sujet excentrique)의 정신분석(학)에 따른 인간관을 보여준다.[3] 이런 정신분석(psychanalyse)의 기술론(la Technique)에 근거하여, 성서에 나타난 인물들의 인성(personality)과 종교성(religiosity)이 어떻게 형성되어 어떤 구조를 가지는지를 모색하고 이를 바탕으로 성서를 해석하는 데 활용하는 일은

---

1 이번 장의 내용이 이전에 최종적으로 발표된 곳은 다음과 같다. 강응섭, "예수의 직무 연구: 바리사이파 사람 시몬 집에서의 경우", 「한국조직신학논총」 제46집(서울: 동연출판사, 2016.12).

2 Lacan, *La relation d'objet et les structures Freudiennes*, 251; *Les quatre concepts fondamentaux de la psychanalyse*, 137.

3 라깡은 프로이트에 따른 자아 개념을 다룬 세미나 2(1953-54)를 진행하면서, 프로이트가 말하고자 한 것은 "자아와의 관계에서 주체의 탈중심성(excentricité, 편심)이었다"고 평가한다. Cf. Lacan, *Le moi dans la théorie de Freud et dans la technique de la psychanalyse*.

중요해 보인다.

이 책에서는 인성과 종교성이 어떻게 형성되는지 구체적으로 살펴보지는 않을 것이다. 다만 인성의 형성 과정을 긴밀하게 추적한 정신분석의 도움에 근거해, 인성에 기반을 둔 종교성이 사적 직무와 공적 직무(public affair)에 어떤 영향을 미치며 삶에서 어떻게 나타나는지 살펴볼 것이다. 그리고 이런 직무와 맞닥뜨린 예수의 직무(*Opus*, Office)는 어떤 성격을 갖는지도 고찰해보자.

이를 위해 누가복음에 기록된, 바리사이파 사람 시몬과 예수가 나눈 대화에 접근해보자. 나는 예수의 직무가 바리사이파 사람 시몬과의 관계에서 어떻게 나타나는지를 정신분석의 기술론 관점으로 해석해볼 것이다.[4] 추구하는 목표는 거창한 데 반해 다루는 자료는 매우 제한적이다. 많은 문헌(단락)을 다룬다면 더 다양한 근거를 끌어낼 수 있겠지만, 지면 관계상 하나의 단락에 근거해 내 관점을 대입하고 그 의미를 정리할 것이다.

---

4 정신분석의 관점으로 성서를 읽는 연구의 역사는 정신분석의 창시와 연관된다. 정신분석을 창시한 프로이트는 다양한 성서 구절을 해석해 자신의 여러 저서에서 설명했다. 특히 그의 마지막 저서인 『인간 모세와 유일신교』는 모세오경의 모세와 프로이트 자신을 동일화하면서 전개한 정신분석적 저서였다. 이 책은 국내에서는 2004년 『종교의 기원』(서울: 열린책들, 2004)에 포함되어 출간되었다. 프랑스의 정신분석가 돌토의 다음 저작들도 비슷한 성격을 띠는 대표적인 저서다. 프랑소와즈 돌토(김성민 옮김), 『인간의 욕망과 기독교 복음: 정신분석학으로 성서 읽기』(한국심리치료연구소, 2000); 『정신분석과 기독교 신앙』(한국심리치료연구소, 2016). 국내에서 정신분석과 신학을 연결하는 논문이나 저서는 간혹 있지만, 성서 해석에 도입한 저서로는 강응섭, 『자크 라캉과 성서 해석』이 있고, 독자 중심 비평과 정신분석 이론을 연결한 논문으로는 강응섭, "다윗의 편지'에 나타난 주체: 프로이트와 라깡의 관점으로", 「한국조직신학논총」 41집(2015. 6.) 등을 참고하라.

1. 예수의 직무 사례: 누가복음 7:35-50을 중심으로

누가복음 7장은 "요한의 사역"과 "예수의 직무"의 관계를 비교한다. 여기서 예수의 직무가 다른 공관복음서의 유사 단락과 어떤 관련이 있는지에 관해서 학자마다 제시하는 견해는 다양하다.[5] 나는 이 단락에 관한 신약학의 연구 결과를 염두에 두고, 나의 방법론에 따라 누가복음 7:35-50에 대한 논의를 전개할 것이다. 이 단락에 관한 신약학적 연구사는 "각주 5"에서 밝힌 정도만 제시하는 점을 양해해주기 바란다. 기존 연구가들이 주로 "여자"에 강조점을 둔 것과는 달리, 나는 바리사이파 사람 "시몬"에 역점을 두면서 예수가 바리사이파에 대해 견지한 관점에 근거해 논의를 진행할 것이다.

36예수께서 어떤 바리사이파 사람의 초대를 받으시고 그의 집에 들어가 음식을 잡수시게 되었다. 37마침 그 동네에는 행실이 나쁜 여자가 하나 살고 있었는데 그 여자는 예수께서 그 바리사이파 사람의 집에서 음식을 잡수신다는 것을 알고 향유가 든 옥합을 가지고 왔다. 38그리고 예수 뒤에 와서 발치에 서서 울며 눈물로 그 발을 적시었다. 그리고 자기 머리카락으로 닦고 나서 발에 입 맞추며 향유를 부어드렸다. 39예수를 초대한 바리사이파 사람이 이것을 보고 속으로 "저 사람이 정말 예언자라면 자기 발에 손을 대는 저 여자가 어떤 여자며 얼마나 행실이 나쁜 여자인지 알았을 텐

5　이 단락에 관한 다양한 논의에 관해서는 다음을 참고하라. 존 놀랜드(김경진 옮김), 『누가복음』, WCC 주석 35 상(서울: 솔로몬, 2003), 644, 658 이하. 또한 이 단락에 관한 구체적인 신약학 연구로는 다음의 논문과 저서가 있다. 최혜영, "예수께 香油를 부은 여인의 이야기", 「신학전망」 100(1993. 9.), 111-32. 최영실, 『신약성서의 여성들』(서울: 동연, 2012), 제1부 4장 "예수를 수난의 길로 이끈 기름 부은 여인."

데!" 하고 중얼거렸다. 40그때에 예수께서는 "시몬아, 너에게 물어볼 말이 있다" 하고 말씀하셨다. "예. 선생님, 말씀하십시오." 그러자 예수께서는 이렇게 말씀하셨다. 41"어떤 돈놀이꾼에게 빚을 진 사람 둘이 있었다. 한 사람은 오백 데나리온을 빚졌고 또 한 사람은 오십 데나리온을 빚졌다. 42이 두 사람이 다 빚을 갚을 힘이 없었기 때문에 돈놀이꾼은 그들의 빚을 다 탕감해주었다. 그러면 그 두 사람 중에 누가 더 그를 사랑하겠느냐?" 43시몬은 "더 많은 빚을 탕감받은 사람이겠지요" 하였다. 예수께서는 "옳은 생각이다" 하시고 44그 여자를 돌아보시며 시몬에게 말씀을 계속하셨다. "이 여자를 보아라. 내가 네 집에 들어왔을 때 너는 나에게 발 씻을 물도 주지 않았지만 이 여자는 눈물로 내 발을 적시고 머리카락으로 내 발을 닦아주었다. 45너는 내 얼굴에도 입 맞추지 않았지만 이 여자는 내가 들어왔을 때부터 줄곧 내 발에 입 맞추고 있다. 46너는 내 머리에 기름을 발라주지 않았지만 이 여자는 내 발에 향유를 발라주었다. 47잘 들어두어라. 이 여자는 이토록 극진한 사랑을 보였으니 그만큼 많은 죄를 용서받았다. 적게 용서받은 사람은 적게 사랑한다." 48그리고 예수께서는 그 여자에게 "네 죄는 용서받았다" 하고 말씀하셨다. 49그러자 예수와 한 식탁에 앉아 있던 사람들이 속으로 "저 사람이 누구인데 죄까지 용서해준다고 하는가?" 하고 수군거렸다. 50그러나 예수께서는 그 여자에게 "네 믿음이 너를 구원하였다. 평안히 가거라" 하고 말씀하셨다(눅 7:36-50, 공동번역).

이제부터 이 단락에 접근해보자.[6] 나는 이 단락이 4차원으로 구성된 3겹의 층(단락 이전: 텍스트 밖의 예수, 본 단락: 텍스트 안의 예수, 단락 이후:

---

6 이 글은 이 단락에 대한 신학적 예비지식이 있다는 가정하에 전개할 것이다.

텍스트 안팎의 예수)으로 이루어졌다고 보고, 차례로 한 겹씩 걷어가면서 각 층의 의미를 드러내 보일 것이다.

2. 세 겹의 층으로 된 단락

1) 첫 번째 겹: 단락 이전, 텍스트 밖의 예수

"텍스트 밖의 예수"에 관한 관심은 신약학이 대두한 이후 점점 증폭하고 있다. 역사비평은 "텍스트 밖의 예수"를 연구하기 위해 과학적인 방법에 근거해 다양한 노력을 해왔고 그 결과 "역사적 예수"가 "신앙의 그리스도"와 구분되었다.[7] 한편으로는 "예수 르네상스"라고 불리는 기독론의 부흥기가,[8] 다른 한편으로는 "양성일치"가 분열된 기독론의 혼란기가 도래했다고도 볼 수 있다.[9] 이런 흐름에서 볼 때 "텍스트 밖의 예수"를 논한다는 것은 매우 조심스러운 일이다.

앞서 말한 양극의 흐름 가운데 "텍스트 밖의 예수"에 접근하는 기준으로 제시되는 것은 "부활 사건", "바울 이전 시기" 등이다. "부활 사건"은 예수의 직무를 이해하는 데 중요하며,[10] "바울 이전 시기"는 바울에 의해 규정되기 이전의 예수에게 접근하는 것에 관계된다.[11] 나는 이번 장에서 논의를 전개하면서 신약학적 방법을 다루지는 않을 것이다. 하지만 "텍

---

7 게르트 타이센, 아네테 메르츠(손성현 옮김), 『역사적 예수: 예수의 역사적 삶에 대한 총체적 연구』(서울: 다산글방, 2010) 참조.

8 다음 자료를 참조하라. 김진호, 『예수 르네상스: 역사적 예수 연구의 새로운 지평』(서울: 한국신학연구소, 1996); 『예수 역사학』(서울: 다산글방, 2000).

9 강응섭, "예수 이름과 양성 일치 기독론", 「한국조직신학논총」 29(2011), 55-56.

10 마커스 보그, 톰 라이트(김준우 옮김), 『예수의 의미』(서울: 한국기독교연구소, 2001), 29.

11 하워드 마샬(배용덕 옮김), 『신약 기독론의 기원』(서울: 기독교문서선교회, 1999), 37.

스트 밖의 예수"는 전혀 쉽지 않은 연구임을 기억하며 지금까지 논의된 내용을 염두에 두고 정신분석적 기술의 관점에서 접근할 것이다.

예레미아스(Joachim Jeremias, 1900-1979)는 우리가 살펴볼 단락의 "이전 단락"에 관계된 연구 결과를 남겼다. 그는 "여기서 전해지는 일화가 벌어지기 이전에 예수는 주인과 손님들, 그리고 초대받지 않은 여인 모두를 감동시킨 어떤 설교"를 하였으리라고 추정한다.[12] 예레미아스의 이런 추정에 대해 어떻게 반응해야 할까? 그는 어떤 근거로 예수가 바리사이파 시몬과 손님들, 향유 부은 여인 모두를 감동시킨 설교를 했다고 말하는가? 나는 예레미아스의 주장에 동의하기 어렵다. 예수의 감동적인 설교를 듣고 초대가 이루어졌다면, 과연 본 단락에서 드러나는 불쾌한 접대가 가능했을지 반문하게 되기 때문이다.

그런데도 예레미아스의 의도를 좀 넉넉하게 이해해보면, 예수의 설교로 촉발되었다는 이 초대가 예수에 대한 반감과 더불어 예수를 향한 어떤 앙갚음까지 담고 있다는 것을 본 단락을 통해 알게 된다. 이런 관점에서 볼 때 이 초대가 적어도 하루 전에 이루어진 것이라면 이 초대에 대한 불편한(또는 긴장되는) 마음은 바리사이파 사람 시몬에게나 예수에게나 공통적이었을 것임을 짐작할 수 있다.

예수 당시의 상황에서 바리사이파 사람들과 예수 사이에 깊은 갈등이 있었다는 사실은 신약성서의 여러 단락에 드러난다. 본 단락 직전에만 보아도 두 번이나 그런 갈등이 언급된다(눅 5:27-39; 6:6-11). 이 갈등은 단순한 논쟁을 넘어선다. 바리사이파 사람들은 "노기가 가득하여 예수

---

12 요아킴 예레미아스(황종렬 옮김), 『비유의 재발견: 예수의 비유 축소판』(왜관: 분도, 1991), 141.

를 어떻게 할까 하고 서로 의논"(눅 6:11)할 정도로 격한 갈등이 있었다. 한편 세례 요한 공동체와 예수 사이에도 갈등이 존재했다. 금식에 관한 태도 차이는 갈등의 한 요인이었다. 우리는 본 단락에 앞서 세례 요한의 제자 두 명이 예수께 찾아와 질문한 본문(눅 7:18-35), 나아가 회당장 야이로와 혈루병 든 여인 이야기를 담은 마태복음 9:14-26을 통해 세 공동체 간에 있었던 갈등을 확인할 수 있다. 그리고 이런 갈등은 본 단락에도 그대로 반영된다.

바리사이파에 속한 시몬은 자신의 공동체가 예수와 빚고 있는 갈등에 영향을 받지 않았을까? 예레미아스의 견해대로라면 시몬은 비교적 호의적인 마음으로 예수를 식사에 초대했다고 볼 수 있다. 하지만 그가 취한 행동은 호의와는 거리가 있다. 물론 바리사이파 공동체에 속한 사람 가운데 예수께 호기심을 보인 자는 시몬 이외에도 여럿 있었다. 가령 요한복음에 등장하는 니고데모 역시 예수께 호의적인 사람이었다. 하지만 그는 시몬처럼 여러 사람과 함께 예수를 식사에 초대하는 일은 하지 않았다. 니고데모는 오히려 여러 단계를 거치면서 예수의 죽음과 장사에 개입하게 되었고 점차 예수와의 갈등에서 벗어나는 모습을 보인다. 그에 비해 시몬의 경우는 이후의 여정에 관해 알려진 바가 없다. 따라서 예레미아스가 주장하듯이 시몬이 예수의 설교에 감동하여 환대의 식사를 베풀었을 가능성은 적다.

예수 공동체는 이미 세례 요한 공동체의 성격은 물론이고, 바리사이파 사람의 특성도 파악하고 있었다. 그렇기에 그들에 관한 입장을 분명하게 견지하면서 그에 따른 사역을 하였다. 시몬의 초대도 그와 같은 연장선에서 이해했고 그 의미가 무엇인지도 모르지 않았을 것이다. 그런데도 예수는 시몬의 초대에 응한다. 시몬의 행동과 그것을 평가하는 예수의 말을 살펴보면 본 단락 이전에 이미 바리사이파 공동체가 예수의 직무를 어떻게 생각했는지 엿볼 수 있다. 시몬은 손님이 왔는데도 입맞춤의 인사도 하지 않고 발 씻을 물도 주지 않았으며 잔치에 상응하는 음식을 내놓지도 않는다. 우리가 상식적으로 알듯이, 손님을 대하는 주인의 말과 행동은 초대에 따른 주인의 마음과 연결되어 있는데, 기쁜 마음을 무정한 행동으로 표하는 경우는 별로 없다. 그렇기에 손님은 그런 주인의 행동을 통해 주인의 마음을 읽게 된다.

라깡은 그런 것을 "언어활동처럼 짜여진 무의식"이라고 표현한다. 주체의 무의식은 언어활동처럼 짜여서 말과 행동으로 드러난다는 것이다. 여기서 주체의 무의식은 주체의 진의, 주체의 참 의도라고 풀이할 수 있다. 그런데 주체의 의도는 있는 그대로 드러나기도 하지만 어떤 저항에 의해 왜곡될 수도 있다. 주체의 의도는 있는 그대로 드러날 때 자연스럽다. 반면 저항이 작용하여 왜곡될 경우, 주체가 좋은 의도를 숨기려고 나쁘게 표현하거나 나쁜 의도를 숨기려고 좋게 표현할 수 있을까? 바리사이파 사람 시몬의 경우는 어느 쪽일까? 예수의 평가에 의하면 겉으로 드러난 시몬의 행위는 나쁜 것이었다. 그렇다면 시몬은 마음에 좋은 의도가 있었는데도 그것을 숨기려고 푸대접을 했을까? 즉 처음부터 좋은 마음이 있었지만 예수께 비호의적인 바리사이파를 감안하여 초대는 하되 경솔한 행동을 한 것이라고 볼 수 있을까? 처음부터 좋은 의도가 있었다는 것은 예레미아스가 취한 입장과 같다고 볼 수 있다. 그러나 나는 앞서 밝힌 대로 예레미아스의 주장에 동의하지 않는다. 그렇다면 바리사이파 사람 시몬의 참 의도는 무엇이었을까?

"단락 이전, 텍스트 밖의 예수"에서는 그것을 정확하게 파악할 수는 없다. 단지 예수와 바리사이파 공동체 간에 갈등이 있었다는 것 정도만 알 수 있을 뿐이다. 그럼, 진실을 파악하기 위해 "본 단락, 텍스트 안의 예수"를 보도록 하자.

2) 두 번째 겹: 본 단락, 텍스트 안의 예수

누구를 초대할 때, 흔쾌히 그리하는 경우도 있지만, 마지못해 하는 대상도 있다. 누구로부터 초대를 받을 때도 초대장을 받고 기뻐하는 경우와 좀 망설여지는 경우가 있다. 우리가 다루는 단락에서 시몬이라는 바리사이파 사람은 예수를 초대했고, 예수는 바리사이파 사람 시몬의 초대를 받았다. 이 단락 바로 전에는 "세례 요한과 예수"를 배척하는 바리사이파 사람들과 율법학자들(교법사들, 서기관들)이 등장한다.[13] 누가는 그들을 두고 다음과 같이 말한다.

바리사이파 사람들과 율법학자들은 요한의 세례를 받지 않고 자기들에 대한 하느님의 뜻을 받아들이지 않았던 것이다(눅 7:30, 공동번역).

바리사이파 사람들과 율법(교)사들은 세례 요한이 빵도 먹지 않고 포도주도 마시지 않으니까 "저 사람은 미쳤다"라고 비하했다(눅 7:33). 반대로 예수는 먹기도 하고 마시기도 하니까 "보아라. 저 사람은 즐겨 먹고 마시며 세리나 죄인들하고만 어울리는구나"라고 조롱했다(눅 7:34).

이렇게 짧은 글 속에서 누가는 바리사이파 사람들과 율법학자들이 세례 요한과 예수의 세례를 어떻게 바라보며, 세례 요한과 예수의 삶을 어

---

13 타이센, 메르츠, 『역사적 예수』, 332-43("제3부 8. 예수와 적대자들: 율법학자들, 바리새인, 사두개인, 헤롯 당원").

떻게 판단하는지를 잘 보여준다. 바리사이파 사람들과 율법학자들은 세례 요한과 예수의 세례를 받지 않았을 뿐 아니라 일관되지 않은 기준을 적용해 세례 요한과 예수를 비난하는 데 주저하지 않았다. 누가복음을 쓴 누가는 이 초대를 "의도된 것"이라고 판단한 듯하다. 식사에 초대된 사람들의 태도나 분위기로 볼 때, 초대된 사람은 여러 부류였던 것으로 보인다.[14] 어떻게 이런 자리가 마련될 수 있었을까?

만남이 이루어지는 그 순간, 바리사이파 사람 시몬의 마음은 입맞춤을 피하고 씻을 물을 주지 않는 것으로 드러난다. 예수는 그의 마음을 느끼고 흡입한다. 그런 중에 공기의 냄새를 바꾸는, 상황의 반전이 일어난다. 예수의 염려가 기대로 전환된다. 그 마을에서 공식적인 죄인으로 낙인찍힌 여인이 등장하여 그곳이 마치 자기 집인 양 행동하기 시작한다. 그녀의 행동은 특이했다.

[옥합을 들고 있는 그 여자는] 예수의 뒤로 그 발 곁에 서서 울며, 눈물로 그 발을 적시고, 자기 머리털로 닦고, 그 발에 입 맞추고, 향유를 부으니 (눅 7:38).

여자는 세 가지 특이한 행동을 한다. 첫째, 물로 발을 씻기는 것이 아니라 자신의 눈물로 예수의 발을 적시고 머리털로 닦는다. 둘째, 얼굴과 얼굴을 맞대고 하는 입맞춤(une bise)이 아니라 예수의 발에 입맞춤한다. 셋째, 예수의 발에 향유를 붓는다. 향유 내음은 실내에 흐르는 냉랭함을 온화하게 만들었을 것이다. 원래 향수 원액은 조금만 몸에 발라도 그 냄

---

14 누가복음 7:49 참조.

새가 멀리까지 확산된다. 또 향수 원액을 물에 타서 데우면 그 향기는 더 멀리까지 간다. 그녀의 따뜻한 눈물과 머리카락으로 마찰한 발, 이에 따른 열기와 합하여 향기는 그 공간을 가득 채울 뿐 아니라 집 밖으로도 퍼졌을 것이다. 그것은 예수가 올린 기도의 향처럼 퍼진다. 그리고 바리사이파 사람의 의도를 밀어내고 그 공간을 가득 메운다.

우리가 다루는 본문에서 바리사이파 사람 시몬은 자신의 속마음을 감춘다. 하지만 무대 장치가 그것을 드러낸다. 또한 전개되는 상황도 이에 한몫한다. 이런 의도를 파악한 예수는 시몬의 의도를 외면하는 것 같지만 기회를 노리고 있다. 그때 난데없이 한 여인이 앞뒤를 가리지 않고 돌진한다. 마치 그녀는 하나님이 보내신 사신처럼 자신의 임무를 수행한다. 여인의 등장으로 인해 예수는 자신의 진심을 시몬에게 알리게 된다.

본문은 "바리사이파 사람-예수-여인"의 만남이 구성되는 공간을 아주 잘 보여준다. 특히 한 편의 비유가 큰 역할을 한다. 비유는 해석하기 전에는 그 의미를 알 수 없다. 마치 꿈이 해석되기 전까지는 그저 꿈일 뿐이듯이, 비유를 만든 이의 해석이 있을 때까지 그 비유는 무의미로 남는다. 예수는 비유를 말함으로써 상대의 진심을 끌어낸다.

41어떤 돈놀이꾼에게 빚을 진 사람 둘이 있었다. 한 사람은 오백 데나리온을 빚졌고 또 한 사람은 오십 데나리온을 빚졌다. 42이 두 사람이 다 빚을 갚을 힘이 없었기 때문에 돈놀이꾼은 그들의 빚을 다 탕감해주었다. 그러면 그 두 사람 중에 누가 그를 더 사랑하겠느냐?(눅 7:41-42, 공동번역)

이 비유에서 "빚"이 무슨 의미인지에 관한 해석은 잠시 뒤로 미루어진다. 예수는 계속해서 이렇게 이야기한다.

이 여자가 보이는가? 내가 이 집에 들어섰을 때, 당신은 발 씻을 물도 주지
않았지만 그녀는 눈물로 내 발을 적시고 머리카락으로 닦아주었다. 당신
은 입 맞추어주지도 않았지만 그녀는 들어왔을 때부터 줄곧 내 발에 입 맞
추었다. 당신은 머릿기름도 발라주지 않았지만 그녀는 내 발에다 향유를
발라주었다. 나는 말하거니와 그녀는 많이 사랑했기 때문에 많은 죄를 용
서받았다. 적게 용서받은 사람은 적게 사랑한다.[15]

이에 바리사이파 사람 시몬은 어떤 반응을 보였을까? 어쩌면 그는 '도
대체 이 여인은 예수와 어떤 관계일까! 특히 경제적인 관점에서 볼 때
어떤 관계일까? 예수가 2년 치의 임금에 해당하는 돈을 빌려준 것일까?
그렇다고 이 여인이 이러는 것은 이해가 되지 않는군!'이라고 생각했을
수도 있다. 아니면 '이렇게 한다고 해서 빚을 갚지 않은 것에 대한 미안
함을 많이 표현한다고 말하는 것도 우습지 않은가! 더군다나 이런 행위
가 더 많이 사랑하는 것이라고 말하다니…, 참 어처구니가 없구나! 나로
서는 이해할 수 없는 계층의 사람들이야!' 하고 생각했을 수도 있다. 또
한 율법학자가 이 자리에 있었다면 어떻게 생각했을까? 추측해보건대
'알고 보니 예수는 아주 율법에 충실하구나. 손님 접대를 관례대로 하지
않는 주인의 무례함을 낱낱이 지적하는 율법학자다운 면이 있구나. 생
각보다 깐깐한 선생인걸. 남자가 무덤덤한 구석이 있어 보이긴 해도 감
정적으로 처리하지 않고 아주 냉철한 면이 있구나!' 하고 평가했을 수도

---

15 누가복음 7:44-47의 사역이다.

있다.

예수는 이 비유를 통해 어떤 말을 하고 싶었을까? 예수는 "빚"이라는 단어를 "죄"라는 단어로 은근슬쩍 교체한다. 하지만 "빚"이 "죄"라는 의미로 바로 대체되는 것은 아니다. 점차 "빚 갚음"이 "죄 용서"로 대응될 수는 있지만 예수는 그사이에 연결 고리가 있다고 말한다. "빚 갚음"이 "죄용서"로 이해되기 위해서는 "사랑"(=감사)이 필요하다.[16] 그러나 시몬은 많이 사랑(감사)하는 것이 죄 용서를 많이 받는 것에 대한 반응이라는 것을 이해하지 못한다. 결국 바리사이파 사람은 얼떨떨한 상태에 빠진다. 그는 왜 이런 말이 지금 상황에서 오가는지 알지 못한다. 그 주위에 있는 사람들도 마찬가지다. 여인도 자신의 행동이 그런 심오한 의미를 담고 있는지 알지 못했을 것이다. 그녀는 그냥 와서 한바탕 울고 입 맞추고 향유를 부었을 뿐인데, 자신이 아주 많은 빚을 탕감받았기에 예수를 아주 많이 사랑하는 사람인 것을 비로소 알게 된다. 자기 행위의 의미를 알게 된 여인은 여러 면에서 힐링(healing)이 되었을 것이다.

3) 세 번째 겹: 이후 단락, 텍스트 안팎의 예수

지금까지 살펴본 대로 "본 단락"은 아주 간단하고 명료한 교훈을 주는 듯 보이지만 매우 복잡한 내용을 담고 있다. 왜냐하면 본 단락이 구성되기 전의 인물과 상황에 관해 알고 있어야만 본 단락에서 거론되는 인물

---

16 예레미아스, 『비유의 재발견』, 140-43 참조. 예레미아스에 따르면 히브리어, 아람어, 시리아어에는 "감사하다"와 "감사"에 해당하는 말이 없기에 이런 감정을 담는 표현으로 "(감사하여) 축복한다" "(감사하여) 사랑한다"는 표현이 사용된다. 그래서 그는 이 단락에 나오는 "사랑"을 "감사"로 대체해서 읽는다. 존 놀랜드는 예레미아스의 주장이 옳은가 여부를 떠나서, 문맥상 감사의 뉘앙스가 강하다고 말하면서 마찬가지로 "사랑"을 "감사"로 대체한다(놀랜드, 『누가복음』, 652).

과 상황을 이해할 수 있기 때문이다. 그리고 본 단락의 의미를 제대로 파악할 때, 본 단락이 마무리된 이후에 등장하는 인물과 상황에 관해서도 알 수 있기 때문이다. 그래서 우리가 본 단락을 자세히 들여다보면 말로 다 할 수 없을 만큼의 궁금증을 갖게 되고, 그것을 풀기 위해 어떤 장치가 필요한지 찾게 될 것이다. 일반적인 성서 읽기의 관점에서 보면 본 단락이 전해주는 내용을 통해서 본 단락에 나오는 인물과 상황에 대해, 본 단락 이전에 대해, 그리고 본 단락 이후에 대해 간단하게 짐작할 수 있을 뿐이다. 물론 누가복음서라는 전체 단락 또는 공관복음서라는 전체 단락을 통해서도 본 단락을 들여다볼 수 있을 것이다. 우리가 살펴본 본 단락은 이전의 상황에 의해 구성되었고 이후에 전개될 내용을 암시한다.

누가는 우리가 살피고 있는 단락을 종합하면서 "빚 탕감-죄 용서"가 의미를 갖기 위해서는 "사랑(감사)을 통해서" 해야 한다고 말한다. 사랑(감사)이 없으면 빚의 의미도, 죄의 의미도, 용서의 의미도 알지 못한다는 것이다. 예수가 제시한 "빚을 탕감해준 자"는 "헤아릴 수 없이 인자한 분이신 하나님"[17]이지만, 이 여인이 보인 사랑(감사)의 "수취자"는 죄인인 우리를 용서하는 예수다. 이렇게 비유를 제시한 이가 겨냥한 대상과 비유를 이해한 이가 겨눈 대상은 다르다. 즉 사람을 향한 예수의 비유는 예수를 향한 사람의 반응으로 나타났다. 마치 내보낸 목소리가 다시 자신의 귀에 들리는 메아리(또는 시인[是認, homologeo])처럼, 하나님-예수-인간 간의 상호적 관계가 나타난다. 여기서 우리는 여인이 예수를 하나님으로 믿는다는 것을 알 수 있다. 이 단락을 벗어나 누가복음 전체에서 이 단락을 보면 이제 예수는 빚을 탕감해주는 분, 죄를 용서해주는

---

17 예레미아스, 『비유의 재발견』, 164.

분, 하나님의 일을 행하는 분으로 사람들에게 알려지게 된다. 이렇게 예수의 직무는 하나님의 직무와 밀접하게 관계가 있다는 점에서 "공적 임무"(公的 任務, Official Affair)라고 볼 수 있다. 그리고 예수가 여인을 향해 "네 믿음이 너를 구원하였으니 평안히 가라!"고 말할 때, 여기서 믿음은 치료자 예수에 대한 사적 믿음뿐 아니라 예수를 하나님으로 믿는 공적 믿음을 포함한다고 볼 수 있다.[18]

"상징계"라는 이름으로 부를 수 있는 본 단락은 "상상계"라는 이름으로 불릴 수 있는 "이전 단락"에 의해 구성되고, "이후 단락"은 "실재"라는 이름으로 불릴 수 있는데, 이후 단락의 내용 또는 "본 단락에는 담기지 않은", 즉 "본 단락에서는 드러나지 않은", 다시 말해 "누가복음 전체에서 차지하는 이 단락의 비중"에 대해서는 앞으로 살펴볼 것이다. 이런 의미를 담는 논의를 구체적으로 끌어내기 위해 정신분석의 방법을 도입해 관찰해보자.

3. 세 겹의 단락과 도식 L

우리가 해석한 본 단락은 기표의 흐름인 "환유의 축"과 기표의 흐름을 뚫고 삐져나오는 "은유의 축"에 의해 구성된다. 이 두 축이 만나는 지점에서 "Point de Capiton"(소파 점, 의미 고정점)이 형성되어 의미가 생성

---

18 Cf. Ruck-Schröder, *Der Name Gottes und der Name Jesu*, 123. 마태복음 1:21을 주석한 루크-슈뢰더는 "죄에서 구원할 자"라는 뜻을 가진 히브리어 이름 "예수"가 히브리어에서는 압박과 원수들에게서의 구원이라는 뜻으로 한정되었다고 말한다. 죄를 사하는 권능은 오직 야웨께만 있었는데, 이 구절에서는 예수에게도 동일한 권능이 전가된다. 이런 측면에서 볼 때 예수의 직무는 야웨의 직무와 동일하다. 그래서 "공적 임무"(公的 任務, Official Affair)라고 볼 수 있다. 이에 관해서는 뒤에서 좀 더 부연할 것이다.

된다.[19] 본 단락에서 이 점의 필요성을 일깨운 이는 "시몬"이고, 이 점을 형성하는 데 결정적인 역할을 한 이는 "여인"이며, 이 점을 밝히고 해명한 이는 "예수"다. 아래의 "도식 L"은 "환유의 축", "은유의 축", "Point de Capiton"을 잘 보여준다. 이 도식은 2차원의 면(面)으로 구성된 것처럼 보이는 단락을 3차원의 입체(立體)로 구성된 단락으로 이해해볼 수 있게 하고, 더 나아가서는 3차원의 단락이 공간과 시간 속에서 이동하면서 "이전 단락", "본 단락", "이후 단락" 등 4차원의 초입체(超立體)로도 볼 수 있게 한다.

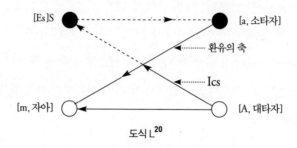

도식 L[20]

"도식 L"은 프로이트에 따른 제1차 위상(무의식, 전의식, 의식)과 제2차 위상(이드, 자아, 초자아)을 모두 담고 있다. 앞서 밝혔듯이 "심급"(Instances)이란 사법제도에서 사용하는 용어로서 여기서는 분열되고 구분된 정신 구조를 표현한다. 이런 바탕 위에서 라깡은 무의식의 심급

19 세미나 3 "정신병"을 강연하면서 "소파 점"을 도입한 라깡은 1956년 4월에는 한 달 전에 출간된 야콥슨의 논문에 근거해 "환유의 축"과 "은유의 축"을 거론한다. 강웅섭, 『자크 라깡의 세미나 읽기: 파리 생탄 병원에서 행한 세미나들』(서울: 세창미디어, 2015), 98-106; 『첫사랑은 다시 돌아온다: 프로이트와 라깡의 사랑론』(서울: 세창출판사, 2016), 157-89 참고.

20 Lacan, "Le séminaire sur la lettre volée," 53; *Le moi dans la théorie de Freud et dans la technique de la psychanalyse*, 355-73.

을 새롭게, 좀 다른 층위로 설명한다. "상상계, 상징계, 실재"(Imaginaire, Symbolique, Réel)가 그것이다.[21] 이런 라깡의 "3위체" 또는 "3계"는 "무의식은 언어활동처럼 짜여(구조화되어) 있다"(L'inconscient est structuré comme un langage)[22]는 말로 정리된다. 앞서 밝혔듯이 "언어활동처럼 짜여(구조화되어)"라는 어구는 야콥슨이 말하는 "환유의 축"과 "은유의 축"에 의한 언어의 구조, 언어의 활동을 일컫는다. 즉 언어의 구조와 언어의 활동은 환유의 축과 은유의 축으로 짜여서 이루어진다는 것이다. 우리 문화에서 보면 "정신줄"이라는 표현이 있는데, 이것을 라깡식으로 이해하면 두 개의 선이 교차하는 것을 의미한다고 볼 수 있다. 언어의 이런 짜임과 활동을 통해 "의미"는 생성된다. "의미"는 환유의 축(→, 수평축, 시간의 축)과 은유의 축(↑, 수직축, 공간의 축)이 교차하는 지점에서 생성된다.

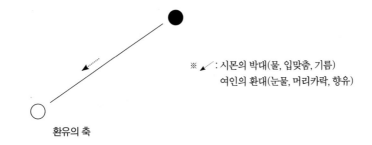

※ ↙ : 시몬의 박대(물, 입맞춤, 기름)
여인의 환대(눈물, 머리카락, 향유)

환유의 축

---

21 라깡은 이것을 세미나 2에서 "une triade"라고 말하는데, 프랑스어 "triade"는 그리스어 *trias, triados*, 라틴어 *trinitas, trinus*와 연관된다. 이는 신학에서 "삼일성"(三一性)이라 번역되는 용어와도 비교되는데, 나는 이 글에서 이것(une triade)을 "3위체"(三位體) 또는 "3계"(三界)로 번역한다. 이는 프로이트의 3심급과 함께 라깡식 정신 구조를 설명하는 핵심어 중 하나다.

22 Lacan, *Les quatre concepts fondamentaux de la psychanalyse*, 23, 137. "도식 L"을 시계 방향으로 45도 돌리면 야콥슨이 말한 언어의 두 축이 두드러져 보인다.

"도식 L"에서 생각해보면 환유의 축은 오른쪽 위에서 왼쪽 아래로 향하는 화살표로 볼 수 있다. 그리고 은유의 축은 오른쪽 아래에서 왼쪽 위로 향하는 화살표로 볼 수 있다.

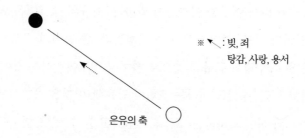

한편 "소파 점"은 환유의 축과 은유의 축이 만나는 지점에서 생긴다고 볼 수 있다.

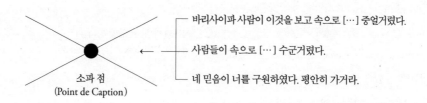

라깡의 "3위체" 또는 "3계"는 인간 정신이 대상과 관계를 맺는 발달과정 선상에서 (논리적 순서로) 나타난다. "제1위" 또는 "제1계"는 상상계 또는 상상적인 것(Imaginaire)으로서, 이는 라깡이 "광학 모델", "거울 단계"와 관련된 논문을 발표한 1936년 이후부터 공개 세미나를 실시하는 1953년 사이에 발전시킨 것이다. "제2위" 또는 "제2계"는 상징계 또는 상

징적인 것(Symbolique)인데, 1961년 세미나 9 "정체화"를 다루기 전까지가 관련된 중심 시기라고 볼 수 있다. 이때 "제1위"와 "제2위"의 연결 고리에 관해 설명하면서 점차 "제3위"를 다루게 된다. "제3위" 또는 "제3계"는 실재 또는 실제적인 것(Réel)으로서, 라깡은 1961년 이후 "3위체"를 연결하는 가운데 "제3위"에 강조점을 두게 된다. 라깡은 실제로 이런 거시 개념을 내담자에게 적용했다. 즉 거시 개념을 미시 개념으로 도입한다. 이는 프로이트가 계통 발생과 개체 발생을 비교했듯이, 거시 개념과 미시 개념을 비교하면서 내담자에 관한 이해를 심층적으로 하고 내담자와 접하는 상담자에 관한 이해 역시 새롭게 전개한 것이었다.

누가복음 7장의 "본 단락"은 이 단락의 사건이 생긴 "이후"에 기록되었다. 이는 내담자의 증상 발현이 사후적인 것과 같은 맥락이다. 기록자 누가는 "이전 단락, 이후 단락"을 엮어서 본 단락에 담았다고 볼 수 있다. 그런 면에서 이 단락에는 적어도 3겹의 4차원이 얽히고설켜 있다. 그 결과로 인해 "빚 탕감, 사랑(감사)을 통해서, 죄 용서"라는 기표 사슬이 나타난다. 즉 어떤 부분에서 예수는 따돌림받는 나사렛 예수로, 어떤 부분에서는 죄를 사하는 신적 권위를 가진 그리스도 예수로 드러나고, 마침내는 하나님의 사역을 행하는 자로 자기를 드러낸다. 즉 이 단락에는 인간이면서 신(神)인 예수의 모습이 서려 있다.

이 짧은 단락에 시몬의 푸대접에 대한 진심을 숨기고 지켜보는 인간 예수, 죄를 사하는 신의 아들 예수, 그리고 신으로서의 예수가 모두 담겨 있다. 이런 대극적인 모습이 드러나게 된 계기는 여인의 눈물, 머리카락, 향유라는 기표들이다. 이런 기표들은 냉랭함과 사랑스러움, 시몬과 여인, 죄와 용서, 나사렛 예수와 그리스도 예수를 대비시키는 "아이러니"(Irony) 역할을 한다. 이런 기표들의 아이러니를 통해 우리는 바리사이파 사람 시몬의 주체와 예수의 주체를 만나게 된다. "언어활동처럼 짜여진 무의식"(l'inconscient structuré comme langage),[23] 그리고 "기표와 기표의 고리로 된 주체"(Un signifiant représente le sujet pour[auprès de] un autre signifiant)[24]라는 라깡의 말처럼, 누가복음 7장의 한 단락은 누가복음의 다른 단락과의 관계 가운데서 무의식의 기표들이 연출하는 역동적인 모습의 주체와 그 사역을 드러내준다.

"도식 L"이 보여주는 것은 언어 법칙이나 언어활동에 의해 짜여진 "무의식"이다. 그래서 언어로 된 것을 연구의 주제로 삼는다는 것은 무의식과 대면한다는 것임을 알 수 있다. 이런 구도를 활용해 성서를 해석해보면 그 단락에 담긴 주체의 정신 구조를 파악할 수 있게 된다. 이런 흐름에서 나는 지금까지 살펴본 바리사이파 사람 시몬이 어떤 연유로 초대한 예수에 대해 그런 대접(의사 결정)을 하고, 향유를 부은 여인은 왜 그런 행위를 했는지 질문하게 된다. 즉 "어떤 왜곡된 장치가 그런 의사 결정을 하게 하였는가?" 하는 질문이다. 이 질문은 바리사이파 사람 시몬의 행동을 염두에 둔 것이다.[25]

우리가 살펴보는 단락에서 "장치 구조"는 물리적 구조 또는 행정적 구조로도 이해할 수 있다. 즉 발을 씻고 입을 맞추고 머리에 기름을 바르는 공간을 마련하는 시설적인 측면과 이런 일이 잘 진행되도록 하는 봉사적인 측면에 관해 생각해보자. 먼저 시설 측면에서 말하자면 당시 문화로 볼 때 바리사이파 사람의 집에 이런 시설과 봉사가 작동하지 않는다

---

23 Lacan, *Les quatre concepts fondamentaux de la psychanalyse*, 23, 137.
24 Lacan, *L'envers de la psychanalyse*, 19, 53.
25 이 글에서는 분량의 제한으로 여인의 의사 결정과 그에 따른 행동에 대한 정신분석적 접근은 하지 않을 것이다.

는 것은 상상하기가 어렵다. 만약에 손님을 맞을 시설이 부재하여 손님을 맞이하지 못했다면 예수의 반응이 그렇지는 않았을 것이다. 분명, 시설은 제대로 설비되어 있었다. 그렇지 못했다면 그런 사정을 예수께 알리고 양해를 구했을 것이다. 이것이 양식 있는 바리사이파 사람에게 기대할 만한 행동이다. 다른 한편으로 봉사 측면에 관해서는 손님을 초대해놓고 환대를 하지 않은 이유는 무엇이었는지 물어야 한다. 이는 바리사이파 사람이 지녀야 할 덕목과는 거리가 먼 행동이었다. 바리사이파 사람 시몬은 예수를 초대해놓고 환대를 하지 않았다. 왜 그는 초대한 손님을 두고 그런 태도를 취했을까? 여기서 우리는 예수를 대하는 바리사이파 사람 시몬이라는 인물의 인성과 예수를 둘러싼 유대교의 평판 등여러 상황을 고려할 수 있다. 시몬이 예수를 초대해놓고도 그런 의사 결정을 할 수 있었던 것은 놀랜드가 말하듯 예수를 둘러싼 바리사이파 사람의 공감대 때문이라고 볼 수도 있고, 어쩌면 시몬의 줏대 없는 자세 때문이라고 볼 수도 있을 것이다.[26]

이런 분위기는 예수 당시에 예수 공동체와 유대 공동체 간에 매우 팽팽한 긴장 관계로 나타났다. 당시 유대인의 정신 구도를 지탱했던 바리사이파 사람들의 인성과 종교성은 신약성서에 면면히 드러나고, 본 단락에서도 그 모습을 엿볼 수 있다. 앞서 보았듯이 누가복음 7장은 요한의 사역과 예수의 직무를 비교하는데, 전자의 사역이 바리사이파와 율법학자들로부터 철저히 거부당한 것(참조. 눅 7:29-30)[27]과 마찬가지로 예

---

26 예수와 바리사이파, 예수와 율법학자, 바리사이파와 기독교 간의 경쟁 관계에 대해 다음을 참고할 수 있다. 놀랜드, 『누가복음』, 462.

27 "모든 백성들은 물론 세리들까지도 요한의 설교를 듣고 그의 세례를 받으며 하느님의 뜻을 받아들였으나 바리사이파 사람들과 율법학자들은 요한의 세례를 받지 않고 자기

수의 직무도 그런 맥락에서 이해되었다. 특히 예수 자신이 직접 한 말을 통해 우리는 바리사이파 사람들의 인성과 종교성에 관해 알 수 있다. 예수는 여인이 향유를 붓는 행위를 하고 난 후 그것을 세밀하게 지적한다. 곧 손님을 초대하고도 제대로 반응하지 않는 것을 문제 삼는다. 초대는 "환대"를 의미하는데 시몬은 초대를 "박대"로 바꾸었다. 초대는 소통의 장을 마련하는 것인데 시몬은 초대를 불통의 공간으로 만들었다. 불통은 일방의 정체에서 비롯되지 않고 "공동체의 정체"에서 비롯된다. 여기서 "공동체의 정체"란 "정체된 개인" 사이의 정체, "정체된 개인"의 "정체된 타인"과의 불통과 단절이다. 여기서 바리사이파에 속한 시몬의 모습이 드러난다. 정체된 개인과 개인이 만나 상호적 정체가 발생한다. 혹소통하는 개인도 정체된 공동체와의 관계에서는 상호적 정체성을 드러낸다. 상호적 정체는 독단적이고 위계적인 구조에서 더 악화하는 방향으로 나아간다. 그렇기에 바리사이파 사람들은 늘 예수와 불통할 수밖에 없었다.

이런 정체의 문제는 집단 구조의 문제인 동시에 개인의 가치 문제다. 사회 구조가 인성에 영향을 미치고 인성이 사회 구조에 영향을 끼친다. 의사 결정과 소통에 있어서 가치는 중요한 요소다. 그 요소는 사적일 수도 있고 공적일 수도 있다. 바리사이파 사람 시몬이 보여준 태도는 사적 직무를 넘어 공적 직무에 해당한다고 볼 수 있다. 개인의 가치는 종교성과도 결부되어 있고, 사적 가치의 종교성과 공적 가치의 종교성이 나뉠 수도 있다. 이때 사적 가치를 주장하는 인성이 사적 가치를 주장하는 종교성을 지배하는 경우와 공적 가치를 주장하는 종교성을 지배할 경우,

---

들에 대한 하느님의 뜻을 받아들이지 않았던 것이다"(눅 7:29-30, 공동번역).

반대로 공적 가치를 주장하는 인성이 사적 가치를 주장하는 종교성을 지배하는 경우와 공적 가치를 주장하는 종교성을 지배하는 경우가 생겨날 수 있다. 이런 구조를 간파한 예수는 즉각적인 대응을 하는데, 누가에 따르면 그것은 바리사이파의 특성을 간파한 예수 스스로의 직무이면서도 "주의 능력"(눅 5:17)과 "성령의 능력"(눅 4:14)이 함께한 결과였다.

이런 면에서 볼 때 예수의 직무는 성부와 성령과 연계된 공적 임무라고 볼 수 있다. 여기서 바리사이파 사람 시몬의 공적 직무를 공적 임무(共的 任務, Public Affair)라고 본다면, 성부와 성령과 함께 행한 예수의 공적 직무는 앞서 한 번 표기했듯이 Official Affair(公的 任務)라고 말할 수 있다. 다시 말해 전자의 Public Affair(共的 任務)가 바리사이파 공동체(共同體)에 속한 시몬이 예수에 대해 보인 태도를 설명한다면, 후자의 Official Affair(公的 任務)는 성부와 성령과 함께 예수가 행한 직무라고 볼 수 있다. 전통적인 기독론에서 말하는 3직무(왕, 제사장, 선지자 혹은 예언자)가 여기에 속한다. 본 단락에서 문제시된 죄를 사하는 일은 제사장적 직무에 해당한다. 누가는 이렇게 두 부류가 행하는 직무의 성격이 전혀 다르다는 것을 분명하게 알려준다.[28]

코기토에 근거한 이론에 따르면, "의식적 자아"는 자체의 기능을 통해 인성을 형성할 수 있는 존재이지만,[29] 라깡식 정신분석 이론에 따른 "무의식적 주체"는 타자의 욕망에 사로잡혀 "봇짐이냐 생명이냐, 또는 자유

---

28 공적 직무에 관해서 오스카 쿨만(김근수 옮김), 『신약의 기독론』(서울: 나단, 1987)을 참고하라. 쿨만은 기존의 3직무에서 10개의 직무로 세분했다.

29 "*Cogito ergo sum*"에 관한 글은 다음 자료를 참고하라. René Descartes(ed. A. Bridoux), "Discours de la Méthode"(4ème partie, 1637), *Descartes, Œuvres et Lettres*(Paris: La Pléiade n° 40, 1941), 113.

냐 죽음이냐"의 기로에 선 진퇴양난의 존재다.[30] "무의식적 주체"를 도입한 정신분석에 따른 인성 개념은, 이성 중심의 사고에 이의를 제기하고 의식적 자아에서 무의식적 자아로, 의식적 주체에서 무의식적 주체로의 개념 변화를 보여준다. 이런 과정을 담은 개념이 정체화(Identification, 동일화, 동일시)다. 이는 인간의 정신(인성)이 상상적 정체화, 상징적 정체화, 실재적 정체화의 과정을 거치면서 상상적 국면에서 상징적 국면으로, 상징적 국면에서 실재적 국면으로 엮이는 과정을 통해 사회화 과정을 거친다는 것을 말해준다.[31] 이런 움직임(발달)에 문제가 생길 때 소통의 장애가 온다. 예를 들어 자아가 타자와 최소한의 관계를 맺기 시작하는 상상적 국면에서 상징적 국면으로의 이행이 막힐 때, 자폐 스펙트럼의 장애가 발생하기도 한다. 그렇게 정체(停滯)된 정신을 원활하게 흐르게 하려면 진단에 따른 조치가 요구된다. 정체화 이론은 정체된 정신을 치유하기 위한 진단 개념이자 "자아-대상 관계"를 설명하는 "사적-공적 관계" 이론이기도 하다. 정신의 발달 과정에서 타자와의 소통이 계속되지 못하고 어느 지점에 고착된 자아는 정체(停滯)된 인성을 갖게 되고, 나아가 정체된 종교성을 취하게 된다. 기독교에서 소통은 인간과 하나님, 인간과 인간, 인간과 피조계 간의 구도로만 제한해 논의되지만, 예수의 직무라는 차원에서는 하나님이신 성자 예수가 성부와 성령으로서 하나님과의 구도에 근거해 인간과 하나님, 피조물과 하나님의 관계를 매개하고 있음을 볼 수 있다. 그렇기에 바리사이파와 예수 간에는 좁힐 수

---

30 Lacan, *Ecrits*, 841. 반(反)-코기토에 대한 라깡의 주장은 다음 글에서 찾을 수 있다. Lacan, "Le stade du miroir comme formateur de la fonction du Je," 93.

31 주앙-다비드 나지오(표원경 옮김), 『정신분석학의 7가지 개념』(서울: 백의, 1999) 참조.

없는 간극이 있을 수밖에 없다. 예수의 직무는 이 간극이 있음을 제시하고(들려줌), 그것에 대하여 심사숙고하도록 요구하며(들음), 그 과정에서 (변주) 진단(회개)과 처방(치유)을 내리는 것을 포함한다. 이런 의미에서 들려줌과 들음의 변주에 따른 "회개"[32]는 신앙인을 삼위일체 하나님과 소통하게 하고, 피조계와 회복된 관계로 나아가게 하며, 엉킨 실타래를 푸는 손재주처럼 정체된 정신 구조를 풀어주는 기능으로 인간에게 제시된다.

지금까지 예수의 직무를 연구한 방법은 무의식의 정신 구조를 해석할 수 있는 방법이다. 이런 방법은 그것이 내담자로서의 사람이건, 문자로 된 텍스트이건 상관없이 말로 엮인 것을 풀어내는 방법이다. 이런 이론에 기초해 성서를 분석하고 평가함으로써 기독교의 해석 방법론을 구축할 수 있을 것이다.[33]

나가는 말

지금까지 우리는 정체(停滯)된 습관을 벗어나기 위해 정신분석 기술의 도움을 받아 성서의 한 단락을 해석해보았다. 우리는 바리사이파 사람 시몬의 예에서 정체된 습관의 구조가 어떤 일을 결정할 때 강력하게 작용한다는 사실을 확인할 수 있었다. 지면의 제약으로 인해 향유 부은 여인이 어떤 구조를 통해 그런 인성과 종교성을 드러내게 되었는지 분석

---

32 Luther, "Commentaire de l'Epître aux Romains," 210. 루터의 유명한 문구 3 simuls, 즉 *Simul peccator simul penitens simul justus*에서 가운데 항 "회개"는 좌우항을 작동시키는 동력이라고 말할 수 있다. 강응섭, "루터에 따른 믿음과 회개", 221-25.
33 이 방법에 대해서는 강응섭, 『자크 라캉과 성서 해석』을 참조하라.

하지는 못했다. 하지만 예수가 그 여인에게 했던 말―"네 믿음이 너를 구원하였다. 평안히 가거라"[34]―에 여인의 인성과 종교성의 가치가 잘 나타난다고 볼 수 있다.

바울은 예수가 말한 "믿음"을 더 구체적으로 설명한다. 예수가 말한 믿음은 무의식의 주체가 고통스럽게 가지고 있는 문제를 해결하기 위해 보이는, 적극적인 행동과 사랑(감사)의 표현을 동반하는 의지를 일컫는다고 볼 수 있다. 이는 기독교의 인간론과 기독론을 잇는 중요한 개념이다. 이에 관해 앙살디는 다음과 같이 말한다.

> 만약 성경이 주님을 향해 나아가는 우리를 지칭하기 위해 "인간으로부터 시작되는 믿음"(Foi de l'homme)이라고 표현한다면, 반면에 우리를 향해 오시는 주님을 일컬어 성경은 "그리스도로부터 시작되는 믿음"(Foi du Christ)이라고 기록한다(롬 3:22; 갈 2:16, 20; 3:20, 22; 빌 3:9).[35]

이처럼 우리의 믿음은 우리에게서 비롯되는 듯하지만 그 진원지는 바로 그리스도 예수의 믿음, 예수가 가지고 있는 믿음이다. 앞서 두 번이나 살펴보았듯이 누가는 예수의 사역이 성부의 능력과 성령의 능력을 의지하는 믿음에 근거한다고 말한다. 따라서 예수의 사역은 우리가 다

---

34 예수의 이 말은 복음서에 기록된 4개 사례에서 7회 사용되었다. "열두 해 동안 혈루증 앓는 여자"(마 9:22; 막 5:34; 눅 8:48); "디매오의 아들인 맹인 거지 바디매오"(막 10:52; 눅 18:42; 마 20:29-34, 하지만 이 문장은 마태복음 20장에서는 사용되지 않았다); "사마리아인 나병 환자"(눅 17:19); 그리고 우리가 다룬 본문인 "바리새이파 시몬 집에서 예수의 발에 향유를 부은 여인"(눅 7:50)의 경우다. 그러니까 누가복음에서 3회, 마태복음과 마가복음에서 각 2회 사용되었다.

35 Ansaldi, *Dire la Foi aujourd'hui*, 12.

룬 본문뿐 아니라 창조와 성육신, 승천과 재림을 담은 성경 전체를 통해서 볼 때 인성, 종교성, 정체성 등의 가치에 대한 사적 또는 공적 수행이고, "예수의 이름으로" 행하는 제자들의 사역은 성부의 능력과 성령의 능력을 입은 성자의 직무의 연속이며, 지금 여기서 "예수의 이름으로" 행하는 우리 신앙인의 사역도 성부, 성령, 성자의 능력에 근거한다고 말할 수 있다.[36] 이런 기반 위에 엮인 것이 기독교의 복음이다. 그래서 본문이 어떻게 재현되도록 하는가가 중요하다.

지금까지 우리는 예수, 바리사이파 시몬, 향유 부은 여인이 지닌 무의식의 정신 구조를 분석하면서 그 이야기가 적힌 성서 본문을 재현해보았다. 우리는 우리가 다룬 본문뿐 아니라 창조와 성육신, 승천과 재림을 담은 성서 전체를 통해 하나님의 형상이자 우리의 형상인 예수 그리스도가 인성, 종교성, 정체성 등의 가치에 관한 사적 또는 공적 기능(사역)을 보여주었고, 지금도 그것을 행하고 있다는 사실을 확인할 수 있었다.

---

36 Ruck-Schröder, *Der Name Gottes und der Name Jesu*, 268. "예수의 이름으로(επι τω ονοματι, 예수의 이름 안에서) 행동하는 자는 예수 자신뿐 아니라 예수를 보낸 하나님을 현재 있게 하는 것이다."

제4부

라깡과 신학 I

아우구스티누스

8장

라깡, 아우구스티누스식
유비의 방법에 이르는 길[1]

들어가는 말

조직신학에서 다양한 신학 방법론이 제기되어온 이유를 신학 자체가
"인간이 하나님에 대하여 정리한 학문"이기[2] 때문이라고 볼 때, 폴 알타
우스(Paul Althaus, 1888-1966)는 신학의 대상으로서 하나님만 고집하거
나 인간에만 역점을 두는 것보다 "하나님-인간"의 관계를 다루는 것이
바람직하다고 주장했다.[3] 이런 면에서 볼 때, 이번 장에서 분석하고자 하
는 『삼위일체론』의[4] 저자 아우구스티누스 역시 그런 주장을 이미 오래

---

1 이번 장의 내용은 예일신학대학원대학교에서 2001년 봄학기 "삼위일체론" 수업을 위해
    준비한 것을 보완하여 강응섭, "아우구스티누스와 라깡"으로 발표한 논문을 이번에 다
    시 수정한 것이다. 이 글의 주제어는 아우구스티누스, 라깡, 유비, 삼위일체론, 의지, 본
    질동등론, 관계차이론, 겉 사람, 속사람 등이다.
2 강응섭, 『동일시와 노예의지』, 제1부에는 부정의 방법, 긍정의 방법, 유비의 방법, 역설
    의 방법, 상관의 방법 등 다섯 유형이 거론된다.
3 Paul Althaus(tr. Robert C. Schultz), *The Theology of Martin Luther*(Philadelphia: Fortress
    Press, 1979), 9.
4 아우구스티누스의 『삼위일체론』은 기원후 400-28년 사이에 집필되었다. 이 책의 인

전에 뒷받침한 것 같다. 아우구스티누스는 교리와 믿음을 설명하면서, "교리의 내용이 된 일들은 지금 있거나 과거에 있었거나 앞으로 있을 일들이다. 그러나 믿음은 신앙인의 마음속에 지금 있으며 당사자만이 볼 수 있다"고 기록했다.[5] 조직신학은 교리와 방법(믿음) 간의 관계를 다루는 신학의 한 분야다. 전통적 신학 인식론에서 볼 때 "교리"는 선험적이고, "방법"은 후천적이다. 이 말은 곧 어떤 방법(가령 믿음의 주체)에 의해서 교리가 설명된다는 의미다. 그래서 기독교가 전파된 곳에서 형성된 신학은 방법론을 구성한 사람들 또는 해석자들의 산물이라고도 볼 수 있다.

이번 장은 그런 산물 가운데 하나인 아우구스티누스의 『삼위일체론』을 분석하여 율동하는 인간이 되게끔 하는 동인으로서의 성령이 등장하는지를 생각해보고자 마련되었다. 우선 아우구스티누스의 『삼위일체론』에서 관련 있는 문장을 인용하면서 그 문장을 쓴 저자의 의도를 파악해보자. 이 과정에서 특별한 설명 없이 동시적으로 프로이트와 라깡식 "정신분석적 방법"을 사용해 아우구스티누스의 글을 들여다볼 것이다.

1. 『삼위일체론』의 구성

아우구스티누스의 『삼위일체론』은 15권으로 이루어진다. 아우구스티누스는 마지막 15권에서 책을 요약하면서 성서에 따른 삼위일체론을 1-7권에, 피조물의 입장에서 탐구되는 삼위일체론을 8-14권에 두었다

용은 기본적으로 크리스천다이제스트의 역서(1998)에 따르면서 *La Trinité*(Paris: Bibliothèque Augustinienne, 1991)를 참고했다.

5 아우구스티누스, 『삼위일체론』, 342(13권 2장 5절).

고 했다. 다시 말해 교리를 먼저 구성하고, 그 후에 방법론을 도입해 탐구했다는 것이다.

『삼위일체론』 각 권의 주제를 간단하게 정리하면, 1권은 종의 형체와 하나님의 형체, 2권은 피조물의 형체와 하나님 본체의 삼위체, 3권은 존재(l'esse)와 실존(l'existance)의 분명한 차이, 기호학, 4권은 성령과 종말, 5권은 본질차이론과 본질동등론, 관계범주와 관계차이론, 6권은 성령, 7권은 문화와 언어, 습관의 차이로 인한 삼위체 기호 논쟁을 다룬다. 이어지는 8, 9권은 유비 개념, 10, 11권은 속사람과 겉 사람, 12, 13, 14권은 이성, 기독론, 하나님 형상으로서의 그리스도를 설명한다.

오늘날의 관점에서 볼 때 1-7권이 연역법을 사용했다고 한다면, 8-14권은 귀납적이라 할 수 있다. 그러나 1-7권과 8-14권을 동시에 탐구하면 "유비의 방법" 또는 "상관의 방법"이 두드러진다고 볼 수 있다. 유비의 방법은 내용 면에서는 옳으나 그 내용을 적절하게 기술하는 데 한계가 있음을 전제로 한다. 상관의 방법은 상황에 대한 메시지의 우위를 우선시하는 연역법과 메시지에 대한 상황의 우위를 내세우는 귀납법을 동시에 고려하는 것이다.

이런 방법들이 도입된 이유는 "교리와 믿음", "신앙 대상과 신앙 주체"가 이루는 관계 때문이다. 성서에서 연역된 교리 그 자체는 "과거-현재-미래"에 항상 존재한다. 그러나 그 교리를 탐구하는 인간은 시공간, 역사와 문화 속에 존재하며 교리와는 다른 특성을 갖는다. 탐구 주체가 배제된 상태의 교리는 탐구 주체와 그의 세계에 아무런 의미를 줄 수 없다. 그래서 유비의 방법 또는 상관의 방법에는 어떤 방식으로든 개인 주체가 개입된다. 아우구스티누스는 이 개인 주체가 경험하는 내적 체험을 "시 팔로르 숨"(si fallor sum, 내가 속는다면 나는 존재한다)으로 표현한다. 이 말은 아우구스티누스 신학의 귀납적 토대가 된다.[6] 이런 토대 위에서 출렁이는 인간의 마음은 그 흔적을 문자에 그대로 남긴다. 뚜렷한 변증법적 단계를 거치면서『삼위일체론』이란 구조적 틀 안에 각인된 이런 흔적을 하나씩 찾아보도록 하자.[7]

2. 유비 개념의 획득

초기 스콜라학의 대표학자인 아우구스티누스는 하나님과 인간을 탐구하는 자의 모습을 어떻게 그렸을까?『삼위일체론』분석을 통해 그 저자의 성격을 규명해보자. 먼저, 알지 못하는 하나님을 설명하기 위해 알고 있는 피조계를 매개로 설명하는 단락을 살펴보자.

> 우리가 아직 알지 못하는 하나님을 사랑할 수 있기 위해서, 우리는 이미
> 아는 사람들과의 어떤 유사성이나 비교를 근거로 하나님을 믿을 수 있느
> 냐고 하는 것이다.[8]

아우구스티누스는『삼위일체론』8권 이하에서 이 질문을 긍정적으로 수용한다. 이 질문에 포함된 "사람"에 관하여 그는 치밀한 탐구를 시작한다. 또한 그는 사물의 구조와 몸의 구조에서부터 마음의 구조까지 상

---

6 성염, "*Si fallor sum*: 아우구스티누스 인식론의 형이상학적 맥락『삼위일체론』을 중심으로",「중세철학」5집(한국중세철학회, 1999), 111.
7 아우구스티누스의 생애와 신학에 뚜렷하게 각인된 변증법에 관해서는 다음을 참고하라. 주승민, "어거스틴의 신학방법론: 디아렉티키(변증법)",「신학과 선교」22집(서울신학대학교, 1997), 254-86.
8 아우구스티누스,『삼위일체론』, 241(8권 8절).

세하게 검토한다. 그리고 거기서 얻은 결과를 통해 삼위일체 교리를 설명한다. 간단한 예를 들어보자.

따라서 둘이 다른 하나 안에 있다. 자체를 알며 사랑하는 마음은 그 자체의 지식과 함께 그 사랑 안에 있으며, 자체의 사랑과 함께 그 지식 안에 있으며, 사랑과 지식도 함께 그 자체를 사랑하며 아는 마음 안에 있기 때문이다. 그러나 어떻게 모든 것이 모든 것 안에 있는가 하는 것은 위에서 이미 밝혔다. 이 셋[마음, 사랑, 지식]이 그 자체로서 완전할 때는, 마음은 자체를 전적으로 사랑하며, 자체를 전체적으로 알며, 자체의 사랑을 전적으로 알며, 자체의 지식을 전적으로 사랑하기 때문이다. 그러므로 이 셋은 놀라울 만큼 서로 분리할 수 없으며, 그러면서도 각각 단독으로 실재이며, 모두 합해서 한 실재 또는 본질적 존재이며, 그러나 서로의 관계를 말할 수 있다.[9]

기억, 이해력, 의지라는 이 셋은 세 생명이 아니라 한 생명이며, 세 마음이 아니라 한 마음이다. 따라서 세 실체가 아니라 한 실체다. 그러나 서로 관련되는 점에서는 이것들은 셋이다. 그리고 만일 서로 동등하지 않다면, 즉 하나씩 서로 동등할 뿐 아니라 하나가 전체와도 동등하지 않다면, 이것들은 물론 각각 서로 내포할 수 없을 것이다. 각각 다른 하나 안에 내포될 뿐 아니라 하나하나 안에 전부가 내포되기 때문이다.[10]

---

9 Ibid., 262(9권 8절).
10 Ibid., 291(10권 18절).

마음이 기억하며 이해하며 원하는 것에 관해서 우리가 발견한 것은 다음과 같다. 마음은 자체를 항상 알며 항상 결정하는 것임이 알려졌으므로, 그것은 또한 동시에 항상 자체를 기억하며 항상 이해하며 항상 사랑한다는 것이 이해되었다. 다만 마음은 자체가 아닌 것들과 자체를 항상 분리해서 생각하는 것이 아니다. 따라서 자체에 대한 마음의 기억과 이해를 마음 안에서 식별하기가 어렵다. 이런 경우, 이 두 가지 것이 아주 밀접하게 결합되어 있어서 시간의 전후 관계도 전혀 없기에 둘이 아니고, 이름만 둘로 된 것 같이 생각된다.[11]

"3실체"와 "1본질"은 삼위일체론의 핵심이다. 그러나 아우구스티누스가 예로 사용하는 "마음, 사랑, 지식" 각각은 "1본질"(마음)이지만, "3실체"가 아니다. 또 다른 예로 "물, 포도주, 꿀"은[12] "3실체"이지만, "1본질"이 아니다. 이처럼 아우구스티누스가 피조계에서 선택한 예화로 삼위일체 하나님을 설명하는 것은 본질의 차이와 설명 방식으로 인한 문제점을 남긴다. 이런 예화는 유비 개념의 전제를 인정할 때만 3위 1체의 유사형태로 성립할 수 있다. 그 전제란 아래에서 위로 진행되는 속성(믿음: 가변성)과 위에서 아래로 이행되는 것(교리: 항시성)의 차이에서 생겨난다. 즉 믿음을 설명할 때 아우구스티누스는 방법의 한계로 믿음의 실체를 완전하게 설명할 수 없지만 최선을 다해 설명해본다는 전제를 설정하는 것이다. 아우구스티누스는 이런 전제 아래 자신의 글을 읽는 자들이 그 내용을 정확하게 이해해주기를 바란다. 그래서 책의 여러 부분에서 속

---

11 Ibid., 292-93(10권 19절).
12 Ibid., 260(9권 4절).

단하거나 비판하기 위해 글을 읽지 말고 끝까지 읽어달라고 거듭 당부한다.

> 우리는 확실히 삼위일체를 탐구한다. 삼위일체라면 아무것이나 구하는 것이 아니라 하나님, 즉 유일 진정하신 최고의 하나님이신 삼위일체를 구한다. 그렇지만 우리는 아직 구하는 중이므로, 내 글을 읽는 사람들은 기다려야 하리라. 알거나 형언하기가 지극히 어려운 것을 구하는 사람이 적어도 믿음을 견지하고 있다면, 이런 탐구를 비난하는 것은 옳지 않다.[13]

이런 방법론은 중세철학과 신학이 소중하게 사용한 것이고, 오늘날 인문학에서도 그 명칭이 은폐된 채 이용되고 있다. 이 글에서 우리가 독립적으로 설명하지 않고 바로 해석의 도구로 사용하게 될 정신분석적 방법이 바로 그것이다. 논의가 진전될수록 서양의 초·중기 스콜라학과 현대의 정신분석적 방법이 유비의 방법을 매개로 첫 만남을 이룰 수 있음을 알게 될 것이다.

3. 아우구스티누스와 라깡의 만남 가능성

아우구스티누스는 삼위일체를 설명하기 위해 피조계의 실체들을 도입했다. 그러나 어떤 부분에서도 형상화된, 형상화할 수 있는 삼위일체를 말하지 않는다. 그렇기에 피조계의 형상을 통해 유비적으로 삼위일체론을 이야기한다. 피조계의 형상으로 삼위일체 하나님을 탐구하는 방식,

---

13 Ibid., 253(9권 8절).

이것이 바로 유비의 방법이다. 유비의 근본은 "～와 닮은 어떤 형태", 즉 닮은꼴에 있다. 이 "어떤 형태"에 관해서 아우구스티누스는 『삼위일체론』 9권 12절에 특별한 생각을 남겨두었다. 앞으로 인용될 문장에서 나는 간혹 "[ ]" 속에 문장의 의미를 밝혀줄 "분석적 개념어"를 표기할 것이다. 그리고 이 개념어로 아우구스티누스의 생각을 들여다볼 것이다.

모든 무상한 사물은 영원한 진리를 근원으로 만들어진다. 우리가 참되고 바른 근거에서 존재하며 행동할 때에는 (그 행동을 우리 자신으로 하거나 다른 물건들로 하거나 간에) 우리는 어떤 형태를 따른다. 그런데 우리는 그 형태를 영원한 진리 안에서 마음의 눈으로 본다. 그래서 사물에 대한 참된 지식을 얻어 심중에, 이를테면 "한 말을 잉태하여 그것을 발음함으로써 밖으로 낳는다"[환유, 욕망=욕동-욕구]. 그러나 낳는다고 해서 그것은 우리를 떠나는 것이 아니다. 그리고 우리가 다른 사람에게 말할 때, 마음 안에 있는 그 말[잉태한 말]을 사용하며 "음성이나 어떤 신체적인 표징"을 이용해서, 듣는 상대가 어떤 유사점을 느끼게 함으로써 마음속에 유사한 것을 가지게 한다. 즉 말하는 사람의 마음속에 여전히 남아 있는 것[Autre의 장소]과 유사한 것을 가지게 한다. 그러므로 우리가 다른 사람들의 행위를 시인하거나 비난할 때, 우리가 몸의 지체를 써서 하는 "말이나 행동"은 모두 우리가 먼저 "마음속에서 말한 것"에 불과하다. 아무도 먼저 "마음속에서 말하지 않은 것"[주체의 이야기, 주체의 역사, Histoire du Sujet]을 즐거이 행하지 않기 때문이다.[14]

---

14 Ibid., 265(9권 12절). [ ] 안의 내용은 덧붙인 것이다.

이 문장은 내가 볼 때 아우구스티누스와 라깡이 만날 기회가 될 수 있다. 이 문장에서만도 프랑스의 정신분석가인 라깡이 즐겨 사용하는 개념인 무의식의 결정론에 해당하는 심적 장치와 심적 1, 2차 과정, 그리고 라깡이 정신분석에 도입한 언어학에 관한 시니피앙과 그 저장소인 그랑 오트르(Autre), 또한 무의식의 주체의 숨겨진 역사 등이 나타나기 때문이다. 라깡의 이런 관심은 아우구스티누스의 『삼위일체론』을 읽고 해석하여 마음의 이론을 밝히는 데 충분조건이 되리라 생각한다.

1) 시각 기능과 거울 단계

우선 아우구스티누스는 "어떤 형태"가 마음에 있기 위해서 어떤 과정을 거치는지에 관해 감각기관 중 "시각" 기능을 이용해 상세하게 설명한다. 유비의 방법과 시각과의 관계를 보여주고자 제시한 그의 문장은 정신 분석적 방법에서 말하는 "거울 단계 이론"(stade du miroir)을 생각나게 한다. 먼저 『삼위일체론』 11권 1절에서 시각을 도입하는 그의 의도를 살펴보자.

> 만일 속사람과 어떤 유사점이 없다면, 그것을 겉 사람이라고 부를 리도 없다. 우리의 처지, 즉 죽을 운명이며 육적인 우리의 처지에서는 정신적인 것보다 눈에 보이는 것들이 더 연구하기 쉽고 친근하다. 전자는 내면적이며 후자는 외면적이어서, 우리는 몸의 감각으로 이 후자들을 알지만 전자는 마음으로 안다. 우리 자신, 즉 우리 마음은 감각되는 물체가 아니라 정신적인 존재다. 우리는 생명이기 때문이다.…내면적이며 정신적인 일들을 더 잘 분별해서 더 쉽게 알리려면, 외면적이며 물질적인 것에서 유사한 예를 얻어 와야 한다.…그러므로 우리는 주로 시각의 증언에 의지하겠다. 신

체감각 중에서 시각이 다른 감각들보다 훨씬 우수하며, 종류는 다르지만 마음의 시각에 가장 가깝다.[15]

유비 개념은 비례의 유비와 관계(부여)의 유비로 구분된다. 비례의 유비는 피조계 수평 간의 유비다. 관계(부여)의 유비는 수직관계의 유비이고 외적 부여 유비와 내적 부여 유비로 나뉘어 설명된다. 전자는 단절 관계이고 후자는 연관 관계다. 아우구스티누스는 시각이 개입되기 전 단계에서부터 대상과 주체의 관계를 설명한다. 즉 정신분석적 방법에서 사용하는 "거울 단계 이론"에 필요한 장치 하나하나를 개별적으로 설명하는 것이다. 우선 『삼위일체론』 11권 1절에 드러난 대상 그 자체에 관한 그의 생각을 살펴보자.

대상은 사람이 보기 전부터 이미 존재할 수 있다[대상 자체, Das Ding, La Chose].···대상은 눈앞에 있는 대상을 지각하기 전에는 없던 것이다 [시상, 視像, Image visuelle].···대상이 보이는 동안, 눈 안에 있는 시상을 대상에 고정하는 힘, 즉 마음의 주의력이 있다[주의력=의지].···[눈에 보임으로써 시각에 인상을 주는] 그 물체와 [그 물체가 감각에 인상을 주어서 생긴 형상, 즉] 시상은 조금도 같은 본질이 아니다[a≠i′(a), 대상과 상상계].[16]

원대상과 시상으로 구분해서 대상을 이해한 아우구스티누스는 마음

---

15 Ibid., 295(11권 1절).
16 Ibid., 295-96(11권 1절). [ ] 안의 내용은 덧붙인 것이다.

의 주의력으로 원대상과 시상을 결합한다. 결합 후의 결과는 원대상과 시상 간에 비동일 본질과 불일치가 있다고 말한다. 여기서 강조되는 것은 주의력이다. 이런 맥락에서 아우구스티누스는 맹인의 심적 현실을 설명한다. 맹인은 시상을 형성할 수는 없지만, 주의력(의지)을 통하여 청각 영상(청상, 聽像)을 획득한다는 것이다.

> 시각을 잃어버리면 마음은 그 감각기관을 밖에 있는 물체로 향하게 만들지 못한다.…그러나 신체의 감각기관이 없어졌는데도 그런 노력을 한다는 것은 마음의 주의력 자체는 없어지거나 감퇴하지 않는다는 것을 알려준다.…그러므로 이 세 가지, 즉 보이는 물체와 그 시상과 이 둘을 연결하는 마음의 주의력은 분명히 서로 구별해야 한다. 각각이 가진 특징뿐 아니라 그 본성도 다르기 때문이다.[17]

이로써 아우구스티누스는 "상"(像)의 보편론을 형성한다. 즉 보이는 물체와 보는 사람의 시상, 그리고 보는 사람의 의지가 함께 있을 때 "상"은 형성된다. 정신분석적 방법에서는 물체 a가 빛을 통하여 주는 상을 i′(a), 이것이 보는 사람에게 잡히는 상을 i(a)로 표기한다. 또한 물 자체가 주는 상을 주체의 시선이 받아들여 영상들(Imagos)을 형성하는 과정을 정신분석적 방법에서는 "거울 단계 이론"이라고 부른다. 라깡은 이런 과정을 "이마지네흐"(Imaginaire)라고 정리한다. 아우구스티누스가 마음의 주의력이라고 말한 것을 라깡은 "이마지네흐"(상상계, 상상적인 것, 상상의 과정)라고 지칭한 것이다. 『삼위일체론』 11권 3절에 나오는 다음 글귀는

---

17 Ibid., 297(11권 2절).

"거울 단계 이론"을 잘 설명한다고 볼 수 있다.

> 감각은 보이는 물체에서 오는 것이 아니라 그것을 느끼는 생물체에서
> 온다.···그러나 시상은 보이는 물체가 만들어낸다. 그리고 시상은 보이는
> 물체가 만들어내는 것이지만, 그것만이 만드는 것이 아니라 그 물체를 보
> 는 사람도 현장에 있어야 한다. 그러므로 시상은 보이는 것과 보는 사람이
> 함께 만들어내는 것이다. 그러나 보이는 물건에서 인상을 받아 시상이 생
> 기는 동시에, 보는 사람의 시각과 보겠다는 의도가 함께 있어야 한다.[18]

구조언어학의 창시자로 알려진 스위스의 소쉬르에 따르면 인간이
영상을 갖게 되는 과정은 최소한 청각 영상과 시각 영상 두 경로를 통
해서다.[19] 인간은 청각 영상과 시각 영상을 통해 물체의 외형을 받아
들인다. 이때 물체의 상과 주체의 시선 속 상은 어떤 닮은 형체를 구성
한다. 하지만 물체상과 시상이 상호 동일성을 획득하지는 못한다. 그래
서 정신분석적 방법에서는 $a \neq a'$ 라는 공식을 받아들인다. "물체"를 감각
기관에서 접수하여 "시상"을 만들고, 이 "물체시상"은 "기억"의 장소에 저
장된다. 이 기억의 장소 밑에 있는 저장고는 "상"(像)으로 구성되지 않고,
언어로 변형되어 축적된다. 이 언어는 외부의 상이 다가오면 다시 상으
로 변하여 외부의 상과의 비교를 거친 후 그 결과를 방출한다. 이것이 정
신분석적 방법의 주장이다. 결과적으로 외부 물체의 상과 주체 시선을
통해 내면화된 상은 서로 다른 상이 된다.

---

18 Ibid., 297(11권 3절).
19 Ferdinand de Saussure, *Cours de linquistique générale*(Paris: Payot, 1949), 98-103.

그래서 라깡은 이 저장고를 "언어처럼 짜였다"고 말한다.[20] 인간이 기호를 보거나 들음으로써 획득한 "상"들은 다시 "언어"로 바뀌어 저장고에 이미 있는 그와 유사한 언어를 찾고, 그다음에 그 "언어"는 부합되는 "말"과 결합하여 입으로 나오게 된다. 즉 "말"이란 "상"에서 "언어"로, "언어"에서 "상"을 거쳐 "소리" 또는 "몸짓"으로 방출된다. 프로이트는 『과학적 심리학 초고』(1896)와 『꿈의 해석』(1900) 제7권에서 이 과정을 설명했다.

이렇게 구성된 심적 현실은 라깡식 정신분석적 방법에서 상상계 (l'imaginaire)와 상징계(le symbolique)라는 용어로 설명된다. 아우구스티누스는 유비 개념이 성립되기 위한 조건을 "상징화된 인간", "상징화된 세상 속의 인간"이라고 기록했다. 거울 단계 과정을 거치면서, 다시 말해 상상의 과정을 거치면서, 또는 마음의 주의력을 모아서 생성되는 상징체계의 구조를 다음 글에서 볼 수 있다.

예를 들어 산에서 나무들은 베어버리고, 온 산에 무화과나무를 심었다는 말을 들으면 나는 산, 나무, 그리고 무화과나무의 형상을 상기한다. 이런 형상들을 잊어버렸다면 나는 그가 하는 말을 전연 알지 못하며, 따라서 그가 말한 상태를 생각할 수 없었을 것이다.…한 번도 본 일이 없는 물체의 빛깔이나 형태에 대해서는 어떤 개념을 전연 생각할 수 없다. 들은 일이 없는 소리, 맛본 일이 없는 맛, 맡아본 일이 없는 냄새, 만져본 일이 없는 물체의 촉감, 이런 것들에 대해서도 어떤 개념을 생각할 수 없다. 따라서 지각한 일이 없는 물체를 기억할 수 없기에 그런 물체의 개념을 생각할 수

---

20 강응섭, "라깡에게서 'Structuré'의 의미", 7-30 참조.

도 없다면, 지각의 한계가 물체들에 있는 것과 같이 생각의 한계는 기억에 있게 된다. 감각기관은 그 지각하는 형상을 물체에서 받으며 기억은 그 형상을 감각기관에서 받지만, 생각하는 사람의 "마음의 눈"은 그것을 기억에서 받는다.[21]

어학력 습득[최대한 여러 언어 습득]을 위한 수고를 아끼지 않는다.…따라서 모든 언어를 안다는 것은 바랄 수 없는 일이라고 거의 모든 사람이 느끼기 때문에, 사람들은 자기 나라말을 배우는 데 가장 많은 힘을 쓴다 [아우구스티누스는 그리스어에 미숙했다는 의미].…게으름을 피우지 않고 될 수 있는 대로 알려고 한다.…모든 것을 사랑하는 것 같이 보인다. 그러나 사실은 그렇지 않다.[22]

마음의 주의력으로 대상과 시상을 연결하는 아우구스티누스는 마음의 주의력이 어떤 일을 하는지 질문하지 않는다. 단지 주어진 감각처럼, 보이는 대상과 그 대상을 끌어당겨 생긴 시상처럼 마음의 주의력도 인간에 그 근원이 있다고 본다. 특히 상상의 과정을 거쳐 상징계로의 진입을 확립한 아우구스티누스는 마음의 주의력에서 말이 나간다고 설명한다.

2) 마음과 그랑 오트르

앞서 소개한 유비의 방법은 내면적 경험을 통한 귀납적 토대 위에 실재

---

21 아우구스티누스, 『삼위일체론』, 310(11권 14절).
22 Ibid., 275(10권 2절).

를 상대함으로써 형성된 것이다. 만일 아우구스티누스가 피조계 자체 안에서만 분석하고 정리하는 일을 끝냈다면 우리의 흥미를 별로 끌지 못했을 것이다. 그러나 그는 한 걸음 더 나아가 피조계와 피조계를 낳게 한 것의 관계를 말과 마음의 관계를 들어 설명한다. 말에 관한 이론은 정신분석적 방법의 핵심 요소다. 정신분석적 방법에서는 인간이 말로 구성되었다거나 인간은 말 덩어리라고 말할 정도로 인간의 몸에서 나오는 말이 중요한 위치를 차지한다. 피조계를 낳는 것은 창조주이듯, 아우구스티누스에게서 말을 낳는 것은 마음이다.

그것[마음]은 형상인 동시에 말이다. 마음을 알고 마음과 동등한 것이 발음되기 때문이다. 그리고 그 난 것은 낳은 것과 동등하다.[23]

여기서 "난 것"은 말, 시니피앙(signifiant)이고, "낳은 것"은 말의 집, Autre다. 대문자로 쓴 오트르(그랑 오트르)로서 종종 "대타자"로 번역되는 이 용어는 1955년 5월 25일 세미나에서 처음 정리되어 나타난 라깡의 개념어다.[24] 라깡은 autre(소타자)로 표기되는 상상적 타자(autre imaginaire) 또는 거울에 있는 이타성(altérité)의 장소, 자아(le moi)와 구별되는 무의식의 주체를 드러내기 위해 이 신조어를 도입했다.

23 Ibid., 269(9권 16절).
24 라깡의 세미나 2 "프로이트의 이론과 정신분석의 기술에 있어서의 자아"에 보면, "적어도 구별해야 할 2개의 타자, 최소한 2개의 오트르가 있다. 하나는 대문자 A로 쓰이고, 다른 하나는 자아에 해당하는 것으로서 소문자 a로 쓰인다. 그랑 오트르는 말의 기능에 있어서 관계되는 것이다"라고 적혀 있다. 라깡은 이 세미나 이전인 1953년에 쓴 "정신분석에서의 말과 언어의 기능과 영역", 그리고 1954년 2월에 쓴 "장 이폴리트에 대한 그의 답변"에서는 두 용어를 혼동하고 있었다. 그는 거기서 "주체의 무의식은 프티 오트르의 담론이다" 또는 "무의식은 그랑 오트르의 담론"이라고 말하기도 했다.

1960년 이후 라깡은 "주체의 전복과 욕망의 변증법"에서 "인간의 욕망은 그랑 오트르의 욕망이다" 그리고 "그랑 오트르의 그랑 오트르는 없다"라는 공식을 도입한다. 여기서 그랑 오트르(대타자)란 주체의 역사 또는 주체의 이야기(Histoire du Sujet)의 전체집합 또는 시니피앙의 전체집합, 다시 말해 그랑 오트르는 아우구스티누스에게서 "형상인 동시에 말"인 "마음"에 해당한다. 형상인 마음과 말인 마음, 이것은 마음과 형상, 마음과 말의 극한과 수렴을 보여주지만 일치를 보여주지는 않는다. 프로이트와 라깡의 구조 개념인 "동일시"(identification)는 불일치되는 "마음과 형상" 또는 "마음과 말"의 관계를 보여준다.

아우구스티누스가 탐구하는 "낳는 것으로서의 마음과 난 것으로서의 말과 형상"은 결국 『삼위일체론』의 초기부터 전개되는 "종의 형상"과 "하나님의 형상"의 구분을 다르게 표현한 것에 지나지 않는다. 그의 이런 유비적 설명 방식은 20세기 서양의 정신분석적 방법에 따라 재발견된, 매우 선구적인 것으로 평가될 수 있다. 종의 형상과 하나님의 형상이 동일한 것이 아니듯이, 마음과 말, 마음과 형상은 동일한 것이 아니다. 정신분석적 방법에서 말하는 정체성(l'identité)과 그 과정(l'identification)은 "a≠a'"에 해당한다. 말의 전체집합이 말의 집인 그랑 오트르와 동일시될 수는 없다. 에너지 보존법칙도 이론적으로는 성립되지만, 저항으로 인해 언제나 에너지 손실이 생기기 마련이다. 정신분석적 방법에서 "a=a'"를 주장할 경우가 있는데, 나는 그 경우를 『동일시와 노예의지』에서 "됨의 동일시"와 "동일시의 첫 번째 장르"라고 이름 붙였다. 이 공식은 편집증 환자 등을 다루는 정신병(psychose) 범주 분석에 사용된다.

3) 기호와 소리

유비의 방법은 기호학(sémiotique)을 근거로 더 풍성하게 설명된다. 아우구스티누스는 인간의 욕망과 기호와의 관계를 생각하면서, 기호(signe)를 기호 되게 하는 "그것"을 생각하고 있다. 『삼위일체론』10권 2절에 기록된 그의 생각을 계속 따라가 보자.

이미 알고 있는 글자들과 음절들에 대해서 더 알기 위해서 욕망을 가져야 하는가? 그것은 소리가 한 부호라는 것을 아는 동시에, 무엇에 대한 부호인가를 알겠다는 욕망을 가지게 되는 것이 아닌가?[25]

그러면 그는 무엇을 사랑하는가? 물론 모르는 것은 사랑할 수 없다. 사람은 이미 그가 알고 있는 세 음절[테메툼, *temetum*=포도주]을 사랑하는 것이 아니다. 그 음절들에는 어떤 뜻이 있다는 것을 그는 알고 있으며, 그가 이 지식을 사랑하는 것이라고 한다면 그는 이 지식을 지금 구하는 것이 아니므로 그 대답은 우리가 질문하는 점이 아니다. 우리가 묻는 것은 그가 "알고자 하면서 아직 모르는 것에서 무엇을 사랑하느냐" 하는 것이다.[26]

그는 무엇을 사랑하는가?…"그가 알고 있는 것"을 사랑하는 것이 아니고 무엇인가? 사람의 공동생활에서는 이 부호들로 서로 생각을 알리며 대화로 생각을 교환하지 않는다면, 모이는 것이 완전한 고독보다 나쁠 것이기 때문이다.[27]

---

25 아우구스티누스, 『삼위일체론』, 274(10권 2절).
26 Ibid., 274-75(10권 2절). [ ] 안의 내용은 덧붙인 것이다.
27 Ibid., 275(10권 2절).

우리 조상들은 포도주를 테메툼이라고 했지만, 현재는 이미 고어가 되었다.…이 단어는 기억할 가치가 없다고 생각할 것이다. 연구심이 강한 사람의 사랑[모르는 것을 알고자 하는 사람의 사랑]은…모르는 것에 대한 사랑이 아니라 아는 것에 대한 사랑이다. 아는 것 때문에 모르는 것을 알고자 하는 것이다.[28]

기호 테메툼(*temetum*)은 소리(signifiant)인 "테메툼"과 "포도로 만든 술, 일명 포도주"라는 개념(signifié)으로 구성된다(s=S/sé). 그러나 기호 테메툼은 포도주 병에 담긴 물체, 병에 담긴 액체 그 자체는 아니다. 곧 테메툼은 포도주가 아니다. 그러나 애주가는 포도주를 알고 사랑한다. 왜냐하면 그는 기호 테메툼을 사랑하는 것이 아니라 기호 테메툼으로 표현되는 그 자체를 사랑하기 때문이다. 테메툼이란 기호를 알지 못하더라도 애주가는 포도주를 사랑한다. 이런 구문에 이어지는 다음 구문은 아우구스티누스의 생각을 더 잘 알 수 있게 해준다.

모르는 것을 알기를 사랑할 수 있어도, 모르는 것을 사랑할 수는 없다.[29]

모르는 것을 알기를 사랑하는 사람은 모르는 것을 사랑하는 것이 아니라, 그것[모르는 것]에 대한 지식을 사랑하는 것이다.[30]

포도주의 맛을 알지 못하는 금주가는 포도주가 무엇인지 알고자 열망

---

28 Ibid., 276(10권 3절).
29 Ibid., 277(10권 3절).
30 Ibid.

할 수는 있지만 포도주 자체를 열망하지는 못한다. 이는 무신론자가 기독론을 알기 원하지만 예수 그리스도 자체를 신앙으로 경험할 수는 없는 것과 같다. 금주가와 무신론자가 포도주나 기독론이 무엇인지를 알고자 노력하지만 포도주나 기독론 자체를 알 수 없는 것과는 달리, 애주가와 신앙인은 포도주나 예수 그리스도가 무엇인지 안다.

그러나 애주가가 아는 포도주는 모든 포도주, 포도주 전체를 아는 것인가? 그렇지는 않다. 그래서 애주가는 자신이 모든 포도주를 알지 못한다는 사실, 즉 기호는 사물 그 자체와 동일한 것이 아니라는 사실을 깨닫게 된다.

> 그는 자기 속을 들여다볼 때, 아는 사람과 모르는 사람을 구별하며 동시에 정직하게 나는 모른다고 말하기 때문이다. 그리고 그는 자기의 이 말이 정직하다는 것을 아는데, 만일 "무엇이 안다는 것인가"를 몰랐다면 어떻게 이 점을 알겠는가?[31]

여기서 "무엇이 안다는 것인가"라는 말은 곧 "나는 모른다는 것을 안다"는 말과 연결된다. 정신분석적 방법에서 이 말은 sujet-supposé-savoir라고 정리된다. 이 말의 뜻은 "안다고 가정된 주체"이지만 여기서 "안다"는 것은 "내가 모른다는 것을 안다"는 의미다. 여기서 "나"란 환자가 생각하는 분석가다. 그러나 분석가 자신은 안다고 가정된 위치에 자신을 놓지 않는다. 이렇게 "안다"는 것에 관하여 환자는 긍정적인, 분석가는 부정적인 태도를 보인다.

31　Ibid.

여기서 안다고 가정된 "주체"는 외부의 기호가 내부로 들어와 언어처럼 구조화된 것이다. 언어의 단위로서 기호는 세상의 사물들과 심적 현실의 상징계를 결합한다. 그러나 그 결합은 매 순간 다른 형태를 이룬다.

마음속으로 상상하는 어떤 형체가 그의 사랑을 받을는지 모른다. 그러나 그가 그 형체를 생각한 근거는 그가 "이미 알고 있는 것들"이 아니고 무엇인가?…"지금 사랑하는 그 형체"는 "조금 전에 그가 평소에 마음에 생각하던 그것"이 아니었다.…그러나 그런 경우에도 그는 모르는 형체를 사랑한 것이 아니라 "그 형상"을 사랑한 것이었다.[32]

인용문 중 첫째 부분은 "상상"이 "이미 알고 있는 것들"에 근거한다고 말한다. 여기서 "이미 알고 있는 것"은 라깡이 말하는 상징계에 해당한다. 라깡이 말하는 상징계에서는 과거의 것과 현재의 것, 그리고 미래의 것이 고정되지 않는다. "지금의 것"은 "조금 전의 것"과 다르다. 그렇다고 이 둘이 전혀 관련이 없는 것도 아니다. 이렇게 "지금의 것"과 "조금 전의 것" 사이에 간격이 발생하는 이유는 무엇일까?

4) 삼위일체와 삼위체

아우구스티누스가 마음의 본질과 기능에 관해 성찰한 결과는 매우 풍부하다. 우선 그는 마음이 어떤 방식으로도 접근하기 힘든 것이라고 상정한다. 그래서 긍정의 방법을 도입하지 않고 의문형 또는 부정의 방법으로 마음의 본질에 접근한다. 여기서 그는 "~이 아닌", "~와 많이 다른"

---

32 Ibid.

그리고 "~자체를 알지 못하는" 등의 구문을 사용한다.

그러면 마음이 아직 자체를 알지 못할 때 자체를 열심히 탐구하는 것은 무엇을 사랑하기 때문인가?…그러나 무엇을 (마음은) 사랑하는가? 아마 마음은 자체를 사랑하는 것이 아니라 자체에 대해서 상상한 것을, 그러나 아마 자체와 많이 다른 것을 사랑하는 것이리라.[33]

아직 자체를 알지 못하더라도 자체를 아는 것.… 없어지지 않고 숨어 있었던 어떤 기억, 그러나 멀어졌던 기억.[34]

아우구스티누스는 『삼위일체론』 10권 5절에서 "마음에 관한 9문장"을 이어서 기록한다. 마음의 구성을 논할 때 프로이트는 "moi, sur-moi, ça(Id)"(자아, 초자아, 그것: 제2차 위상)로, 라깡은 "Imaginaire, Symbolique, Réel"(상상계, 상징계, 실재)로 표현한다. 여기서 ça(Id)는 아우구스티누스가 말하는 지시사인 "어떤", "것"에 해당한다. 아우구스티누스가 기록한 "마음에 관한 9문장"을 살펴보자.[35]

① 마음은 자기가 무엇을 알 것인가를 안다
② 마음은 다른 것들을 알면서 자체는 모른다는 것을 안다. 그래서 안다는 것이 무엇인가를 안다.
③ 마음은 다른 어떤 마음이 안다는 것을 모르지만, 자체가 안다는 것

---

33 Ibid., 278(10권 5절).
34 Ibid., 279(10권 5절).
35 Ibid. 번호 1-9는 임의로 부여한 것이다.

8장_ 라깡, 아우구스티누스식 유비의 방법에 이르는 길 **229**

은 안다. 그러므로 마음은 자체를 안다.

④ 마음은 자체를 알려고 애쓸 때, 그것은 자기가 지금 구하고 있다는 것을 안다.

⑤ 마음은 자체를 모른다는 것을 아는 점에서는 그만큼 자체를 아는 것이며, 전연 모르는 것이 아니다. 자체를 모른다는 것을 모른다면 알려고 노력하지도 않을 것이다.

⑥ 마음은 자체를 탐구한다는 그 사실에서 자체를 모르는 것이 아니라 안다는 판단이 분명해진다.

⑦ 마음은 자체를 알려고 노력한다는 점에서 자체를 탐구한다는 것과 자체를 모른다는 것을 알고 있다.

⑧ 마음은 없어지지 않고 숨어 있던 어떤 기억, 그러나 멀어졌던 기억이다.

⑨ 마음은 아직 자체를 알지 못하더라도 자체를 아는 것이다.

아우구스티누스는 여기서 "자체를 모르는 것"과 "자체를 아는 것"이 같은 의미임을 말한다. 즉 $a \neq a'$이지만 $a = b$가 된다. 이런 마음의 공식은 상징계에서 통용되는 공식과는 모순된다. 그런데 우리는 이런 공식을 통해 글쓴이의 실존적 흔적을 보게 된다. 이런 기표(시니피앙)는 마음(무의식의 주체)만이 드러낼 수 있다. 이와 관련해 라깡은 "un signifiant représente le sujet pour un autre signifiant"라는 문장을 남겼다. 이는 하나의 기표가 주체를 재현하고, 다른 기표도 주체를 재현하며, 또 다른 기표도 주체를 재현한다는 의미다. 여기서 주체는 3번 나타나는데, 그렇다고 주체가 3개는 아니다. 주체는 하나이고, 주체를 재현하는 시니피앙은 주체 그 자체의 분량을 유지하게 된다.

아우구스티누스는 성부 하나님이 한 분이고, 성자 하나님이 한 분이고, 성령 하나님이 한 분이어서 하나님은 세 분이라고 말하면 안 된다고 지적한다. 삼위 하나님은 한 분으로서 본질의 동등함을 유지한다. 그러나 삼위 하나님 각각의 관계는 차이가 있다. 『삼위일체론』 5권에서 아우구스티누스는 아리우스파의 "본질차이론"을 거부하고 삼위 하나님의 "본질동등론"(일체)을 받아들이는 동시에 "관계차이론"을 전개한다. 특히 5권 7장 8절에서 관계범주를 구체적으로 설명한다. 본질이 동등함에도 관계의 차이가 생긴다고 본 아우구스티누스는 동방 신학이 삼위 하나님의 통일성을 강조함으로써 생긴 단조로움을 극복하고 통일성과 함께 역동성을 표현하기 위해 "관계범주론"을 주장한다. 관계범주론은 "성부는 성자에 대해서 시초다. 성부가 성자를 낳기 때문이다"(5권 14절), 그리고 "성부와 성자가 성령의 시초이심을, 그러나 두 시초가 아님을 인정해야 한다"(5권 14절)는 아우구스티누스의 말에 근거한다.

마음은 "뫼비우스의 띠" 위를 순환한다. 이 순환을 묘사하는 "마음에 관한 9문장"은 각각 다른 기표로 표기된다. 각 문장은 그 의미하는 바가 서로 다르고, 모습도 다르다. 한 항의 기표는 다음 항의 기표로 바뀌면서 글쓴이의 무의식의 주체를 보여준다. 첫 항의 무의식의 주체와 둘째 항의 무의식의 주체는 동일한 주체의 마음이지만, 기표에 의해 재현되는(representer) 마음의 모습은 각기 다르게 나타난다. 상징계의 보편적인 동일성은 획득하지 못하지만 아우구스티누스가 제시한 마음에 관한 9문장은 1의 마음과 2의 마음이 같은 주체의 마음이고, 2의 마음과 3의 마음도 같은 주체의 마음이라고 말한다. 결국 n의 마음과 $(n+1)$의 마음이 한 주체의 마음이다. 그 결과 $(n)+(n-1)=1$이라는 공식이 도출된다. 여기서 n은 시니피앙을 말한다. 그리고 1은 시니피앙의 총합, 한 주체의 마음, 시니피앙의 집, 그랑 오트르가 된다. 이에 관해 아우구스티누스는 "마음은 형상인 동시에 말이다"라고 말한다.[36] 마음은 청각 영상과 시각 영상을 담는 그릇이다. 마음은 $(n)+(n-1)$이라는 말이 나오게 하는 1이다.

마음에 관한 문장은 그 항목이 아무리 많을지라도 "하나"다. 마음에 관한 9문장은 한 주체의 마음을 재현한 것이다. 주체는 기표의 창고다. 기표가 아무리 많을지라도 주체는 "하나"다. 부분적인 마음의 항목 각각을 마음이라고 부를 수도 있다. 그러나 각 항목의 주체는 다른 시니피앙으로 다르게 표기된다. 아우구스티누스는 합집합으로서의 마음에 관해 다음과 같이 기술한다.

마음은 완전히 안다고 말하는 것이 아니라 그 아는 것을 전체로서 안다. 마음은 그 자체를 전체적으로 안다. 마음은 전체적인 마음이며, 그래서 전체로서 살아 있다. 그러나 자체가 살아 있다는 것을 안다. 그러므로 자체를 한 전체로서 안다. 만일 전체로서 자체를 찾는 것이 아니고, 얻은 부분이 아직 얻지 못한 부분을 찾는 것이라면 마음은 자체를 찾는 것이 아니다.[37]

정신분석적 방법에서도 동일성은 한 항목의 마음이 전체이고, 그다음 항목의 마음이 전체이며, 각 항목 모든 마음의 합이 전체임을 말한다. 왜냐하면 마음은 "한" 주체의 재현이기 때문이다. 각 항이 전체이고, 모

---

36 Ibid., 269(9권 16절).
37 Ibid., 280(10권 8절).

든 항의 합이 전체다. 그러나 하나의 항에서 드러나는 주체의 모습과 다음 항에서 드러나는 주체의 모습은 서로 다르게 표현된다. 이것이 바로 시니피앙으로 재현되는 주체다. 마음의 주체는 하나뿐이다. "1"은 1961-62년의 세미나 9 "정체화"의 핵심 요소다.

5) 겉 사람과 속사람: 자아와 주체

마음은 자기의 힘에 의해, 또는 하나님의 은사에 의해 양면의 상황에 놓이게 된다. 자기의 힘에 의해 지배를 받을 때, 마음은 더 이상 마음으로 자신을 나타내지 않는다. 자기의 힘이 나타나면 마음의 외면적 측면이 등장한다. 이것을 아우구스티누스는 겉 사람, 외면적 사람이라고 부른다. 정신분석적 방법에서는 이 부분을 자아, 주체의 탈 중심에 있는 자아라고 부른다. 그러나 자기의 힘이 미치지 못하는 공간을 가진 마음은 하나님의 은사, 즉 아우구스티누스가 성령이라고 말하는 하나님의 은사에 의해 채워지는 부분이다. 이 대목에서 우리는 율동하는 마음이 되게하는 성령에 관하여 구체적으로 생각해볼 수 있다.

> 마음은 자체 앞에 없는 자체를 구하는 것이 아니라 앞에 있는 것을 구하도록 노력해야 한다. 마음은 몰랐던 자체를 알려고 할 것이 아니라 "자체가 아닌 다른 것으로 아는 것"과 "자체"를 구별해야 한다.[38]

"마음의 분열"은 프로이트에게도 나타나는 개념이다. 프로이트는 "애도와 우울증"에서 자아를 동일시에 의해 변화된 자아와 비판 당하는 자

---

38 Ibid., 286(10권 12절).

아로 구분한다. 후자는 초자아의 비판 앞에 있는 자아이고, 전자는 초자아의 비판을 피해 욕동(trieb, pulsion)을 추구하는 자아다. 욕망을 향해 나가는 이 부분을 마음의 원모습 자체라고 볼 수 있다. 비판 당하는 자아(겉 사람)가 "불안한 기쁨"에 놓인다면, 동일시된 자아(속사람)는 "평안"에 놓인다. 마음은 "자체가 아닌 다른 것으로 아는 것"과 "자체"를 구분한다. 이 두 형식은 주체에 의해 경험된다. 여기서 전자는 초자아의 비판 앞에 있는 것, 후자는 동일시에 의해 변화된 것이라고 볼 수 있다.

> 마음은 하나님 안에서 훌륭한 것들을 보며 즐기기 위해 자기 본성을 견지한다. 그러나 이것들을 차지하려는 생각으로 하나님에게서 멀어진다. 마음은 하나님의 은사를 받아 하나님을 본받으려 하지 않고 자기 힘으로 하나님같이 되려고 하기에, 마음은 동요하기 시작하며 조금씩 미끄러져 내려간다. 마음은 자체만으로는 충족하지 못하며, 충족한 유일한 분이신 하나님을 떠나면 자체만으로 충족한 것은 전혀 없다. 그래서 빈약하고 곤란하게 된 마음은 자체의 행동과 그것으로 얻은 "불안한 기쁨"에 너무 몰두하게 된다. 그래서 외부에 있는 사물들의 본성을 알고 사랑하며 그것들을 조심스럽게 확보하고 있지 않으면, 자체가 자기 입장을 고수하며 안전하다고 생각할수록 자기 일은 그만큼 더 생각하지 않게 된다.[39]

마음이 "불안한 기쁨"에서 벗어나 "평안"을 유지하려면 하나님의 은사를 받아야 한다. 아우구스티누스는 이제껏 말한 마음들과 그 마음들을 담는 그릇으로서 유일하면서 하나인 주체가 하나님의 은사를 받든지

---

39 Ibid., 282(10권 7절).

아니면 자기 힘으로 하나님처럼 되고자 노력하든지 하는 본성을 지니고 있다고 말한다. 그가 보기에 마음은 그 자체만으로는 충분하지 못하며 충족하신 하나님과 함께해야 한다. 하나님을 떠나지 않기 위해서는 하나님의 은사를 받아야 하는데, 아우구스티누스의 언어에서 하나님의 은사는 성령을 의미한다. 마음의 작용은 감각기관을 통하여, 또는 감각기관을 통하지 않고 가동된다. 감각기관을 통한다는 말은 이미 상징화된 것에 관계되는 말이고, 감각기관을 통하지 않는다는 말은 상징화의 그물을 벗어난 실재와 관계가 있다. 아우구스티누스는 상상계-상징계에 묶여 있는 마음과 이 묶임을 피해 자유로운 마음에 관해 다음과 같이 말한다.

마음은 자체만을 보려고 해도 이 "감각적인 사물의 형상들"을 자체에서 분리할 수 없고, "자체만을 보려는 길"이 부끄러운 오류 때문에 막힌다. 그 형상들이 사랑으로 마음에 밀착되어 놀라울 정도로 붙어버렸기 때문이다. 이것이 곧 "마음의 불결 상태"다.…그러므로 마음을 향해서 자체를 알라고 요구할 때, 자체에서 물러나도록 노력하라고 할 것이 아니라 그 자체에 첨가된 것들을 "떼어버리라"고 해야 한다. 마음은 분명히 외부에 있는 감각적 사물들뿐만 아니라 그 사물의 형상들보다도 더 깊은 내부에 있기 때문이다.

마음은 내면에 있으면서 형상들을 사랑할 때는 그 자체로부터 밖으로 나가는 것과 같다. 형상들은 외부에 여러 번 주의했기 때문에 생긴 흔적과 같은 것이다. 이 흔적들은 외부 물체들이 지각될 때 기억에 박히며, 물체들이 눈앞에 없을 때도 그것들을 생각하는 사람들의 마음 안에 형상으로서 존재한다. 전에는 다른 것들에 주목하면서 그 사이를 방황했는데, 이제는 자체를 주목하며 주의를 집중해야 한다. 그렇게 하면 마음은 자체를 사랑하지 않은 때가 없었으며, 알지 못한 때가 없었다는 사실을 깨달을 것이다. 그렇지 않고 자체와 함께 다른 것을 사랑했기 때문에 자체를 그것과 혼동하고 어떤 의미에서는 그것과 하나가 되어버린 것이다.[40]

하나님의 은사를 받지 않은 마음의 현실을 보여주는 이 인용문은 내적 경험을 통한 귀납적 토대가 되어준다. 여기서 "자체를 주목하며 주의를 집중"하는 자세와 "마음의 불결 상태"는 서로 대조를 이룬다.

더 나아가 아우구스티누스는 마음이 감각기관을 조정하는 역할을 한다고 기록한다. 마음은 감각기관으로부터 들어온 형상들을 간직하기도 한다. 마음은 몸속에 있는 엄밀한 것들을 감각기관 또는 마음 그 자체가 발견하게 하는 힘을 가지고 있다. 다음 인용문을 검토해보자.

마음은 신체의 감각기관을 찾고자 하는 것으로 향하게 하며, 감각기관이 물체를 만나면 찾는 것을 발견한다. 마음은 눈이나 다른 감각기관으로 물건들을 찾는 것과 같이 신체감각을 통하지 않고 마음 자체를 통해서 알려고 할 때도 그 찾는 것을 발견한다. 즉 그 속으로 들어간다. 마음은 신체를 통해서 영혼 안에 인상이 박힌 그 형상들을 내부에서 발견하기 때문이다.[41]

아우구스티누스가 생각하는 마음, 즉 속사람의 마음은 그 자체가 역

---

40   Ibid., 285(10권 12절).
41   Ibid., 284(10권 11절).

동성과 능동성을 갖는다. 그 마음은 몸을 조정하고 겉 사람을 움직이게 하는 힘이다. 마음이 상징적인 것을 통해서 또는 환상적인 것을 통해서 얻게 되는 형상은 외부 세계에 있는 것이 아니라 마음 안에 있다. 정신분석적 방법에서는 이를 "심적 현실"(réalité psychique)이라고 말한다. 아우구스티누스도 "심적 현실"에 해당하는 내용을 다음과 같이 언급했다.

많은 태양을 생각할 때, 내 마음에 생기는 시상은 내가 기억한 한 태양을 회상한 데서 온다.…내가 기억하는 것은 둥글지만 네모난 것으로 생각할 수도 있다. 초록색 태양을 본 일은 없지만 마음대로 어떤 빛깔을 생각할 수도 있다. 따라서 나는 회상하는 것이 아니다. 태양뿐 아니라 다른 것들도 마찬가지다. 그러나 이것들은 물체상이며 감각기관에 나타나 보인 것이므로 마음이 자체가 상상한 대로 그것들이 외부에 있다고 생각한다면 그것은 잘못이다. 그것들은 외부에서는 이미 없어졌는데 기억에만 보관되어 있을 수도 있고, 우리가 회상한 것이 믿을 만한 기억에서 생긴 것이 아니라 변화무쌍한 우리 생각에서 생겼을 수도 있다.[42]

심적 현실의 주체는 마음을 찾고 있는 그 마음을 안다. 다르게 표현하면, 속사람을 찾는 겉 사람을 속사람은 알고 있다. 마음이 마음을 안다고 하는 것은 속사람이 겉 사람을 안다고 말하는 것과 같다고 볼 수 있다. 속사람의 실체가 있음을 알고 있는 아우구스티누스는, 마치 삼위일체의 본질을 유비적으로 설명하지 못하듯이 속사람의 실체도 설명하지 못한다. 결국 설명하지 못하는 삼위일체와 마음 자체는 존재하지 않기 때

---

42 Ibid., 309(11권 13절).

문이 아니라 증명되지 않기 때문에 믿어야 할 것으로 제시된다. 이는 이해하기 위해서 믿는 안셀무스의 『프로슬로기온』의 관점이 아니라 믿기 때문에 이해하고자 하는 아우구스티누스의 관점과 같다. 『삼위일체론』의 구성 역시 1-7권이 믿음의 교리이고, 8-14권은 믿기 때문에 이해하고 탐구하는 내용을 담았다고 볼 수 있다. 정신분석적 방법은 무의식의 주체를 알기에 그 실체를 학문적으로 드러내기 위해, 즉 과학적 언어로 표현하기 위해 노력해왔다. 프로이트에 이어 라깡도 1953년부터 세미나를 통해 "학문으로서의 정신분석", 곧 정신분석학을 이루기 위해 애썼다. 이런 맥락에서 다음 문장은 그 깊이를 헤아리기 어려운 신앙인의 고백이 아닐 수 없다.

마음은 자체를 찾고 있는 동안에도 자체를 알고 있다[는 것을 이 사람들은 모두 깨닫지 못한다]. 마음이 자체를 알 때, 마음은 그 실체를 아는 것이며 자체에 대해서 확실히 알 때는 자체와 실체를 확실히 아는 것이다. 마음이 확실히 모르는 것들은 어느 것도 마음이 아니라는 것을 확신하라고 하며, 그것을 확실히 아는 것만이 그 자체라는 것을 확신하라고 한다.[43]

이해를 추구하기보다 이해하고자 하는 그 순간에도 믿고 있음을 주지시키는 이 인용문은 인간 인식의 불가지론을 주장하는 것처럼 보일 수도 있다. 그러나 아우구스티누스의 신학이 불가지론에 빠지지 않는 것은 이해할 수 없음에도 믿기 때문이다. "마음은 자체를 찾고 있는 동안에도 자체를 알고 있다"는 말은 "삼위일체" 교리를 믿고 있는 그 순간, 삼

---

43   Ibid., 289(10권 16절).

위일체 교리는 이미 자신에게 알려진 것이라는 의미다. 아우구스티누스는 『삼위일체론』 7권 7-10절에서 삼위일체론의 복잡한 용어 사용(3개의 *substantia*인가, 3개의 *persona*인가?)은 내용상의 이유로 선택되었다기보다 언어의 문화적 또는 관습적 취사선택의 결과일 뿐이라고 지적한다. 즉 신학이 그리스 문화에서 라틴 문화로 옷을 갈아입으면서 선택된 번역어가 문제일 뿐, 그 용어가 교리 자체에 끼치는 영향은 전혀 없다고 냉소적으로 말한 것이다.

6) 환상: 타자의 욕망에서 주체의 욕망으로

아우구스티누스는 "사물-시상-의지" 간의 관계를 설명하면서 "환상" 개념을 소개한다. 환상은 타자의 욕망(타자가 갖는 욕망)에서 주체의 욕망(타자에 대한 주체의 욕망)으로 전이되는 과정을 잘 설명해주는 개념이다.

> 의지는 이 둘[처음 것, 즉 보이는 물체, 둘째 것은 몸 안]을 연결하는 힘이 강하다. 즉 [의지는] 감각기관을 보이는 물체 쪽으로 향하게 만들며, 감각을 얻으면 그것을 대상에 고정시킨다. 그런 의지가 강렬해서 사랑, 욕망, 열정이라고 할 수 있을 때는, 이 생명체의 나머지 부분들에 강렬한 영향을 준다. 더 지둔하고 견고한 물질이 막지 않는 경우에는, 그 의지는 생물체를 대상과 같은 모양과 빛깔로 변하게 한다. 카멜레온의 작은 몸은 보는 물건의 빛깔로 쉽사리 변한다. 몸집이 커서 이런 변화를 쉽게 일으킬 수 없는 동물들도 그 태아들은 "어머니의 열정적 욕망의 흔적"[타자의 욕망]을 보이는 것이 보통이다. 즉 어떤 것을 매우 즐겁게 응시한 때에 그렇다. 태아들이 더 어리고 더 변하기 쉬울수록 모체의 영혼의 성향을 더 효과적으로 잘 따르며, 모체가 열정적으로 응시해서 얻은 "환상"을 잘 따른다.

이런 예를 많이 들 수 있지만, 가장 신뢰할 수 있는 책(성서)에서 실례를 하나만 들면 넉넉할 것이다. 암양과 암염소들이 얼룩진 새끼를 낳게 하기 위해서 그 짐승들이 새끼를 배는 시기에, 그들이 물을 먹는 구유에 여러 가지 색깔의 나뭇가지를 세워 짐승들이 보게 했다고 한다(창 30:37, 41).[44]

태아가 모체의 영혼의 성향을 더 잘 따른다거나 카멜레온의 몸이 보는 물건의 빛깔로 변한다, 혹은 여러 가지 색깔의 나뭇가지를 세워 짐승들이 보게 했다는 것은 타자의 욕망에서 주체의 욕망으로의 전이 과정을 설명해준다. 여기서 전이되는 것 중 환상은 특이하다고 할 만하다. 타자가 갖는 환상이 주체에게 옮겨 간다. 환상이란 무의식의 주체와 대상 간의 열림과 닫힘, 교집합과 합집합의 관계에서 생긴다. 마름모의 네 꼭지는 자신을 개방하여 오른쪽과 왼쪽의 항들이 소통하게 한다($\$ \Diamond a$). 이렇게 소통하게 하는 힘을 아우구스티누스는 의지의 역할이라 본다. 아우구스티누스는 환상을 정의하며 다음과 같이 말한다.

"시각으로 본 물체의 형상"을 "마음"이 생각할 때 환상이 나타난다. 이 환상은 기억에 내포된 형상과 마음의 눈이 회상한 형상으로 성립한다. 둘이 결합하면, 즉 기억에 내포된 형상과 그것이 표현되어 회상하는 마음의 눈에 영향을 주는 것이 결합하면, 둘이 아주 같기에 "하나인 것"으로 생각된다.[45]

---

44 Ibid., 299(11권 5절).
45 Ibid.

여기서 시각으로 본 물체의 형상은 시선(regard)에 의한 것이고 그것을 마음이 생각할 때의 형상은 응시(œeuil)에 의한 것이라고 본다. 환상은 시선과 응시 두 작용에 의해 생긴다. 아우구스티누스가 하나라고 말하는 것은 사실상 하나라기보다 하나 같은 것이다. 즉 시선에 의한 형상과 응시에 의한 형상은 동일성을 얻지 못하고 단지 유사 동일성만 얻을 뿐이다. 그러나 정신분석에서도 동일성 또는 동일성을 얻는 과정인 동일화라는 용어는 "a=b"라기보다는 "a◇b"를 지칭한다. 여기서 a와 b를 작동시키는 힘은 마음의 눈을 내부 형상에만 집중시키는 힘, 환상에 주의력을 집중시키는 힘인 "의지의 힘"이다.

의지는 눈이 그 대상으로부터 영향을 받도록 눈을 이리저리로 계속 움직이며, 영향을 받은 눈과 그 대상을 하나로 연결하는 것이다. 그 의지가 내면적 환상에 주의를 집중시킬 때 감각기관들을 둘러싼 물체들로부터, 심지어 몸의 감각기관들로부터 마음의 눈을 완전히 돌아서게 하며 전적으로 내부에서 보는 형상만을 향하게 만든다.[46]

의지의 작용으로 발생하는 환상은 "물체의 형상과 놀랄 만큼 같은 형상"이 된다.[47] 이 내부의 형상이 나타나는 경로는 심적 1차 과정에서 발생하는 응축-전위, 또는 은유-환유 작용을 통해서다. 아우구스티누스는 이 형상에 관해 "기억이 표현한 것"이라고 덧붙였다.[48] 그렇지만 그는 비록 기억이 떠올랐다고 해도 이성의 자율 판단으로 그 형상의 성질을 밝

---

46 Ibid.
47 Ibid., 301(11권 7절).
48 Ibid.

힐 수 없다고 말한다.

이 형상에 대해서는 이성도 외부 물체가 보이는 것인지, 내부에서 생각한
같은 종류의 것인지 구별할 수 없다.…내가 어떤 사람에게서 들은 이야기
인데, 그는 여자의 몸을 생각하면 그 형태가 아주 뚜렷하고 확실해서 실제
로 있는 것 같이 마음이 움직였다고 한다. 마음이 몸에 주는 영향은 이렇
게 커서 몸의 성격까지 변하게 된다.…잘 때 우리를 속이는 형상들도 같은
식으로 우리에게 영향을 주므로 이 범주에 속한다.[49]

아우구스티누스가 말하는 "이 범주"는 "환상"이다. 환상은 꿈을 통해
서도 나타나고 생각을 통해서도 나타난다. 환상은 "물 자체-감각기관의
시상-물체상-마음의 눈의 주의력"의 과정을 통해 형성된 형상들이다.
아우구스티누스는 이 범주를 상상한 환상, 또는 상상력이라고 부르기도
한다.

기억에서 없어지지 않은 형상들을 마음대로 늘이거나 줄이거나 바꾸거나
정리해서 잊게 된 것들의 형상뿐 아니라, 느낀 일이 없는 것들의 형상까지
도 만들어낸다. 이럴 경우 마음은 어떤 때는 자기가 생각하는 것이 그렇지
않은 줄을 알고, 어떤 때는 그런 줄을 모르면서 그렇다고 공상한다.[50]

결국 아우구스티누스는 마음의 형성 과정을 다음과 같이 아주 명확하

---

49   Ibid.
50   Ibid., 303(11권 8절).

게 설명한다.[51]

① 물체의 형상[물 자체, Das Ding]
② 감각기관의 형상[신체의 눈, 시상, Image visuelle, Image virtuelle, Image réelle]
③ 기억에 있는 형상[기억, Mémoire]
④ 마음의 눈에 있는 형상[마음의 눈, œeuil, Histoire du Sujet]

이런 마음의 구조는 정신분석적 방법에서 "심적 구조" 또는 "심적 장치"라고 부를 수 있다. 이와 관련해 아우구스티누스는 피조계와 마음의 관계로 구성된 마음 내부가 결정론을 따른다고 설명한다. 심적 결정론(Détermination psychique)이라 부를 수 있는 그 내용은 다음과 같다.

모든 것을 기억에서 얻어다가 우리가 원하는 대로 여러 가지 방법과 모양으로 배열한다.…우리의 이성은 더 멀리 가지만 우리의 환상은 따라가지 못한다. 이는 물체들의 수효를 생각한 시상은 무한한 수효를 본 일이 없지만, 이성은 무한수를 말하는 것과 같다. 같은 그 이성은 아무리 작은 물체라도 무한히 분할할 수 있다고 우리에게 가르친다. 그러나 우리가 본 일이 있고, 지금도 기억하고 있는 가장 작은 조각들에 도달하면, 우리 마음의 눈은 더 작은 조각의 환상을 볼 수 없다. 그래도 이성은 계속해서 쪼개고 또 쪼갠다. 이처럼 우리는 기억한 것이거나 기억한 것을 재료로 삼은 것이

---

51 Ibid., 311(11권 16절).

아닌 물체를 생각하지 못한다.[52]

기억에 하나씩 박힌 것들은 그 수효에 따라 생각할 수 있으므로, 분량은 기억에 속하고 수효는 시상에 속하는 것 같다. 이런 시상은 수가 무한히 많지만 기억에 있는 것은 각각 수효가 한정되어 있어서 그 이상 넘어갈 수 없다.[53]

아우구스티누스가 설명한 마음의 구조는, 정신분석적 방법에서 말하는 심적 구조처럼 외부와 내부의 창인 시선, 그리고 내부 구조의 이중화인 기억의 형상과 마음의 형상으로 이루어진다고 말할 수 있다. 또한 마음 자체의 성격은 마음속에서 말을 하는 담화소와 마음 나름대로 형상을 만들 수 있는 환상의 방이라 볼 수 있다. 삼위일체 교리를 자신의 관점에서 말하는 『삼위일체론』 8-14권은 이런 의미에서 저자 자신의 담화소에서 이루어진 마음의 이야기라고 볼 수 있다. 더 나아가 환상의 기능을 통해 마음 그 자체를 보며, 본질동등론 자체를 말할 수 있게 된다. 환상은 물체상을 통해, 또는 기억상을 통해 본질상에 접근하는 특성이 있다. 라깡에게서 환상 범주는 "$\$ \diamond a$"로 표시된다.[54]

나가는 말

조직신학의 방법은 교리를 해석하는 한 요소다. 그 방법은 교리를 설정

---

52 Ibid., 313(11권 17절).
53 Ibid., 313(11권 18절).
54 미출판된 라깡의 세미나 14 "환상의 논리"를 참고하라.

하는 것이 아니라 그것을 설명하기 위한 도구일 뿐이다. 또한 그 방법은 신앙의 주체와 신앙의 대상 간의 관계를 부연한다. 그래서 신학과 인간학을 연결하기 위한 적절한 방법을 설정하는 것은 꼭 필요하다. 아우구스티누스가『삼위일체론』1-7권에서 제시한 삼위일체의 순수 교리는 탐구자 자신이 배제되었다는 측면에서 볼 때 메시지와 상황, 영원과 시간 간의 엄격한 분리 상태를 보여준다. 그렇지만 8-14권에서 아우구스티누스는 양측의 유사점을 찾아 각각에 대입시켜 만족할 만한 결과를 산출하는 데 목적을 둔다. 본질적인 면에서는 연역법이 삼위일체론을 설명하기 위해 가장 타당한 방법이다. 하지만 연역법을 기술하는 학자 자신의 몫이 배제된 그 방법에는 한계가 있음을 알게 된『삼위일체론』의 저자는 결국 자신과 자신의 세계를 반영하는 방법을 고안하게 된다. 그 결과 그는 창조주 이외에 피조계, 창조주와 피조계의 관계, 그리고 이 모든 항을 탐구하는 자신을 포함하는 함수를 만들어낸다. 이 함수는 유비법, 역설법 등 여러 방법론이 혼합된 형태로 등장한다. 유비법이든 역설법이든 이런 방법론 속에는 주체의 자리가 마련되어 있다.

『삼위일체론』의 저자는 겉모습과 속 모습의 인간을 구분하고자 애쓴 흔적을 기록으로 남겼다. 그는 정신분석적 방법의 주체 개념에 해당하는 "마음론"을 기술한다. 순수 교리(1-7권)와 유비된 개념들(8-14권)의 결합을 시도하는 것은 키에르케고르(Søren Kierkegaard, 1813-1855)의 변증법([A w B]↔[A•B]) 중심에 자리한 주체(↔)일 것이다. 가령 성서의 삼위일체 교리(A)와 피조계의 삼위체(B)가 아무런 관계를 맺지 않는 좌항(A w B)이라고 본다면, 그리스도의 성육신을 통해 이 두 요소(A, B)는 결합하게 된다. 즉 우항(A•B)이 된다. "좌항의 단절"에서 "우항의 결합"으로의 과정을 거친 탐구자는 "단절에서 결합으로", "결합에서 단절로" 이동하는 자신을 ↔ 의 지점에서 바라보게 된다.

『삼위일체론』의 저자는 바로 이런 상태에서 이 저서를 만들어나갔다. 1-7권은 키에르케고르 변증법의 좌항, 8-14권은 그것의 우항에 해당한다고 볼 때 1-7, 8-14권 전체를 구상하고 기록해가는 저자는 이미 중심항(↔)에 자리한다. 이런 의미에서 이 저자는 계획된 방법론을 가지고 이 책을 기술했다고 볼 수 있다.

『삼위일체론』은 사변적인 교리 논쟁으로 향하는 듯하다가 다시 성서로 돌아오고, 주관적인 개인사 또는 피조계의 이야기로 치닫다가 다시 성서로 돌아오는 구도를 보여준다. 이 저서의 저자는 율동하는 자신의 마음을 이 저서에 담았다. 이 율동은 역동성이라고 달리 표현할 수 있다. 이 역동성이 학자들의 저서에서 동일하게 발견된다면 그 이유는 영원과 시간을 매개하는 예수 그리스도와 이 예수 그리스도를 우리에게 경험시키는 성령이 등장하기 때문일 것이다. 다시 말해서 종의 형체라는 매개를 통해 하나님의 형체로 접근한다는 말이다. 물론 아우구스티누스에게서 그 매개체가 매우 강조되지는 않는다.

아우구스티누스는 삼위일체의 통일성과 균형성을 고수하기 위해 의도적으로 고심했다는 흔적을 남겼다. 그가 삼위일체의 본질동등론을 주장할 때 기독론은 다소 약화한다. 그러나 그가 삼위일체의 관계범주론 또는 관계차이론을 주장할 때 기독론뿐 아니라 성령론 역시 그 위치를 지키게 된다. 이렇게 삼위일체의 두 모습, 즉 본질동등론과 관계차이론은 모순되는 것이 아니라 한 본질의 두 모습을 보여준다고 이해할 수 있다. 동시에 이 삼위일체를 탐구하는 자의 모습도 고정된 것이 아니다. 마음의 내면적 모습과 외면적 모습을 유비의 방법론을 통해 볼 때 내면적 모습, 즉 속사람의 모습은 관계의 유비 또는 부여의 유비에 관계된다.

다시 말해 위의 요소와 아래의 요소에 관계된다. 그러나 외면적 모습, 즉 겉 사람의 모습은 비례의 유비에 관계된다. 다시 말해 옆의 요소와 또 다른 옆의 요소를 탐구하고 결합하는 자가 된다. 이렇게 마음은 두 공간의 성격을 모두 가지게 된다. 마음의 형성은 진흙으로 만든 사람에게 생기를 불어넣듯이 시각 영상과 청각 영상을 받을 수 있는 사람에게 주는 과정을 통해 이루어진다. 물론 아우구스티누스는 성령이 그런 역할을 한다고 분명하게 말하지는 않는다. 그러나 『삼위일체론』 전체에서 볼 때, 즉 통일성과 동등성을 인정하지만 애써 관계범주론을 설명하기 위해 피조계의 삼위체를 끌어들여 설명하는 그의 관점에서 볼 때 율동하는 마음의 형성 과정에는 성령의 시초인 성부와 성자뿐 아니라 성령도 항시 작용하고 있음을 알 수 있다.

정신분석적 방법에서 바라보는 분열된 인간의 모습 역시 이런 두 공간에서 동시에 발견된다. 주체의 흔적이 글에 남는다는 것은 정신분석적 방법이 발견한 "아르키메데스의 점"이라 할 만하다. 이런 흔적에서 마음의 파편을 발견하고 그 파편을 모아서 하나의 마음을 모아보려는 시도는 3실체와 1본질로 풀어가는 『삼위일체론』의 설명 방식과 다르지 않다. 이런 글을 남길 수 있었던 아우구스티누스는 교리를 암기하거나 맹신하는 사람이 아니라 교리와 실존의 관계를 진지하게 고민하는 사람이었음이 분명하다. 『고백록』의 저자인 그가 우리에게 보여주는 것처럼 말이다.

9장

라깡과 아우구스티누스에 따른
마음의 형식과 내용[1]

들어가는 말

이번 장에서는 아우구스티누스의 "마음의 지향성"(mentis intentio)과 라깡의 "욕동"(pulsion)을 비교해보자. 라깡의 욕동 이론은 프로이트의 성 이론이나 리비도 이론과 관련되지만, 라깡이 독창적으로 고안한 "거울 단계"를 설명하는 이론이기도 하다. 거울 단계는 자아가 대상관계를 맺으면서 주체로 태어나는 과정을 설명한다.

그런데 거울 단계는 프로이트의 성 이론과는 다른 차원, 즉 언어화 과정에서 접근한다. "언어처럼 구조화된 무의식"이란 말도 욕동 이론에 기반을 둔다. 라깡의 욕동 이론은 인간이 언어를 배우는 능동적인 힘을 이

---

1 이번 장의 내용은 2006년 한국라깡과현대정신분석학회 정기(후기) 학술 대회 (2006.11.18., 동국대학교 덕암 세미나실)와 한국프랑스철학회 제7회 정기 학술 발표회 (2006.12.16., 경희대 본관 3층 세미나실)에서 발표한 것을 보완하여 "아우구스티누스의 *intentio*와 라깡의 pulsion"으로 발표하고 이번에 다시 수정했다. 이 글의 주제어는 아우구스티누스, 라깡, 거울 단계, pulsion, *intentio*, *homo secundum mentem* 등이다.

야기한다. 언어와 관련해 주체는 수동적이라고 인식되지만 주체는 언어를 배우는 역동성을 가지고 있다. 즉 욕동 이론은 주체가 능동적으로 언어를 배우고 수동적으로 언어를 사용하게 되는 과정을 설명한다.

아우구스티누스는 라깡보다 1,500년 이전에 태어난 사람이지만 인간이 언어를 배우는 과정을 잘 설명해주었다. 그에 따르면 언어를 배우는 인간은 "인텐티오"(intentio, 지향성)라는 힘에 따라 대상과 관계를 맺는다. 대상은 시상으로 기억되고 시상들이 서로 비교·정리된다는 아우구스티누스의 설명은 대상관계를 제대로 묘사해준다.

이처럼 "마음의 지향성"이라는 용어는 능동적인 인간의 힘이라고 볼 수 있다. 하지만 시상을 가진 인간은 다시 그 시상들에게 지배받는 수동적 인간이 된다. 그래서 인간은 언어를 통해 외부와의 관계를 설명하게 된다. 아우구스티누스는 이런 과정을 간파하고 예를 들어가며 자신의 논리를 전개했다. 이처럼 주체의 문제는 라깡에게뿐 아니라 아우구스티누스에게도 중요했다. 따라서 이번 장은 다른 용어를 사용했지만 비슷한 내용을 담고 있는 두 학자의 이론을 비교해 그 유사점이 무엇인지 알아보는 과정이 포함된다.

"마음론"에서 아우구스티누스는 믿음의 대상인 삼위일체 하나님에 관한 교리를 설명하기 위한 예시를 사람의 마음에서 찾는다.[2] 즉 그는 성서에 등장하는 삼위일체 하나님의 형상(Imago Dei)을 해설하면서 "존재-인식-사랑"(esse-nosse-diligere), 또는 "기억-인식-사랑"(memoria-intellectus-

---

2 Saint Augustin, *De Trinitate*(Paris: Bibliothèque Augustinienne, 1991). 이 책은 기원후 400-28년 사이에 집필되었다. 이번 장과 다음 10장에서는 인용문이나 해당 내용의 출처를 이 판본의 "권.장.절."로 표기한다. 여기서도 인용문은 기본적으로 크리스천다이제스트의 『삼위일체론』을 참고했지만 경우에 따라 다시 번역했다.

amour)³이라는 이름으로 "삼위일체의 흔적"(*Vestigium Trinitatis*)을 제시했다. 사람의 마음에 심긴 삼위일체의 흔적으로서 "존재-인식-사랑", "기억-인식-사랑"은 신과 인간이 만나는 공간으로 이해된다. 아우구스티누스는 신과 인간에게 공통으로 있는 형상(*imago*), 곧 "우리의 형상을 따라 우리의 모양대로 우리가 사람을 만들고…하나님이 자기 형상곧 하나님의 형상대로 사람을 창조하시되 남자와 여자를 창조하시고" 라는 창세기 1:26-27에서의 형상을 곧 마음(*mens*)—지성으로 번역되기도 한다—이란 단어로 표현한다. 창세기는 이어서 하나님의 형상을 따라 만들어진 인간이 피조물을 다스리는 일을 맡았다고 말한다. 하나님은 동물들을 아담에게 보내어 어떻게 이름을 짓는지 보신다. 아담의 호명 행위는 곧 다스림이다. 이 일을 돕고자 하와가 만들어진다. 하지만 아담과 하와는 뱀과 이야기하면서 선악과나무에 관해 하나님이 말씀하신 내용을 의심하게 된다.

우리는 여기서 형상, 다스림, 호명, 의심 등의 단어가 사람의 마음을 설명한다고 보고 기독교 신학을 정리한 아우구스티누스가 이런 단어들을 어떻게 이해했으며 또 어떻게 자신의 마음론과 형상론에 반영했는지 살펴보려고 한다. 이를 위해 아우구스티누스의 『삼위일체론』을 라깡의 이론으로 읽으면서 "멘티스 인텐티오"(*mentis intentio*)와 "호모 멘툼"(*homo mentum*)으로 표현되는 "마음의 형식"에 "내용을 담는 과정"을 "욕동"(pulsion, trieb, drive) 개념으로 이해함으로써 "마음의 형식"과 "마음에 내용 담기"가 무엇인지 살펴볼 것이다.⁴

---

3 "그래서 마음 자체와 마음의 지식이며 말인 지식, 즉 그 자체에 대한 지식, 제삼자인 사랑, 이 셋에는 삼위일체의 일종의 형상이 있으며, 이 셋은 하나이며 한 실체다"(9.12.18).
4 "마음의 형식"과 "마음에 내용 담기"는 내가 아우구스티누스의 마음론을 다루면서 에밀

1. "마음의 형식"과 "마음에 내용 담기"의 분리

데카르트의 "코기토 에르고 숨"(*Cogito ergo sum*)은[5] 다른 것에서 유도되었다는 평을 당대에 받았다. 아우구스티누스의 "시 팔로르 숨"(*Si fallor sum*)이 그 표현의 근원에 위치한다는 주장이 제기되었기 때문이다.[6] 데카르트는 직접 그 문헌을 조사하고 자기 입장을 밝혔지만 그 이후 이 두 학자의 표현은 늘 비교 대상이었다. 그 결과 데카르트와 아우구스티누스의 명제가 근본적으로 다르다거나 긴밀하다는 상반된 견해가 제시되고,[7] 아우구스티누스의 것이 열등하다거나 또는 우수하다는 등 엇갈린 해석이 난무해왔다.[8]

부르너의 형식적 형상과 내용적 형상에서 착안하여 『삼위일체론』 10.10.14.에 기준을 두고 고안한 용어다.

5　Descartes, "Discours de la Méthode," 113.

6　이 논의는 데카르트가 1640년 11월에 보낸 서신에서도 나타난다. Je pense, donc je suis 와 아우구스티누스의 *Si fallor sum*이 유사하다고 지적한 지인의 말에 따라 데카르트는 시립도서관에서 그 구절을 읽고 즉시 답장을 보낸다. 짧은 서신의 주요 내용은 자신의 것은 아우구스티누스의 것과는 다르다는 주장이었다. Cf. René Descartes, "Lettres," A. Bridoux ed., *Descartes: Œuvres et Lettres*(Paris: La Pléiade n° 40, 1941), 874.

7　다름에 관하여 다음 자료들을 참고하라. Gareth B. Matthews, "Si fallor, sum," R. A. Markus ed., *Augustine: A Collection of Critical Essays*(Garden City N. Y.: Doubleday 1972); N. Abercrombie, *St. Augustine and the French Classical Thought*(Oxford: Univ. Press 1938); E. Gilson, "The Future of Augustinian Metaphysics," A. Peggis ed., *A Gilson Reader*(Garden City N. Y.: Image Books 1957). 긴밀함에 관하여 다음 자료들을 참고하라. Ch. Boyer, *L'idée de vérité dans la philosophie de Saint Augustin*(Paris: G. Beauchesne, 1920); John A. Mourant, "The Cogitos: Augustinians and Cartesian," *Augustinian Studies* 10(1979).

8　열등함에 관하여 다음 자료를 참고하라. Jaakko Hintikka, "Cogito, ergo sum: Inference or Performance?," Willis Doney ed., *Descartes: A Collection of Critical Essays*(Garden City N. Y.: Doubleday, 1972). 우수함에 관하여 다음 자료들을 참고하라. B. S. Bubacz, "St. Augustine's 'si fallor, sum,'" *Augustinian Studies* 9(1978); R. Williams, "The Paradoxes of Self-Knowledge in the *De Trinitate*," J. T. Lienhard ed., *Augustine: Presbyter factus sum*(New York: Peter Lang, 1988).

아우구스티누스는 "시 팔로르 숨"의 개념을 자신의 저서 『아카데미아 학파 논박』(*Contra Academicos*), 『참된 행복』(*De beata vita*), 『참된 종교』(*De vera religione*) 등에서 암시했고 『자유의지론』(*De libero arbitrio*), 『삼위일체론』, 『신국론』(*De civitate Dei*) 등에서 명확하게 했다.[9] 어떻게 보면 아우구스티누스는 평생 마음의 형식(본성)에 관하여 탐구했다고 할 수 있다.

물론 그가 늘 일관된 강조점을 지닌 것은 아니었다. 마니교에서 그리스도교로 개종한 그는 존재론적 이원론에서 존재론적 일원론으로 전환하기 위해 부단히 학문적 사유에 매진했다. 그런 과정에서 저술된 책들은 오해를 낳기도 했다. 그래서 신학과 철학의 역사에서는 『자유의지론』을 기점으로 구원의 문제에서 인간의 자유 선택을 강조한 전기 아우구스티누스와 신의 예정을 강조한 후기 아우구스티누스를 구분한다. 이와 관련해 9세기의 에리우게나(Johannes Scotus Eriugena, 815-877?)와 고트샬크(Gottschalk, 810?-869)는 각각 전자와 후자에 강조점을 두어 예정론 논쟁을 벌이기도 했다.[10]

그렇다면 자유와 예정이라는 상반된 주제를 표출한 아우구스티누스가 계속해서 "시 팔로르 숨"을 담았던 마음의 형식(본성)은 무엇이었을까?

우리는 지금 마음의 본성을 논하고 있으므로 신체감각을 통해서 외부로

---

9 예를 들어 다음과 같다. *Contra Academicos*(386), 1.3.9.19("*nescire utrum vivat*"[내가 살아 있다는 것조차 모른다면]); *De beata vita*(386), 2.7("*scisne saltem te vivere*"[당신이 살아 있다는 것을 아는가?]); *De vera religione*(386), 39.73("*si certum est te esse dubitantem*"[당신의 의심이 확실하거든]); *De libero arbitrio*(391-95), 2.3.7("*si non esses, falli omnino non posses*"[당신이 존재 안 한다면 속을 수 없다]); *De Trinitate*(399-412), 10.10.14("*Si dubitat, vivit*"[내가 의심한다면 나는 살아 있다]); *De civitate Dei*(413-27), 11.26("*Si enim fallor, sum*"[내가 속는다면 나는 존재한다]).

10 K. 플라시(신창석 옮김), 『중세철학이야기』(서울: 서광사, 1998), 59-78.

부터 받아들인 지식을 일절 고려하지 않고 우리가 이미 취한 입장을 더 자세히 보기로 하겠다.…사람들에게 여러 가지 의심이 있는 것은 사실이다. 자기가 살아 있으며, 기억하며, 결실하며, 생각하며, 알며, 판단하는 그 능력은 어디서 오는가를 의심한다.…자기가 살아 있다는 것과 기억한다는 것과 이해하며 결심하며 생각하며 판단한다는 것을 의심하는 사람이 있는가? 가령 의심한다고 하더라도 살아 있다는 것을 알기 때문이다. 의심한다면 무슨 까닭에 의심한다는 것을 기억하고 있다. 의심한다면 자기가 의심한다는 것을 이해한다. 의심한다면 확실히 알기를 원한다. 의심한다면 생각하는 것이다. 의심한다면 모른다는 것을 알고 있다. 의심한다면 경솔히 찬동해서는 안 된다고 판단하는 것이다. 그러므로 다른 일을 의심하는 사람도 이 모든 일은 의심하지 않을 것이다. 그렇지 않다면 그는 아무것도 의심할 수 없을 것이다.[11]

여기서 아우구스티누스가 말하는 의심은 마음의 형식(본성)에 관한 것이 아니다. 사람은 마음이 있다는 것과 그 기능에 대해서는 의심하지 않는다. 오히려 경험을 통해 생긴 것을 의심한다. 마음의 본성이란 자기 존재, 기억, 사유, 인식, 판단 등 인간 경험 이전에 존재한다. 따라서 의심은 단지 마음에 담긴 내용에 관한 것이다. 사람은 의심하는 내용을 이해하기 때문에, 확실히 알기 때문에 의심한다. 의심과 확신은 대립적이 아니라 역설적이다. 의심은 마니교에서 떠난 이후 플라톤 사상과 플로티노스(Plotinos, 204-270)의 신플라톤 사상을 이용해 그리스도교에 정착하면서 겪는 고통에서, 삼위일체를 유비적으로 설명하려는 과정에서 비

---

11 아우구스티누스, 『삼위일체론』, 10.10.14.

롯된다. 이런 의심을 해결하기 위해 아우구스티누스는 "마음의 형상"과 "마음에 내용 담기"를 구분한다.

데카르트가 아우구스티누스의 표현이 자신의 것과 다르다고 확언했지만 그 사유의 연관성을 부정할 수 없듯이, 또 유명론(norminalisme) 교육을 받았던 루터가 그 사상의 대표자이자 스승인 가브리엘 비엘(Gabriel Biel, 1420?-1495)을 떠나 실재론(réalisme)에 편승했지만[12] 이전의 사상이 교회개혁의 동력이 되었듯이, 더 나아가 라깡이 데카르트의 코기토에서 유래하는 모든 철학에 대한 거부 의사를 밝혔지만[13] 그 이론을 통해 자기 이론을 확장했듯이, 자신의 기반이 되는 사상과 단절하고 다른 것을 내세우는 학자들의 사상에는 "연속(連續, continuité)-불연속(不連續, dis-continuité)-탈속(脫續, post-continuité)"이 늘 존재한다. 아우구스티누스 역시 "시 팔로르 숨"(si fallor sum)이란 사유를 발전시키는 과정에서 마니교 세계관에 발을 담근 채 번민하면서 "마음의 형식"과 "마음에 내용 담기"를 정리했다. 그래서 그의 "시 팔로르 숨" 정립 과정이 순차적이고 연속적이었다고 주장하는 태도는 경계해야 한다.[14] 전기와 후기의 아우구스티누스가 다르게 해석되듯이 "시 팔로르 숨" 역시 그의 사유 여정에서 연속-불연속-탈속과 함께 읽혀야 한다.[15]

---

12 Martin Luther, "Disputatio contra scholasticam theologiam," *W. A.*(De Martin Luthers Werke, Weimarer Ausgabe) 1, n° 6.

13 Lacan, *Ecrits*, 93.

14 연속성으로 *Si fallor sum*을 이해하는 것에 관해서는 다음 자료를 참조하라. 성염, "*Si fallor sum*", 112.

15 아우구스티누스의 생애와 신학에 뚜렷하게 각인된 변증법에 관해서는 다음 자료를 참고하라. 주승민, "어거스틴의 신학방법론: 디아렉티키(변증법)", 「신학과 선교」 22집 (서울신학대학교, 1997), 254-86.

2. 마음에 내용 담기 I: 보는 대상→시상→시상을 대상에 고정하는 힘

아우구스티누스가 제시하는 마음의 "형식=본성"인 자기 존재-기억-사유 등은 "의심되는 동시에 확신되는" 역설을 안고 있다. 아우구스티누스는 이런 역설이 작용하는 "마음에 내용 담기"를 설명한다. 마음에 관해 말하는『삼위일체론』의 한 단락을 읽으면서 그가 생각하는 "멘스"(mens), 즉 마음에 관해 고찰해보자.

> 시간 속의 모든 사물은 영원한 진리 안에서, 영원한 진리에 따라 창조되었다. 우리가 참되고 올바른 근거에 따라 행동하고자 할 때, 우리 "마음(mens)의 눈"이 주시하는 것은 우리 존재에게 본 틀을 제시하는 형상(forme), 우리가 우리에게서 또는 우리 몸 안에서 행하는 모든 것의 본 틀이 되는 형상이다. 이 형상 덕분에 우리는 마치 "내부에서 말"한 다음 발설되는 말(verbe)처럼, 사물에 관한 참된 인식을 우리 안에 가지게 된다. 발설된 이 말은 우리를 떠나는 것이 아니다. 우리가 타인에게 말할 때 그 말은 내재해 있고, 우리는 우리 마음에 있는 것과 유사한 말이 의미의 상기를 통해 상대의 마음에 작용하도록 음성 또는 감각적 기호를 사용한다. 그러므로 우리가 우리 몸을 움직여, 즉 우리의 몸짓 또는 말로 타인의 행위를 거들거나 비난할 때도 우리 자신의 내부에서 말한 것과 다름 아니다. 아무도 먼저 가슴속에서 말하지 않은 것을 즐거이 행하는 일은 없다 (9.7.12).

이 단락에서 흥미로운 것은 "형상과 사물"에 유비된 "마음과 말" 그리고 형상과 마음을 잇는 "마음의 눈"이다. 삼위일체를 설명하기 위해 "성부-성자-성령"과 "마음-사랑-지식"의 관계범주와 동일본질을 비교하는 맥락이기는 하지만, 아우구스티누스가 보는 마음(*mens*)은 "내부에서 말하기"(*verbo intus*), 즉 사물의 본 틀이 되는 형상의 "내부에서 말하기"가 이루어지는 곳이다. "마음과 말"의 관계는 실재와 그림자의 관계처럼 유비법을 이루는 근거가 된다. 아우구스티누스는 말이 생기는 과정을 다음과 같이 간단하게 설명한다.

그러므로 우리는 한 물체를 볼 때 다음 세 가지를 구별해야 하며, 이것은 아주 쉬운 작업이다. 즉 첫째는 우리가 보는 물건(대상)인데, 돌이나 불꽃이나 그 밖에 눈으로 볼 수 있는 것이다. 이것은 물론 사람이 보기 전부터 이미 존재할 수 있다. 둘째는 시상인데, 이것은 눈앞에 있는 대상을 지각하기 전에는 없던 것이다. 셋째는 대상이 보이는 동안 눈앞에 있는 시상을 대상에 고정시키는 힘, 즉 "마음의 지향성"이다. 그러므로 이 세 가지는 아주 분명하고 뚜렷한 동시에 서로 성격이 다르다(11.2.2).

이 단락은 한 대상이 사람에게 이름으로 불리는 과정을 서술한다. "보는 대상 → 시상 → 시상을 대상에 고정시키는 힘." 여기서 아우구스티누스는 보는 대상과 보이는 대상을 구분하지 않지만 다른 단락에서는 구분한다. 이로 볼 때 아우구스티누스는 대상이 사람에게 보이기도 하고 사람이 대상을 보기도 하는, 상호적이고 대상관계적인 성격을 설명한다고 볼 수 있다.

시상은 보이는 것과 보는 사람이 함께 만들어내는 것이다. 그러나 보이는 물건에서 인상을 받아 시상이 생기는 동시에, 보는 사람의 보겠다는 의도가 함께 있어야 한다(11.2.3).

이런 과정에서 생긴 시상은 재료가 된다. 시상들은 마음에서 데이터들이 된다. 이 데이터들은 마음의 본성에 의해 사유되고 판단되어 의심을 만들기도 한다. 선험적인 "마음의 형식"과 후험적인 "마음에 내용 담기" 과정을 분리해서 생각할 때, 후험에서 생긴 의심의 데이터들을 선험적인 마음의 형식을 통해 이해하면 의심의 데이터들은 확신의 데이터들로 변하기도 한다. 이런 의심 과정을 거친 후의 데이터들은 그 과정 이전의 데이터들과 동일한가? 아우구스티누스는 보이는 시상과 본 시상 간에 동일성이 획득되는지 묻는다.

즉 마음이 자체를 알며 시인할 때는 그 지식이 마음의 말이 되며, 이 말은 마음과 완전히 동등하며 동일하다고 할 수 있다. 그것은 물체와 같은 낮은 존재의 지식도 아니며, 하나님과 같은 높은 존재의 지식도 아니기 때문이다. 그리고 지식은 그 아는 것의, 즉 그 대상의 형상을 낳는 것인데 이 경우에는 마음이 자체를 알기 때문에 마음의 형상이 마음과 완전히 같다. 그래서 그것은 형상인 동시에 말이다. 마음을 알고 마음과 동등한 것이 마음에 대해서 발음되기 때문이다. 그리고 그 난 것은 낳는 것과 동등하다 (9.11.16).

이는 말이 잉태되고 해산되는 과정을 보여준다. 말이란 "보는 대상"이 "시상"이 되고 "그 시상"을 다른 시상과 비교하고 구분하여 그 대상에 "기호"를 붙인 것, "대상에 명명된 소리"다. 각각의 단어는 복잡한 언어화 과정을 거치면서 의미를 만들어낸다. 아우구스티누스는 『삼위일체론』 곳곳에서 이런 과정을 설명한다. 그가 그렇게 하는 이유는 "마음에 내용 담기"가 대상 인식을 통한 "기호 형성 과정"과 그 행보를 같이한다고 생각하기 때문이다. 대상 인식론에 따르면 "내"가 보고 시상을 만들고 그 시상을 비교 및 구분, 통합한다. 이는 바로 앞서 인용한 아우구스티누스의 설명, 즉 "보는 대상→시상→시상을 대상에 고정시키는 힘" 중 후자의 기능에 해당한다. 시상을 대상에 집중해 대상을 인식하고 다른 대상과 비교하는 과정은 언어를 배우는 과정, 상징계의 질서를 이해하는 과정이라 볼 수 있다. 여기서 아우구스티누스는 최소한 "시상"(낳는 것)과 "말"(난 것)을 동등한 것으로 본다.

그렇다면 외부 대상과 내부 대상 사이의 연속 및 단절에 관해서 그는 어떻게 생각하는가? 즉 아우구스티누스에게 대상은 시상 밖의 외부 대상과 시상의 내부 대상으로 구분되는가? 이는 매우 중요한 문제다.

눈에 보임으로써 시각에 인상을 주는 물체와 그 물체가 감각에 인상을 주어서 생긴 형상, 즉 시상이라고 부르는 것과는 조금도 같은 본질이 아니다 (11.2.2).

시상에 담기기 전의 물체를 시상에 담기는 물체와 분리하는 것은 대단히 중요하다. "낳는 것과 난 것"의 분리는 시상 내부에서의 분리다. 내적 동일성을 주장하는 것도 중요하지만 "낳는 것과 낳고-난 것" 간의 외적 차이를 인정하는 것은 더 중요하다. 앞의 인용문은 아우구스티누스에게서 외부 대상 개념이 나타남을 보여준다. 즉 외부 물체와 내부 시상 간에는 본질이 다르다. 유비 개념은 이런 차이가 뚜렷하게 인식된 가운데 사용된다. 즉 근본적으로 "삼위일체"와 "마음"의 병렬적 비교는 실재로서의 하나님을 전제로 이루어지기에 외부 대상 개념이 철저하게 나타난다. 결과적으로 삼위일체로서의 하나님은 절대타자 또는 외부 대상인 동시에 "존재-인식-사랑"에 유비되는 사람의 마음과의 관계 내에서 그 흔적을 발견할 수 있는 실재다. 그러나 이미 계시된 것 속에서, 다시 말해 마음에서 발견될 수 있는 대상으로서 하나님을 논할 때는 절대타자를 내세우지 않고 낳는 것과 난 것 간에 동일성이 획득된다고 설명한다. 절대타자로서의 하나님과 계시된 하나님, 외부 대상과 내재화된 대상에 관해 더 알아보기 위해 앞서 언급한 인용문을 다시 살펴보자.

> 그것[마음]은 형상인 동시에 말[의 합]이다. 마음을 알고 마음과 동등한 것이 마음에 대해서 발음되기 때문이다. 그리고 그 난 것은 낳는 것과 동등하다(9.11.16).

이 단락에는 외부 대상이 언급되지 않고 말의 합집합인 낳는 것과 난 것이 거론된다. 여기서 낳는 것은 말의 집 또는 말을 잉태하는 집으로, 난 것은 말이라고 이해할 수 있다. 낳는 말의 합과 난 말의 합은 같다. 우리는 말의 집을 라깡식으로 이해할 때 "Autre"라고 표기한다. 그랑 오트르(Autre)는 시니피앙의 덩어리인 주체에게 말을 보내는 장소다. 이 공간은 언어로 짜여 있다.[16] 언어처럼 구조화되어 있는 이곳은 몸 안에 있을 수도 있지만 사회적 합의로서 언어가 거주하는 곳이 되기도 한다. 신학적으로 볼 때 낳는 것과 난 것은 성부와 성자라고 볼 수 있다. 성부와 성자가 동등하다는 것은 말의 측면에서 볼 때 성부가 하고자 하는 말과 성자가 한 말은 동일하다, 즉 서로 의도가 동일한 말을 한다는 의미다.

라깡이 말하는 주체는 육체라는 몸을 가진 사람이 아니라 기호의 소

---

16 강응섭, "라깡에게서 'structuré'의 의미."

리에 해당하는 시니피앙의 연쇄 고리다. 앞의 인용문에서 아우구스티누스가 사용하는 "마음", "형상", "동등" 등의 용어는 내재화된 외부 대상, 언어화된 외부 대상을 가리킨다. 이렇게 상징화된 대상들은 사람의 마음, 심적 현실을 구성한다. 결국 인간은 외부 대상이 내재화되고 언어화되고 상징화된 대상과 만나게 된다. 아우구스티누스도 이런 심적 결정론에 관해 다음과 같이 말했다.

모든 것을 기억에서 얻어다가 우리가 원하는 대로 여러 가지 방법과 모양으로 배열한다.···우리의 이성은 더 멀리 가지만 우리의 환상은 따라가지 못한다. 이는 물체들의 수효를 생각한 시상은 무한한 수효를 본 일이 없지만, 이성은 무한수를 말하는 것과 같다. 같은 그 이성은 아무리 작은 물체라도 무한히 분할할 수 있다고 우리에게 가르친다. 그러나 우리가 본 일이 있고, 지금도 기억하고 있는 가장 작은 조각들에 도달하면, 우리 마음의 눈은 더 작은 조각의 환상을 볼 수 없다. 그래도 이성은 계속해서 쪼개고 또 쪼갠다. 이처럼 우리는 기억한 것이거나 기억한 것을 재료로 삼은 것이 아닌 물체를 생각하지 못한다(11.10.17).

기억에 하나씩 박힌 것들은 그 수효에 따라 생각할 수 있으므로, 분량은 기억에 속하고 수효는 시상에 속한 것 같다. 이런 시상은 수가 무한하지만, 기억에 있는 것은 각각 수효가 한정되어 있어서 그 이상 넘어갈 수 없다(11.10.17).

아우구스티누스에게 기억은 심적 결정론의 한 요소, 마음의 형식 가운데 하나다. 인식은 기억의 재료 안에서 이루어진다는 심적 결정론에 따라 "기억", "인식", "사랑"은 "마음의 형식"(본성)이자 "마음에 내용 담기"의 틀이기도 하다.

3. 마음에 내용 담기 II: 마음의 지향성과 욕동

라깡은 "마음에 내용 담기"를 거울 단계로 설명한다. 실재 대상 → 허구 대상 → 허구 영상 → 실재 영상, 즉 La Chose(O) → (O′) → i′(a) → i(a). 라깡이 세미나 1, 2에서[17] 펼친 거울 단계는 결국 제1차 나르시시즘과 제2차 나르시시즘을 설명하기 위한 것이었다. 나르시시즘론과 리비도론은 로켓의 연료 장치와도 같은 "욕동(欲動, pulsion) 이론"에 의해 추진된다. 나르시시즘론, 즉 자아 리비도에 의한 제1차 나르시시즘과 대상 리비도에 의한 제2차 나르시시즘은[18] 결국 자아와 대상 간의 관계 설정, 곧 대상관계를 설명한다. 욕동도 마찬가지다. 욕동 개념은 "원천"에서 "목표"(goal)를 향해 "목적"(Aim)이[19] 진행할 때 "대상"(오브제 아)을 맴도는 것에 관한 논의다. 여기서 "원천"은[20] 출발점이고 "목표"는 종착점

---

17 Lacan, *Les écrits techniques de Freud*; *Le moi dans la théorie de Freud et dans la technique de la psychanalyse*.

18 2개의 나르시시즘에 관하여 다음 자료를 참고하라. 장 라플랑슈, 장 베르트랑 퐁탈리스, "1차 과정과 2차 과정", 다니엘 라가슈 감수, 임진수 옮김, 『정신분석사전』(서울: 열린책들, 2005), 328-29.

19 Lacan, "Mettons le Drang d'abord, la poussée, La Quelle, la source. L'Objekt, l'objet. Le Ziel, le but," *Les quatre concepts fondamentaux de la psychanalyse*, 148, 163(그림). 다음 책들도 참고하라. 딜런 에반스, "욕동", 『라깡 정신분석 사전』, 274-78; 장 라플랑슈, 장 베르트랑 퐁탈리스, "욕동", 『정신분석사전』, 276-83.

20 토마스 아퀴나스의 "의지의 신적 시동"을 연구한 김율은 토마스의 『악론』 6문과 『신학대전』 2부 1편 9문을 해석하면서 이 "원천"을 신에 의한 것, 신의 자력 작용이라 말한다. 그러나 그 작용 시점에 관해서는 말하지 않는다. 이에 관해서는 다음 자료를 참

이다. 그 사이에 "목적"과 "대상"이 있다. "목적"은 "압력"(Drang, la poussée)에 해당한다. 그리고 이 네 항목은 "마음의 지향성"(mentis intentio)에 포괄될 수 있다. 융(Carl Gustav Jung, 1875-1961)과 프로이트는 "원천"에 대해 의견을 달리했다. 융은 태어나면서부터 "원천"이 작동한다고 주장했지만 프로이트는 리비도의 생성과 함께 "원천"이 작동한다고 보았다. 라깡도 프로이트를 따라 욕동은 탄생과 동시에 작용하는 게 아니고 어느 시점부터 작용한다고 이해했다.

"보는 대상 → 시상 → 시상을 대상에 고정시키는 힘"과 "원천-목적-대상-목표"라는 두 가지 마음의 지향성 또는 욕동 이론은 출발점이 대상에게 있는 것이 아니라 주체에게 있는 것처럼 보인다. 즉 보는 대상도 "나"이며 원천도 "나"다. 이는 적극적인 "마음의 지향성"을 보여준다. 여기에는 욕동 이론에서 중요한 "수동태법"이 나타나지 않는다. 소극적인 "마음의 지향성"도 보이지 않는다. 그러나 앞서 인용(11.2.2.)했듯이 아우구스티누스에게서 시상은 "보는 대상"과 "보이는 대상"이 함께 작용하며 수동태법으로 설명될 수 있다.

욕동 이론은 "수동태-자귀태-능동태"의 세 문법태로 설명된다.[21] 아우구스티누스의 "보이는 것-마음에 담기는 것-보는 것"은 마음의 지향성에 의해 생기는 시상에 관련된다. 상상계가 작동하여 "시상"이 맺히고 상징계와 실재가 구축되는 이런 정신 발달 과정은 언어화 과정에 해당

고하라. 김율, "합리적 자발성의 신적 근원: 토마스 아퀴나스의 '의지의 신적 시동(始動)' 개념에 대한 심리학적 반성 이론이 안고 있는 심리학적 문제들", 「哲學」 제90집 (2007.2.), 49-74; 강웅섭, "토론", 「새로운 교육수요와 철학교육의 대응」, 제19차 한국철학자대회 대회보 3(철학연구회, 2006), 1047-65.

21 Lacan, *Les quatre concepts fondamentaux de la psychanalyse*, 171-82.

한다. 무의식의 구조를 짜는 것은 언어의 구조를 짜는 것과 같고, 무의식과 언어를 짜는 동력은 욕동이다. 욕동은 성(性)에만 관련된 용어가 아니다. 라깡은 세미나 11 "전이"에서 말의 결과로 전개되는 무의식은 언어처럼 구조화된 "무의식의 주체"의 모습이라고 말한다. 그리고 성(性)의 학문인 정신분석을 시니피앙 성좌(星座)의 학문으로 전환시킨다. 이제 리비도의 이동은 생물학적 성 충동의 이동이 아니라 욕망(필요-요구=욕망)의 이동이고 주체의 욕망은 결국 타자가 가진 욕망에 관한 욕망이다. 여기서 타자의 욕망은 상징계의 질서 속에서 언어로 전달된다.[22]

욕동을 설명하는 가장 좋은 공식으로 "욕동은 오브제 아를 한 바퀴 돈다"는 말이 있다.[23] 프로이트의 예화에서 철갑상어 알(caviar)과[24] 실패(bobine)가[25] 바로 그것인데, 이는 엄마의 젖으로만 오브제 아를 보려는 태도에서 벗어나야 함을 말해준다. 여기서 우리가 주의할 점은 철갑상어 알과 실패가 대상 그 자체로서 기능하기보다는 말과 함께 작용한다는 것이다. 이것이 바로 오브제 아의 핵심 내용이다. 오브제 아가 지시하는 대상과 그것에 관계된 말과의 틈에 관한 것이 욕동 개념의 중심에 자리한다. 그래서 우리가 욕동을 성 또는 성 기관이 아닌 말과 연결해 논의를 전개하는 것은 라깡을 따르는 탓이다. 아우구스티누스가 말한 "마음의 지향성"은 바로 이런 마음의 작동력이다. 그는 이 작동력이 어디

---

22 Ibid., 137-44.

23 Ibid., 153.

24 Lacan, *L'angoisse*, 1962년 12월 5일 강의. 프로이트의 『꿈의 해석』, 제4장 "아름다운 푸 줏간 부인의 식사 초대 거부 꿈"에 나타나는 철갑상어 알에 대한 라깡의 해석을 참고 하라.

25 Lacan, *L'identification*, 1961년 11월 22일 강의. 프로이트의 손자 에른스트가 엄마의 부재 시 실패 던지고 감추기 놀이를 하면서 하는 말 "포르-다"(Fort-Da)에 관한 설명을 참고하라.

서 오는지를 삼위일체와 연관시켜 추적하는데, 이는 신학에서 성령론으로 설명될 수 있다. 즉 마음의 원동력 또는 인간의 생명력은 성령과 연관된다.[26]

아우구스티누스는 "허구 영상-실재 영상"의 과정을 거칠 때 생기는 외부 대상과 내부 대상 간의 분명한 대상 분리 개념을 갖지만, 기호의 산출에서는 모호성을 겪게 된다. 그 결과 의심이 발생한다. 아우구스티누스는 확실한 것에 근거하는 의심은 의심할 것이 없음에도 의심하는 의심이라고 말한다. 의심은 마음으로 하여금 "마음의 형식"과 "마음에 내용 담기"에 관하여 호기심을 갖도록 부추긴다.

의심은 욕동의 과정에서 생긴다. 대상관계에서 명확하게 규정되거나 분리되지 않아 욕망을 불러일으키는 원인인 오브제 아는 아우구스티누스에게서도 "마음의 지향성"에 포함되어 관찰되었다고 볼 수 있다. 아우구스티누스는 "시상"을 받아들여 "이름"을 붙이고 "기호"를 만드는 언어화 과정을 길게 설명하는데, 이 과정에서 지각 동일성을 획득하지 못하는 대상을 만난다. 그는 마음이란 곳은 본 것을 보았다고 말하기 전에 마음에서 말을 잉태하는 곳이라고 말한다. 바로 이곳이 욕동의 자귀태가 작용하는 곳이다. 자귀태는 보인 것이 마음에 담겨 보이게 되는 내부 작용에 관련된다. 이런 개념은 『삼위일체론』에서 여러 번 강조된다.

욕동의 문법태 세 가지와 마찬가지로 무의식의 통사론 두 가지 법칙 또는 심리 장치의 두 가지 기능은 욕동의 진로를 잘 보여준다. 무의식의 제1작업 과정에서는 "보여준 모두를 보고", "들려준 모두를 들으며", 에

---

26 아우구스티누스와 라깡 간의 신학적 논의는 강응섭, "아우구스티누스와 라깡"을 참고하라.

너지보존법칙과 쾌-불쾌 원리에 따른 절대쾌, 근친상간 원리가 논의되고, 응축과 전치, 은유와 환유가 작용한다.[27] 반면 무의식의 제2작업 과정에서는 "보여준 모두를 보지 못하고", "들려준 모두를 듣지 못하며", 무의식의 제1작업 과정이 저지/엄폐되고, 현실 원리가 작용하면서 무의식의 움/싹이 나타난다. 이런 무의식의 작용 원리에 견줄 때 아우구스티누스는 흥미로운 말을 남긴다.

이야기를 들으면서 이야기에 나오는 일들을 생각하지만, 그런 때 우리는 "마음의 눈"으로 기억을 회고하면서 마음에 시상들을 얻는 것 같지는 않다. 우리는 우리의 기억을 더듬는 것이 아니라 다른 사람이 이야기해주는 대로 생각한다. 그래서 저 삼위일체가 여기서 완성되는 것 같지 않다.…나는 이야기를 듣는 것이며, 나의 기억에 숨어 있는 것을 생각하는 것이 아니라 내가 듣는 것을 생각한다(11.8.14).

"나는 듣는 것을 생각한다", "들은 것으로 생각한다", "들려주는 것으로 생각한다"는 말은 내 기억과 상관없는, 듣는 것에 따른 생각을 표현한다. 이런 개념은 정신분석에서 분석가가 취하는 태도인 "부동의 주의"(attention flottante)와 유사하다. 무의식의 통사론 법칙 제1작업 과정과 연관되는 이것은 "마음의 눈", "마음의 지향성"이 개입되지 않고 이루어지는 듯하다. 듣는 내용을 기억과 연관시키지 않고 생각할 수 있는 이런 과정을 확인한 아우구스티누스는 난감해한다. 자신이 말한 "마음의

---

27 프로이트가 말한 심리 장치의 두 가지 기능에 관한 상세한 설명은 다음 자료를 참고하라. 나지오, "프로이트", 13-68; 라플랑슈, 퐁탈리스, "1차 과정과 2차 과정", 324-26.

지향성"이 작용하지 않고도 담화가 이루어지기 때문이다. 그러나 더 자세히 관찰한 결과, 그는 기억의 한계 내에서 "듣는 것을 생각하는" 방식이 진행된다는 사실을 깨닫는다.

> 그러나 그런 때도 더 자세히 관찰하면, 우리는 기억의 한계를 넘어가지 않는다. 그[들려주는 이]가 쓰는 단어들이 한 이야기에서 연결되는 것을 처음 들었지만 나는 그가 묘사하는 개개의 물건들을 일반적인 개념으로 기억하고 있기에, 오직 그 때문에 그가 하는 이야기를 이해할 수 있었다 (11.8.14).

이미 "기억"에 남아 있는 것으로 인해 들려주고 보여준 것을 이해한다는 개념은 라깡의 상징계와 연결된다. 아우구스티누스는 이어서 상징계에 해당하는 개념을 그 뒷부분에서 상세하게 설명한다.[28] 듣는 것과 기억과의 관계를 서술하는 내용은 라깡이 전개한 "환유"와 "은유"에 관련된다. 환유와 은유는 무의식의 통사론 법칙, 무의식의 제1작업 과정으로서의 욕동 이론의 주요 내용임을 감안하면 아우구스티누스가 구상하는

---

28 "예를 들어 산에서 나무들은 베어버리고, 온 산에 무화과나무를 심었다는 말을 들으면 나는 산, 나무, 그리고 무화과나무의 형상을 상기한다. 이런 형상들을 잊어버렸다면, 나는 그가 하는 말을 전연 알지 못하며, 따라서 그가 말한 상태를 생각할 수 없었을 것이다.…한 번도 본 일이 없는 물체의 빛깔이나 형태에 대해서는 어떤 개념을 전연 생각할 수 없다. 들은 일이 없는 소리, 맛본 일이 없는 맛, 맡아본 일이 없는 냄새, 만져본 일이 없는 물체의 촉감, 이런 것들에 대해서도 어떤 개념을 생각할 수 없다. 따라서 지각한 일이 없는 물체를 기억할 수 없기에 그런 물체의 개념을 생각할 수도 없다면, 지각의 한계가 물체들에 있는 것과 같이 생각의 한계는 기억에 있게 된다. 감각기관은 그 지각하는 형상을 물체에서 받으며 기억은 그 형상을 감각기관에서 받지만, 생각하는 사람의 '마음의 눈'은 그것을 기억에서 받는다"(11.8.14).

"마음에 내용 담기"는 "마음의 지향성"의 작용, 즉 "욕동"의 목표와 다르지 않다고 할 수 있다. 이와 관련해 아우구스티누스가 "마음의 지향성"을 종합적으로 제시하는 다음 단락을 살펴보자.

그러므로 이 배열에서, 물체의 형상으로부터 시작해서 생각하는 사람의 마음의 눈에 생기는 형상에 이르기까지 4개의 형상이 있다. 이 형상들은 말하자면 차례로 앞엣것에서 뒤엣것이 난다. 둘째 것은 첫째 것에서 나고, 셋째 것은 둘째 것에서, 그리고 넷째 것은 셋째 것에서 난다. ① "감각되는 물체의 형상"에서 ② "감각하는 사람의 감각기관에 있는 형상"이 생기고, 이것에서 ③ "기억에 있는 형상"이 생긴다. 끝으로 이 기억에 있는 형상에서 ④ "마음의 눈에 있는 형상"이 생긴다(11.9.16).[29]

아우구스티누스는 "마음의 지향성"을 다음과 같이 네 단계로 나눈다.

① 감각되는 물체의 형상
② 감각하는 사람의 감각기관에 있는 형상
③ 기억에 있는 형상
④ 마음의 눈에 있는 형상

이런 결정론적 상징 체계를 주장하는 아우구스티누스에게 모든 것은 "보고-듣고-생각한 것"에 기초한다. 환상은 어떤 체계의 데이터를 이용함으로써만 나타난다. 이런 환상 개념은 라깡의 환상 방정식 $\$ \diamond a$에 부

---

29   번호는 덧붙인 것이다.

합한다.[30] 아무리 복잡할지라도 환상은 더 이상 새로울 것이 없는 데이터, 기억 내의 자료로 구성된다.

이렇게 결정론으로 마음론을 정리하는 아우구스티누스에게서는 언어로 설명될 수 없는 실재, 오브제 아로서만 모습을 드러내는 실재, 실재를 오인의 구조에서 보여주는 상징계의 대상들에 관한 개념은 드러나지 않는가? 이어서 이 문제를 탐구해보자.

4. 마음의 형식

형상인 동시에 말이고, 낳는 것인 동시에 난 것이라는 아우구스티누스의 "마음론, 마음의 형식과 내용 담기"는 "형상론(*Imago Dei*), 형식적 형상과 내용적 형상"에 대한 다른 표현이기도 하다.[31] 낳을 말의 집이자 낳은 말의 집인 사람의 마음은 곧 하나님의 형상에 따라 지어진 것이라는 아우구스티누스의 창세기 이해에는 "원죄"라는 돌부리가 놓여 있다. 그는 원죄가 마음을 치명적으로 타락시켰다고 주장한다. 그래서 원죄를 기점으로 이전의 마음론과 이후의 마음론에는 변화가 있을 수밖에 없다.[32]

---

30 "우리가 본 일이 없는 물체의 부피를 생각할 때도 기억의 도움을 받지 않는 것이 아니다. 광대한 우주를 살펴보아서 우리의 시력이 얼마나 먼 데까지 도달하든 간에, 우리가 힘껏 크게 생각한 물체의 부피는 그 정도에 그친다. 우리의 이성은 더 멀리 가지만 우리의 환상은 따라가지 못한다.…그러나 우리가 본 일이 있고 지금도 기억하고 있는 가장 작은 조각들에 도달하면, 우리의 마음의 눈은 더 작은 조각의 환상을 볼 수 없다. 그래도 이성은 계속해서 쪼개고 또 쪼갠다. 이처럼 우리는 기억한 것이거나 기억한 것을 재료로 삼은 것이 아닌 어떤 물체를 생각하지 못한다"(11.10.17).

31 에밀 부르너, 칼 바르트(김동건 옮김), 『자연신학』(서울: 한국장로교출판사, 1997), 29-31. 부르너는 하나님의 형상을 형식과 내용으로 나누어 설명한다.

32 아우구스티누스(성염 옮김), 『자유의지론』(왜관: 분도출판사, 1998), 265(2.20.54).

다시 말해 인간의 선악과나무 경험을 기점으로 마음에 변화가 생긴 것이다.

여기서 마음이란 "마음의 형식"과 "마음에 내용 담기" 중 어디에 해당할까? 우리가 마음을 연구할 때 부딪히는 문제는 마음의 본성(형식)인가, 마음의 내용인가? 아우구스티누스가 말하는 마음론을 추적하는 데 원죄의 역할은 매우 중요하다. 우리는 원죄가 "마음의 형식"을 파괴하고, 파괴된 "마음의 형식에 담기는 내용"까지 죄의 성향을 지니게 하는지, 아니면 원죄가 "마음에 내용 담기"에만 관련하여 타락을 부추기는지 명확하게 구분해야 한다. 앞서(10.10.14.) 살펴본 대로 의심은 "마음의 형식"이 아니라 "마음에 담긴 내용"에 관한 것이다. 그는 "마음의 형식"에 관해서는 그 보존 상태에 이의를 제기하는 것 같지 않다. 오히려 그가 "마음의 형식"으로 제시하는 "존재-인식-사랑", "기억-인식-사랑"은 "삼위일체의 흔적"에 유비된다. 심지어 그는 "마음의 형식"에서 비롯되는 "낳는 말과 난 말의 합"이 동등하다고 말함으로써 낳는 성부와 난 성자 간의 동등성을 주장한다. 이는 분명 "형식"적인 측면에서 한 말이다. 왜냐하면 여기서 "담긴 내용"이 거론되면 의심이 생기고, 삼위일체에 대한 유비적 증명은 실패로 돌아갈 것이기 때문이다.

아우구스티누스에게서 마음은 "들을 내용"을 "내보내는 형식"이다. 이렇게 마음을 구분 지어 생각하면 마음이란 용어 자체를 접할 때도 신중해진다. 앞서도 살펴보았지만 아우구스티누스는 지속적으로 마음을 글로써 들려준다. 이런 청각 이미지의 도움으로 우리는 손상된 마음의 파편들을 만나게 된다. 가령 그는 마음이란 것을 들려주기 위해 횡설수설하듯 길게 서술한다. 이는 앞서 살펴본 "마음에 관한 9문장"이다.

마음은 자기가 무엇을 알 것인가를 안다. 마음은 다른 것들을 알면서 자체는 모른다는 것을 안다. 그래서 안다는 것이 무엇인가를 안다. 마음은 다른 어떤 마음이 안다는 것을 모르지만, 자체가 안다는 것은 안다. 그러므로 마음은 자체를 안다. 마음은 자체를 알려고 애쓸 때, 그것은 자기가 지금 구하고 있다는 것을 안다. 마음은 자체를 모른다는 것을 아는 점에서는 그만큼 자체를 아는 것이며, 전연 모르는 것이 아니다. 자체를 모른다는 것을 모른다면 알려고 노력하지도 않을 것이다. 마음은 자체를 탐구한다는 그 사실에서 자체를 모르는 것이 아니라 안다는 판단이 분명해진다. 마음은 자체를 알려고 노력하는 점에서 자체를 탐구한다는 것과 자체를 모른다는 것을 알고 있다. 마음은 없어지지 않고 숨어 있던 어떤 기억, 그러나 멀어졌던 기억이다. 마음은 아직 자체를 알지 못하더라도 자체를 아는 것이다(10.3.5).

여기서 아우구스티누스는 "탐구한다는 것"과 "모른다는 것", "자체를 모르는 것"과 "자체를 아는 것"이 같은 의미라고 말한다. 즉 a≠b이지만 a=b가 된다. 마음의 공식은 수학에서 통용되는 공식과는 모순된다. 이런 공식을 통해 글쓴이의 실존적 흔적을 엿볼 수 있다. 마음은 이런 기표(시니피앙)로 스스로를 드러낸다. 라깡에 따르면 "하나의 기표는 주체를 표상하고 다른 기표도 주체를 표상하며 또 다른 기표도 주체를 표상한다."[33] 여기서 주체가 3번 나타나는데 그렇다고 해서 주체가 3개의 실체로 존재하는 것은 아니다. 주체는 하나지만 주체는 기표의 고리들이

---

33 Lacan, *L'envers de la psychanalyse*, 19, 53. 원문은 다음과 같다. "un signifiant représente le sujet pour un autre signifiant."

이어질 때 주체의 모습으로 윤곽을 드러낸다. 아우구스티누스는 성부, 성자, 성령 하나님은 세 분이 아니라 한 분이고 각 하나님이 본질의 동등함을 유지한다고 말한다. 이는 하나님의 이름이 여럿이라 해서 하나님이 여러 명이 아닌 것과 같다. 가령 하나님의 이름이 "야웨 이레"에서 "야웨 닛시"로 바뀌면 우리는 하나님의 다른 모습을 보게 될 뿐이다. 성부, 성자, 성령 하나님 각각의 역할과 상호 간의 관계에는 차이가 있다. 관계의 범주에서 볼 때, 각각의 하나님은 세 관계를 형성한다.

마음은 "뫼비우스의 띠" 위를 순환하듯 "마음의 형식"과 "마음에 담긴 내용"이 교류하는 상태다. 이것과 저것이 분간하기 어렵게 얽혀 있다. 기의를 제거한 순수 기표는 획득하기 어렵다. 기표는 늘 기의와 쌍을 이루며 자의적인 해석을 기다린다. 이 순환 상황이 "마음에 관한 9문장"에도 적용된다. 각 문장은 각각 다른 기표로 구성된다. 그 의미하는 바가 다르고, 그 표현하는 모습도 다르다. 한 항의 기표는 다음 항의 기표와 연결되면서 마음에 관한 주체의 의도를 보여준다. 첫 항의 무의식의 주체와 둘째 항의 무의식의 주체는 동일하지만 기표에 의해 표상되는 (representer) 마음의 모습은 같지 않다. 즉 주체가 획득할 수 있는 동일성은 $a \neq a$가 아니라 $a = b$로 표기된다. 상징계의 보편적인 동일성(id-entitié)을 획득하지 못하지만, 아우구스티누스가 제시한 마음에 관한 9문장은 1의 마음과 2의 마음이 한마음이고, 2의 마음과 3의 마음도 한마음이며, 결국에는 n의 마음과 $n+1$의 마음이 한마음이라고 말한다. 그리고 $n+(n+1)=1$이라는 공식이 나오게 된다. 여기서 n은 "난 말"(시니피앙)이다. 그리고 몫 1은 시니피앙의 총합이다. 이 공식은 아우구스티누스가 서술했던 "마음은 형상인 동시에 말[의 합]이다"라는 명제를 정리해 준다. 여기서 우리가 염두에 둘 논리는 마음(하나님)이 1이기 때문에, 말의 합(표상들, 이름들)이 1이 된다는 것이다. 몫 1은 신플라톤 사상을 주창한 플로티노스의 "우눔"(Unum)에 근거를 둔다. 단일성, 유일성은 삼위일체 논의에서 관계성과 함께 지켜져야 할 개념이기에 아우구스티누스의 마음론에서는 "마음에 내용 담기"와 함께 "마음의 형식"에 동일한 강조점이 주어지는 듯하다. 앞서 살펴본 "마음에 내용 담기 I, II" 역시 내용을 엮는 일뿐 아니라 엮다가 생기는 의심을, 의심할 수 없는 근거로서의 "마음의 형식"과 마찬가지로 다루었다.

5. 인텐티오와 "호모 세쿤둠 멘템"(homo secundum mentem)

우리는 "마음에 내용 담기"를 "인텐티오"(intentio, 마음의 지향성)로 설명했다. "욕동"(pulsion)에 견주어 설명한 인텐티오는 "마음의 형식"에 처음부터 있는 것은 아니지만 후천적으로 생겨서 대상관계를 맺는 일을 주도적으로 담당한다. 그런데 인텐티오로써는 "마음에 내용 담기" 과정에서 생기는 의심을 해결할 방도가 없다. 인텐티오는 대상관계를 이끄는 힘일 뿐이다. 원죄에도 불구하고 인텐티오는 대상관계를 가질 수 있는 능력을 보유한다. 그래서 아우구스티누스는 아주 역동적으로 이 능력을 소개했다. 반면 그가 제시하는 "아르비트리오"(arbitrio)는 이에 못 미치는 것으로 소개된다. 396년에 완성한 『자유의지론』(De libero arbitrio)에서 아우구스티누스는 원죄로 인해 타격 입은 마음의 의지를 다룬다.[34] 전기 아우구스티누스의 저서에서 발견되는 아르비트리오는 나중에 자유와 예정이라는 논쟁을 불러일으킬 정도로 죄를 해결함에 있어 인간의 능동

---

34 아우구스티누스, 『자유의지론』, 261-63(2.20.52).

성, 의지의 권능 있음을 피력했다고 평가받는다. 그러나 이것은 오해다. 아우구스티누스는 "재고론"에서 인텐티오를 수동적인 힘, 즉 구원을 소환하고 일상생활을 풍요롭게 하는 데 작용하는 수동적인 힘이라고 분명히 밝혔다.[35]

인텐티오와 아르비트리오를 비교해보자. 전자는 후자에 비해 그 능동성이 더 크게 작용한다. 인텐티오는 아르비트리오와는 달리, 오히려 후기 아우구스티누스의 개념으로서 죄에 대한 인간의 무력함을 드러낸다. 그런데도 아우구스티누스는 인텐티오에 적극적인 성격을 부여한다. 인텐티오는 의심의 대상이 아닌, 조심스럽게 말해서 원죄로부터 손상되지 않은 "마음의 형식"에서부터 의심의 대상이 되는, 정통적인 신학에서 주장하듯이 원죄로부터 심각한 또는 완전한 손상을 입은 "마음에 내용 담기"에 이르기까지 적극적인 활동을 한다. 반면 아르비트리오는 최고선과 최소선 사이의 중간선이란 위치에서 최고선을 등지고 최소선으로 향하는 속성이라고 표현된다. 이렇듯 마음의 지향성 문제에서 인텐티오와 아르비트리오는 그 역할 정도가 분명하게 구분된다. 인텐티오는 라깡의 도식 L로 표현하자면 $a \rightarrow M, A \rightarrow \$$에서 드러나는 화살의 몸짓(Aim) 같은 것이다. 원죄에도 불구하고 인텐티오는 피조물 전체를 향하여 왕성한 지적 호기심을 나타낸다. 그러나 그 호기심에 따른 명확한 답을 얻지 못함으로써 의심이 생기게 된다. 개종하는 단계에서 회의론에 빠진 아우구스티누스는 의심을 품게 되고, 이 의심의 문제를 풀기 위해 깊이 고민했다. 결국 그가 그 의심을 해결한 것은 계시, 즉 성서를 읽고 깨달음으로써였다.

---

35 아우구스티누스(성염 옮김), "재고론", 『자유의지론』, 433.

전기의 아우구스티누스가 개종 이전의 사유 방식대로 아르비트리오에 큰 기대를 걸고 의지의 자유대로 신앙의 길을 걸어가고자 했다면, 후기의 아우구스티누스는 인텐티오에서 그 답을 찾는다. 아르비트리오에 기대를 걸었던 전기 아우구스티누스는 자연신학 쪽에서의 엉뚱한 환호뿐 아니라 개인적인 신앙 체험에서의 불편함을 불러온다. 반면 인텐티오에 의존하는 후기 아우구스티누스는 계시 받을 조건으로서 형상론(*imago Dei*)을 이해할 뿐 아니라 의심이 생기는 과정까지 납득하게 되었다. 그가 하나님을 이해하고자 탐구한 삼위일체의 교리는 오히려 인간을 깊이 이해하는 기회가 되었다.

마음의 속성에 관한 설명은 그 항목이 아무리 많을지라도 "하나"의 마음에서 비롯된다. "마음에 관한 9문장"은 하나의 마음을 표상한다. 기표의 총합(표상의 합)이 바로 주체(마음)가 되는 것이다. 기표의 수만큼 주체의 모습도 많을 수 있지만 결국 주체는 "하나"다. 부분적인 마음의 항목 각각을 마음이라고 부를 수 있다. 그러나 각 항목의 주체는 다른 시니피앙으로 다르게 표기된다. 합집합으로서의 마음에 관해 아우구스티누스는 다음과 같이 기술한다.

마음은 완전히 안다고 말하는 것이 아니라 그 아는 것을 전체로서 안다. 마음은 그 자체를 전체적으로 안다. 마음은 전체적인 마음이며, 그래서 전체로서 살아 있다. 그러나 자체가 살아 있다는 것을 안다. 그러므로 자체를 한 전체로서 안다. 만일 전체로서 자체를 찾는 것이 아니고 얻은 부분이 아직 얻지 못한 부분을 찾는 것이라면 마음은 자체를 찾는 것이 아니다(10.4.6).

앞서도 살펴보았지만 정신분석적 방법에서 말하는 동일성(id-entité)은 한 항목의 마음이 마음 자체이고, 그다음 항목의 마음도 마음 자체이며, 각 항목의 모든 마음의 합이 마음 자체임을 말한다. 왜냐하면 마음은 "하나"이기 때문이다. 각 항이 전체이고 모든 항의 합이 전체다. 이를 유일신 야웨의 여러 호칭으로 설명해보자. 야웨 이레는 하나님 자체이고, 야웨 닛시도 하나님 자체이며, 야웨 샬롬 역시 하나님 자체이고, 야웨 삼마, 로이, 지르케누 역시 하나님 자체다. 그러나 한 항의 주체의 모습과 다음 항의 주체의 모습은 다르게 표현된다. 즉 야웨 이레의 하나님과 야웨 닛시의 하나님은 동일한 하나님이지만, 전자와 후자는 다르게 나타난다. 이것이 시니피앙(이름)으로 표상되는 마음(하나님)이며, 무의식의 주체다. 1(Un, $Unum$)은 1961-62년 라깡의 세미나 "정체화"의 핵심 개념으로서 a=a일 때가 첫 번째 장르의 정체화, a=a′일 때가 두 번째 장르의 정체화, a=b일 때가 세 번째 장르의 정체화다. 부연하면 a(어머니의 유방)=a에서 주체는 "나는 유방이다"라고 말한다. 그리고 a=a′에서 주체는 "(배가 고파서 울 때면) 나는 유방을 갖는다"라고 말한다. 또 a=b에서 주체는 "(유방을 빨 때면) 나는 흥분한다"라고 말한다. 이런 차이가 발생하기 때문에 의심이 생긴다. 아우구스티누스는 의심이 자신이 존재한다는 사실을 반증하는 것이라 믿었다. 인간 존재가 이런 과정을 거치기 때문에 인간이 살아서 존재한다고 말하는 것은 타당하다. 그러나 이런 변화 과정에 관한 이해가 없다면 인간의 실존은 회의의 연속이 될 것이다.

인생은 상상계 과정을 통해 구성된 상징계에 함몰되어 살아도 될 만큼 단순하지 않다. 인간은 욕동의 부추김에 밀려 a=a라고 믿지 못하고 의심하게 된다. a=b라고 믿을 때도 a와 b는 별개의 것이 아니라 b에게서 a를 보았다고 주장한다. a라는 기호를 붙일 수 없는 b, 어떤 기호를 붙일 수 없는 b가 있다고 해도, 기호를 달고 있지 않기 때문에 그것이 없다고 보지 않는다. 이런 경험들 앞에서 자기 언어의 옷을 벗고 정신분석의 네 가지 요소(무의식, 반복, 전이, 욕동)를 정리하는 세미나 11에서 라깡처럼, 아우구스티누스 역시 "마음의 3요소"를 "하나님의 3위(位, persona)"에 대응시켰다고 볼 수 있다. 모순되는 이 두 항은 "반대와 모순"(contradiction et contradictoire)이라는 논리 구도로 설명된다.

"흑"의 반대는 "백"이고, "흑"의 모순은 "흑"이 아닌 모든 것, 즉 "흑"에 대한 전체 부정이다. "백"도 마찬가지다. 이것을 도식화하면 다음과 같다.

이 도식을 다음과 같은 아우구스티누스의 주장에 적용해보자.

성부 하나님과 말씀과 성령은 한 분 하나님이시며, 그 어느 분도 그 존재와 그 본성이 전혀 변하지 않으며, 더군다나 눈에 보이지 않는다. 변하면서도 보이지 않는 것들이 있다. 우리의 생각과 기억, 의도와 모든 비형태인 피조물이 그렇다. 그러나 보이면서 변하지 않는 것은 없다. 그러므로 하나님의 본질은 라틴어로 *"substantia"*라고 하기보다 *"essentia"*라고 하는 것이 나을 것이다. 우리는 우리의 아주 작은 능력으로 그 본질에 의해서 성부와 성자와 성령을 조금 이해하는 것인데, 그 본질 자체는 결코 변하지 않으므로 또한 결코 볼 수 없다(3.10.21-22).

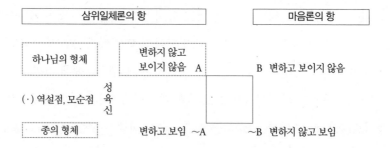

이 도식을 설명하자면, 왼쪽 항(A와 ~A)은 본질(essence), 오른쪽 항 (B와 ~B)은 실존(existence)을 지칭한다. 또 왼쪽 항은 삼위일체, 오른 쪽 항은 피조계에 해당한다. 왼쪽 항을 지칭하는 용어는 "substance"가 아닌 "essence"를 사용한다. "sub+stans"는 "sub+stare", "sub+se tenir" 라는 의미로 잠재적·수동적 의미를 지닌다. 반면 *"esse"*(있음)를 담고 있 는 "essence"는 능동적 표현이다. 삼위일체의 본질을 "substance"보다 "essence"로 지칭하는 이유는 "변하지 않고 보이지 않는" 삼위일체의 본 질(하나님의 형체)이 "변하고 보이는 것"(종의 형체)으로 나타났기 때문 이다. "변하지 않고 보이지 않음"에서 "변하고 보임"으로의 이행은 논리 학의 용어로 "모순"(contradictoire)에 해당한다. 즉 성육신하신 성자, 피조 물의 형체로 나타나는 성자와 성령의 현현은 모순되지만 하나님의 계시 에서는 성립된다. 이 현현은 『삼위일체론』 2권 1, 2, 34, 35절에 잘 나타 난다.

그러나 오른쪽 항은 "ex+sistere", "ex+se tenir"를 나타낸다. 왼쪽의 삼 위일체 항과 근본적으로 다른 오른쪽 항은 "전체 부정"이 불가능하다는 것을 보여준다. 가령 인간에게 변하고 보이지 않는 것은 생각, 기억, 사 랑 등이다. 그러나 이런 것은 변하지 않고 보일 수는 없다. 즉 피조계의 법칙에서는 모순이 적용되지 않는다. 이처럼 왼쪽 항과 오른쪽 항은 존재론적 다름을 드러내 준다. 이런 차이와 다름 위에 서서, 마음론과 형상론을 이야기하는 아우구스티누스가 앞서 이야기한 것을 총정리하면서 내리는 결론은 다음과 같다.

[『삼위일체론』] 제14권에서 우리는 사람의 진정한 지혜를 논했다.… 우리의 논의가 도달한 점은 하나님의 형상인 사람의 마음에서 한 삼위일체가 발견되며, 이 마음은 사람을 창조하신 분의 형상을 좇아 하나님에 대한 지식에까지 새롭게 된다는 것이다(골 3:10)(15.3.5).

아우구스티누스는 사람의 마음에서 언어로 파악할 수 없는 삼위일체를 만난다. 그가 이 놀라운 실재에 붙인 기호는 진부한 "삼위일체"(Trinitate)였지만 그가 체득한 것은 이전의 상징계 속의 사람과는 다른, 새로운 사람이 가능함을 말해준다. 즉 진부한 삼위일체는 옛사람의 형식은 그대로 있지만 새사람이 된 존재를 통해 새롭게 발견된다. 이 새 사람은 이전과 동일한 마음에, 형식과 내용의 어떤 변화가 일어남으로써 구성된다.

외면적 인간(*exteriorem hominem*)에게는 "기억 속에 있는 외부 물체의 형상, 생각하는 사람의 마음의 눈에 박히는 그 형상의 형태, 그리고 이 둘을 결부하는 의지의 목적, 이 셋"이 있지만 이를 통해 삼위일체를 볼 수 있는 것은 아니다. 그뿐 아니라 지식을 추구하는 내면적 인간(*interiorem hominem*)을 통해서도 하나님의 형상을 볼 수 없다. 그러나 지혜를 추구하는 내면적 인간, 하나님의 형상을 따라 지음 받아 그 형상을 따라 하나님을 탐구하는 영적인 인간(*homo secundum mentem*) 안에서 삼위일체는 발견된다.

이는 『삼위일체론』 15권 3장 5절에서 책의 전체 내용을 요약하는 가운데 12-14권과 관련하여 언급되는 내용이다. 여기서 "영적인 인간/영혼"(âme spirituelle)으로 번역되고 있는 "호모 멘템"(*homo mentem*, 마음의 인간)은 우리가 지금껏 설명한 "마음의 지향성"(*mentis intentio*)에서 "마음"(*mens*)의 대격이다. 즉 영적인 인간/영혼은 "마음의 지향성"을 회복한 인간으로 풀이할 수 있다. "마음의 지향성"은 외면적 인간과 내면적 인간에게서는 원활하게 작동하지 못하고, "마음의 인간"에게서 원활하게 작동한다.

"마음의 인간"이 태어나는 것은 삼위일체 또는 하나님의 형상과의 대상 관계에서 비롯된다. 상상계의 인간은 상징계로 진출하면서 언어를 사용하는 인간이 된다. 그리고 상징계에서 언어의 한계를 경험한 인간은 곧 실재를 구성하는 낯선 대상을 만남으로써 언어의 한계를 넘어 S(A)를[36] 경험하는 인간이 된다. 사랑의 문자라고 불리는 이 기호 S(A)는 상징화되지 않는 대타자를 표현한다. 라깡은 글쓰기의 세 가지 형태를 구분했다.

① 쓰이지 않기를 중단하기(우연)
② 쓰이기를 중단하지 않기(필연)
③ 쓰이지 않기를 중단하지 않기[37]

여기서 S(A)는 세 번째의 경우, 즉 "계속적인 비기술", "불가능한 기술", "기술 불가능한 것"이 있음을 말해준다.

그렇지만 라깡도 기술 불가능한 그것을 설명하려고 강의를 이어가면

---

36 이 용어에 관한 라깡의 설명은 Lacan, *Encore*, 31, 75를 확인하라.
37 Ibid., 86-87.

서 언어의 자리에 수학이나 위상학을 끌어오기까지 했다. 그와 비슷하게 아우구스티누스도 기술할 수 없는 것에 의해 변화되는 마음의 세 가지 모습(*exteriorem, interiorem, mentem*)을 바라보면서 그렇게 만드는 것이 무엇인지 추적했던 것이다.

나가는 말

"욕동"(*pulsion*)은 정신 발달 단계를 셋 또는 넷으로 나눈다. 라깡은 "상상계-상징계-실재"의 3단계를 이야기했고 프로이트는 "구강기-항문기-성기기-(잠복기)-생식기"를 말했다. 정신 발달 과정에서 인간의 마음은 "전의식-무의식-의식"(제1차 위상), "자아-초자아-이드"(제2차 위상)라는 심급으로 구분된다. 이런 마음의 형식에 내용이 담긴다. 그 과정에서 형식과 내용은 분리되며, 분리가 이루어지는 동안 "일치-불일치-탈치" 또는 "연속-불연속-탈속"이라 부를 수 있는 단계가 이어진다.

　라깡의 욕동은 아우구스티누스의 인텐티오(*intentio*, 지향성)와 연결된다. 욕동은 기호를 배우는 과정에도, 상징계가 형성되는 과정에도 작용한다. 라깡은 이때 욕동의 흐름에 대해 저항이 발생한다고 보았다. 그리고 그와 비슷하게 아우구스티누스는 원죄가 작동한다고 보았다. 원죄는 의심에서 비롯되었다. 의심은 "마음의 형식"과 "마음에 내용 담기" 간의 틈에서 발생한다. 아우구스티누스는 이 틈을 메우기 위해 여러 가지 회의를 동원해보았지만 "형식"과 "내용"을 일치시킬 수는 없었다. 결국 그는 틈을 벌려 그 공간을 해석했고, 의심은 그 틈이 있음으로 인해 나타나는 자연스러운 반응이며, 확신의 다른 모습이라고 평가하기에 이르렀다.

　이때 아우구스티누스는 마음을 "형식"과 "내용"으로 구분하고, 이 둘을 연결하는 인텐티오의 힘을 분석함으로써 인텐티오의 속성을 규명한다. 인텐티오의 성격은 최고선을 등지고 최소선만을 지향하는 아르비트리오(*arbitrio*, 의지)와는 다르다. 인텐티오는 욕동이 쾌-불쾌의 원칙에서 주이상스를 경험하고 현실의 원칙에서 욕망을 성취하고자 하듯이, 보임과 바라봄에서 만들어진 시상에서 시상과 동등한 말을 포착한다. 이 말은 낳는 것과 난 말이 동일한 것으로서 그 합은 마음이다. 그러나 그 말은 넣어준 것과는 동일성을 획득하지 못한다. 그래서 욕동은 외부 대상과 내부 대상 간의 동일성을 얻지 못하고 언어로 표현할 수 없는 한계에 부딪혀 실재로 귀결된다.

결국 말의 합, 1, *Unum*은 우리가 경험하고자 하지만 경험할 수 없는 것이다. 이것을 경험한다는 것은 바로 "삼위일체"를 경험하는 것이다. 그 것은 바로 죽음을 의미한다. 이는 상징계를 벗어난 실재에서나 가능한 일이다. 그래서 아우구스티누스는 마음론과 형상론으로 삼위일체론을 설명하다가 결국에는 상징계를 벗어나 실재에서 삼위일체를 만나려고 시도한다. 마음론을 통해 형상론을 정리하고 삼위일체론을 정립하고자 한 그의 시도는 실재에 그 중심을 두었다고 볼 수 있다.

아우구스티누스가 경험한 실재를 통해, 그리고 그가 본 것을 표현한 글을 통해 우리는 삼위일체의 흔적을 외부 대상인 하나님에게서 보는 것이 아니라 내재화된 마음에서 본다. 상상계에서 상징계로, 그리고 실재로 향하는 인텐티오의 속성상 이런 과정은 반복될 것이다. 그리고 a=a라는 동일성은 늘 결여를 담고 있는 구멍이며 재현될 수 없는 방식으로 재현되는 오브제 아를 통해 우리 일상에서 경험되고 표현될 것이다.[38]

---

38 사라 머피, 위게트 글로윈스키 등(김종주 옮김), 『라깡 정신분석의 핵심용어』(서울: 하

마음론에서 형상론을 이해하고 삼위일체의 흔적을 본 아우구스티누스처럼 말이다.

나의학사, 2003), 195-200.

10장

라깡과 아우구스티누스에 따른 마음과 말의 관계[1]

들어가는 말

앞서 살펴보았듯이 프로이트는 인간의 정신 구조를 "무의식-전의식-의식"으로 이해하다가 "이드-자아-초자아"로 수정했다. 프로이트를 재해석한 라깡은 인간의 마음(정신)을 "상상계-상징계-실재"라는 세 구조로 이해한다. 인간의 성장 발달과 함께 각 구조는 단계별로 전개된다. 라깡은 임상 경험에서 확인한 정신 구조를 기호학으로 설명하는데, 이때 야콥슨의 언어학을 차용한다.

이런 라깡의 인간 정신 이해는 1,500년 전에 히포의 아우구스티누스가 이해한 인간의 정신 구조와 유사한 점이 있고, 그 정신 구조를 더 상

---

1   이번 장의 내용은 2007년 한국현상학회 제188차 월례발표회(2007.9.29., 성균관대학교 인문 퇴계관)에서 발표한 것을 보완하여 다음 학회지에 실었고 이번에 다시 수정했다. 강응섭, "라깡적 기호학으로 본 아우구스티누스의 '정신'과 '말'의 관계", 「철학과 현상학 연구」 제36집(2008. 2). 이 글의 주제어는 아우구스티누스, 라깡, 데카르트, 지향성, 욕동, 의지(Augustinus, Lacan, Descartes, *Cigito ergo sum*, *intentio*, *arbitrio*, *Si fallor sum*, *pulsion*) 등이다.

세하게 해석할 수 있게 해준다. 아우구스티누스는 "정신"이 "말"로 구성된다고 보았다. 그에 따르면 "정신"은 "외면적 인간"과 "내면적 인간" 그리고 "사람의 정신=영적인 인간"이라는 단계로 발달한다. 그는 실재를 이해하고 신앙하려면 마지막 단계의 정신에 도달해야 한다고 주장한다.

이런 정신 이해는 라깡이 사용하는 "욕동" 개념과 유사하다. 이 개념은 인간의 언어화 과정에 관계된다. 소위 언어처럼 구조화된 무의식, 시니피앙들의 고리로 된 주체 등 라깡의 임상 명제는 욕동 개념에서 이해할 때 바르게 접근할 수 있다. 욕동 개념은 프로이트가 정리한 무의식의 통사론적 법칙인 제1차 과정과 제2차 과정을 관통한다. 여기서 욕동은 언어의 환유와 은유 과정을 진행시키는 원동력이다. 이런 이론은 프로이트식 리비도의 방출을 통해 더 잘 이해되며, 라깡식 청각 시상과 시각 시상의 이동 또는 시니피앙의 이동을 통해 더 잘 설명된다. 따라서 이번 장에서는 라깡의 기호학 이론을 통해 아우구스티누스의 정신 구조를 "말"과 "정신"의 관계로 살펴보면서, 아우구스티누스의 3중 인간관(외면적 인간-내면적 인간=영적인 인간[사람의 정신])을 잘 이해하는 데 의의를 둔다.

인간의 정신은 어떻게 구성되는가? 아우구스티누스는 개종을 통해 이전과는 다른 삶을 살게 되면서 이 질문에 무게를 둔다. 최고선으로서의 삼위일체 하나님을 연구했지만 사실은 삼위일체의 흔적(*Vestigium Trinitatis*)이 발견되는, 원죄를 가진 중간선으로서의 인간을 발견하고 연구하게 된 『삼위일체론』의 저자 아우구스티누스는, 자신의 심정을 구조화하기 위해 노력했다. 겹겹이 겹쳐진 자신의 모습을 통해, 정신의 모습이 어떤 것인지 글 속에 남겨둔 그에게서 우리는 여러 모습으로 나타나는 정신의 구조를 발견한다.

우리는 그가 정리했던 정신의 구조와 그 기능이 말(langage, 言) 경험과 어떤 관계에 있는지를 그가 남겨둔 글을 추적하면서 밝혀보고, 오늘날 우리 시대는 정신과 말의 관계를 어떻게 이해하고 있는지를 라깡의 언어 이론의 원점인 거울 단계, 욕동 이론을 구조화시키는 라깡의 임상 기호학[2] 등을 들어 간단하게 되돌아볼 것이다. 이를 위해 이 연구는 신학적·철학적 내용을 서술하는 아우구스티누스와 정신분석을 전개하는 라깡, 시대적으로나 내용적으로나 이질적인 이 두 사람을 언어라는 매개를 사용해 비교한다. 특히 "지향성" 개념을 전개하는 아우구스티누스를 현상학적인 관점이 아니라 정신분석의 임상 기호학적 관점으로 들여다봄으로써 아우구스티누스를 조명하고자 한다.

1. 인간 정신의 기원

"나는 생각한다. 그러므로 나는 존재한다"(cogito ergo sum),[3] "내가 만약 의심한다면 나는 존재한다"(si fallor sum)라는 명제는 존재와 사유의 관계에 관한 논의의[4] 부산물이라 볼 수 있다. 아우구스티누스 일생의 저작 가운

---

2 라깡의 임상 기호학에 관하여 다음 자료를 참조하라. 이유섭, "라깡의 임상 기호학", 한국라깡과현대정신분석학회 제7차 월례학술세미나 발표문(2007.10.19., 이스탄불 문화원 세미나실).

3 Descartes, "Discours de la Méthode," 113. 데카르트의 "나는 생각한다. 그러므로 나는 존재한다"(Cogito ergo sum)와 라깡의 "무의식의 주체"(Sujet inconscient) 간의 연구는 다음 자료를 참고하라. 김상환, "데까르트의 코기토에서 무의식적 주체로", 『라깡과 철학』(2006.11.18., 2006년 한국라깡과현대정신분석학회 정기[후기] 학술 대회 프로시딩, 동국대학교); "데카르트, 프로이트, 라깡: 어떤 평행관계", 「라깡과 현대정신분석」 7권 2호 (2006).

4 아우구스티누스와 데카르트 간의 "나는 생각한다. 그러므로 나는 존재한다—내가 만약 의심한다면 나는 존재한다"(Cogito ergo sum-Si fallor sum)의 비교 논의에 관하여, 그리고

데 발견되는 이런 표현 속에는 그가 생각했던 정신의 구조가 담겨 있다. 마니교에서 그리스도교로 개종한 그는 존재론적 이원론에서 존재론적 일원론으로 전환하기 위해 부단히 노력했다. 그런 과정에서 아우구스티 누스가 직면한 것은 의심의 문제였다. 신앙적 측면에서 의심은 확신을 저해하는 요소로 생각될 수 있기 때문이다.

신앙 중심에서 이성 중심으로의 전환을 알린 명제 "코기토 에르고 숨" 은[5] 17세기에서야 비로소 나타난 독특한 것은 아니었다. 이런 명제는 이 미 아우구스티누스의 글에서도 줄기차게 나타난다. 그래서 데카르트가 『방법서설』에서 이 명제를 사용했을 때, 새로운 사실에 대한 감탄보다는 타인의 생각을 도용했다는 의혹이 제기되었다.[6] 아우구스티누스의 "시 팔로르 숨"이 바로 그것이었다. 이런 의혹이 일어난 후 데카르트는 아우 구스티누스의 문헌을 조사했고, 자신의 것은 그와는 다르다고 설명했다. 하지만 이 두 학자의 표현 어구는 지금까지 비교되고 있다.[7]

아우구스티누스의 "내가 만약 의심한다면 나는 존재한다"(*Si fallor sum*)의 출처에 관하 여 다음 자료를 참고하라. 성염, "Si fallor sum", 112.

5 Descartes, *Discours de la Méthode*, 113. 데카르트의 *Cogito ergo sum*과 라깡의 Sujet inconscient 간의 연구는 다음 자료를 참고하라. 김상환, "데까르뜨의 코기토에서 무의 식적 주체로", 61-75.

6 이 논의는 데카르트가 1640년 11월에 보낸 서신에서도 나타난다. Je pense, donc je suis 와 아우구스티누스의 *Si fallor sum*이 유사하다고 지적한 지인의 말에 따라 데카르트는 시립 도서관에서 그 구절을 읽고 즉시 답장을 보낸다. 짧은 서신의 주요 내용은 자신의 것은 아우구스티누스의 것과는 다르다는 주장이었다(Cf. Descartes, *Lettres*, 874).

7 두 견해가 상반된다는 의견에 관하여 다음 자료들을 참고하라. Matthews, "Si fallor sum"; Abercrombie, *St. Augustine and the French Classical Thought*; Gilson, "The Future of Augustinian Metaphysics." 두 견해가 긴밀하다는 의견에 관하여 다음 자료들을 참고하 라. Boyer, *L'idée de vérité dans la philosophie de Saint Augustin*; Mourant, "The Cogitos." 아우구스티누스의 것이 열등하다는 의견에 관하여 다음 자료들을 참고하라. Hintikka, "Cogito, ergo sum." 아우구스티누스의 것이 우수하다는 의견에 관하여 다음 자료들을

아우구스티누스는 "시 팔로르 숨"을 자신의 저서 『아카데미아 학파 논박』(386년), 『참된 행복』(386년), 『참된 종교』(386년) 등에서 암시했고 『자유의지론』(391-395년), 『삼위일체론』(399-412년), 『신국론』(413-427년) 등에서 명확하게 했다.[8]

아우구스티누스는 일생 이런 표현으로 마음의 구조를 탐구했다. 물론 그가 늘 일관된 강조점을 지닌 것은 아니었다. 마니교에서 그리스도교로 개종한 그는 존재론적 이원론에서 존재론적 일원론으로 전환하기 위해 부단히 학문적 사유를 했다. 그런 과정에서 저술된 책들은 오해를 낳기도 했다.[9] 그래서 신학과 철학의 역사에서는 아우구스티누스의 『자유의지론』(396년)을 기점으로 구원에 있어 인간의 자유 선택을 강조한 전기 아우구스티누스, 신의 예정(선택과 유기)을 강조한 후기 아우구스티누스를 구분한다. 자유와 예정이라는 상반된 주제를 표출한 아우구스티누스가 계속해서 "시 팔로르 숨"을 담았던 마음의 형식(본성)은 무엇이었을까? 확신이 더해가는 시기에도 나타나는 의심의 문제를 다루는 그는 이미 구조화된 정신에 담긴 내용을 인과관계로 들여다보게 된다.

참고하라. Bubacz, "St. Augustine's 'si fallor, sum'"; Williams, "The Paradoxes of Self-Knowledge in the De Trinitate."

8 *Contra Academicos*, 1.3.9.19. "*nescire utrum vivat*"(내가 살아 있다는 것조차 모른다면); *De beata vita*, 2.7. "*scisne saltem te vivere*"(당신이 살아 있다는 것을 아는가?); *De vera religione*, 39.73. "*si certum est te esse dubitantem*"(당신의 의심이 확실하거든); *De libero arbitrio*, 2.3.7. "*si non esses, falli omnino non posses*"(당신이 존재 안 한다면 속을 수 없다); *De Trinitate*, 10.10.14. "*Si dubitat, vivit*"(내가 의심한다면 나는 살아 있다); *De civitate Dei*, 11.26. "*Si enim fallor, sum*"(내가 속는다면 나는 존재한다).

9 아우구스티누스의 "재고론" I, II는 427년부터 2년 동안 아우구스티누스가 자신의 저서들(대략 232권 정도) 가운데 수정할 필요를 느낀 94권(주교가 되기 전인 396년 이전 작품 27권에 대한 해명은 I, 주교 서품 이후 작품 67권에 대한 해명은 II)에 관하여 직접 쓴 해명서다.

의심한다면 무슨 까닭에 의심한다는 것을 기억하고 있기 때문이다. 의심한다면 자기가 의심한다는 것을 이해하고 있기 때문이다. 의심한다면 확실히 알기를 원하기 때문이다. 의심한다면 생각을 하기 때문이다. 의심한다면 모른다는 것을 알고 있기 때문이다. 의심한다면 경솔히 찬동해서는 안 된다고 판단하기 때문이다. 그러므로 다른 일을 의심하는 사람도 이 모든 일은 의심하지 않을 것이다. 그렇지 않다면 그는 아무것도 의심할 수 없다(10.10.14).

아우구스티누스에게 의심은 정신의 구조에 대한 것이 아니었다. 정신의 구조가 어떠할지에 관해 그는 차근차근 접근한다. 그는 구조가 생겨나면서 동시에 정신의 기능이 생성된다고 보는 듯하다. 그에 따르면 정신의 구조와 기능은 경험을 통해 생성되며 의심은 정신의 구조와 기능에서 생긴다. 의심은 의심하는 내용을 기억하고 이해하기 때문에 생겨난다. 이미 가진 자료들 때문에 의심한다. 의심과 확신은 대립적인 것이 아니라 오히려 추론하기 어려운 인과론적인 것이라고 이해해야 한다.

아우구스티누스의 의심은 그가 마니교에서 떠난 이후 신플라톤주의자인 플로티노스의 일자(*Unum*) 사상을 이용해 그리스도교에 정착하면서 겪는 고통 중에 삼위일체를 유비적으로 설명하려는 과정에서 파생된 결과다. 성염은 아우구스티누스가 경험한 의심에서 확신으로의 이행이 연속적이고 순차적인 것이라고 주장하지만,[10] 이에 대해 우리는 조심스럽게 이의를 제기한다. 의심과 확신이 단절적인 것인지, 아니면 단절

---

10 성염은 "내가 만약 의심한다면 나는 존재한다"(*Si fallor sum*)에 관한 이해를 연속성을 중심으로 전개한다. 성염, "Si fallor sum", 112를 참고하라.

없는 연속적인 것인지의 문제는 정신의 구조와 기능을 들여다보면서 해결할 수 있을 것이다. 오늘날 우리가 "post"란 영어 단어를 세 가지 정도의 번역어와 의미로 사용할 수 있듯이,[11] 아우구스티누스 역시 복합적인 이해 과정을 거치면서 정신의 기원을 연구한 것으로 보인다.[12]

2. 인간 정신의 구조

정신(mens)의 구조는 말로 드러나고 형상(forme)은 인식으로 나타난다. 형상을 설명하는 매개로 사용되는 "말"은 아우구스티누스에게서 아주 중요한 요소다. 이는 단순한 유비의 차원을 넘어, 서로 긴밀하게 연결되어 있다. 다음 단락을 살펴보자.

우리가 참되고 올바른 근거에 따라 행동하고자 할 때 우리 "정신(mens)의 눈"이 주시하는 것은 우리 존재에게 본 틀을 제시하는 형상(forme), 우리가 우리에게서 또는 우리 몸 안에서 행하는 모든 것의 본 틀이 되는 형상이다. 이 형상 덕분에 우리는 마치 "내부에서 말" 한 다음 발설되는 말(verbe)처럼, 사물에 대한 참된 인식을 우리 안에 가지게 된다(9.7.12).

이 단락에서 흥미로운 것은 "형상과 사물"에 유비된 "정신과 말" 그리고 형상과 정신을 잇는 "정신의 눈"이다. 삼위일체를 설명하기 위

---

11 ① after: 후기, 이전 것을 수용하는 연속, ② away: 탈(脫), 이전 것을 배척하는 단절, ③ behind: 반성(反省), 이전 것을 수용하고 배척한 후 반성하고 회복하여 종합하는 것.

12 아우구스티누스의 생애와 신학에 뚜렷하게 각인된 변증법에 관해서는 다음을 참조하라. 주승민, "어거스틴의 신학방법론: 디아렉티키(변증법)", 254-86.

해 "성부-성자-성령"과 "정신-사랑-지식"을 관계범주와 동일본질(homoousios)로 비교하는 맥락이기는 하지만, 아우구스티누스가 보는 정신(*mens*)은 "내부에서 말하기"(*verbo intus*), 즉 사물의 본 틀이 되는 형상을 사람의 "내부에서 말"하는 곳이다. 그러니까 정신은 말의 집이다.

발설된 이 말은 우리를 떠나는 것이 아니다. 우리가 타인에게 말할 때 그 말은 내재되어 있고, 우리가 말할 때 우리 정신에 있는 것과 유사한 말이 의미의 상기를 통해 상대의 정신에 작용하도록 우리는 음성 또는 감각적 기호를 사용한다. 그러므로 우리가 우리 몸을 움직여, 즉 우리 몸짓 또는 말로 타인의 행위를 거들거나 비난할 때도, 우리 자신의 내부에서 말한 것과 다름없다. 아무도 먼저 가슴속에서 말하지 않은 것을 즐거이 행하는 일은 없다(9.7.12).

"정신과 말"의 관계는 실재와 그림자의 관계처럼 유비법을 이루는 근거가 된다. 하지만 앞서 말한 대로 이는 단순한 유비법의 문제를 넘어선다. 말은 정신에서 작용한다. 말은 정신의 구조를 드러내는 재현물이다. 말이 생기는 과정을 명료하게 설명하는 다음 대목을 살펴보자.

한 물체를 볼 때 다음 세 가지를 구별해야 하며, 이것은 아주 쉬운 작업이다. 첫째는 우리가 보는 물건(대상)인데, 돌이나 불꽃이나 그 밖에 눈으로 볼 수 있는 것이다. 이것은 물론 사람이 보기 전부터 이미 존재할 수 있다. 둘째는 시상인데, 이것은 눈앞에 있는 대상을 지각하기 전에는 없던 것이다. 셋째는 대상이 보이는 동안 눈앞에 있는 시상을 대상에 고정시키는 힘, 즉 "마음(정신)의 지향성"이다. 그러므로 이 세 가지는 아주 분명하고 뚜렷한 동시에 서로 성격이 다르다(11.2.2).

이 인용문은 기호 형성 과정을 서술해준다. 라깡에 따르면 이런 기호 형성 과정은 6-18개월 된 유아가 경험하는 것이다. 이 과정을 통해 유아는 말의 세계로 들어오고, 문자를 습득함으로써 언어의 세계로 진입한다. 아우구스티누스가 라깡이 말하는 정도의 "거울 단계 이론"을[13] 알지는 못했겠지만, 하나의 물(物, Chose, Ding)을 세 겹으로 이해하는 것은 라깡의 거울 단계 이론과 상통한다. 이 인용문에서 아쉬운 점은 보는 쪽과 보이는 쪽을 구분하고 단지 보는 쪽에만 집중한다는 것이다. 하지만 다음 단락은 우리의 염려가 기우였음을 보여준다.

시상은 보이는 것과 보는 사람이 함께 만들어내는 것이다. 그러나 보이는 물건에서 인상을 받아 시상이 생기는 동시에, 보는 사람의 보겠다는 의도(*intentio*, 지향성)가 함께 있어야 한다(11.2.3).

시상, 이미지(*imago*)는 보는 쪽과 보이는 쪽이 함께할 때 만들어진다. 이런 과정을 작동시키는 것은 바로 빛과 지향성이다. 이런 과정에서 생긴 시상은 정신의 재료(데이터)가 된다. 이 데이터들은 정신의 본성에 의

---

13 거울 단계 이론은 라깡의 생애를 통해 긴 시간 동안 진보했다. "편집증적 인식학설, 인식 형이상학에 대한 정신병리학의 공헌"이 『프랑스 백과사전』(1938)에, "심인적 원인에 대한 설명"(1946)과 "정신분석학에서의 공격성"(1948)이 *Ecrits*, 93-100에 수록되었다. 또 1949년 제16차 국제정신분석협회 취리히 학술 대회에서 발표한 글은 『학술보고서』, 『프랑스 정신분석학 잡지』에 수록되었다. 세미나 1, 2에서도 거울 단계는 상상계와 상징계를 설명하는 근거가 된다. Lacan, *Les écrits techniques de Freud*, 87 이하와 Lacan, *Le moi dans la théorie de Freud et dans la technique de la psychanalyse*, 127 이하를 참조하라.

해 사유되고 판단되어 의심을 만들기도 한다. 그리고 말로 표현된다. 대상 인식론에 따르면 바로 "내"가 보고, 시상을 만들며, 그 시상을 비교, 구분, 통합한다. 아우구스티누스에게 대상은 시상 밖의 외부 대상과 시상의 내부 대상으로 구분된다. 이는 매우 중요한 문제다.

> 눈에 보임으로써 시각에 인상을 주는 그 물체와 그 물체가 감각에 인상을 주어서 생긴 형상, 즉 시상이라고 부르는 것과는 조금도 같은 본질이 아니다(11.2.2).

"낳는 것과 난 것" 간의 분리는 시상 내부에서의 분리다. 하지만 시상에 담기기 전의 물체를 시상에 담기는 물체와 분리하는 것은 내부 대상과 외부 대상의 분리다. 내적 동일성을 주장하는 것도 중요하지만 "낳는 것과 낳고-난 것" 간의 외적 차이를 인정하는 것은 더 중요하다. 앞의 인용문은 아우구스티누스에게서 외부 대상 개념이 나타남을 보여준다. 외부 대상과 내부 시상은 본질상 다르다. 유비 개념은 이런 차이가 뚜렷하게 인정되는 가운데 사용된다. 이와 관련해 절대타자로서의 하나님과 계시된 하나님 간의 유비 개념을 더 발전시킨 다음 단락을 살펴보자.

> 그것[정신]은 형상인 동시에 말[의 합]이다. 정신을 알고 정신과 동등한 것이 정신에 관해서 발음되기 때문이다. 그리고 그 난 것은 낳는 것과 동등하다(9.11.16).

이 단락에는 외부 대상이 언급되지 않고 말의 합집합인 낳는 것과 난 것이 거론된다. 여기서 낳는 것은 말의 집, 또는 말을 잉태하는 집이고,

난 것은 말이라고 이해할 수 있다. 낳는 말의 합과 난 말의 합은 같다. 낳는 것과 난 것은 신학적으로 볼 때 성자를 낳은 성부의 관계를 말한다. 성부와 성자가 동등하다는 것은 말로 비유해볼 때, 성부가 하고자 하는 말과 성자가 한 말은 동일하다는 뜻이다. 즉 성부와 성자는 서로 의도가 동일한 말을 한다.

앞의 인용문에서 아우구스티누스가 사용하는 "정신", "형상", "동등" 등의 용어는 내재화된 외부 대상, 언어화된 외부 대상이라고 볼 수 있다. 이렇게 상징화된 대상들은 사람의 정신, 즉 심적 현실을 구성한다. 결국 인간은 외부 대상이 내재화되고 언어화되고 상징화된 대상과 만나게 된다. 대상은 말을 통해 육[체]화한다. 라깡은 정신이 상상계-상징계-실재로 구조화된다고 설명한다. 이 구조는 시간과 공간의 측면에서 역동적으로 움직인다. 그 역동의 요인은 욕동인데, 이는 사물을 말을 통한 육체화로 나가게 하는 데 기여한다.[14]

말이 신체기관인 입을 통해 터져 나오는 과정을 살펴보자. "보는 대상"이 "시상"이 되고 "그 시상"을 다른 시상과 비교하고 구분하여 그 대상에 "기호"를 붙여 "대상에 명명된 소리"가 된다. 각각의 단어는 복잡한 언어 과정을 거치면서 의미를 만들어낸다. 라깡은 이를 과학적으로 서술한다. 프로이트가 『꿈의 해석』(1900)에서 무의식의 제1, 2차 과정을 설명하고, 소쉬르가 『일반 언어학 강의』(1916)에서 랑그(langue, 언어)와 파롤(parole, 말), 기표와 기의로 된 기호를 정리하고, 야콥슨이 『일반 언어학 이론』(1963)에서 선택과 결합, 은유와 환유를 도입한 것과 같은 맥락

---

14 이렇게 물질과 정신과의 결합 방식에 관심을 많이 두는 신학자에게 몸 담론은 중요한 논제인데, 나는 다른 기회에 이 문제를 논하고자 한다.

에서,[15] 라깡은 말로서의 치료를 담당하는 정신분석 이론을 임상 기호학
으로 정리했다. 이를 간단하게 정리해보면, 우선 라깡은 소쉬르의 기호
론에 변형을 가했다. 기의(개념, signifié, s)에 우위를 둔 소쉬르에 비해 라
깡은 기표(소리, Signifiant, S)에 우위를 둔다.

$$\frac{s}{S} \ (소쉬르) \longrightarrow \frac{S}{s} \ (라깡) \Rightarrow f(S)\frac{1}{s} \ ^{[16]}$$

이 공식에서 가장 왼쪽 기호는 소쉬르의 주장을, 중간의 기호는 라깡
의 주장을 표현한다. 가장 오른쪽의 기호는 라깡 자신이 자신의 기호를
함수로 표현한 것이다. 다시 세밀하게 살펴보면, 가장 왼쪽은 분모에 대
문자 S, 분자에 소문자 s가 자리한다. 여기서 대문자는 기표(소리)이고 소
문자는 기의(개념)인데, 이 기호에서 강조되는 것은 분자인 소문자 s, 즉
개념이다. 반면 중간의 기호는 분모에 소문자 s, 분자에 대문자 S가 위치
한다. 여기서 강조되는 것은 분자인 대문자 S, 즉 소리다. 이런 기호를 통
해 볼 때 라깡은 소쉬르의 기호학을 받아들였지만 강조점을 달리해 수
용했음을 알 수 있다. 이런 간단한 기호를 사용해 라깡이 드러내고자 한
바는, 말에서 강조되는 것이 그 말의 의미라기보다 그 말의 소리라는 사
실이다. 이는 말이 그 말의 의미에 의해서 고정된 것이 아니라 상황에 따
라서 그 의미가 다르게 드러날 수 있다는 점을 강조하는 주장이다.
여기서 볼 수 있듯이 라깡은 소쉬르식의 "개념"과 "소리"(청각 시상)
를 이용해 환자가 말하는 것을 이해하려고 노력했다. 이에 더해 라깡

---

15 Cf. Freud, *L'interprétation des rêves*; Saussure, *Cours de linquistique générale*; Roman O.
    Jakobson, *Essais de linguistique générale*(Paris: Éditions de Minuit. 1963).
16 Lacan, *Ecrits*, 515. 다음에 이어지는 공식들도 같은 문헌에 나온다.

은 프라하학파인 야콥슨의 언어학을 받아들여 다시금 자신의 정신분석을 설명한다. 야콥슨은 "선택"과 "결합"이라는 용어로 의미의 생성을 다룬다. 우선 "선택"이라는 것은 "환유" 작용인데, 이는 프로이트가 "전치" (déplacement)라고 말한 것에 해당한다. 라깡은 프로이트가 말한 "전치"를 야콥슨의 "선택"과 "환유"로 설명했다. 이것을 기호로 표현하면 다음과 같다.

$$f(S\ldots S')S \cong S(-)s \cong \frac{S}{s}$$

여기서 (−)는 기호 $\frac{S}{s}$ 에서 분모와 분자를 가르는 막대를 의미하고, (≅)는 좌우 항이 합동임을 뜻한다. 기호 (−)는 뜻과 소리의 관계에서 구성되는 비환원성, 즉 개념과 소리는 서로 이질적임을 알려주는 역할을 한다. 어떤 말의 개념은 이미 있는 것이고, 그 말의 소리는 단지 소리일 뿐이라는 것이다. 이는 말의 개념은 고정되어 있기에 소리에 의해서 그 말의 의미가 변할 수 없다는 사실을 보여준다. 라깡은 이런 관찰 결과를 소리에 대항하는 의미의 저항이라고 칭한다. 즉 이 막대는 기의와 기표가 상통하지 않음을 보여준다.

반면 "결합"은 "은유" 작용으로서 프로이트가 "응축"(condensation)이라고 말한 것에 해당한다. 라깡은 프로이트가 말한 "응축"을 야콥슨의 "결합"과 "은유"로 설명했다. 이를 기호로 표현하면 다음과 같다.

$$f(\frac{S'}{s})S \cong S(+)s \cong \frac{S}{s}$$

여기서 (+)는 기호 $\frac{S}{s}$ 안의 분모와 분자를 나누는 막대가 없음을 보여준다. 이는 기의와 기표가 상통함을 보여준다. 뫼비우스의 띠처럼 겉과

속이 하나의 띠로 연결되는 것이다. 여기서 하나의 기표(소리)는 소리이면서도 개념이 된다. 즉 소리와 개념에 이중적으로 기입된다.

환자의 말을 분석할 때, 그 말을 "선택과 환유" 작용을 통해 이해하면 그 "소리"와 "개념"이 서로 이질적인 것처럼 보인다. 그래서 환자의 이상한 말 한마디, 한마디를 연결해도 우리가 구하는 이해를 얻을 수는 없다. 환자의 말에서 소리와 개념이 따로 놀기 때문이다. 그러나 "결합과 은유" 작용을 통해 이해하면, 환자의 말 한마디가 자신의 경험 가운데서 어떤 의미로 사용되는지 유추할 수 있게 된다. 이렇게 정신분석은 "선택과 환유"와 "결합과 은유"라는 두 작용을 연결하면서 환자의 말을 듣는다. 이것이 라깡이 구성한 임상을 위한 기호학의 의미다.

아우구스티누스는 이런 정교한 기호학을 고안하지는 못했다. 하지만 라깡의 임상을 위한 기호학으로 아우구스티누스의 글을 읽으면 그가 생각한 말과 정신의 관계를 더 깊이 이해할 가능성이 열리지 않을까 싶다. 이제부터는 라깡의 방법으로 읽을 수 있는 아우구스티누스의 글을 강조해볼 것이다.

3. 인간 정신의 기능

"보는 대상 → 시상 → 시상을 대상에 고정시키는 힘", 이런 과정을 아우구스티누스는 "마음(정신)의 지향성"(*mentis intentio*)이라 부른다. 이 지향성은 그 출발점이 대상이 아니라 주체에게 있는 것처럼 보인다. 하지만 앞서 인용(11.2.2)했듯이 아우구스티누스에게서 시상은 "보는 대상"과 "보이는 대상"이 함께 작용한다.

아우구스티누스의 "마음의 지향성"은 라깡이 전개한 욕동 이론의 세

가지 문법태로 설명될 수 있다. 바로 수동태-자귀태-능동태다.[17] 또 상상계가 작동해 "시상"이 맺히고 상징계와 실재가 구축되는 정신 발달 과정은 언어 습득 과정에 해당한다. 무의식의 구조를 짜는 것은 언어의 구조를 짜는 것과 같고, 무의식과 언어를 짜는 동력은 욕동이다. 욕동은 성에만 관련된 용어가 아니다. 세미나 11 "전이"에서 라깡은 말의 결과로 전개되는 무의식은 언어처럼 짜여진 무의식의 주체의 모습이라고 말한다. 그리고 성의 학문인 정신분석을 시니피앙 성좌의 학문으로 전환시킨다. 이제 리비도의 이동은 생물학적 성의 이동이 아니라 욕망(필요-요구=욕망)의 이동이고 주체의 욕망은 결국 타자가 가진 욕망에 대한 욕망으로 설명된다. 타자의 욕망은 상징계의 질서 속에서 언어로 전달된다.[18] 또 욕동을 설명하는 가장 좋은 공식으로 "욕동은 타대상(오브제 아)을 한 바퀴 돈다"라는 문장이 소개된다.[19] 라깡은 프로이트의 예화에서 철갑상어 알(caviar)과 실패(bobine)가 바로 타대상에 해당하며, 타대상을 엄마의 젖으로만 고정하려는 태도에서 벗어나야 한다고 말한다.

앞서도 다루었지만 이때 우리가 주의할 점은 철갑상어 알과 실패가 대상 그 자체로서 기능하기보다는 말과 함께 작용한다는 것이다. 이것이 바로 오브제 아의 핵심 내용이다. 타대상(오브제 아)이 지시하는 대상과 그것에 관계된 말과의 틈에 관한 것이 바로 욕동 개념의 중심에 자리한다. 그 결과 우리는 욕동을 성 또는 성 기관이 아닌 언어, 말과 연관하

17　Lacan, *Les guatre concepts fondamentaux de la psychanalse*, 171-82.

18　Ibid., 137-44.

19　Ibid., 153. objet *a*는 라깡이 세미나 8(1960-61)을 강의하면서 만든 용어다. 라깡은 자신이 만든 이 용어를 해석하거나 번역하기보다 "오브제 아"라고 읽도록 권한 바 있다. 그러나 국내에서는 편의상 "타대상"이라는 번역어로 많이 알려졌다.

여 논의를 전개한다. 이에 관한 라깡의 명확한 입장은 다음과 같다.

분석에서 일어나는 것을 알기 위해서는 말이 어디서 나오는지 알아야
한다. 저항을 알기 위해서는 말의 사건에서 가리개 역할을 하는 것이 무엇
인지 알아야 한다.…왜 무의식이 유발하는 문제를 회피하는가? 자유연상
이 신경생물학적 자동성의 자유라는 의미에서 접근될 수 있는가? 욕동이
간뇌와 후뇌로부터 발생한다고 한다면, 어떻게 욕동이 언어라는 용어로
구조화된다고 이해할 수 있는가? 왜냐하면 처음부터 결과와 술책은 언어
속에 나타나기 때문이다.[20]

의심은 욕동의 과정에서 생긴다. 대상관계에서 명확하게 규정되거
나 분리되지 않아 욕망을 불러일으키는 원인이 되는 타대상(오브제 아)
은, 아우구스티누스에게서도 "마음의 지향성"에 포함되어 이야기되었다
고 볼 수 있다. 아우구스티누스는 "시상"을 받아들여 "이름"을 붙이고 "기
호"를 만드는 언어화 과정을 길게 설명하는데, 이 과정에서 지각 동일성
을 획득하지 못하는 대상에 맞닥뜨린다. 또한 그는 정신이란 곳은 본 것
을 보았다고 말하기 전에 정신에서 말을 잉태하는 곳이라고 말한다. 바
로 이곳이 욕동의 자귀태가 작용하는 곳이다. 자귀태는 보인 것이 정신
에 담겨 보이게 되는 내부 작용에 관련된다.

욕동의 문법태 세 가지와 마찬가지로 무의식의 통사론 두 가지 법칙
은 욕동의 진로를 잘 드러내 준다. 무의식의 제1작업 과정에서는 "보여
준 모두를 보고", "들려준 모두를 듣고", 에너지 보존법칙, 쾌-불쾌 원리

---

20 Lacan, *Ecrits*, 461, 466.

에 따른 절대쾌, 근친상간 원리가 논의되고, 응축과 전치, 은유와 환유가 작용한다.[21] 반면 무의식의 제2작업 과정에서는 "보여준 모두를 보지 못하고", "들려준 모두를 듣지 못하고", 무의식의 제1작업 과정이 저지/엄폐되며, 현실 원리가 작용하면서 무의식의 움/싹이 나타난다. 이런 무의식의 작용 원리에 비추어보면 아우구스티누스의 다음과 같은 말은 매우 흥미롭다.

이야기를 들을 때 이야기에 나오는 일들을 생각하지만, 그런 때 우리는 "정신의 눈"으로 기억을 회고하면서 시상들을 얻는 것 같지는 않다. 우리는 우리의 기억을 더듬는 것이 아니라 다른 사람이 이야기해주는 대로 생각한다. 그래서 저 삼위일체가 여기서 완성되는 것 같지 않다.…나는 이야기를 듣는 것이며, 나의 기억에 숨어 있는 것을 생각하는 것이 아니라 내가 듣는 것을 생각한다(11.8.14).

여기서 "나는…듣는 것을 생각한다"는 것은 내 기억과는 상관없이, 듣는 것에 따라 생기는 생각을 표현한다. 이런 개념은 분석가가 취하는 태도인 "부동의 주의"(attention flottante)와 유사하다. 이는 "마음(정신)의 눈", "마음(정신)의 지향성"이 개입하지 않고 이루어지는 듯이 보인다. 듣는 내용을 기억과 연관시키지 않고 생각할 수 있는 이런 과정을 경험한 아우구스티누스는 난감해한다. 그러나 더 자세히 관찰한 결과, 그는 기억의 한계 내에서 "듣는 것을 생각하는" 방식을 이야기한다.

21 프로이트의 두 가지 정신 기능에 관한 상세한 설명은 다음 자료를 참고하라. 나지오, "프로이트", 13-68; 라플랑슈, 퐁탈리스, "1차 과정과 2차 과정", 324-26.

그러나 그런 때도 더 자세히 관찰하면, 우리는 기억의 한계를 넘어가지 않는다. 그[들려주는 이]가 쓰는 단어들이 한 이야기에서 연결된 것을 나는 처음 들었지만 나는 그가 묘사하는 개개의 물건들을 일반적인 개념으로 기억하고 있기에, 오직 그 때문에 그가 하는 이야기를 이해할 수 있었다 (11.8.14).[22]

여기서 "기억"에 남아 있는 것으로 인해 들려주고 보여준 것을 이해한다는 말은 라깡의 상징계와 연결된다. 아우구스티누스는 상징계와 관련한 설명을 상세하게 이어간다. 그가 듣는 것과 기억과의 관계에 관해 서술한 내용은 라깡이 전개한 "환유"와 "은유"에 해당한다. 환유와 은유는 욕동 이론의 주요 내용으로서 아우구스티누스가 구상하는 "마음에 내용 담기"는 "마음의 지향성"의 작용, 즉 "욕동"의 목표(Aim)와 다르지 않다. 그가 "마음의 지향성"을 종합하는 다음 단락을 다시 한번 살펴보자.

그러므로 이 배열에서, 물체의 형상으로부터 시작해서 생각하는 사람의 정신의 눈에 생기는 형상에 이르기까지 4개의 형상이 있다. 이 형상들은 말하자면 차례로 앞엣것에서 뒤엣것이 난다. 둘째 것은 첫째 것에서 나고, 셋째 것은 둘째 것에서, 그리고 넷째 것은 셋째 것에서 난다. ① "감각되는 물체의 형상"에서 ② "감각하는 사람의 감각기관에 있는 형상"이 생기고, 이것에서 ③ "기억에 있는 형상"이 생긴다. 끝으로 이 기억에 있는 형상에

---

22 [ ] 안의 내용은 덧붙인 것이다.

서 ④ "정신의 눈에 있는 형상"이 생긴다(11.9.16).[23]

여기서 보듯이 "마음의 지향성"은 네 단계로 나뉜다. 기억의 과정이라
고 단언해버릴 수 있는 이 순환 과정은 거울 단계에서처럼, 유아에서부
터 지금 우리 자신에게까지도 이루어지고 있는 작용이다. 우리는 이 작
용이 일어나는 원동력에 관심을 둔다. 그것은 바로 욕동이다. 아우구스
티누스는 욕동을 몰랐지만 이런 순환적 정신 기능이 계속되고 있음을
알았다. 프로이트와 융이 이 욕동 해석에 관하여 다른 의견을 갖게 된 것
이 결별의 원인이 된 것에서 알 수 있듯이, 욕동이 선천적이며 태고적인
것인지, 아니면 후천적이며 발달적인 것인지는 아직 확실하지 않다. 그
러나 프로이트와 라깡은 후자의 입장에 선다. 후천적인 영향력 때문에
이 과정이 작용하지 않는 사람들을 치료하기 위해 이 개념을 정신분석
에 도입하고 발전시킨 것이다.

이런 순환적 상징 체계를 주장하는 아우구스티누스에게 모든 것은
"보고-듣고-생각한 것"에 기초한다. 환상은 어떤 체계의 데이터를 이용
함으로써만 나타난다. 이런 환상 개념은 라깡의 환상 방정식 $\$\diamond a$에 부
합한다. 아우구스티누스는 이에 관해 다음과 같이 말했다.

우리가 본 일이 없는 물체의 부피를 생각할 때도 기억의 도움을 받지 않
는 것이 아니다. 광대한 우주를 살펴보아서 우리의 시력이 얼마나 먼 데까
지 도달하든 간에, 우리가 힘껏 크게 생각한 물체의 부피는 그 정도에 그
친다. 우리의 이성은 더 멀리 가지만 우리의 환상은 따라가지 못한다.…그

---

23 번호는 덧붙인 것이다.

러나 우리가 본 일이 있고 지금도 기억하고 있는 가장 작은 조각들에 도달하면, 우리의 마음(정신)의 눈은 더 작은 조각의 환상을 볼 수 없다. 그래도 이성은 계속해서 쪼개고 또 쪼갠다. 이처럼 우리는 기억한 것이거나 기억한 것을 재료로 삼은 것이 아닌 어떤 물체를 생각하지 못한다(11.10.17).

아무리 복잡할지라도 환상은 더 이상 새로울 것이 없는 데이터, 기억 내의 자료로 구성된다. 이렇게 결정론으로 정신론을 정리하는 아우구스티누스에게는 언어로 설명될 수 없는 실재, 타대상(오브제 아)으로서만 모습을 드러내는 실재는 등장하지 않는가?

4. 아우구스티누스에 따른 "사람의 정신 = 영적인 인간"

아우구스티누스는 "정신의 기능"을 "지향성"(*intentio*)으로 설명했다. 라깡의 정신분석 개념인 욕동(pulsion)에 견주어 설명될 수 있는 "지향성"은 "정신의 구조"에 처음부터 있지는 않았지만 후천적으로 생겨서 대상관계를 맺는 일을 주도적으로 담당한다. "지향성"은 대상관계를 이끄는 힘이자 대상관계를 가질 수 있는 능력을 보유하고 있다. 아우구스티누스는 아주 역동적으로 이 능력을 소개했다. 반면 그가 제시하는 "의지"(*arbitrio*)는 이에 못 미치는 것으로 설명된다. 『자유의지론』에서 아우구스티누스는 원죄로 인해 타격 입은 정신의 의지를 다룬다.[24] 전기 아우구스티누스의 저서에서 발견되는 "의지"는 나중에 자유와 예정이라는 논쟁을 불러일으킬 만큼, 죄를 해결함에 있어 인간의 능동성, 의지의 권

---

24 아우구스티누스(성염 옮김), 『자유의지론』(왜관: 분도출판사, 1998), 261-63.

능 있음을 피력했다고 평가받는다. 그러나 이것은 오해다. 아우구스티누스는 "의지"가 구원을 소환하는 데, 일상생활을 풍요롭게 하는 데 작용하는 수동적인 힘이라고 분명히 밝혔다.[25]

"지향성"은 "의지"에 비해 그 능동성이 더 크게 작용한다. "지향성"은 전기 아우구스티누스의 개념인 "의지"와는 달리 죄에 대한 인간의 무력함을, 그러나 성령에 의해 그 무력함이 회복되었음을 드러낸 시기에 주장된 개념이다. 그런데도 아우구스티누스는 "지향성"에 적극적인 개념을 부여했다. "지향성"은 한편으로 정신으로부터 의심의 대상이 아닌 "정신의 구조"에서부터, 다른 한편으로 의심의 대상이 되는 "정신의 기능"에 이르기까지 적극적인 영향을 끼친다. 반면 "의지"는 최고선과 최소선 사이의 중간선이란 위치에서, 최고선을 등지고 최소선을 지향하는 속성이다. 이처럼 마음(정신)의 지향성 문제에서 "지향성"과 "의지"는 그 역할이 분명하게 구분된다. "지향성"은 라깡의 "도식 L"로 표현하자면 $a \rightarrow M, A \rightarrow \$$로 향하는, 화살의 몸짓(Aim)과도 같다. 원죄에도 불구하고 "지향성"은 피조물 전체를 향하여 왕성한 지적 호기심을 나타낸다. 그러나 그 호기심에 따른 명확한 답을 얻지 못함으로써 의심이 생긴다. 개종하는 단계에서 회의론에 빠진 아우구스티누스는 의심을 품게 되고, 이 의심의 문제를 풀기 위해 평생 고민한다. 그리고 결국 그가 의심을 해결하는 것은 계시를 통해, 즉 성서를 읽고 깨닫고서다. 이 지점에서 우리는 아우구스티누스가 "의지"에 종속된 이후 이런 경험이 이루어졌다고 생각하기 쉽다. 그러나 이는 오해일 것이다. 그는 이런 경험이 있기까지 능동적이고 적극적으로 "지향성"을 활용했기 때문이다.

---

25 아우구스티누스, "재고론", 433.

전기의 아우구스티누스가 개종 이전의 사유 방식대로 "의지"에 큰 기대를 걸고 의지의 자유대로 신앙의 길을 걸어가고자 했다면, 후기의 아우구스티누스는 "지향성"에서 그 답을 찾았다. "의지"에 기대를 걸었던 전기 때는 자연신학 쪽에서의 엉뚱한 환호뿐 아니라 개인적인 신앙 체험에서의 불편함을 초래했지만, "지향성"에 의존한 후기 때는 계시받을 조건으로서 "하나님의 형상"(Imago Dei)을 이해할 뿐 아니라 의심이 생기는 과정도 납득하게 되었다. 하나님을 이해하고자 정리한 삼위일체 교리는 오히려 인간을 더 깊이 이해하는 기회가 되었다. 그 깊은 이해가 『삼위일체론』에 고스란히 담겨 있다.

아우구스티누스는 사람의 정신에서 언어로 파악할 수 없는 삼위일체를 만난다. 그가 경험한 이 실재에 붙인 기호는 진부한 "삼위일체"라는 이름이었다. 하지만 그가 체득한 것은 이전의 상징계 속의 사람과는 다른, 새로운 사람이 가능함을 말해주었다. 즉 삼위일체 개념은 옛사람의 형식은 그대로 있지만 새사람이라고 말하는 사람을 통하여 발견된다. 이 새사람이라는 것은 어떤 형식과 내용 변화에 의해 구성된다. 아우구스티누스는 의심에서 확신으로 이행하는 가운데 생성되는 세 가지 차원의 사람을 언급한다.

우리는 11권에서 시각을 선택해서, 시각에서 알 수 있는 일은 다른 네 가지 감각들에서도 같다고 전제했다. 그래서 "외면적 인간"(exteriorem hominem)에게서 일종의 삼위일체가 나타났다. 그것은 곧 보이는 물체, 보는 사람의 눈에 인상으로 박히는 그 형태, 이 둘을 결부하는 의지의 목적, 이 셋으로 되는 삼위일체다.

제12권에서 우리는 지식과 지혜를 구별하는 것이 좋겠다고 생각했고, 둘 중의 낮은 것에서 특히 지식이라고 부를 만한 일종의 특별한 삼위일체를 구했다. 우리는 여기서 "내면적 인간"(*interiorem hominem*)에 속한 것에 도달했지만, 아직 하나님의 형상이라고 부르거나 생각할 만한 것은 아니었다.

제14권에서 우리는 사람의 진정한 지혜를 논했다. 즉 하나님 자신에 참여함으로써 하나님의 선물로서 받는 그 지혜이며, 지식과 구별되는 것이다. 우리의 논의가 도달한 점은 하나님의 형상인 "사람의 정신"(*homo secundum mentem*)에서 삼위일체가 발견되며, 이 정신은 사람을 창조하신 분의 형상을 좇아 하나님에 대한 지식에까지 새롭게 된다는 것이다(골 3:10)(15.3.5).

삼위일체 하나님을 만날 수 있는 사람은 기억 속에 있는 외부 물체의 형상, 생각하는 사람의 정신의 눈에 박히는 그 형상의 형태, 그리고 이 둘을 결부하는 의지로 구성된 "외적 인간"을 통해서도 되지 않고, 지식을 추구하는 "내적 인간"을 통해서도 되지 않는다. 그것은 오직 하나님의 형상을 따라 지음받아 그 형상을 따라 하나님을 탐구하는 사람의 정신 안에서 가능하다(15.3.5). "영적인 인간/영혼"(*Homo secundum mentem*, Âme spirituelle)은 "마음(정신)의 지향성"이 원활하게 작동하는, 그래서 새로운 정신의 구조를 회복한 인간으로 풀이할 수 있다. 같은 맥락에서 "마음(정신)의 지향성"은 외적 인간과 내적 인간에게서 활발하게 작동하면서 "사람의 정신 또는 영적 인간"을 생성시키는 원동력이라 볼 수 있다.

그러나 아우구스티누스가 말하는 정신의 마지막 단계는 하나님을 아는 지식에 관계된다. 이 점은 라깡의 정신 이해와는 좀 다른 듯하다. 왜냐하면 라깡은 실재가 하나님에 관한 지식에 관계되는 것이라고 말하지 않기 때문이다. 바로 이 점이 라깡과 아우구스티누스의 차이점이라고 할 수 있다. 그런데도 정말 그렇다고 단언하기는 어렵다. 라깡이 말하는 실재와 아우구스티누스가 말하는 하나님 간의 차이점과 유사점을 명확하게 밝혀야 하기 때문이다. 이는 매우 복잡한 주제로서 여기서 다루기는 어렵다. 대신 라깡의 종교관에 관한 나의 논문을 더 발전시켜 차후에 이 문제에 접근해볼 것이다.[26]

나가는 말

라깡식 정신분석에서는 정신의 발달단계를 3심급(상상계-상징계-실재)으로 나눈다. 이런 과정은 "욕동"이란 개념을 중심으로 전개된다. 마찬가지로 아우구스티누스 신학에서는 의심에서 확신으로 이행하는 사람을 세 가지 모양(외적 인간-내적 인간-영적 인간)으로 이해한다. 이런 과정은 "지향성"이라는 개념을 중심으로 설명된다.

"보는 대상 → 시상 → 시상을 대상에 고정시키는 힘"을 작동시키는 "지향성"은 외적 인간을 만들어낸다. 이는 상상계에 따른 인간 이해로 볼 수 있다. 계속되는 이런 과정을 통해 외부 대상과 접촉하고 지식을 습득하고 상징계를 구성함으로써 내적 인간이 구성된다. 끝으로 하나님의 형상에 이르는 지식을 소유하고 그 하나님과 접촉하는 영적 인간은 상상계의 이미지와 상징계의 그물을 벗어나는 실재와의 만남을 이루게 된다. 라깡이 자신의 마지막 학문적 열정을 쏟은 것도 이 주제였는데, 이

---

26 강응섭, "라깡과 종교", 「라깡과 현대정신분석」 제7권 2호(2005.12.), 89-111 참조.

는 아우구스티누스가 의심에서 확신으로 도달하는 제3의 지점이기도 했다.

　아우구스티누스의 학문에 큰 획을 긋는 두 가지 개념은 "의지"와 "지향성"이라 할 수 있다. 정신을 "구조"와 "기능"으로 구분하고, 이 둘을 연결하는 힘으로 "지향성"을 제시한 아우구스티누스는, 최고선을 배향하고 최소선만을 지향하는 "의지"와는 다른 성격의, 외적-내적 인간에서 영적 인간으로 이끄는 힘으로서의 "지향성" 개념을 발전시킨다. 결국 "지향성"은 정신분석의 욕동이 쾌-불쾌의 원칙에서 주이상스를 경험하고자 하고, 현실의 원칙에서 욕망을 성취하고자 하듯이, 보임과 바라봄에서 만들어진 시상에서 시상과 동등한 "말"을 정립한다. 이 "말"은 낳는 것과 난 말이 동일한 것으로서 그 합은 "정신"이다. 즉 정신은 말의 집이다. 그러나 말의 합인 정신은 넣어진 것과는 동일성을 획득하지 못한다. 외부 대상과 내부 대상 간의 동일성을 얻지 못하기에, 언어로 표현할 수 없기에, 정신과 말은 서로 어긋난 형태로 만나게 된다. 결국 말의 합, 1, *Unum*(일자)은 우리가 경험하고자 하지만 경험할 수 없는, 그러나 경험되는 어떤 것이다. 이것을 경험하는 것은 바로 영적 인간, 즉 "사람의 정신"이 삼위일체 하나님을 경험하는 것이다. 또한 그것은 실재를 경험하는 것이요, 육화된 언어의 차원을 넘어서는 것이다.

　결국 아우구스티누스는 "삼위일체의 흔적"을 만나는 "영적 인간의 차원"을 서술한다. 여기서 핵심은 삼위일체 그 자체를 만나는 것이 아니라 그 흔적을 만난다는 데 있다. 이런 만남이 바로 아우구스티누스가 말하는 세 번째 차원의 인간의 모습이 아닐까 싶다. 이는 라깡의 사유, 즉 a=a라는 동일성이 빚어내는 의심은 늘 결여를 담고 있는 구멍이고 재현될 수 없는 방식으로 재현되는 "타대상"(오브제 아)을 통해 확신으로 변하게 된다는 사유와 비교할 때 소통이 이루어지는 개념이다.[27] 아우구스티누스 자신이 외적 인간에서 내적 인간으로, 그리고 영적 인간으로 변화를—거치면서 마치 키에르케고르의 질적 변증법처럼—전개된 그의 변증법적 사고는 글을 읽는 사람들에게 전달되어 그와 같은 질문을 하는 사람들에게 도움을 줄 수 있을 것이다.

---

27   Cf. J. Ansaldi(1991), 221. 글로윈스키 외 편저(2003), 195-200.

제5부

라깡과 신학 II

루터

11장

라깡의 "기표의 우위"와 루터의 신앙론[1]

들어가는 말

게하르트 에벨링(Gerhard Ebeling, 1912-2002)은 루터가 철학과 신학, 육과 영, 율법과 복음, 숨은 하나님과 계시된 하나님 등 두 축 사이의 긴장 가운데 거하는 인간을 드러낸다고 말했다. 그런데 폴 알트하우스(Paul Althaus, 1888-1966)는 에벨링의 주장과 구도를 배제한 상태에서 있는 그대로의 루터를 바라봐야 한다고 주장했다. 이번 장은 이 둘의 관점 사이에서 루터가 이해한 신앙을 소개할 때 있는 그대로의 루터를 표현하는 것이 가능한지, 그렇게 되기 위해 어떤 전제가 필요하다면 그것이 무엇인지 알아보아야 한다는 데서 시작된다.

나는 이 글에서 "신앙"을 주제로 삼는데, 신앙이란 예수의 오심과 인

---

1   이 글은 2011년 제6회 한국조직신학자전국대회(2011.4.9., 나사렛대학교)에서 발표한 것을 보완하여 다음 학회지에 실었고 이번에 다시 수정했다. 강웅섭, "루터에 따른 신앙론", 「한국조직신학논총」 제38집(한들출판사, 2014.6). 이 글의 주제어는 루터, 에벨링, 신앙, 들음, 회개(Luther, Ebeling, Foi[Faith], Ecoute[Listening], Pénitence) 등이다.

간의 다가감, 그리고 그리스도의 들려줌과 인간의 들음에서 생긴다는 전제에서 시작한다. 신앙은 숨어 계신 하나님이 스스로를 드러내면서 바스락거리는 소리를 들려주실 때, 그리고 듣도록 창조된 인간이 그 목소리를 경청할 때 생기며 성장한다고 볼 수 있다. 그래서 이 글은 들려줌과 들음으로 인해 생기는 신앙을 역설한 루터를 스케치하는 데 의의를 둔다. 들려줌에 의한 신앙은 그리스도에 의한 신앙이고, 들음에 의한 신앙은 인간에 의한 신앙이다.

에벨링에 따르면 루터는 철학과 신학, 육과 영, 율법과 복음, 숨은 하나님과 계시된 하나님 등의 두 축 사이에 거하는 인간의 모습을 드러낸다.[2] 이렇게 구조적인 면에서 루터를 이해하면 실존적 신학자로서 루터를 명확하게 이야기할 수 있을 것이다. 그러나 이런 접근 방법에 대해 알트하우스는 조심스러운 태도를 보인다.[3] 루터를 소개할 때 있는 그대로 할 것인가, 어떤 틀을 사용해 할 것인가 하는 것은 해석학으로서 신학이 직면한 학문적 곤궁을 드러낸다.

이 글에서 루터가 이해한 신앙에 관해서 설명할 때도 같은 상황에 부닥친다. 글을 준비하다 보니 나에게는 어떤 틀이 이미 있어서 그 틀로 루터를 바라보게 된다. 내가 가진 틀이란 "들려줌과 들음의 변주에서 생기는 신앙"과 관계된다. 이는 라깡으로 보자면 기표의 우위에 처한 인간의 모습이기도 하다. 이런 구도에서 루터를 바라보는 이유는 루터가 말하는 신앙이 "탄생"하고 "자리" 잡는 이유이기도 한데, 한편으로는 숨어 계신 분이 스스로를 드러내면서 바스락거리는 소리를 들려주시기 때문이

---

2 Gerhard Ebeling(tr. A. Rigo, P. Biihler), *Luther: introduction à une réflexion théologique* (Genève: Labor et Fides, 1983), 235.

3 Althaus, *The theology of Martin Luther*, viii.

고, 다른 한편으로는 듣도록 창조되었기 때문이라고 할 수 있다. 숨어 계신 분이 스스로를 드러내실 때는 대부분 말씀으로 그렇게 하시는데, 라깡식으로 본다면 이는 대타자에 해당한다.

따라서 인간은 늘 말씀하시는 하나님과의 관계 속에 있을 때만 하나님과 인격적인 교제를 하게 된다. 인간은 사물이나 실재와 관계하는 것이 아니라 말의 총체인 대타자와 관계한다. 여기서부터 시작할 때 들려줌에 의한 신앙은 그리스도에 의한 신앙으로, 들음에 의한 신앙은 인간에 의한 신앙으로 이해할 수 있다. 이런 점에서 대타자를 상정하는 라깡은 말씀으로 다가오시는 하나님을 신론으로 상정하는 루터와 매우 유사하다. 하지만 여기서 라깡의 대타자를 깊이 부연하지는 않을 것이다. 다만 루터와 관계된 신학적인 면만을 강조하려 한다. 나의 다른 글을 살펴보면 라깡이 말한 대타자 개념은 충분하게 접할 수 있을 것이다.[4]

이번 장의 구성을 미리 살펴보자. 우선 신앙이 탄생하는 과정을 설명하기 위해 "1. 신앙의 탄생"에서 "들려줌에서 들음으로", "감시 '됨'에서 신앙 '함'으로", "인간의 신앙과 그리스도의 신앙 사이에서: 의롭게 되기", "역설적 역동성: 원천으로서 신앙" 등의 주제로 논리를 전개할 것이다. 그리고 그 토대 위에 신앙의 자리가 "왜" 상호 이행의 위치에 서게 되며 그 위치에서 "어떻게" 작용하는지를 밝히기 위해 "2. 신앙의 자리"로 글을 이어갈 것이다. 여기서 다룰 주제는 "하나님과 사탄이라는 두 갈림길에서", "조건적 필연과 절대적 필연: 신적 자유의지와 인간의 노예의지", "정체에서 소통으로 이끌리면서: 거룩하게 되기" 등이다. 그럼에도 이런

---

4 특히 세창미디어에서 펴내는 "세창명저산책" 시리즈 중에서 내가 "라깡의 세미나 읽기"에 관해 저술한 것을 참조하면 좋을 것이다.

구도가 가져다줄 결론이 과연 실재의 루터와 얼마나 유사할지 근심하며 글을 시작한다.

1. 신앙의 탄생

1) 들려줌에서 들음으로: 영광의 신학에서 십자가 신학으로

루터를 이해할 때 불편한 점 가운데 하나는 그의 "극단적인 글쓰기"다. 왜냐하면 그는 숨는 것과 드러나는 것, 육과 영 등 대립적인 용어의 경계를 상관하지 않고 오히려 분리시키고 구분하며 단절시키기 때문이다. 가령 인간이 하나님을 두려워하는 까닭은 "인간 이성으로 완전하게 이해할 수도, 접근할 수도 없는"[5] 하나님과 "하나님을 필요로 하지 않는 자들을 의롭다 하고 구원하면서 자기의 인자함을 드러내는 하나님"을[6] 분리하는 데서 비롯된다고 설명하는 식이다. 인간은 한편으로 모습을 드러내지 않으면서도 우레와도 같은 소리를 내면서 나아오시는 하나님 때문에, 다른 한편으로 인간을 향해 무조건적으로 다가오시는 인자하신 하나님 때문에 매우 민감한 태도를 보인다.

　나는 하나님의 양단적 모습 때문에 두려움에 처한 루터의 모습을 그가 스콜라 신학에 심취했던 시기에서 발견한다. 유명론적 사조의 스콜라 신학자였던 루터 진영의 울타리에서 그리스도의 고난과 부활은 무의미한 것이었다. 이때의 루터는 전지전능한 하나님의 호령 앞에 선 인간의 모습, 즉 고양이 앞의 쥐와도 같은 모습을 참 인간의 모습이라 여

5　Martin Luther, "Du serf arbitre," *Œuvres V*(Genève: Labor et Fides, 1958), 229.
6　Ibid.

긴다. 그러나 "스콜라 신학 논박"[7]을 저술한 이후 루터는 매우 다른 인간론을 갖게 된다. 180도 변화된 관점을 갖게 된 루터는 이제 유명론적 스콜라학에 따른 인간의 모습을 적나라하게 고발한다. 루터는 스콜라 신학으로는 들을 귀가 열리지 않는다고 말한다. 다시 말해 이 신학을 통해서는 신앙이 생성되지 않는다는 것이다. 다만 두려움 때문에 강압적으로 하는 자백만 있을 뿐이다.

그리스도 중심의 신학자가 된 루터는 스콜라 신학자들이 세운 "영광의 신학"에 대립하는 "십자가의 신학"을[8] 세운다. 그는 진정한 신학과 하나님에 대한 참 인식은 십자가에 달리신 그리스도와 그 고난을 직시할 때만 가능하다고 말한다. 그에 따르면 십자가의 신앙고백은 전능한 하나님으로부터 생성되는 것이 아니라 오히려 그 반대다. 즉 "하나님의 열등하고 보이는 속성은 보이지 않는 것들과 대립된다. 즉 인간적인 면, 약함, 광기 등의 속성"에서[9] 참 신앙고백이 유래한다는 것이다.

사변신학이 존엄한 하나님, 벌거벗은 하나님, 자신을 감추시는 하나님을 강조한다면, 십자가 신학은 십자가에 못 박히신 하나님, 성육신하신 하나님, 그리고 하나님의 말씀에 역점을 둔다. 그러므로 루터의 말대로 스콜라 신학은 숨은 하나님에 관한 사변에서 유래하고, 십자가의 신학은 그리스도를 고백하는 데 그 근거를 둔다. 이 종교 개혁자는 결국 기독교 역사에서 가장 놀라운 기점에 이른다. 그는 그것을 "십자가 신학"이

7   Martin Luther, "Controverse contre la théologie scolastique," *Œuvres I*(Genève: Labor et Fides, 1957), 93-101.

8   Martin Luther, "Divi Pauli Apostoli ad Hebreos epistola," *W. A.* 57-3권, 79.

9   Martin Luther, "Controverse tenue à Heidelberg," *Œuvres I*, 137.

라 부른다.[10]

루터가 전개한 신학의 여정은 숨은 하나님과 선포된 하나님, 침묵하는 하나님과 계시된 하나님 간의 차이를 명백하게 하는 작업으로 채워졌다.[11] 십자가의 의미를 깨달은 후, 그는 이런 두 축을 대립적인 관계가 아니라 역설적인 관계로 보았다. 시편 첫 강해 때, 십자가의 신학자는 숨은 하나님에 대한 신학 사상을 계시된 하나님과 대립시키면서 이 역설에 관해 말한 바 있다.

하나님이 육의 영광 아래서 영의 영광을, 육의 풍부함 아래서 영의 풍부함을, 그리고 육의 호의와 명예 아래서 은총과 영의 명예를 얻게 한다면, 그것은 숨겨진 심오함이라 지칭할 수 있을 것이다. 그러나 하나님이 이와는 반대 순서로 우리에게 영광과 풍부함 등을 주신다면, 우리는 심오하게 숨길 뿐 아니라 더 심오하게 숨기는 것이라고 말할 수 있을 것이다. 만약 그가 신앙 안에서 성령으로부터 그것을 주시지 않는다면, 겉보기에 겸허하고 공격받고 거부되고 죽임당하는 자가 동시에 내적으로 소생하고 위로받고 받아들여지고 더 높은 곳에서 부활되는 자임을 어떻게 깨달을 수 있을까![12]

분명 숨어 계시는 영광의 하나님이 두려움의 대상이 된다는 것은 "이성에게는 명백하다. 그 인식은 세상의 신에 대한 원리와 유사한 방식의 업적 안에서 실현되는 인간적 갈망의 확신을 교만하게 하고 눈멀게 하

---

10 Ibid., 125.
11 Luther, "Du serf arbitre," 109.
12 Martin Luther, W. A. 4권, 82.

는 지혜다."[13] 반대로 "십자가에 못 박힌 하나님의 숨은 특성은 이성에게
는 논란거리지만 믿는 자에게는 하나님이 행동하도록 하는 모든 지혜
와 모든 의의 궁극을 의미한다."[14] 사물의 제1요인 또는 자신의 원인으
로서 하나님에 관한 인식이 신플라톤주의 사상의 "일자"(Unum)에서 발
생한다면,[15] 숨어 계시는 하나님에 관한 지식은 명백하게 십자가의 신학
에서 비롯된다. 십자가의 신학은 확실히 기독론 신학 사상에 관계된다.
하나의 인격에 두 개의 구별되는 본성은 존재의 유비가 아닌, 오직 십자
가 변증법의 역설적 구도 아래서 설명된다. 그래서 루터는 하나님 스스
로 계시하는 곳 이외에서 그분을 강구하지 않는다.[16] 반면 장 칼뱅(Jean
Calvin, 1509-1564)의 성육신 해석은 하나님이 계시된 하나님임에도 불
구하고 그리스도의 본성이 존엄한 하나님임을 보여준다고 주장한다.[17]
즉 계시된 하나님이 존엄한 하나님에 함몰된다. 따라서 루터가 그리스
도의 신성과 인성 간의 소통을 주장했던 것과는 달리, 제네바의 종교 개
혁자 칼뱅은 신성에 함몰된 그리스도를 주장한다. 그래서 칼뱅에게 코
뮤니카티오 이디오마툼(Communicatio idiomatum)은 논쟁거리가 된다.[18]

---

13 Ebeling, *Luther*, 192.

14 Ibid., 192.

15 정달용, 『그리스도교 철학(상): 고대와 중세』(서울: 분도, 2007), 63-64를 참고하라.

16 Cf. André Gounelle, "Conjonction ou disconjonction de Jésus et du Christ: Tillich
entre l'*extra calvinisticum* et l'*intra Lutheranum*," *Revue d'hisoire et de philosophie reli-
gieuses*, 3(1981), 250-51.

17 Cf. Luther, "Du serf arbitre," 27; 이오갑, 『칼뱅의 신과 세계』(서울: 대한기독교서회,
2010), 24-28.

18 *Communicatio idiomatum*에 관한 칼뱅의 처음 글들은 *Christianae religionis institutio* 제
1판(1536)과 제2판(1538)에 나타난다. 칼뱅은 그 저서에서 그리스도 예수의 신적 본
성이 숨으시는 하나님과 교통함을 보여준다. 이오갑, "칼뱅의 속성교류 연구", 「신학사
상」 81호(1993); "엑스트라 칼비니스티쿰 연구", 「기독교사상」 420호(1993), 80-93;

이런 맥락에서, 남부 프랑스의 신학자 앙살디에 따르면 칼뱅은 "기독론에 관계되지 않는 하나님에 관한 지식"을 찾으며 "하나님의 본질은 그리스도 없이도 기술될 수 있다"고 보았다. 왜냐하면 칼뱅은 "기독론이건 출애굽 사건이건 어떤 것에 접근하기 이전에 하나님을 정의하고, 그의 섭리와 창조적인 행위를 기술하며, 인간과 성서의 본질을 이해"하기 때문이다.[19] 그는 결국 "[칼뱅에게서] 기독론은 중심선에 놓여 있지 않은 것 같다. 그것은 보조자, 수단의 측면으로만 취급된다. 신의 계획은 역사 안에서 드러나는 동시에 역사 밖에서 완전히 구상되고 실현된다"고 지적하면서 칼뱅식의 신 중심 신학을 비판한다.[20] 그와 같은 맥락의 신앙을 가졌던 이는 신앙이 숨으신 하나님 앞에서 강요에 의해 만들어지는 것이라고 이해하며 스콜라적 사유에 젖어 있던 청년 루터였다. 성실한 칼뱅 연구가 이오갑은 루터의 "숨어 계신 하나님" 격인 "이해할 수 없는 하나님 개념을 초기부터 말기까지 일관되게 주장"한 이가 바로 칼뱅임을 지적한다.[21]

반면 선포된 하나님을 만난 루터는 그리스도로 계시된 하나님을 알게 되고, 신앙은 들려지는 말씀에 의해 생성되는 것이라고 이해하게 된다. 이런 면에서 그는 신앙의 탄생이라는 주제에 관해 칼뱅과 대립각을 세운다. 유명론적 사조의 스콜라 신학에서 신경증적 신앙인, 또는 눌린 신앙인이 생성되는 과정을 찾은 루터처럼, 앙살디도 칼뱅의 신학에서 그

421호(1993), 119-36.

19 이 단락에서 인용한 구문의 출처는 다음과 같다. Jean Ansaldi, *L'articulation de la Foi: de la Théologie et des Ecritures*(Paris: Les éditions du Cerf, 1991), 110.

20 Ibid., 111.

21 이오갑, 『칼뱅의 신과 세계』, 25.

와 유사한 기제를 찾게 된다고 주장하면서 신 중심적인 칼뱅의 신학을 혹독하게 비판한다.

2) 감시 "됨"에서 신앙 "함"으로: 숨은 하나님의 감시와 계시된 하나님을 신앙

루터는 성서의 첫 부부가 타락한 시점을 원의의 상실 시점으로 이해한다. 그 시점 후 인간 본성은 치명적인 죄로 물든다. 이 사건은 인간 구원을 위해 하나님이 제공한 말씀을 거부한 것으로 이해된다. 애초부터 인간은 약속된 말씀 이외의 또 다른 지혜를 찾는다. 인간은 보고, 듣고, 생각하고, 욕망하는 것에 자신을 내놓게 된다. 그는 죄로 인해 본성이 타락 속에 빠졌다는 사실을 받아들이지 않는다. 하지만 그는 늘 감시를 받고 있다는 느낌을 떨칠 수 없게 된다. 최초의 부부가 말씀을 어긴 후 숨어 있을 때 이 부부를 감시하면서 찾아오신 이는 하나님이었다. 감시의 대상이 되는 인간의 상태란 마치 원죄 이후 눌렸던 인간이 하나님으로부터 내려오는 말씀을 들은 후 그것을 잘 이행하는지 늘 감시당하고 있는 압박 상태와도 같다.

말씀에 불순종한다는 것은 사탄에게 인간의 최상의 권위가 넘겨졌다는 것을 의미한다. 그 결과 인간은 선과 악에 대한 인식을 지닌 "신이 되려"는 욕망에 이끌리고 하나님에 대한 신뢰와 확신을 잃어버린 채 죄의식과 욕망에 사로잡히게 된다. 극단적인 문장을 즐겨 사용하는 루터의 표현에 따르면 "모든 죄의 원천은 진실로, 우리가 말씀에서 분리될 때 나타나는, 불신과 의심"이다.[22] 그래서 인간은 구원자를 요청하게 된다.

인간이 기대하는 구원자는 어떤 종류인가? 루터는 이 질문에 대해 인

---

22 Martin Luther, "Commentaire du Livre de la Genèse," *Œuvres I*, 139.

간은 진실한 그분을 기다리기보다는 오히려 새로운 신을 만드는 것을 선호한다고 답한다. 그는 그 예시로 시내산 앞에 선 백성들이 아론에게 우상을 만들 것을 요구하고, 아론은 그들에게 금송아지를 만들어준 사건을 이야기한다.[23] 모세가 이 상황을 알지 못할 때도 하나님은 이런 광경을 감시하고 이를 모세에게 알리신다. 광야의 백성들은 구름과 우레 속에서 말씀하시는 감시자와 같은 하나님보다는 자신들이 만든 인자한 송아지를 더 선호하게 되는 것이다.

들도록 창조된 인간은 듣기를 잘 못 하고 들은 것을 나름대로 해석하게 됨으로써 기준점이 모호해진다. 말씀은 보이지 않고 들린다. 들리는 것은 보이지 않는 것이다. 이는 "신앙이 우리가 보지 못하는 것들과 관계되기 때문이다." 결국 "내가 믿는 것들이 숨겨져 있다면 신앙을 통해서만 그것을 알 수 있는가?"라는[24] 루터의 질문 속에는 감시당하는 것과 앙망하는 것이라는 대립적인 요소가 포함되어 있다. 감시받는 사람은 일반적으로 눌리는 사람이 되지, 숭앙하는 자가 되지는 못한다. 그 결과 죄의식에 사로잡힌 상태에서 말씀 이외의 다른 것을 욕망하게 될 뿐이다.[25] 그렇다면 어떻게 감시와 숭배가 함께 엮일 수 있을까?

루터는 "스말칼트 항목들"(Les Articles de Smalkalde)에서 복음은 말씀에 의해, 세례를 통해, 성례전을 통해 우리에게 알려진다고 부연한 적이 있다.[26] 그가 말하는 신앙은 이런 복음을 통해 형성된다. 듣는 것이 신앙

---

23 창세기 32:1-6을 참고하라.

24 Luther, "Du serf arbitre," 51.

25 앙투안 베르고트(김성민 옮김), 『죄의식과 욕망: 강박신경증과 히스테리의 근원』(서울: 학지사, 2009)을 참고하라.

26 Martin Luther, "Les Articles de Smalkalde," Œuvres 7(Genève: Labor et Fides, 1962), 249.

이라면 모든 들음에서 신앙이 생길까? 그렇지는 않다. 루터는 계시된 하나님 앞에서의 들음을 말한다. 즉 감시당하는 상태가 아니라 대면한 상태에서의 들음이다. 루터에 매료된 스위스 신학자 에벨링에 따르면 "하나님 앞에서 이해되는 모든 것은 영적이다."[27] 여기서 하나님이라 함은 "그리스도의 십자가 표시 아래서, 역설 속에 숨어 계신 하나님이라는 의미 안"에서다.[28] 영적인 것은 존재의 특별한 영역이나 순수한 영성, 은밀함이나 불가시성을 지칭하는 것이 아니다. 사물의 숨겨진 특성을 이런 방법으로 이해한다는 것은 그것을 영적으로 이해하는 것이 아니라 오히려 육적으로 이해하는 것이다. 영적으로 존재하는 것은 물론 가시성 안에 존재하지만 확실하게 보이는 방법으로는 존재하는 것은 아니다.

그러므로 말씀에 관한 기독론적 이해에서부터 영적인 의미가 드러난다. 참된 이해의 범주로서 영적인 것의 의미는 외적 말씀에서 비롯된다. 이에 대한 루터의 극단적인 답변은 "그리스도는 말씀 이외의 다른 방법으로 우리 앞에 자리할 수 없다"이다.[29] 루터는 말씀과 이성을 대립적으로 이해한다. 루터가 이 말을 하는 것은 이성이 말씀 밖에 있을 때의 조건하에서다.[30] 왜냐하면 이성은 본디 하나님에 관해 곧게 생각할 수 있는 능력을 갖추지 못했기 때문이다. 이런 맥락에서 보면 그리스도는 우리의 이성 앞에 자리하는 것이 아니라 신앙 앞에 자리한다. 신앙은 이

---

27 Ebeling, *Luther*, 94.
28 Ibid. 들려줌에 있어서 요한복음서의 중요성을 언급한 루터의 글에 관해서 Paul Althaus, "God in Jesus Christ," *The Theology of Martin Luther*, 179-98 참조.
29 Martin Luther, "Commentaire de l'Epître aux Galates(t. II)," *Œuvres 16*(Genève: Labor et Fides, 1972), 66. 외적 말씀에 관하여 다음 자료를 참고하라. Luther, "Les Articles de Smalkalde", 252.
30 Cf. Martin Luther, "Commentaire de l'Epître aux Galates(t. I)," *Œuvres 15*(Genève: Labor et Fides, 1969), 244-45.

성에 의지하는 것이 아니라 말씀에 근거한다. 합리적인 계시는 말씀을 통해 이루어진다. 이 말이 모호하게 들릴 수도 있지만, 말씀만이 그리스도의 현현을 성취시킨다. 이것이 루터의 지론이다.

인간이 말씀을 믿을 때 "신앙은 마음의 진실 이외에 다른 것이 아닌, 즉 하나님에 대한 곧은 마음의 반향"이 된다.[31] 신앙의 그리스도는 말씀 밖에서 부재하는 듯하지만, 말씀에 의해 지금 존재하게 된다. 그러므로 말씀의 청취는 신앙의 출발이다. 의롭다 함은 "현재의 그리스도" 안에서 이루어지고 동시에 "오실 그리스도" 안에서도 이루어진다.[32] 그러므로 그리스도가 우리에게 줄 구속은 "율법의 행함"을 성취하는 것과는 별개다. 그러므로 신앙은 그리스도가 현존하는 자리에 있게 된다. 그것은 한편으로 "가슴으로 확신한 신뢰이고 확고한 동의"다. 그리고 또 다른 한편으로 "가슴 속의 먹구름이고 일종의 우리가 보지 못하는 확실함"이다. 그리스도는 말씀과 신앙 자체 안에서만 나타난다. "그는 우리 시야에서 자신을 숨기고 이성이 찾지 못할 만큼의 어둠, 그 밑바닥에 계신다."[33]

신앙이 암흑 속에 자리한다는 것은,[34] 신앙이 성육신과 계시를 설명할 수 있을 만한 곳에 나타난다는 의미다. 우리는 감시와 신앙 사이의 역설 속에 놓인다. 우리가 가진 확신은 설명될 수 있을 만한 지식이 아니라, 그분의 현존에 관한 것이다. 이런 의미에서 에벨링은 말씀 선포 안에서만 모든 의미를 찾을 수 있다고 확언한다. "감시와 신앙"은 달리 말하면 "율법과 복음"으로 대치될 수 있다. 에벨링은 "율법과 복음 간의 구별이

---

31 Ibid., 244.
32 Ibid., 246.
33 Ibid., 142-43.
34 Luther, "Commentaire de l'Epître aux Galates(t. I)," 143.

신학의 중추신경이자 기독교의 진정한 말씀"이라고 말하는데,[35] 신학의
참 의무는 감시 아래 눌린 사람들에게 말씀을 들려주어 억압에서 해방
해 자유롭게 하는 것이다. 마치 에벨링이 "신학의 중추신경이 율법과 복
음을 구분하는 것이라면 신학의 핵심은 율법과 말씀과의 관계를 구별하
는 것을 배우는 데 있다"고 말하듯이,[36] 신학의 중점은 감시하는 율법의
하나님 때문에 눌리는 것이 아니라 자신을 드러내시는 숭앙의 대상으로
서의 하나님을, 감시하는 율법의 하나님과 구별하면서 나가는 것이다.

3) 인간의 신앙과 그리스도의 신앙 사이에서: 의롭게 되기

한때 루터는 "유명론적 입장"에서 신앙생활을 했던 수도사였다. 하지만
그는 성육신한 그리스도 안에 놓이게 되면서부터 그분의 말씀 선포 안
에서 계시되는 분이 바로 하나님임을 깨닫고는 "실재론적 입장"의 신앙
인이 된다. 실재론적 입장의 신앙인으로서 루터는 말씀 선포 안에서 계
시되는 분이 도래하는 과정을 "의롭게 되는 것"이라고 표현한다. 의롭게
되는 첫 과정에서 발견되는 것이 겸허인데, 이는 구원의 확신을 향한 것
이라 볼 수 있다. 겸허의 목적은 인간이 스스로, 그리고 자기 행위로 구
원에 대한 안전성을 가지려는 것이다. 겸허는 수동적인 면에서의 의로
움이란 개념에 관련된다. 왜냐하면 "하나님의 수동적 의로움이 하나님
의 의로움이 되고, 하나님의 능동적 의로움이 우리의 의로움이 되기 때
문이다."[37] 겸허의 행위는 신앙에 의해 의롭다 함을 준비하는 데로 이

---

35 Ebeling, *Luther*, 103.

36 Ibid., 104-5.

37 Martin Luther, "Commentaire de l'Epître aux Romains(t. I)," *Œuvres 11*(Genève: Labor et Fides, 1983), 302.

끈다. 하나님의 수동적 의는 죄인에게 겸허를 불러일으키고, 이후에 찾아오는 하나님의 능동적 의는 인간에게 신앙을 불어넣는다.

프랑스의 루터 연구가 리엔나르(Marc Lienhard, 1935-)는 청년 루터가 말하는 겸허를 좁은 의미의 수동적 의 개념에 연결한다. 그는 그 근거를 "자랑할 수 있는 신자의 모든 경험과의 관계에서 이 '의의 외재성'을 강조하려는 루터의 지속적인 근심"에서 찾는다.[38] 겸허는 스콜라 신학에서 십자가 신학으로 가는 여정에서 발견되는데, 여기서 외부에서 도래하는 의 개념이 생성된다. 참된 의로움은 내부의 공적이 아니라 외부적 의에서 기인한다. 즉 청년 루터는 의롭게 되는 것이 자신의 행위에서 나온다고 여겼던 적이 있었지만 겸허를 통해 외부로부터 의롭다고 인정하는 어떤 것이 있으리라고 고민하게 되었다. 여기서 이미 유명론에 심취했던 청년 루터가 자신의 틀을 벗어나기 위해 애쓴 흔적이 발견된다. 달리 말해 만약 신자가 하나님의 말씀을 인정하지 않고 그것을 믿지 않는다면, 하나님은 그를 의롭다고 하시지 않을 것이다. 왜냐하면 하나님은 인간의 의지를 등한시하지 않으시기 때문이다.

의롭게 되는 신자는 우선 겸허의 행위로 하나님에게 다가간다. 하지만 그가 겸허하면 겸허할수록 그는 점점 더 자신의 공적을 자랑하거나 지지하기보다 미워하게 된다. 그 순간에 하나님의 능동적인 의가 드러난 하나님이신 그리스도를 그에게 보여준다. 루터는 이것이 영과 육의

---

38 Marc Lienhard, "Christologie et humilité dans la Theologia Crucis du commentaire de l'Epître aux Romains de Luther," *Revue d'hisoire et de philosophie religieuses* 4(1962), 308. *L'habitus*는 일시적인 행위와 구분되는 신자에게 주어지는 영구적인 위치와 형상을 의미한다. 은혜의 *l'habitus*는 신자의 영혼에 형성된 틀로서 이해된다.

치열한 싸움에서 비롯된다고 말한다.[39] 그런 면에서 볼 때 자신에 대한 증오는 은혜에서 비롯되는 것으로 볼 수 있다. 우리는 루터가 이런 과정을 통해 인간의 행위 중심의 신앙에서 그리스도의 공로 중심의 신앙으로 전환하게 되었음을 보게 된다.

앙살디에 따르면 루터식 "신앙은 이중 운동을 내포하는 만남 체계", 즉 "그리스도의 신앙(Fides Christi)과 인간의 신앙(Fides hominis)"의 만남이다.[40] 즉 신앙은 그리스도의 오심과 이에 대한 인간의 모심을 포함한다. 여기서 "어떤 것이 우선순위에 있는가"를 정하는 것은 어려워 보인다. 앞서 본 대로, 은혜의 결과로 그리스도가 오시고 그 그리스도를 인간이 모시게 된다고 하면 그리스도의 오심이 먼저일 것이다. 그런데 앙살디는 둘 중 한쪽만을 강조하면 신앙의 본질이 일그러진다고 경고한다. 가령 인간의 신앙이 그리스도의 신앙을 소환한다면, 겸허 행위는 곧 하나님의 은혜를 부르는 것이 된다. 이와는 반대로 그리스도의 신앙이 인간의 신앙을 형성한다면 인간의 겸허는 무의미해진다. 인간의 신앙에 대한 그리스도의 신앙이 갖는 기독론적 선재성은 언어학적 측면에서 볼 때 통시적인 축, 즉 시간의 역사성을 두고 하는 말이 아니다. 이 만남은 공시적 축 안에서, 즉 실존을 두고 하는 말이다. 왜냐하면 그리스도의 신앙이 시기적으로 인간의 신앙을 앞선다면, 인간은 어떤 개입도 할 수 없고 인간의 겸허는 무용지물이 되어버리기 때문이다.

하나님의 숨은 사역과 드러난 사역 간의 긴장은 십자가 신학의 중요

---

39 Luther, "Commentaire de l'Epître aux Romains(t. II)," 118.
40 Ansaldi, *L'articulation de la Foi...*, 15. 이를 달리 말해 위로부터의 기독론과 아래로부터의 기독론으로 말할 수 있는데 이에 관한 논문으로는 다음 자료를 참고하라. 배종수, "루터의 요한복음 주해에 나타난 기독론", 「교수논총」 5(1994).

한 요소다. 신자는 숨은 사역 앞에서 절망 속에 빠지고, 드러난 사역을 통해 절망에서 벗어난다. "여기에는 어떤 인간적이고 신적인 '본성'의 병행이나 혼돈도 없고, 죄와 의의 교환만이 있을 뿐이다."[41] 신자가 완벽하지 않은데도 불구하고 하나님은 그를 인간의 신앙 덕분에 의인으로 받아들이신다. 그 이유는 신자가 계시된 하나님으로서 암흑에 숨어 있는 그리스도를 인식하기 때문이다. 그러므로 하나님의 의는 신자가 신자의 의를 갖는다는 조건으로 의롭게 된다는 약속이지, 의롭다 함을 위한 "하나님-인간 협력"을 의미하는 것이 아니다. 여기서 우리는 인간의 의로운 행위냐, 그리스도의 일방적인 은혜냐 하는 식의 이분법적 논의에서 벗어날 수 있는 기제가 바로 "의롭게 됨"에 담겨 있다고 볼 수 있다.

4) 역설적 역동성: 원천으로서 신앙

루터는 육체의 지혜가 옛사람의 본성이라고 말한다. 그것은 자기 사랑, 공동선의 거부, 그리고 개인적 선의 선택으로 움직이는, 율법 아래 있는 일상인의 상황을 잘 보여준다. 반대로 외부 말씀에 의해 접촉된 인간, 또는 십자가에 못 박히신 하나님에 의해 호명된 자는 이제 율법의 통치에 복종하지 않는다. 이때 신자는 하나님 앞에서 구체적으로 어떻게 행동할까? 그 해답은 육의 지혜와 외부 말씀 간의 싸움에서 유래한다.[42] 그것은 하나님의 의에 의해 열린 길로서의 율법을 지키는 것과는 다르다. 십자가 신학의 두 축은 육과 영, 율법과 복음, 세상의 통치와 그리스도의

---

41 Ibid., 16. 기독론적 양성의 한 위격에의 통합, 즉 신성에 인성의 통합을 다룬 논문으로는 다음 자료를 참고하라. Marc Lienhard(tr. E. H. Robertson), *Luther: Witness to Jesus Christ*(Minneapolis: Augsburg Publishing House, 1982).

42 갈라디아서 5:24-25. Cf. Luther, "Commentaire de l'Epître aux Galates(t. II)," 251.

통치 등이다. 이 두 축 사이에는 건널 수 없을 만치의 거리가 있다. 앙살디는 이에 관해 "갑자기 도래하는 것과 그것을 표현하는 언어 사이에는 부정할 수 없는 깊은 구렁이 존재한다"고 표현한다.[43]

어떤 면에서 신앙은 언어로 표기하거나 영상으로 표현할 수 없는 인식을 일컫는다. 그래서 신앙은 "암흑"에서 생긴다.[44]

> 신앙은 그러므로 인식 면에서 볼 때 암흑이고, 아무것도 보지 못한다. 신앙으로 얻은 그리스도는 암흑에 있다.[45]

그렇기에 하나님의 드러난 사역을 기술하지 않으면서 십자가 신학의 두 축(영과 육)을 화해시킬 방도는 존재하지 않는다. 루터는 육이 몸 자체를 인도한다는 사실을 알고 있다. 그는 영에 대립하는 육의 욕정을 "불규칙적인 욕망뿐 아니라 교만, 성냄, 슬픔, 참을성 없음, 회의감(무신앙)" 등이라고 기술한다.[46] 죄의 본성은 이런 욕정에 저항하지 못한다. 갈라디아서를 주석하면서 루터는 크나큰 시련에 다다를수록 육과 영은 구분된다고 말한다. 왜냐하면 이 지점에서 인간은 진정으로 육적 시험과 영적 시험 간의 차이점을 경험하기 때문이다.[47] 겸허의 행위를 하는 자들은 육의 욕망에 저항하고, 죄에 관한 그들의 성향을 인식한다. 신자의 삶은 참 자유를 얻기 위한 싸움이다. 그래서 루터는 육과 영 간의 차이점을

---

43 Ansaldi, *L'articulation de la Foi…*, 22.

44 Ibid., 17.

45 Luther, "Commentaire de l'Epître aux Galates(t. I)," 142.

46 Luther, "Commentaire de l'Epître aux Galates(t. II)," 248.

47 Ibid., 250-51.

느끼기 시작한 신앙의 모호한 상태에 관해 다음과 같이 고백한다.

나는 진실로 죄인이며, 죄를 느낀다. 나는 아직 육에서 벗어나지 못했고 육체가 생명을 유지하듯 이 육에 죄가 밀착해 있다. 그러나 나는 육이 아 닌 영으로 인도될 것이다. 신앙과 희망에 의해 그리스도를 포착할 것이다. 이미 그랬던 것처럼 말씀에 의해 구원될 것이라고 말하는 것은 육의 욕망 을 성취하지 않을 것을 뜻한다.[48]

신앙은 십자가에서 고통당하는 그리스도와 연합하는 것이다. 이때 비 로소 "우리의 첫 번째 의, 우리의 성취된 의, 우리의 완전한 의인 그리스 도에 대한 충만한 확신"을 갖게 될 것이다.[49] 그러므로 루터는 우리에게 "항상 신앙을 간직하고, 항상 희망하고, 항상 우리 의의 시작과 근원인 그리스도를 간직해야 한다"고 강조한다.[50] 즉 신앙, 희망 그리고 그리스 도는 연결되어 통전적인 신앙을 형성한다. 육의 지혜에 복종하는 자들은 근심함으로써 그들의 비참함을 극복할 수 있다고 굳게 믿는다. 이것은 근본적인 죄에 의해 타락한 옛사람의 본성이다. 그러나 영의 지혜를 가 진 자들은 하나님의 의지를 사랑하고 그에게 일치되는 것을 기뻐한다.[51] 이것은 말씀에 의해 창조된 새사람의 태도다. 절망에서 벗어난다는 것 은 "하나님이 원하시는 것에 완전히 의지"하기를 희망한다는 것을 의미

---

48 Ibid., 251.
49 Ibid., 250.
50 Ibid.
51 Luther, "Commentaire de l'Epître aux Romains(t. II)," 122.

한다.[52] 그렇기에 리엔나르는 드러난 하나님께 "복종"할 것을 강조하고, 스콜라 신학의 규율이 지시하는 "모방의 영성"을 거부한다.[53]

루터가 『로마서 주석』에서 겸허의 공덕을 말할 때, 그는 겸허와 승리의 모델로서 그리스도를 기술하는 것을 잊지 않는다. 왜냐하면 육적 죽음, 모든 현세의 고난과 영원한 죽음을 극복하신 그리스도 한 분을 제외하고는 그 누구도 이 두려움을 이길 수 없기 때문이다. 루터는 다음과 같이 말한다.

그를 믿는 자들은 두려워할 것이 전혀 없다. 그들은 모든 악조건 속에서도 사물들과 그들의 고유한 인격 안에 실현된 그리스도의 승리를 체험하고 희망하고 보도록 운명 지워진, 잃어버린 것이 아니라 흡수되어야만 하는 인간으로서 웃고 즐긴다.[54]

그리스도에 속한 모든 이는 그들의 악과 함께 육을 십자가에 못 박았다. 영의 지혜를 추구하는 자들은 육의 유혹에서 자유롭게 된다. 그들은 전적으로 육의 지혜를 십자가에 못 박았다. 의로움에 관계된 영의 지혜에 관한 논의를 종결하면서 루터는 다음과 같은 의견을 제시한다.

말씀, 신앙 그리고 기도로 무장된 그들[신앙인들]은 육의 탐욕에 빠지지 않는다. 이렇게 육에 저항하면서 그들은 그들의 정열과 욕망과 함께 육을 십자가에 못 박는다. 설령 육이 살아 있고 여전히 움직인다 할지라도 십자

---

52   Cf. Lienhard, "Christologie et humilité dans la *Theologia Crucis*...," 314.

53   Ibid.

54   Luther, "Commentaire de l'Epître aux Galates(t. II)," 125.

가에 손과 발이 못 박힌 육은 자신이 원하는 것을 할 수 없다.[55]

이처럼 신앙은 육과 분리된 상태가 아니라 끝없이 육과 겨뤄야 하는 역설적 상태를 일컫는다. 그러나 이때 영 안에서 육은 손과 발이 못 박혀 몸부림을 쳐봐도 힘을 쓸 수 없는 상태가 된다. 신앙의 역동성은 육과 분리된 영 안에서 발생한다기보다는 영 안에서 이해된 육과의 부딪힘에서 발생한다고 볼 수 있다.

2. 신앙의 자리

1) 하나님과 사탄이라는 두 갈림길에서

루터는 하나님과 사탄 사이에서 "신앙의 위치는 어디인가?" 하고 질문한다. 어떤 위치가 좋은지를 말하기 이전에 그는 어떤 위치가 좋지 않은지를 말한다. 즉 우선적으로 그는 중립적 위치를 부정한다. 신앙의 위치가 중립적이란 말은 자유의지로서 신앙이 작동한다는 의미다. 루터는 스콜라 신학이 말하는 능동적인 자유의지에 반기를 들었을 뿐 아니라 에라스뮈스(Desiderius Erasmus, 1469-1536)가 제기한 "자유의지소론"에[56] 도 마찬가지 태도를 보였다. 하나님과 사탄 사이의 중립적 위치와 자유의지의 능동성에 관하여 루터는 "성서의 이율 배반성과 이미 언급된 어려움을 더 용이하게 해결하기 위해 자유의지에 매우 미약한 능력을 부

---

55 Ibid., 277.

56 Desideri Erasme, "De libero arbitrio diatribe seu collatio"(édition française), *La philosophie chrétienne*(traduction et notes par p. Mesnard, Paris: Librairie philosophique J. Vrin, 1970), 203-56.

여하고, '자유의지소론'이 우리에게, 아마도 좋은 의도에서, 권하는 이 중립 장소"를 거부한다.[57]

그는 하나님과 사탄 사이에서 역동성을 생성하는 이 지역을 "교차 지역"이라 칭한다. 이 지점에서 신앙은 능동적 태도를 취할 수 없다. 단지 한 길만을 택할 수 있다고 해도 그 취사선택의 능력은 인간 쪽에 있지 않기 때문이다. 그는 다음과 같이 말한다.

결국 우리는 두 길이 갈리는 지역에 있지만, 오직 하나의 길만이 접근 가능하다. 아니 더 정확히 말하자면, 둘 중 어떤 것에도 접근할 수가 없다. 그러나 율법 덕택에 둘 중의 하나—선한 쪽으로 인도하는 것—는 하나님이 우리에게 자기의 영을 허락하시지 않는다면 접근 불가능한 것임을 깨닫는다. 반대로 하나님이 그것을 허락하시면 다른 길은 넓고 쉬워진다.[58]

루터의 견해에 따르면 인간은 하나님과 사탄 간의 전투장에 서 있다. 그가 사탄에게 종속된다면 하나님의 강력한 은혜를 누리지 못하고, 그가 하나님에게 예속된다면 그의 손상된 본성은 선을 향하게 된다. 인간은 사탄과 하나님 모두에게 노출된 상태에 놓인다.

하나님이 우리와 함께하신다면 사탄은 부재하고, 선을 향한 의지만이 있게 된다. 하나님이 부재하신다면 사탄은 자기 모습을 나타내고 우리에게는 악을 향한 의지만이 있게 된다. 왜냐하면 하나님도 사탄도 우리에게 순

---

57 Luther, "Commentaire de l'Epître aux Galates (t. II)," 192.

58 Ibid., 100.

수하고 단순한 의지를 허용하지 않기 때문이다.[59]

루터의 이런 말은 앞서 살펴본 그의 극단적인 글쓰기와 함께 루터식 사유를 잘 드러낸다. 여기서 "비결정 상태의 모습"으로서[60] 신앙은 어떤 것도 결정할 수 없는 무능력의 상태에 놓이게 된다.

하나님과 사탄 사이에 자리한 인간 의지는 짐바리 짐승과 유사하다. 시 편 저자가 "내가…주 앞에 짐승이오나 내가 항상 주와 함께하니"(시 73:22-23)라고 고백하는 것처럼 하나님이 이 짐승에 올라타면, 그 짐승은 하나님이 원하고 지시하시는 곳으로 간다. 사탄이 그 짐승에 올라탈 때, 그것은 사탄이 원하는 곳으로 간다. 그러나 그 짐승은 두 기사 중 어느 하 나를 자유로이 선택할 수 없다. 그러나 두 기사는 그 짐승을 탈취하고, 소 유하려고 싸운다.[61]

신앙의 비결정 상태는 루터가 현실 속에서 두 왕국을 기술할 때도 잘 나타난다. 사탄의 통치는 불경건, 실수, 죽음 그리고 하나님의 노여움에 종속되고, 그리스도의 통치는 사탄의 통치에 저항한다. 믿는 자는 자기 의 힘으로 하나님의 왕국 안에 들어갈 수 없고, 그를 암흑의 권세에서 구 출하는 하나님의 은혜에 의해서만 하나님의 왕국 안에 들어갈 수 있다. 신앙인은 앞의 예문이 말하듯이 마부가 누구냐에 달린 한 마리 말과

---

59 Ibid., 91.
60 Cf. *Suspensus manera*. 이것을 번역하면 "확실한 비결정 상태에 있는 것과 다른 것이 아 니다"라는 뜻이다.
61 Ibid., 53.

도 같다. 즉 신앙인은 주체적인 의지에 따라서 하나님의 나라냐 사탄의 나라냐를 선택할 수 있는 것이 아니다. 인간이 원하는 모든 것을 할 수 있다고 해도, 그가 피조계를 통치한다고 해도, 그는 한 마리 짐승으로 취급될 뿐이다.

이 비유는 두 지점 간의 중립 지점에 서 있는 인간의 의지를 강조하는 것이 아니라 사탄의 왕국과 하나님의 왕국, 사탄의 의지와 하나님의 의지 간의 "교차 지점"을 강조한다. 한 마리 짐승으로서의 인간은 두 왕국의 교차로에서 자기 길을 선택할 수 있는 자유의지도, 자기의 결심도 갖고 있지 않다. 결과적으로 인간의 신체적 메커니즘은 두 길 사이의 중립 위치에 안전하게 고정되는 것이 아니라, 두 통치의 교차로에서 당황하고 혼돈된 채 있다는 것이 루터의 견해다. 이것이 바로 신앙의 비결정 상태의 위치이자 노예 상태의 위치다. 이성적인 판단으로 보면 이 말은 인간의 의지가 말살된 것처럼 들린다. 사실 루터적 의미에서는 실상이 그렇다. 그러나 루터는 하나님의 드러나시고 활동하시는 사역 때문에 이 위치가 역동적일 수 있다고 말한다. 물론 이에 대한 인간의 올바른 반응은 말이 마부의 지시에 따르듯이 순종하는 것이다.

2) 조건적 필연과 절대적 필연: 신의 자유의지와 인간의 노예의지

하나님의 주권적 역사로 인해 하나의 길만이 접근 가능하다면, 신자가 신을 대하는 태도는 어떠해야 하는지 자문할 수 있을 것이다. 루터 신학의 본질적 특성은 하나님에 관한 인식에 관련된다. 그것은 영광의 하나님에 대해서는 무지하고 십자가에 달리신 하나님에 대해서는 열려 있다.

루터는 필연의 두 범주를 "조건적 필연"과 "절대적 필연"으로 구분한다. 전자(조건적 필연)는 본질과 실존 간의 단절을 내포한다. 하나님의 행위가 필연적일지라도, 그 결과는 필연적이지 않을 수 있다. 이는 "외적 관계 유비"와 연결된다. 후자(절대적 필연)는 한편으로는 원인과 결과 간의 차이를, 또 다른 한편으로는 그들의 연관성을 의미한다. 그것은 우연적 행위를 이해하기 위한 근거가 된다. 이는 "내적 관계 유비"와 연결된다.[62]

신자는 하나님의 예지를 이해하더라도 현실에서는 우연적 행위나 예상치 못한 일을 받아들이지 않는다. 그는 그것들이 절대적 필연의 결과라고 믿지 못한다. 이에 관해 루터는 우리가 두 개의 신적 의지를 이해하고 인식할 수 있도록 인도한다. 두 의지는 우리가 경배하도록 "설교되고 계시되고 헌신되는 것"과, 우리가 감탄하는 데 있어서 "숨겨지고 계시되지 않은 것"으로 구분된다. "숨겨진 것"은 인간 이성으로 포착할 수 없고, "드러난 것"은 인간 이성으로 이해되는 것이다. "설교되는 하나님"은 우리와 관계를 맺지만, "숨은 하나님"은 우리와 관계 맺지 않으신다.[63] 그래서 루터는 인간 이성으로는 그 깊이를 측량할 수 없는 하나님의 의지를 한쪽에 놓아두고, 하나님의 말씀에 귀를 기울일 것을 권유한다. 인간이 위엄의 하나님에 관한 인식을 연구하면 연구할수록, 그는 점점 더 루터가 조건적 필연이라 지칭한, 부조리하고 이해되지 않는 경우들과 맞닥뜨리게 된다. 루터는 조건적 필연과 절대적 필연에 관한 에라스뮈스의 견해를 비판하기 위해 "유다의 경우"를 검토한다. 그 결과 그는 "자유의지로서의 하나님"에 관한 이해와 확신에 도달한다.

---

62 Luther, "Commentaire de l'Epître aux Galates(t. II)," 35-36.
63 Ibid., 110.

조건적 필연성을 받아들이면 자유의지는 패배당하고, 격파되고, 필연성 또는 절대적 우연은 아무 쓸모가 없을 것이다. 하나님이 유다가 배반할 것을 예견하셨다면, 또는 유다가 배신하려는 의지를 수정해야 한다고 생각하셨다면, 그가 예견하신 것은 필연적으로 일어나야 한다. 결국 조건적 필연의 견지에서 하나님이 예견한 것은 필연적으로 일어나야만 한다. 이것은 자유의지가 존재하지 않는다는 것을 의미한다.[64]

우연한 것들은 없다. 루터가 그것을 믿는다면 그것은 단지 그가 "자유의지"를 부여하는 하나님의 예지 안에서만이다. 즉 하나님만이 자유의지의 소유자이시고, 자유의지의 소유자로서 하나님은 우리가 이해할 만한 모습으로 우리와 관계를 맺지 않으신다. 그 결과 루터는 조건적 필연과 절대적 필연, 신적 의지와 인간의 의지, 즉 신의 자유의지와 인간의 노예의지라는 구분에 다다른다. 이런 루터의 견해는 다음 인용문에 명료하게 나타난다.

자유의지는 신적 호명이고, 그것은 신의 존엄함에만 합당한 것이다. 결과적으로 이 근엄함은—시편 저자가 노래하듯—하늘과 땅 안에서 스스로가 원하는 모든 것을 할 수 있고 또 하는 것이다. 인간에게 그것[자유의지]을 부여하는 것은 그들에게 신성을 부여하는 것이다. 즉 상상할 수 있는 가장 큰 신성 모독 발언이다. 그 이유로 신학자들이 인간의 힘에 관해 말할 때 이 용어 사용을 절제하고 그것을 하나님에게만 남겨둔다. 하나님에게만 부여된 거룩하고 존경할 만한 호명이기에 인간의 입술과 언어에서 근절

---

64   Ibid., 153-54.

해야만 한다.[65]

루터는 절대적 필연에 대한 확신에 근거를 두고 인간적 의지와 신적 의지를 구분한다. 인간이 신의 자리를 떠나 인간의 자리로 올 때 그것은 패배나 실추가 아니라 신앙의 자리로 귀의하는 것이라고 볼 수 있다. 이런 면에서 신학적 용어 사용은 주의를 요한다. 펠라기우스(Pelagius, 354?-418?)와 아우구스티누스의 논쟁처럼, 루터는 에라스뮈스와 "자유의지"의 개념에 대해 논쟁했다. 인간의 용어이지만 신적인 것을 표현하는 "자유의지"는 신의 입장에서 보면 "조건적 필연"의 범주에 속하지만, 역사 속 인간의 입장에서 보면 "절대적 필연"의 범주에 속한다. 그래서 "자유의지"는 종종 인간의 옷을 입고 인간이 소유할 수 있는 개념으로 추락한다. 이런 이해의 차이는 루터가 즐겨 사용하는 대립적 용어 등을 비롯해 곳곳에 내재해 있다.

3) 정체에서 소통으로 이끌리면서: 거룩하게 되기

하나님과 사탄 사이에, 하나님의 자유의지와 인간의 노예의지 사이에 서 있는 인간은 "교차로"에 위치한다. 여행자는 세상의 모든 길에서 교차로를 만난다. 거기서 여행자는 선택의 기로에 서게 되지만 이때의 선택은 목적지가 요구하는 선택이다. 교차로에서 파란색 신호를 받은 인간은 첫 번째 교차로를 지나면서 어느 한 길로 안내된다. 그리고 그 길을 가다가 또 다른 교차로를 만난다. 그는 끊임없이 "뫼비우스의 고속도로"

---

65 Ibid., 54-55.

를 달린다. 루터는 "변화를 받으시오"라고 말했다.[66] 이는 "삶이 정체되는 것이 아니라 좀 더 개혁적인 방향으로 움직이는 것"을 보여주기 위함이었다.[67] 루터는 계속해서 변형되고 개혁되는 삶의 반복 메커니즘을 드러내기 위해 "자연법"에서 이끌어낸 다섯 과정을 사용했다. 그것은 바로 "비존재, 생성, 존재, 행위, 열정"(즉 아리스토텔레스의 박탈, 질료, 형상, 작동, 열정)이다.[68]

아리스토텔레스가 도입하고 아퀴나스가 이어받은 다섯 과정을 통해 루터는 신앙인의 자리를 실재화한다. 죄인은 우선 "비존재"(le non-être) 안에 있는 것으로 이해된다. 그는 선을 행한다고 해도 "거룩하게 되지" 못한다. "존재"는 말씀을 듣고 그것을 행하는 자를 의미한다. 거룩으로 이끄는 "행위"는 겸허, 또는 인간의 신앙과 비교된다. 신앙의 과정은 율법과 생명이라는 틀 속에서 움직이는 역동적인 모습을 띤다. 이에 관해 루터는 다음과 같이 말한다.

비존재는 이름 없는 사물이고 인간은 죄 안에 있다. 생성은 의롭게 되어가기다. 존재는 의다. 행위는 바르게 살고 행동하려는 것이다. 열정은 완성되고 성취된 결과다.[69]

"열정"에 대한 강조를 게을리하지 않는 루터는 인간의 오염된 본성을 너무나 잘 알고 있기에 죄, 생성, 의, 행위 등의 단계로 열정의 방향을 설

---

66 Luther, "Commentaire de l'Epître aux Romains (t. II)," 210.
67 Ibid., 210.
68 Ibid.
69 Ibid.

명한다. 신자는 의로운데도 불구하고 그 행위로는 모든 계명을 진실하게 완수하지 못한다. 그래서 루터는 되어감, 존재함, 행위 사이에 작용하는 노예의지의 통합적 생명성, 신앙의 생동성에 관해 다음과 같이 기술한다.

이 다섯 단계는 인간에게서 늘 움직인다. 인간에게서 발견되는 것이 무엇이든지 간에(상호적으로 최초의 비존재와 궁극적 존재: 왜냐하면 이 두 극점, 비존재와 열정 사이에는 언제나 다른 세 가지, 즉 생성, 존재, 행위가 순환하고 있기 때문이다), 새로운 탄생에 의해 죄에서 의로, 비존재로부터 되어가기로 넘어간다. 이것이 이루어진 후, 그는 바르게 움직인다.… 인간은 열정에 의해(즉 다른 것을 하면서) 나아가면서 새로운 존재와 우수한 존재로, 즉 이 존재에서 다른 존재로 넘어간다. 또한 그가 언제나 박탈 상태에 있고, 언제나 되어가기 상태에 있으며(능력으로서나 질료로서나), 언제나 행위 상태에 있다는 것은 너무나 옳은 말이다.… 인간은 언제나 비존재 속에, 되어가기 속에, 존재 속에 있다. 언제나 박탈 상태에, 능력 있는 상태에, 움직임 속에 있다. 언제나 죄 안에, 의 안에 있다. 즉 언제나 죄인이고 언제나 회개하는 사람이고 언제나 의인이다. 왜냐하면 그는 회개하면서 비존재에서 존재가 되기 때문이다. 그러므로 회개는 불의와 의 사이의 중간에 있다.[70]

루터가 말하는 새로운 탄생은 기본적으로 죄에서 의로, 비존재로부터 존재로의 되어감이다. 그리고 거기에는 반복되는 행위가 나타난다.

---

70 Ibid.

이 순환은 루터의 의롭게 됨과 거룩하게 됨을 동시에 내포하는데, 그 이유는 이 순환이 신앙인을 늘 새로운 국면으로 인도하기 때문이다. 신앙은 한편으로 육의 지혜에 의해, 또 다른 한편으로 영의 지혜에 의해 이끌린다. 신앙은 늘 변화의 과정에 있지, 한곳에 고정되지 않는다. 박탈 상태 역시 어떤 상태도 아닌 것이 아니라 무엇이 되어가는 상태이고, 아무것도 하지 않는 것이 아니라 늘 무엇을 하는 상태다.

이런 순환의 원천은 회개다. 회개는 부정의와 의를 연결하는 매체다. 회개는 아무것도 하지 않는 듯한 부정적인 상태처럼 보이지만 늘 어떤 것이 되게 하는 시작이다. 인간의 상태를 언제나 그렇게 유지하기 위해 회개가 있다. 인간이 비존재 안에 있을 때, 회개는 출발점으로 여겨진다. 반면, 열정 속에 있을 때는 도착점으로 여겨진다. 우리가 늘 회개하면, 우리는 언제나 죄인이고 동시에 의롭다 함이 되는 중에 있는 것이다. 루터는 "회개하지 않으면 소용없다"고 강조한다.[71] 사람이 스스로를 구원하는 데 절망하면 할수록 복음은 그에게 "네 속에 사는 것은 네가 아니라 그리스도"라고 더 분명하게 말한다. "언제나 죄인이고 언제나 회개하는 사람이고 언제나 의인이다"라는[72] 루터의 언구(言句)처럼 신앙인은 눌림에서 들음으로, 감시에서 숭앙으로, 사탄의 자리에서 그리스도의 자리로의 소통이 진행되는 그 자리에 위치한다.

---

71 Ibid.

72 Ibid., 211. 인용한 문장에 해당하는 원문과 프랑스어 번역은 다음과 같다. "*simul peccator simul penitens et simul justus*"; "tourjours pécheur, tourjours pénitent, tourjours juste."

나가는 말

외부 자극에 의해 생성되는 신앙은 내부의 움직임에 의해 언제나 늘 유동적이다. 논리적인 순서를 따져보면 들음은 들을 수 있는 능력을 내부적으로 갖추었을 때보다는, 들려주는 대상과 들리는 소리가 있을 때 일어난다. 하지만 죄인의 범주에서 보면 인간은 들을 수 있는 능력을 갖추고 있지만 한편으로는 들려주는 대상과 관계를 맺지 못하고, 다른 한편으로는 들리는 소리보다 듣고자 하는 소리를 듣는다. 이는 신앙의 탄생 이전의 모습이다. 그래서 루터는 그런 망상에 대하여 공격을 멈추지 않는다. 원의가 박탈된 인간은 들어야 하는 소리를 들을 수 없다. 그 인간은 들려주는 소리, 숨은 분이 스스로를 드러내실 때 생기는 미미한 소리, 바스락거리는 그 소리를 들을 수 있는 귀가 없다. 그런 귀를 갖게 될 때 인간은 하나님의 말씀을 담은 성서에서 의미를 발견하게 된다. 그런 인간을 "의롭다"고 표현할 수 있다. 먹은 귀에서 들리는 귀로 바뀌는 과정을 헌 부대에서 새 부대로의 이행, 원의를 상실한 피조물에서 새로운 피조물로의 이행이라고 부를 수도 있다. 이것이 신앙의 탄생이다. 그 이행 도중에는 죽음이 위치해 있다. 즉 죽음을 통해 생명을 얻게 되는 것이다.

사도 바울이 새로운 피조물을 선포할 때 전제한 것도 바로 그리스도와 함께 십자가에 못 박힘으로써 다시 살게 되는 원리다. 한 번 열린 귀는 계속해서 듣고자 욕망한다. 이 욕망이 곧 신앙이다. 그래서 이 신앙은 "암흑"에서 생긴다. 엄밀한 의미에서 이 부분에는 언어도 위치하지 않고 이미지도 위치하지 못한다. 단지 들림만이 있을 뿐이다. 들림은 인간의 언어 체계와 인식 체계를 부순다. 들림은 "암흑"에서 나오는 소리다. 이 소리를 듣고부터는 듣도록 창조된 인간 본연의 모습이 등장해서 말씀 듣기를 즐기게 된다. 신앙인에게는 이것이 양식이요, 음료요, 안식이 된다. 그래서 신앙인은 언제나 듣고자 열려 있게 되는데 이 들림이 미약할 때 회개가 요청된다.

여전히 원의의 상실을 흔적으로 지닌 인간은 실존적으로 볼 때 계속적인 새로운 피조물이 아니다. 그렇다고 이전의 상태 그대로도 아니다. 그렇다고 중립 상태에서 사는 것도 아니다. 의롭다고 인정되는 것과 마찬가지로 거룩하다는 것도 계속적인 들음을 전제로 한다. 들음은 일회적이 아니라 반복적이다. 들음은 최초의 선포 때 들려주었던 바로 그것을 정확하게 듣지 못했기 때문에 오늘날도 계속해서 다시 해야 하는 들음이다. 들려줌은 첫 번째 들려준 것을 바로 듣지 못했기에 그 후로도 계속해서 다시 반복되는 들려줌이다. 행함은 최초의 선포 때 들려주었던 바로 그것을 올바로 듣지 못했음으로 인해 행하지 못한 행함이다. 따라서 오늘날도 계속해서 다시 행하기 위해서는 다시 들어야 한다. 즉 최초에 선포된 말씀을 그 이후에도 계속해서 들을 때 동일한 들음과 행함의 효과를 얻게 된다. 그 이유는 들려줌과 들음 사이에는 끝나지 않는 반복이 계속되기 때문이다. 이것은 마치 뫼비우스의 띠 위를 돌듯이 계속 순환하는 변주가 들려줌과 들음 사이에서 또다시, 하지만 늘 새롭게 진행되는 것과도 같다. 그러므로 신앙은 들려줌과 들음을 통해 눌림과 감시에서 벗어나, 정체에서 소통으로 나아가도록 이끄는 역설적 역동의 근원이요, 언제나 새로운 변주를 가능하게 하는 그리스도의 선물로 이해할 수 있다. 이런 나의 이해가 루터가 말한 신앙의 얼마만큼을 표현했을지 다시금 고민하면서 글을 맺는다.

12장

라깡의 정체화와 루터의 노예의지[1]

들어가는 말

이 글은 라깡의 정체화 이론과 루터의 노예의지 이론을 크게 세 부분에서 비교한다. 첫째 "정체화 제1장르: M←a와 자유의지", 둘째 "정체화 제2장르: S←A와 성서", 셋째 "정체화 제3장르: S◇a와 노예의지"가 그 것이다. 정체화 이론은 프로이트의 연장선에서 라깡이 발전시킨 것으로 서 라깡의 여러 저서에서 뼈대 역할을 한다. 특히 1961-62년의 세미나는 정체화(Identification)를 주요 테마로 다루었다. 이 이론은 그의 사상을 구조적으로 세우는 토대라고 할 만한데, 이번 장에서는 짧게나마 그가 고안한 "도식 L"에 따라 정체화의 제1, 2, 3장르를 설명할 것이다. 라

---

1 이번 장의 내용은 1998년 한국종교학회 종교심리분과(1998.11.7., 서울대학교)와 2006년 제1회 한국조직신학자전국대회(2006.4.28., 추풍령 단해교회)에서 발표한 내용을 보완하여 다음 학회지에 실었고 이번에 다시 수정했다. 강응섭, "라깡과 루터: 정체화와 노예의지 비교", 「한국조직신학논총」 제16집(한들출판사, 2006.6), 37-70. 이 글의 주제어는 라깡, 루터, 에라스뮈스, 노예의지, 자유의지, 정체화(Lacan, Luther, Erasmus, *Servo arbitrio, Libro arbitrio*, Identification) 등이다.

깡의 이론을 잘 알지 못하더라도 해당 주제를 이해하는 데 불편하지 않도록, 이 글은 루터의 사상을 중심에 두고 비교하는 방식으로 전개할 것이다. 이를 통해 정신분석 이론을 개신교 신학 문헌에 대한 해석 틀의 하나로 제시하고자 한다. 일단 이 글에서는 구조적인 접근이라는 한계 때문에 세밀한 분석은 시도하지 않고 구조 분석에 주안점을 둘 것이다.[2]

1. 정체화 제1장르: M ← a와 자유의지

1) 거울 단계와 근본적 의의 박탈

출애굽기를[3] 연구하면서 에라스뮈스는 왜 하나님이 나쁜 의지를 변화시켜 좋게 사용하시지 않는지, 왜 사람이 옥에 티 같은 원죄를 갖고 태어나게 했는지 질문한다. 이 질문은 그 인문주의자를 자유의지 지지자로 나아가게 하는 원동력이 된다. 반면 『노예의지론』에서 루터는 "파손된 의지"라는 견해를 설명하면서 원의에 관한 진정한 이해 없이는 참다운 신학적 인간학에 다다를 수 없다고 말한다.[4] 루터가 이해한 "근본적 의의

---

2 라깡과 종교 일반에 관한 담론의 가능성을 위해 다음 자료를 참고하라. 강응섭, "라깡과 종교." 라깡과 개신교 신학 간의 세밀한 분석을 위해서는 다음 자료들을 참고하라. 강응섭, 『자크 라캉과 성서 해석』; "아우구스티누스와 라깡"; 프랑소와즈 돌토, 『정신분석학의 위협 앞에 선 기독교』; 『인간의 욕망과 기독교 복음』(서울: 한국심리치료연구소, 2000); Jean Ansaldi, *Le dialogue pastoral*(Genève: Labor et Fides, 1986); *L'articulation de la foi....*

3 출 9:12. 에라스뮈스의 『자유의지론』은 다음 자료를 참고하라. Desiderius Erasmus, "De Libero arbitrio diatribe Seu Collatio"(édition latine), *Erasmi Opera omnia*, t. 9(London: The Gregg Press, 1962).

4 다음 자료를 참고하라. Luther, "Du serf arbitre," 143; *W. A.* 18권, 712. 제1회 한국조직신학자전국대회(2006.4.28-29.)에서 이 글을 논평한 루터대학교의 권득칠 교수는 루터가 그리스도에 의해 해방된 후 사탄에 의해 속박된 때를 회상하면서 이 논문을 서술했다고 해석한다.

박탈"은 노예의지 개념을 구성하게 했다. "자유의지"는 착하고 성스러운 행위로 구원에 참여하는 인간의 능력을 수용하는 반면, "노예의지"는 구원에 접근하는 인간의 무능력을 선포한다. 스콜라 학자들의 관점에 따르면 "원의는 인간 본성 자체에 속하는 고유한 것이 아니다. 그것은 일종의, 아름다운 처녀의 머리에 쓰여 그녀를 완전히 다르게 보이게 하는 화관처럼 첨부된 장식, 선물이다. 그것은 그녀의 외부로부터 주어진 것이고, 본성 자체에 해를 끼치지 않으면서 없어질 수도 있다."[5] 결국 스콜라 학자들은 인간이 근본적 의로서의 "첨부된 장식"을 잃어버렸다고 해도, "창조된 본성"에는 상처가 없다고 판정한다. 반면 루터가 생각하는 원의는 스콜라 학자들의 그것과는 전적으로 구별된다. 그에게 의란 "외부로부터 첨부된 것도, 인간 본성과 다른 것도 아니다. 그것은 정말로 본성이다. 왜냐하면 아담의 고유한 본성은 하나님을 사랑하고 하나님을 믿고 하나님을 아는 기타 등등의 것이었기 때문이다."[6]

루터가 이해한 원의의 상실은 라깡이 정립한 "거울 단계 이론"에[7] 비교할 만하다. 거울 단계 전의 아이가 상상적 신체와 실제 신체를 혼동하는 것과 마찬가지로 원의가 박탈된 사람은 고유한 본성과 부여된 성품을 구분하는 데 다다르지 못한다. 그러므로 온전하지 못한 인간은 원의의 소멸과 하나님에 대한 신뢰가 상호 부조화된다는 점을 알지 못한다. 이런 구도에 속하는 인간이 실상과 허상의 이중화를 모른다는 사례를 바탕으로 라깡은 "광기"를 연구한다. 이것은 에라스뮈스식 자유의지가 스콜라 풍 인간학의 토대가 되듯, 정체화 제1장르의 근거를 이룬다. 결

---

5 Luther, "Commentaire du livre de la Genèse", 151 (ch. 3, v. 7), *W. A.* 42권, 123, 38-42.

6 Ibid., *W. A.* 42권, 124, 4-6.

7 Cf. Lacan, "Le stade du miroir comme formateur de la fonction du Je."

과적으로 죄에 관한 이론은 "모호한 지성"이 편집증적인 인식을 하는 한 우리들의 고찰에 스며 있는 인간계의 존재론적 구조를 따른다는 사실을 보여준다. 이 인식은 편집증적 정신병과 인성 간의 관계를 부연하는 라깡의 박사 논문에 상세히 기술되어 있다.[8] 이 논문에서 라깡은 자아의 영상과 타자에 의해 가해지는 박해 감정을 에메의 사례를 통해 설명한다. 자기 처벌이라는 심리적 메커니즘의 토대를 이루는 편집증적 인식은 원의의 계속성을 주장하는 자유의지 자체를 방어하는 데 사용된다. 이런 맥락에서 우리는 자유의지가 "자기중심적" 본성에 토대를 둔다는 사실을 확인하게 된다.

2) 오이디푸스 삼자(三者) 원리와 자유의지의 삼각 구도

정신분석에서 말하는 정체화 이론의 불변하는 상수는 오이디푸스의 두 구성 요소이기도 하다. 즉 셋의 부부 생활(아빠, 엄마 그리고 아들)과 아이의 선천적인 양성(兩性)이다. 오이디푸스 삼각 개념을 통해 우리는 세 가지 요소로 설명되는 루터 신학의 구조를 추출할 수 있다.

다음 도표가 보여주는, 오이디푸스 삼각 개념과 루터가 말한 자유의지 간의 관계를 살펴보자. 인간은 설사 율법이 규정하는 것을 행한다 해도, 율법이 요구하는 것을 더 이상 성취하기를 원하지 않는다. 이런 특성을 지닌 인간은 원하지 않는 것을 행할수록 더더욱 율법을 증오한다. 죄가운데 거할 때는 법을 지키면 정의와 구원으로 인도된다고 생각한다. 그러나 신앙과 은혜 없이, 법 덕분에 만들어진 업적은 단지 구속하기 위한 두려움과 유혹하기 위한 일시적 약속으로 사용될 뿐이다. 이렇듯 율

---

8 Lacan, *De la psychose paranoïaque dans ses rapports avec la personnalité*.

정신분석 내용		루터 내용
오이디푸스 구조		자유의지의 구조
지그문트 프로이트	자크 라캉	마르틴 루터
아들 엄마 아빠(방해꾼 3자)	나르시스적 자아 거울상의 영상들 상상적 매듭	죄인(자유의지, 전지전능 자아) 전지전능 하나님(숨은 하나님) 율법

법의 행함과 율법의 성취는 서로 다르다.

자기에 대한 사랑은 죄인이 가진 본성의 변함없는 토대를 이룬다. 죄인은 나르시스적 본질을 지닌 대상에 정체화된다. 그가 나르시스적 성격을 띠지 않는 새로운 대상에게로 눈길을 돌리는 법은 없다. 심지어 그는 그 "대상"을 잃어버린다 해도 그 대상에 대한 "사랑"만은 포기하지 않는다. 왜냐하면 죄의 뿌리 자체를 의미하는 죄는 자아 외부에 있는 것이 아니라 자아 내부에 있기 때문이다. 따라서 그리스도로 계시된 하나님을 믿는 것 밖에서, 자유의지의 신앙을 가진 신자는 더 이상 은혜의 의로움과 법의 의로움을 구분하지 못하고 단지 법을 행하는 것에만 몸을 내맡긴다.

그러므로 우리는 자아에 관한 프로이트적 개념에서 출발하여 이중적인 죄인의 면모를 발견한다. 그중 하나는 새사람에 대한 비판이고, 또 하나는 비판 당하는 자아나 정체화에 의해 수정된 자아처럼 근본적인 죄에 물든 옛사람이다. 프로이트에 따른 정체화에 의해 변모된 자아는 욕망하기를 멈추지 않고, 또 비판 당하는 자아는 그 욕망의 완전한 만족을 거부한다.[9] 그와 마찬가지로 라캉의 "허구 영상"을 겨냥하는 자아는 프로이트적 의미에서 정체화에 의해 수정된 자아에 비유되고, 또 구멍 난

---

9   Sigmund Freud, "Deuil et mélancolie," *Œuvres complètes*(Paris: PUF, 1988), 268.

대상에 정체화되는 자아는 비판 당하는 자아에 정체화된다. 신학적인 면에서 볼 때 내적 인간(εσω ανθροπος)은 노예의지의 본성을, 외적 인간 (αξω ανθροπος)은 자유의지의 편집증적 기능을 말한다. 루터가 의와 죄를 매개하는 것을 거부하듯, 우리는 새사람과 옛사람 간의 중립 지대를 인정하지 않는다. 에라스뮈스식 신앙은 근본적으로 외적 인간이 갖는 육에의 욕망과 나르시시즘 메커니즘만을 추종한다. 그것은 신자 자신에 대한 신뢰일 뿐이다.

법적 의미에서 업적을 성취한다는 것, 이는 아담의 가죽옷을 입는다는 것을 의미한다. 즉 "우리 모두가 죄에 예속되고 팔렸다는 것과 우리가 하나님에 대하여 두렵고, 무지하며, 불신하고, 증오심을 갖고 있다는 것을 상징하는 그것을 입고 있다. 그리고 우리는 또한 나쁜 갈망, 티끌, 인색 등으로 가득하다. 결국 이 의복, 다시 말해 더럽혀지고 죄로 물든 이 본성은 아담에게서 유래한다."[10] 법을 행함 자체가 바로 옛사람이라 불리는 죄인의 옷이다. 이 옛사람은 신앙이 형성하는 하나님과의 관계 안에서 고려될 성질의 것이 아니라 속세와의 관계 틀에서 이해되어야만 한다.

정체화 제1장르에서 이상과 현실의 헛된 일치가 일어나는 것처럼, 내적 인간과 외적 인간 간의 부조화는 은혜의 의 없이 율법의 업적에 의해 해결된다. 프로이트가 "양가 감정"이라 부른 이것을, 라깡은 "상상적 매듭"이라 불렀다. 나는 그것을 "자기 신뢰"라고 일러두고자 한다. 이 매듭을 풀기란 여간 힘든 일이 아니다. 그 이유는 이 얽힘이 육적이고 나르시

---

10 Luther, "Commentaire de l'Epître aux Gâlates(t. II)," 62(ch. 3, v. 27), W. A. 40-1권, 540, 21-22.

스적인 대상에 밀착해 있기 때문이다. 프로이트가 제1차 나르시시즘과 제2차 나르시시즘으로 "자아의 리비도"를 세분하듯,[11] 라깡은 "자아-쾌락"에 감금된 자아를 기술한다.[12] 이 자아는 "자아-현실" 안으로 진입할 수 없다. 이렇게 단절된 자아의 두 메커니즘을 서로 이어주는 통로는 보이지 않는다. 결국 구원에 있어 하나님-인간 협력이란 거울을 매개로 한 협력, 즉 자아에서 시작되는 리비도와 제1차 나르시스적 자아에 비유할 만하다. 왜냐하면 그런 것을 바라고 신뢰하는 신앙은, 라깡 정신분석 이론에 따르면 상상적 정체화, 즉 정체화 제1장르에 위치하는 것이기 때문이다.

우리가 이상적 자아인 자기 아빠를 관망하는 아이의 태도에서 확인하듯이, 죄인은 자기가 원하는 모든 것을 할 수 있는 전지전능한 하나님이 되고자 한다. 이런 의미에서 에라스뮈스는 구원을 위한 하나님의 좋은 협력자로서 해석되는, 자유의지를 가진 인간을 상정한다. 그러나 루터는 스콜라 신학자들에 의해 펼쳐진 "굽은"(ployable)[13] 사상에 저항한다. 여기서 인간이 하나님이 되고자 한다는 에라스뮈스의 생각은 "상상적 아버지"를 말하는 정신분석적 이해와 유사하다. 루터도 "인간은 그 자신이 신이 되고자 한다"고 말했다.[14] 이 인식은 정체화 제1장르의 기초로서 인

---

11 Sigmund Freud, "Pour introduire le narcissisme," *La vie séxuelle*(Paris: PUF, 1977), 83.

12 Cf. Lacan, *Le moi dans la théorie de Freud et dans la technique de la psychanalyse.*

13 Desiderius, "De Libero arbitrio diatribe Seu Collatio," 237(III.B.4), *Erasmi Opera omnia*, 1236, d. "ployable"라는 단어는 정신분석의 "perversion"과 비교할 만하다. 왜냐하면 에라스뮈스는 인간의 "굽은 의지"가 자유의지를 가진 인간과 동일한 것으로 생각하기 때문이다. 그런데 루터는 하나님에게만 자유의지를 부여한다. 결국 에라스뮈스의 생각은 전도된(perverse) 것이다.

14 Martin Luther, "Les sept Psaumes de la pénitence"(première rédaction, 1517), *Œuvres I*, 27.

간의 존재론적인 본질을 이룬다.

우리는 "정신적 우상 숭배"가 뒤섞인 "육의 지혜"를 자아가 정체화되는 "거울상의 영상"이라고 이해한다. 여기서 자아는 "상상적-대상"처럼 되려고 하지도, 그것을 소유하고자 하지도 않고, 끊임없이 그것을 욕망할 뿐이다. 그는 "요구"(demande)의 둥근 원 안에서 충만한 만족을 얻는다. 라깡이 생물학적 도면(1949년도에 발표한 "거울 단계" 논고를 참조)과 거울 영상을 고찰할 때, 꼬마 아이는 신체적으로 덜 성숙되었지만 그의 심성까지 비활동적인 것은 아니라고 언급한다. 성숙하는 동안 아이는 가족적이고 사회적인 영상들에 정체화되고, 이는 결국 "일군의 행위"로 표현된다. 그 결과 "자유의지의 인간"은 죄로 구성된 육의 지혜와 말로 창조된 영의 지혜를 혼동하게 된다. 이 무지 속에서 그는 더 이상 근본적인 의와 그 의의 박탈을 분간하지 못하고, 창조 시의 근원적인 본성을 되찾지도 못한다. 앙살디는 이런 의미에서 "우상은 신으로부터 추방당한 신경증적 인간성"을 말할 따름이라고 확신에 찬 목소리로 말한다.[15] 그리고 그는 자유의지의 성격을 다음과 같이 정의한다.

현실의 인간이 왜소하고, 나약하고, 제한되고, 죽음에 처해짐을 느끼면 느낄수록, 사르트르가 말한 "신이 되려는 욕망"처럼 인간은 점점 더 전지전능하고 거의 신적인 이상적 자아 속에 잠기게 된다.[16]

---

15 Ansaldi, *Le dialogue pastoral*, 28.

16 Ibid., 46.

2. 정체화 제2장르: S←A와 성서

1) 도식 L과 하나님에 관한 인식

루터의 『노예의지론』을 라깡의 정체화 제1장르와 비교하기 위해, 방금 우리는 에라스뮈스가 제안한 자유의지의 인간을 루터의 비판적 시각으로 다시 읽어보았다. 이는 라깡의 정체화 제1장르, 즉 영상에 대한 정체화를 특징짓는 "편집증적 형태의 인식"을 통해 루터의 사상에 접근해보는 시도였다. 자유의지의 인간은 이상적 자아에 상응하도록 의무화된 "도식 L"의 자아(M) 처럼, "자기 구원"을 이루어야 하고, 이룰 수 있는 것처럼 행동한다. 이어서 이번에 정체화 제2장르에서 설명하려고 하는 것은 "숨은 하나님", "그리스도로 계시된 하나님", "육의 지혜에 따른 하나님", "영의 지혜에 따른 하나님" 등과 같은 신학적 개념을 세밀하게 주석하는 것보다는 『노예의지론』이 담고 있는 내용과 "도식 L"의 내용을 비교해 상응성을 제시하는 데 있다.

루터는 "인간 이성으로 완전하게 이해할 수도, 접근할 수도 없는" 하나님을 기술하면서도,[17] 다른 한편으로는 "하나님을 필요로 하지 않는 자들을 의롭다 하고 구원하면서 자기의 인자함을 드러내는 하나님을 경외하고 두려워해야 한다"고 강조한다.[18] 루터는 숨은 동시에 계시된 하나님을 경험적으로 인식한다. 그가 보기에 "하나님의 열등하고 보이는 속성은 보이지 않는 것들과는 대립된다. 즉 인간적인 면, 약함, 광기 등의 속성 말이다."[19] 스콜라 신학은 숨은 하나님에 관한 사변에서 유래하고, 루터의 신학은 그리스도를 묵상하는 데 근거를 둔다. 루터는 그런 신

---

17 Luther, "Du serf arbitre," 229.

18 Ibid.

19 Luther, "Controverse tenue à Heidelberg," 137.

학을 "십자가의 신학(*Theologia crucis*)"이라 했다.[20] 사변신학은 존엄한 하나님, 벌거벗은 하나님, 우리에게 자신을 감추시는 하나님을 강조하는 반면, 십자가의 신학은 십자가에 못 박히신 하나님, 성육신하신 하나님, 그리고 하나님의 말씀에 역점을 둔다. 루터 신학 사상의 가장 굵직한 여정은 숨은 하나님과 선포된 하나님, 침묵하는 하나님과 계시된 하나님 간의 차이를 명백하게 하는 데 있었다. 그는 후자에서 전자를 구분했음에도 불구하고 두 축 간의 역설적인 관계를 망각하지 않았다. 하나님은 스스로를 숨기면서 계시하신다. 시편 첫 강해 때부터 십자가의 신학자는 "숨은 하나님"에 관한 신학 사상을 이야기했다.[21] 영광의 하나님이 눈에 보이지 않는 것은 십자가에 못 박힌 하나님의 숨겨진 특성과는 동일한 것이 아니다.[22] 제1요인 또는 자신의 원인으로서의 하나님에 관한 인식은 기독교의 하나님을 설명하기 위해 신(新)-그리스 사상에서 발생한 반면, 숨은 하나님(*Deus absconditus*)에 관한 지식은 십자가의 신학에서 유래한다.

확실히 십자가의 신학은 기독론 신학과 관계된다. 하나의 위격(hypostase, ὑπόστα'σεως, substance, *persona*)에 두 개의 구별되는 본성은 존재의 유비(*analogia entis*)가 아닌, 단지 십자가 변증법의 역설적 구도 아래에서(*sub contraria specie*) 설명된다.[23] 루터는 하나님 스스로 계시하는 곳 이

---

20 Cf. *Theologia crucis*라는 용어는 다음 책에서 처음 사용된 듯하다. Luther, "Divi Pauli Apostoli ad Hebreos epistola," 79, 14(ch. 12, v. 11, Die Glossen), 16-18.

21 Martin Luther, *W. A.* 4권, 82, 14-21(1513/15).

22 Ebeling, *Luther*, 192.

23 Cf. Lienhard, "Christologie et humilité dans la *Theologia crucis*…," 306. "신자가 십자가의 변증법에 참여하면서 신앙이 계시로부터 숨은 하나님을 발견하도록 하는 것은 바로 성령이 하는 역사다."

외에서 그분을 강구하지 않는다.[24] 우리는 그것을 인트라 루테라눔(*intra Lutheranum*)이라 부른다.[25] 장 칼뱅의 성육신 해석은, 하나님이 계시된 하나님(*Deus incarnatus*)임에도 불구하고 그리스도의 본성이 존엄한 하나님(*Deus nundus*)임을 보여주는 것이다.[26] 그러므로 제네바의 종교 개혁자가 말하는 "코뮤니카티오 이디오마툼"(*Comunicatio idiomatum*)은 논쟁거리가 된다.[27] 그의 하나님 인식은 존엄한 하나님 또는 전지전능하고 무소부재한 하나님에게서 유래한다. 이에 관해 앙살디는 "칼뱅이 기독론에 관계되지 않는 하나님에 관한 지식을 찾고 있음을 부정할 수 없다"고 기술한다. 그가 보기에 칼뱅의 접근은 "하나님의 본질이 그리스도 없이도 기술될 수 있다는 것이다.…기독론이건 출애굽 사건이건 어떤 것에 접근하기 이전에 칼뱅은 하나님을 정의하고 그의 섭리적이고 창조적인 행위를 기술하고 인간과 성서의 본질을 이해한다."[28] 이런 점에서 하나님 중심의 신학(Theologie déocentrique)은 비판을 피하기 어렵다.

루터의 "알 수 없음"으로서의 하나님에 관한 연구와 라깡이 제시한 편집증 환자의 존재론적 구조에 따른 인간 이해는 맥락을 같이한다. 프로이트의 거울 장치에서 착안한 라깡의 "도식 L"은 신체와 거울 속의 신체 간의 거리를 표상한다. 라깡은 1953년부터 거울 장치를 이용해 말(言)의 세계 안에서 주체의 탄생을 보여주려고 했다. 라깡이 도식화한 "거꾸로

---

25 Cf. Gounelle, "Conjonction ou disconjonction de Jésus et du Christ," 250-51.
26 Cf. Luther, "Du serf arbitre," 27; *W. A.* 18권, 606. "하나님에게는 우리가 알지 못하는 많은 숨겨진 것들이 있다".
27 *Communicatio idiomatum*에 대한 칼뱅의 처음 글들은 다음 자료를 참고하라. Jean Calvin, *Ioannis Calvini Opera quae supersunt omnia*, vol. 1(Brunsvigae: C. A. Schwetschke, 1863), 66-67, 520-22.
28 Ansaldi, *L'articulation de la foi…*, 110-11, 120.

된 꽃다발에 관한 경험"은 심리적 구조 안에서 상상적 질서와 심리적 현실 간의 협소한 통로를 표현하는 것을 가능하게 해주었다. 자아의 원형, 또는 이상적 자아는 외부 세계와의 분리에 의해 구성된다. 안에 포함된 것은 투사 과정에 의해 되돌려 보내진 것과 분리된다. 라깡이 "상상의 놀이"라고 부르는, 꽃병과 꽃다발 간의 있음과 없음의 양자택일 메커니즘은 숨은 하나님과 계시된 하나님, 침묵하는 하나님과 선포하는 하나님 간의 차이와 유사하다. 내투와 던짐이라는 반복 놀이가 점차적으로 외부 인간과 내부 인간을 나누듯이, 하나님의 현저히 구별되는 두 본성은 인간이 그리스도의 신앙(*Fides Christi*)과 인간의 신앙(*Fides hominis*)을 혼동하게 한다.

상상적 구조는 인간임을 인정하는 것에 제동을, 또 유한, 도덕성, 유오성 등으로 규정지어지는 피조물의 상태를 받아들이는 것에 제동을 걸면서 인간 운명을 결정지을 것이다. 상상적인 것은 상징적 거세를 승낙하는 것을 막는다. 이 유한함은 완성되고 둥글고 자기 만족적인 자아 이상의 태도 안에서 부정된다. 아래의 방정식에 의하면 주체는 우연히 자기 자신의 한 부분으로부터 박탈당한, 신적 형상에서 추락하고 절단된 것처럼 꿈꿀 것이다. 즉 다음과 같다. 자아 + 잃어버린 부분 = 이상적 자아 = 충만 상태.

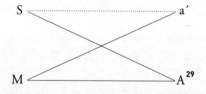

29 Ansaldi, *Le dialogue pastoral*, 48.

"도식 L"에 나오는 용어 S는 무의식적 주체(Sujet inconscient)를 일컫는다. A는 언어, 즉 그랑 오트르(Autre) 또는 거세된 아버지의 자리를 상징한다. M은 의식적 자아(Moi)이고 a′는 자아가 정체화하는 영상(Image)이다. 이 도식이 나타내는 의미를 간단하게 설명하면 "인간은 분열되어 있다. 그는 실존의 주체처럼 S에, 사회 계약의 장소와 언어의 장소처럼 A에, 정체화로부터 침전된 의식의 자아처럼 M에, 영상의 자리 a′에 위치한다."[30] 이번 장에서 우리가 라깡을 이해하는 구조 틀로 사용하고 있는 "정체화 제1장르: M←a"는 "도식 L"의 오른쪽 위에서 왼쪽 아래로 진행되고, "정체화 제2장르: S←A"는 오른쪽 아래에서 왼쪽 위로, 그리고 "정체화 제3장르: S⟷a"은 왼쪽 위에서 오른쪽 위로 진행된다. "도식 L"에서 "M←a"는 환유, "S←A"는 은유, "S⟷a"은 환상이 이루어지는 곳이다.

라깡의 정체화론과 루터의 노예의지론 간의 공통분모를 찾는 이 글의 취지상, 라깡의 "도식 L"에서 M의 위치에 "에라스뮈스의 자유의지의 인간"을, S에 "노예의지의 인간"을, A에 "숨은 하나님의 계시된 하나님"을, a′에 "하나님의 보이지 않는 것들"을 놓아보자. 그러면 "주체의 진리는 A에 접근되지 않고, 즉 진리 안에서 이해되지 않고 단지 은유, 오자(誤字), 췌언(贅言), 침묵, 부인(否認)을 형성하는 단절 안에서만 접근 가능하다."[31] 다시 말해 설교, 세례식, 신앙에 관한 대화, 그리고 성서 강독이란 매체 안에서, 그리고 그런 매체를 통해서 노예의지는 계시된 하나님의 실체를 이해한다.

---

30 Ibid.
31 Ibid.

2) 기표와 말씀 또는 대타자와 성서

"스말칼트 항목들"을 기술했을 때 루터는 복음이 말씀에 의해, 세례를 통해, 성례전을 통해 우리에게 알려진다고 부연했다.[32] 복음, 즉 메시아의 도래가 포로 상태에 있는 사람에게 계시되도록 전파되는 것이 중요하다. 죄인은 계시된 말씀에 힘입어 의롭게 된다. 그러므로 말씀에 대한 기독론적 이해로부터 하나님 앞에서 각자가 취하는 근본적 태도가 흘러나온다. 바로 여기서 외적 말씀의 필요성이 제기된다. "그리스도는 말씀 이외의 다른 방법으로 우리 앞에 자리할 수 없다."[33] 왜냐하면 이성은 말씀 밖에서는 하나님에 관해 곧게 생각할 수 있는 능력을 갖추지 못했기 때문이다. 그러므로 인간이 말씀을 믿을 때 "신앙은 마음의 진실 이외에 다른 것이 아닌 하나님에 관한 곧은 마음의 반향이다."[34] 지금 그리스도가 말씀 밖에서 부재하듯이, 지금 그리스도가 말씀에 의해 현재한다. 말씀의 청취는 그러므로 신앙의 출발이다.

이런 의미에서 신앙은 그리스도가 현존하는 자리다. 그것은 한편으로 "가슴으로 확신된 신뢰이고 확고한 동의"이자, 또 다른 한편으로 "가슴 속의 먹구름이고 일종의 우리가 보지 못하는 확실함"이다. 그리스도는 말씀과 신앙 자체 안에서만 나타나신다. "그는 우리 시야에서 그를 숨기는 암흑의 밑바닥에 계신다."[35] 신앙은 암흑 속에 위치하므로, 결과적으로 우리는 성육신과 계시를 설명할 수 있을 만한 곳에 나타난다. 우리는

---

32 Luther, "Les Articles de Smalkalde," 249.

33 Luther, "Commentaire de l'Epître aux Gâlates(t. II)," 66(ch. 3, v. 28), *W. A.* 40-1권, 545, 34.

34 Luther, "Commentaire de l'Epître aux Gâlates(t. I)," 244(ch. 3, v. 7), *W. A.* 40-1권, 376, 23-25.

35 Ibid., 142-43, *W. A.* 40-1권, 229, 20-21.

역설 속에 있다. 우리가 가진 확신은 설명될 수 있을 만한 지식이 아니라 그분의 현존에 관한 것뿐이다.

라깡에 의해 발견된 주체는 말을 통해 대타자와의 상징적 관계에서 유래하는 산물이다. 라깡은 주체가 말의 세계 속에서 탄생한다고 일관되게 주장한다. 말씀에 의한 신앙의 탄생은 그러므로 기표(Signifiant)의 "이중 기입", 즉 환유적 기표와 은유적 기표에 비유될 수 있다. 라깡은 "하나의 기표는 또 다른 하나의 기표에 전속된 주체를 보여준다"고 말한다.[36] 주체는 상징적 질서에 기입된다. 오브제 아의 나타남과 없어짐, 즉 이 놀이의 반복은 주체를 의식적이면서도 무의식적인 기표에 기입시킨다. 이 이중 기입은 라깡이 인간 경험의 반복의 자동성에서 발견한 매듭이다. 이 반복의 중추는 우리를 "유일무이한 특징"의 국면으로 안내한다. "이중 기입"은 환유 축 안에서 기표의 차이를, 은유 축 안에서 질적 차이를 표현한다. 정신분석에서 주체는 유일무이한 특징의 체계 또는 고유명사의 체계로서 어떤 충전의 장소를 가정한다. 이에 관해 라깡은 "존재자들 각각은 오직 하나만 있다.⋯존재자들 각각이 오직 하나가 있다고 말하는 것은 바로 단일성이란 매개를 통해서다"라고 말한다.[37] 단 하나의 기표는 주체를 또 다른 오직 하나의 기표로 인도한다. 주체의 진리는 대화를 피해 달아나는 또 다른 대화다. 왜냐하면 하나의 기표는 기표의 이중 고리로 인해 다른 기표에 걸려 있는 주체를 나타내기 때문이다. 즉 신자와 비신자가 바울이 선포하는 사랑에 관한 설교(예를 들어 고린도전서 13장)를 함께 들을 때, 그들은 동일한 "이중 기표", 즉 사랑에

---

36 Jacques Lacan, "Un signifiant représente le sujet pour un autre signifiant," *L'envers de la psychanalyse*, 19, 53.

37 Lacan, *L'identification*, 1961년 12월 13일 강의.

관한 동일한 이해에 다다르지 않는다. 왜냐하면 이 단어는 그들에게 질적으로 다른 기표이기 때문이다. 보통 전자는 아가페적인 사랑을 생각하고, 후자는 에로스적인 사랑을 생각한다. 그래서 어떤 기표를 드러내느냐는 그가 누구인가에 대한 답이 된다. 이렇게 하나의 기표, 또 하나의 기표, 그리고 또 하나의 기표 등은 바로 그 자신, 즉 "id-entité"(그것-자체, 정체성)를 보여준다. 결국 노예의지적인 신앙은 기표의 집인 성서를 강독하고 이를 시인하고 행할 때 드러나며 매 순간 거듭나고 새로워진다.[38]

3) 대상의 본성과 의롭게 됨

앞서 살펴보았듯이 루터에 따르면 하나님은 성육신한 그리스도 안에 숨으면서 그분의 말씀 선포 안에서 계시되신다. 그러나 우리가 그의 도래에 관해 확신을 가진다고 해도, 어떻게 도래되는지 알 수는 없다. 그러므로 "의롭게 됨"을 공부하는 것이 필요하다.

루터의 『노예의지론』을 주석한 사람은 "겸허"(humilité)가 구원의 확신을 향한 순간이라고 부연한다. 겸허의 목적은 인간이 스스로, 그리고 자기 행위로 구원에 관한 안전성을 갖는 것이다. 겸허는 "수동적 의" 개념에 관련된다. 왜냐하면 "하나님의 수동적 의로움이 하나님의 외로움이 되고, 하나님의 능동적 의로움이 우리의 의로움이 되기 때문이다."[39] 겸허의 행위는 신앙에 의해 의롭다 함(*Justitia fidei*)을 준비하는 데로 이끈다. 하나님의 "수동적 의"는 죄인에게 겸허를 불러일으키고, 그의 "능

---

38 기표의 신학적 적용에 관하여 다음을 참고하라. 강웅섭, "아우구스티누스와 라깡", 63-98.

39 Luther, "Commentaire de l'Epître aux Romains(t. I)," 302(ch. 3, v. 4), *W. A.* 56권, 26, 23-25.

동적 의"는 그에게 신앙을 불어넣는다. 리엔나르는 루터의 좁은 의미의 겸허를 "수동적 의" 개념에 연결할 때 한 가지 중요한 점, 즉 "자랑할 수 있는 신자의 모든 경험과 신실함(l'habitus)의 관계에서 이 '의의 외재성'을 강조하려는 루터의 지속적인 근심"을 지적한다.[40] 결과적으로 "의롭다 함"은 외부적 의에서 기인한다. 만약 신자가 하나님의 말씀을 인정하지 않는다면, 만약 그것을 믿지 않는다면 하나님은 그를 의롭다고 하지 않으실 것이다. 간단히 말해서 하나님은 인간의 의지를 등한시하시지 않는다. 신자는 우선 겸허의 행위로 하나님에게 다가간다. 그가 겸허하면 할수록 그는 겸허를 미워한다. 그 순간에 하나님의 "능동적 의"가 그에게 그리스도를 보여준다. 이것이 바로 영과 육의 치열한 싸움이다. 자신에 대한 증오는 은혜의 결과이지 은혜를 향한 과정이 아니다.

앙살디는 "신앙은 그러므로 이중 운동을 내포하는 하나의 만남 체계"라고 정의한다. 즉 신앙은 한편으로는 "그리스도의 오심"(Fides Christi)이고 또 다른 한편으로는 "인간의 답변"(Fides hominis)이다.[41] 그래서 이 이중 운동의 성격을 알아야 한다. 만약 후자가 전자를 만든다면, 겸허 행위는 하나님의 은혜를 소환하는 것이 된다. 그러나 만약 전자가 후자를 만든다면 전자가 후자를 소환하는 것이다. 앙살디는 "피데스 크리스티 (Fides Christi)는 하나님으로부터 인정되지 않은 순수한 도래가 아니라 의롭다고 인정된 불시의 도래다. 인간이 의롭게 되는 것은 새로운 정체성으로 인간을 특수화하는 것"이라고 말한다. 그에 따르면 후자에 대한

---

40 Cf. Lienhard, "Christologie et humilité dans la *Theologia crucis…*," 308.
41 Ansaldi, *L'articulation de la Foi…*, 15. 앙살디는 이 개념을 Luther, "Commentaire de l'Epître aux Gâlates(t. I)," 142-43에서 찾는다. 또한 Ansaldi, *Dire la foi Aujourd'hui*, 17 이하를 참고하라.

전자의 선재성, 즉 기독론의 선재성은 통시적 축 안에 있음을 뜻하는 것이 아니다. 오히려 이 만남은 공시적 축 안에서 성립한다. "피데스 크리스티(*Fides Christi*)가 시기적으로 피데스 호미니스(*Fides hominis*)를 앞선다면, 인간은 어떤 개입도 할 수 없다. [신앙이란] 임기응변의 하나님(*Deus ex machina*)처럼 하나님이 역사하시는 매우 짧은 시간이기 때문이다." 루터가 "숨으시는 하나님의 역사하심"(*Opus alienum Dei*)이라고 부르는 이 행위는 그 본성과는 명백히 반대되는 모습으로 나타난다. 그래서 이상한 행위로 이해되는 하나님의 진노는, 그러나 죄인의 회개나 그의 구원을 끌어낸다. 그러므로 그 대립은 계시된 특성에 반대되지 않는다. 그 종교 개혁자는 그것을 "계시하는 하나님의 역사하심"(*Opus proprium Dei*)이라고 부른다. "오푸스 알리에눔 데이"(*Opus alienum Dei*)와 "오푸스 프로프리움 데이"(*Opus proprium Dei*) 간의 긴장은 십자가 신학의 중요한 요소다. 신자는 오푸스 알리에눔 데이로 절망 속에 빠지고, 오푸스 프로프리움 데이로 절망에서 되살아난다. "여기에는 어떤 인간적이고 신적인 '본성'의 병행이나 혼돈도 없고, 죄와 의의 교환만이 있을 뿐이다."[42] 하나님은 신자가 완벽하지 않은데도 불구하고 그를 피데스 크리스티 덕분에 의인으로 받아들이신다. 그 이유는 신자가 계시된 하나님으로서 암흑에 숨어 있는 그리스도를 인식하기 때문이다. "그리스도는 신앙의 대상이다. 오히려 그는 대상이 아니라 신앙 자체 속에 현재하여 나타난다.…그러므로 신앙은 일종의 인식이고 암흑이다. 그것은 전혀 볼 수가 없다. 그러나 신앙으로 획득된 그리스도는 암흑 안에서 그 정체를 드러낸다."[43] 그

---

42 Ansaldi, *L'articulation de la Foi…*, 16.
43 Luther, "Commentaire de l'Epître aux Gâlates(t. I)," 142.

러므로 하나님의 의(*Justitia Dei*)는 신자가 신자의 의(*Justitia fidei*)를 갖는다는 조건으로 의롭게 된다는 약속이지, 의롭다 함을 위해 "하나님-인간 협력"이 필요하다는 것을 의미하는 것은 아니다.

루터의 "의롭다 함"과 오브제 아에 관한 라깡의 이론을 비교하기 위해, 오브제 아의 형성 원인에 관해 다시 생각해보자. 이는 용어의 물리적 의미에서 실제적 대상이 아니라, 용어의 심리적 의미에서 환상적 대상을 가리킨다. 이 대상은 누군가도 아니고, 누군가에 관한 상상적 산물도 아닌, 환상적이고 무의식적인 표상이다. 영상 뒤에 숨겨지고 결과적으로 자아에게 비가시적인 이 대상은 *a*로 표기된다. 이 대상은 영상에 숨겨진다. 라깡은 그것을 i(a)라고 표기한다. 여기서 I(image)는 욕망의 대상인 *a*를 덮는다. 그래서 라깡은 "욕망의 대상 *a*를 덮는다"를 d(a)로 표시한다(여기서 d는 désir, a는 욕망의 대상 오브제 아다).[44]

루터가 기술하듯 신앙의 대상으로서 그리스도는 시각적 대상이나 상상에 의해 획득된 인물이 아니라, 신앙 자체 안에서 나타나는 대상이다. 인간의 인식 뒤에 숨어 있으며 자유의지의 인간에게 이해되지 않는 이 그리스도는 모호한 방법으로 암흑의 단계에 표상된다. 암흑은 숨은 하나님을 덮고 그리스도를 드러낸다. 노예의지의 인간이 "현재의 예수·그리스도"를 포착하고 얻는다 해도, 루터가 말하듯이 그는 신앙의 형성 과정, 즉 "그가 현재하는 방식을 이해할 수 없다."[45] 그 이유는 신앙은 "일종의 우리가 보지 못하는 것에 대한 확신이기 때문이다."[46] 이 하나님의 이중 행위는 신자를 겸허와 자기 증오로 인도한다. 첫 번째 행위(*Opus*

---

44 Cf. Lacan, *L'angoisse*, 1962년 11월 28일 강의.

45 Ibid., 143.

46 Ansaldi, *L'articulation de la Foi...*, 15.

alienum Dei)는 확신을 향한 순간적·일시적 행위이고, 두 번째 것(*Opus proprium Dei*)은 말씀의 결과, 은혜의 상태 또는 신실함, 하나님의 선물이다. 노예의지의 이 두 업적, 즉 겸허와 증오는 그 사람을 오브제 아의 표상인 그리스도에게로 인도한다. 다른 한편으로 그 업적들은 하나님의 이중 행위, 즉 수동적인 의 그리고 능동적인 의에 의해 창조된다. 하나님의 의(*Justitia Dei*)는 신앙으로 획득되고 현존하는 그리스도를 향해 인간의 의(*Justitia hominis*)를 이끈다. 이런 의미에서 루터의 "의롭다 함"은 겸허와 신앙, 오푸스 알리에눔 데이와 오푸스 프로프리움 데이 간의, 이성으로 이해하기 어려운 작용에서 말미암는다는 사실을 알게 된다.

4) 안다고 가정된 주체와 말씀이 가정된 노예의지

인간의 신앙(*Fides hominis*)은 그리스도의 신앙(*Fides Christi*)과 동일한 본성이 아니다. 만약 신자가 십자가에서 고통당하는 실제의 영상을 갖지 않는다면, 그는 "우리의 첫 번째 의(*Justia*), 우리의 성취된 의(*Justia*), 우리의 완전한 의(*Justia*)인 그리스도에 대한 충만한 확신"을[47] 갖지 못할 것이다. 그러므로 루터는 우리에게 다음의 세 가지를 간직하라고 권유한다.

그러므로 항상 신앙을 간직하고, 항상 희망하고, 항상 우리 의의 시작과

---

47 Luther, "Commentaire de l'Epître aux Gâlates(t. II)," *W. A.* 40-2권, 90, 22-26. Cf. Ansaldi, *L'articulation de la Foi...*, 18. "실재(Réel)에는 언어와 영상 안에 기입될 만한 어떤 지식도 존재하지 않는다. 만약 그러므로 실재와의 만남이 대화의 순간 중심부에 그 근원을 설정한다면, 이 만남은 가능한 한 즉각적인 과학에로 열려지지 않는다. 신자의 확신은 지식에 대하여 모호한 선험적(*a priori*) 체계로부터다."

근원인 그리스도를 간직해야 한다.[48]

루터의 『갈라디아서 주석』과 『로마서 주석』에서 영의 지혜는 겸허의 행위로 받아들여진다. 육의 지혜에 복종하는 자들은 근심함으로써 그들의 비참함을 극복할 수 있다고 굳게 믿는다. 이것은 근본적인 죄에 의해 타락한 옛사람의 본성이다. 그러나 영의 지혜를 가진 자들은 하나님의 의지를 사랑하고 그에게 일치되는 것을 기뻐한다. 이것은 말씀에 의해 창조된 새 사람의 태도다. 비참함에서 벗어난다는 것은 "하나님이 원하시는 것에 완전히 의지"하기를 희망한다는 것을 의미한다. 리엔나르가 "복종"을 강조하고, "모방의 영성"을 거부한 것은 그 이유 때문이다.[49] 『로마서 주석』에서 겸허의 공덕을 말할 때, 루터는 그리스도를 겸허와 승리의 모델로서 기술하기를 잊지 않는다. 왜냐하면 육적 죽음, 모든 현세의 고난과 영원한 죽음을 극복하신 그리스도 한 분을 제외하고는 그 누구도 이 두려움을 이길 수 없기 때문이다. 루터는 다음과 같이 말한다.

그를 믿는 자들은 두려워해야 할 것이 전혀 없다.…그들은 모든 악조건 속에서도, 사물들과 그들의 고유한 인격 안에 실현된 그리스도의 승리를 체험하고 희망하고 보도록 운명 지워진, 잃어버린 것이 아니라 흡수되어야만 하는 인간으로서 웃고 즐긴다.[50]

---

48 Luther, "Commentaire de l'Epître aux Gâlates(t. II)," 250(ch. 5, v. 17), *W. A.* 40-2권, 90, 18-20.

49 Cf. Lienhard, "'Christologie et humilité dans la *Theologia crucis*…," 314.

50 Luther, "Commentaire de l'Epître aux Romains(t. I)," 125(ch. 8, v. 7), *W. A.* 56권, 366, 3-8.

그리스도에 속한 모든 이들은 그들의 악과 함께 육을 십자가에 못 박았다. 영의 지혜를 추구하는 자들은 육의 유혹에서 자유롭게 된다. 그들은 전적으로 육의 지혜를 십자가에 못 박았다. 의로움에 관계된 영의 지혜에 관한 논의를 종결하면서 드러나는 십자가 신학자의 확신을 살펴보자.

말씀, 신앙 그리고 기도로 무장된 그들[신앙인들]은 육의 탐욕에 빠지지 않는다. 이렇게 육에 저항하면서 그들은 그들의 정열과 욕망과 함께 육을 십자가에 못 박는다. 설령 육이 살아 있고 여전히 움직인다 할지라도 십자가에 손과 발이 못 박힌 육은 자신이 원하는 것을 할 수 없다.[51]

육의 지혜와 영의 지혜 사이에 자리한 노예의지는 라깡의 "안다고 가정된 주체"(Sujet-supposé-savoir)에 비유된다. 여기서 "주체"와 "지식"은 "가정된"에 의해 연결된다. 그랑 오트르는 지식을 지칭한다. "지식"은 기표 사건 이후에만 가정된다. 따라서 여기서의 원인은 시간적으로 결과에 선행한다는 범위 내에서의 지식, 즉 기표다. 결과적으로 "가정된"은 무의식의 재현을 내포한다. 그래서 "안다고 가정된 주체"는 기표에 관한 지식을 가정한 범위에서, 다시 말해 기표 전체와 한 기표 간의 관계를 가정한 무의식적 주체를 의미한다.[52] 코기토(Cogito)에 대한 선입견은 인간이 직관에 의해 가정되지 않은 "지식"에 관한 인식을 예상한다는 사실을 드러낸다. 스콜라 신학은 제1원인의 본성을 정의하고자 몸부림친다. 반

---

51 Luther, "Commentaire de l'Epître aux Gâlates (t. II)," 277 (ch. 5, v. 240), W. A. 40-2권, 122, 15-19.

52 Cf. Jacques Lacan, Télévision (Paris: Seuil, 1973), 49.

면에 십자가 신학은 "나는 성령에 의해 인도된다", "나는 신앙으로 그리고 희망으로 그리스도를 붙들 것이다", "나는 육의 욕망을 성취하지 않을 것이다"라고 고백한다.[53] 또 그와 마찬가지로 노예의지의 신학자는 "진실로 나는 죄인이요, 죄를 느낀다. 왜냐하면 나는 아직 육의 허물을 벗지 못했고, 육이 살아 있는 만큼 죄는 육에 밀착되어 있기 때문이다"라고 고백한다.[54]

결과적으로 루터에게 노예의지는 육의 의지와 영의 의지 사이에, 근본적인 죄에 의해 손상된 옛 인간과 말에 의해 창조된 새사람 사이에, 중립 지점이 아니라 "거꾸로 된 8" 사이에 자리해 있다. 신앙은 육의 지혜의 실추, 말(parole)의 행렬, 그리고 닮은 것과의 상상적 관계에 대한 특수한 동공(洞空)의 길에 의해 태어난다. 그러므로 우리는 "말씀이 가정된 노예의지"로서 신앙을 이해한다. 주체가 은유의 축 위에 기입된 기표의 순수한 차이를 이해하듯이, 신자는 말씀의 반복과 그것의 유일무이한 특징의 기능에 의해 십자가에 못 박힌 하나님의 "도래"를 이해한다.

3. 정체화 제3장르: S↔a와 노예의지

루터는 스콜라 신학자들이 확신하는 것에 대하여 반감을 가진다. 특히 구원에 있어서 하나님-인간의 협력을 거부한다. 루터는 "자기 공로"로 얻을 "미완성의 신앙"을 부정한다. 복음에 의해 창조된 신앙을 받아들이는 루터는 노예의지를 가진 인간으로서의 신자가 갖는 위치를 명확하게

---

53 Luther, "Commentaire de l'Épître aux Gâlates(t. II)," 251(ch. 5, v. 17), *W. A.* 40-2권, 91, 26-30.

54 Ibid.

밝힌다. 그가 보기에 신앙인은 하나님의 통치에 속하면서 동시에 세상의 통치에 종속된다. 그러므로 노예의지의 인간은 정신분석에서 아이가 죽음의 욕동에 의해, 동시에 욕망을 나타내는 삶의 욕동에 의해 이끌리는 것처럼 "두 길의 교차로"에 위치한다.

1) 두 원의 "접합점"과 두 길의 교차점

첫 사람 아담은 선과 악을 구분할 수 있는 "완전한 이성"과 선으로부터 우회하고 악을 향해 나아가는 불순한 의지를 소유했다. 에라스뮈스는 죄는 이성을 어둡게만 할 뿐, 그것을 파괴하지는 않는다고 주장했다. 그는 죄를 이성의 타락으로 이해하면서도 선을 행할 수 있는 인간의 의지를 긍정했다. 그는 인간이 "선을 원하는 힘"과 "선을 원하지 않을 수 있는 힘"[55] 사이에 있다고 믿었다. 그는 "중립 장소"에 위치하는 적극적인 인간의 의지를 "절대적 의지"라고 부른다.

반면 루터는 그런 자유의지를 수스펜수스 마네라(*Suspensus manera*)라[56] 부르면서 이 중립 장소를 인정하지 않는다.[57] 그는 "두 길의 교차 지역"을 제시한다. 즉 노예의지의 인간은 선한 의지와 악한 의지 사이에 위치한다.

만약 하나님이 우리와 함께하신다면, 사탄은 부재하고, 선을 향한 의지만이 있게 된다. 만약 하나님이 부재하신다면, 사탄은 자기 모습을 나타내고 우리에게는 악을 향한 의지만이 있게 된다. 왜냐하면 하나님도 사탄도 우

---

55 Luther, "Du serf arbitre," 91.
56 이 문장은 "확고한 비결정 상태에 있는 것과 다른 것이 아니다"라는 의미다.
57 Luther, "Du serf arbitre," 192.

리에게 순수하고 단순한 의지를 허용하지 않기 때문이다.[58]

    사탄의 통치는 불경건, 실수, 죽음, 그리고 하나님의 노여움에 종속되어 있다. 그리스도의 통치는 사탄의 통치에 저항한다. "우리가 전투 중인 두 왕국의 실존을 인식하고 고백한다는 사실은 자유의지의 공덕을 반박하기에 충분할 것이다."[59] 인간이 피조물을 통치한다고 해도 그는 사탄 또는 하나님에게 종속되어 있다. 루터는 그것을 명확하게 설명하기 위해 주목할 만한 예를 든다. 즉 하나님과 사탄 사이에 자리한 인간 의지는 짐바리 짐승과 유사하다는 것이다. 시편 저자가 "내가…주 앞에 짐승이 오나 내가 항상 주와 함께하니"(시 73:22-23)라고 고백하는 것처럼 하나님이 이 짐승에 올라타시면 그 짐승은 하나님이 원하고 지시하시는 곳으로 가게 된다. 반면 사탄이 그 짐승에 올라탈 때, 그것은 사탄이 원하는 곳으로 갈 수밖에 없다. 그러나 그 짐승은 두 기사 중 어느 하나를 자유로이 선택할 수 없다. 두 기사는 그 짐승을 탈취하고, 소유하려고 싸운다.[60] 이런 설명은 인간의 중립 의지를 강조하는 것이 아니라 두 왕국과의 관계 속에서 노예의지의 역동성을 확신하게 하며 "두 길의 교차점"을 강조한다.

    라깡에 의해 차용된 수학자 오일러의 두 원은 "만원"(속이 찬 원)과 "허원"(속이 빈 원) 사이에 끼인 주체의 동공 상태, 즉 부재 상태를 나타낸다.[61] 첫 번째 원 안에서 막대는 구멍을 통과해 그 구멍의 반대쪽으로

---

58   Ibid., 91.

59   Ibid., 228.

60   Ibid., 53.

61   Lacan, *L'identification*, 1962년 3월 7일 강의.

나온다. 설사 원환면 두께의 양쪽 면 사이에 언제나 공간이 있을지라도, 인간은 그것을 둥근 원으로 메운다. 이 원 안에서, 자기와 닮은 것에 정체화되는 이상과 현실과의 허상적 우연이 작용한다. 이제 더 이상 구멍은 없고, 모든 것은 만원 안에서 메워진다. 이것은 요구의 구조다. 두 번째 원 안에서, 막대는 원환면의 표면에도 만원의 표면에도 닿지 않는다. 막대가 회전을 시작할 때, 그 흔적은 구멍 속에서 사라진다. 허원은 욕망을 부추기는 원천이다. 문제시되는 무의식적 주체는 봇짐이냐 생명이냐의 선택 앞에,[62] 또는 요구와 욕망의 사이에서 진퇴양난의 상황에 처한다.

라깡의 세미나 9 "정체화"에서 "만원"은 에라스뮈스의 자유의지 메커니즘을 상징한다. 편집증적 구조를 가진 자유의지는 의의 본성 자체와 근본적 의의 상실 간의 부조화에 관해 무지하다. 대신 자유의지는 신-인간 연합을 믿는다. 반면 "허원"은 루터의 노예의지를 설명한다. 노예의지는 기표의 집인 성서로부터 도래하는 말에 의해 욕망을 가지게 된다. 노예의지는 "암흑 속에" 나타나는 그리스도에 정체화된다. 그러나 하나님의 이중 활동, 즉 오푸스 알리에눔 데이와 오푸스 프로프리움 데이는 신자의 인식에 의해, 그리고 그의 영상의 수준에 의해 발견되는 것이 아니다. 여기서 우리가 두 원을 동시에 생각할 때 동공, 즉 "상관점"(Interpoint)이[63] 중요해진다. 라깡은 "네 점이 한 점으로 연합되면서"라고 그들의 만남을 설명한다.

---

62 Lacan, *Ecrits*, 841.
63 이 점은 두 원이 접촉할 때 나타나고 그때 접촉면에 생기는 지점을 구멍으로 표현한 것이다.

Interpoint(교차점)
Huit inversé(거꾸로 된 8)

Cercle plein(만원)→

Cercle vide(허원)

이 점은 우리를 노예의지의 역동성을 설명하는 "환상의 논리"로[64] 인도한다. 루터에 따르면 하나님이 부재하실 때 요구의 원은 자유의지의 인간과 비교된다. 자유의지의 인간은 하나님의 계명 밖에서 자신의 의지에 따라 행동한다. 반대로 하나님이 임하실 때 노예의지는 하나님의 이중 행위에 의해 교차된다. 여기서 욕망의 원은 노예의지의 인간과 비교된다. 그는 자기 의지와 결심에 인도되지 않고, 하나님의 의지와 결심에 의해 인도된다. 결국 "만원"에서 인간은 "허원"에 종속됨 없이 자기 의지에 따라 행동하는 반면, 허원에서 인간은 자기 의지의 개입 없이 유일한 기표의 반복에 의해 인도된다. 이런 의미에서 두 원 사이에 교차된 무의식적 주체는 두 기사의 의지에 따라 끌려가는 짐승에 비유되는 것이다. 그 특별한 예는 결국 하나님의 주권적인 결심을 상징화하는 것이며, 그 결심으로 노예의지의 인간은 자연적으로 하나님 쪽으로 당겨진다. 그는 두 왕국의 교차로에서 나아갈 길을 선택하기 위한 자유의지도, 자기 자신의 결심도 갖고 있지 않다. 결과적으로 인간의 신체적 메커니즘은 두 원 사이의 중립 위치에 안전하게 고정되는 것이 아니라, 두 통치의 교차로에서 당황하고 방황하는 모습으로 드러난다.

64　Cf. Jacques Lacan, *La logique du fantasme*(Séminaire XIV[1966-67], 미출판).

2) 오브제 아의 본성과 절대적 필연

루터는 필연을 "조건적 필연"(necessitate consequentiae)과 "절대적 필연"(necessitate consequentis)으로 나누고 전자는 본질과 실존 간의 단절을, 후자는 한편으로 원인과 결과 간의 차이를, 또 다른 한편으로 그들의 연관성을 나타낸다고 보았다. 루터는 "조건적 필연"과 "절대적 필연"에 관한 에라스뮈스의 견해를 비판하기 위해 가룟 유다의 경우를 검토한다. 그 결과 그는 자유의지로서의 하나님에 관한 이해와 확신에 도달한다.

> 만약 조건적 필연성을 받아들인다면, 자유의지는 패배당하고 격파되며, 필연성 또는 절대적 우연은 아무 쓸모가 없을 것이다.…만약 하나님이 유다가 배반할 것을 예견했다면, 또는 유다가 배신하려는 의지를 수정해야 한다고 생각했다면, 그가 예견한 것은 필연적으로 일어나야 한다.…결국 조건적 필연의 견지에서 하나님이 예견한 것은 필연적으로 일어나야만 한다. 이것은 자유의지가 존재하지 않는다는 것을 의미한다.[65]

루터에게는 우연한 것들이 없다. 만약 그가 어떤 것이 우연하다고 믿는다면, 그것은 그가 유일하게 "자유의지"를 부여하는 하나님의 예지 안에서만이다.

자유의지는 신적 호명이고 그것은 신의 존엄함에만 합당한 것이다. 결과적으로 이 근엄함은—시편 저자가 노래하듯—하늘과 땅 안에서 스스로가 원하는 모든 것을 할 수 있고 또 하는 것이다. 인간에게 그것[자유의지]

---

65   Luther, "Du serf arbitre," 153-54.

을 부여하는 것은 그들에게 신성을 부여하는 것과 같다. 이것은 상상할 수 있는 가장 큰 신성 모독 발언이다. 그 이유로 신학자들은 인간의 힘에 관해 말할 때 이 용어 사용을 절제하고 그것을 하나님께 남겨둔다. 하나님께만 부여된 거룩하고 존경할 만한 호명이기에 인간의 입술과 언어에서 근절해야만 한다.[66]

에라스뮈스는 단절되었기에 이을 수 없다는 "조건적 필연" 구도를 무시했다. 하지만 루터는 분리하면서도 연관을 보일 수 있는 "절대적 필연" 구도를 주장했다. 이런 루터의 인식을 라깡의 이론과 비교해보자. "조건적 필연"과 "절대적 필연"에 관한 인식은 우선 우리에게 자유의지로서의 하나님에 대한 이해를 펼쳐 보여준다. 또 다른 한편으로 그것은 우리에게 정신분석에서 오브제 아의 본성을 암시한다. 본질과 실존 간의 단절을 만드는 "조건적 필연"은 허원 안에서 작용하고 그 흔적은 인간 이성에 의해 포착되지 않고 사라진다. 이것이 "숨으시는 하나님의 역사하심"이다. 그 본성을 설명하는 것은 생각할 수도 없는 일이다. 그러므로 원인과 결과 간의 역설적 관계를 표상하는 "절대적 필연"은 동시에 "만원"과 "허원" 안에서 움직인다.

또한 "뫼비우스의 띠"에 관한 라깡의 해석은 우리에게 두 개의 필연을 설명하도록 허락한다.[67] 기표 S와 기표 S´는 각기 다른 기표이기에 환유의 축에서 각각 분절된다. 즉 "뫼비우스의 띠"를 돌아가면서 각각의 기표로 절단된다. 이 두 기표는 이어지지 않는다. 무의식의 주체가 발설한

---

66 Ibid., 54-55.
67 뫼비우스의 띠에 관하여 Lacan, "L'Etourdit," 27을 참조하라.

각각의 기표는 각기 다르다. 그러나 기표 S와 기표 S′는 서로 연결되기도 한다. 왜냐하면 하나의 기표는 또 하나의 기표에 전속된 주체를 보여주기 때문이다. 분절되고 절단된 상태이지만 "뫼비우스의 띠"에서 각각의 기표는 서로 연관된다. 왜냐하면 이 띠는 일련의 "점 없는 선"으로 되어 있다고 가정되기 때문이다. 다시 말해 신적 의지가 인간의 인식 안에 개입될 때, 그 의지는 꼬인 띠의 일면 구조(Unitéralité), 즉 뫼비우스의 띠 안에 기입된다.

이처럼 "조건적 필연" 구도는 신적 의지와 인간의 의지를 서로 분리시키지만 "절대적 필연" 구도는 이 두 의지를 연결시킨다. 루터는 연결시킬 수 있는 구도 내에서도 억지로 둘을 연결시키는 것이 아니라 "숨은 것"과 "드러난 것" 간의 질적 차이를 인정하면서 연결한다. 즉 우선 인간에게 신앙을 일으키는, 신앙이란 욕망의 원인이 되는 "계시하시는 하나님"과, 인간에게 "궁극"이[68] 되는 "스스로 감추시는 하나님"을 구분하면서도 연결한다. 지금까지의 논의를 그림으로 표현해보면 다음과 같다.

---

68 궁극에 관한 폴 틸리히의 견해는 폴 틸리히(김경수 옮김), 『조직신학 I』(서울: 성광문화사, 1978), 25 이하 내용을 참조하라.

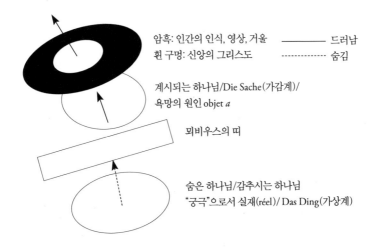

암흑: 인간의 인식, 영상, 거울 ——— 드러남
흰 구멍: 신앙의 그리스도 ------------- 숨김

계시되는 하나님/Die Sache(가감계)/
욕망의 원인 objet *a*

뫼비우스의 띠

숨은 하나님/감추시는 하나님
"궁극"으로서 실재(réel)/ Das Ding(가상계)

3) 환상의 논리와 거룩하게 됨

노예의지의 인간은 악의 통치 또는 의의 통치로 인도될 수 있는 "교차로"에 위치한다. 첫 번째 십자 교차로를 지나면서 첫 번째 길로 안내되면 또 다른 십자로를 만나게 된다. 그러므로 그는 끊임없이 "뫼비우스의 고속도로"를 달린다. 사탄이든 하나님이든 기사는 그가 원하는 곳으로 "노예의지라는 말"을 이끌려 한다. 말의 "운행 노선"은 신자의 삶에 비유된다. 여기서 우리는 루터가 말하는 영적인 진보를 배운다. 그는 "변화를 받아"라는 로마서의 글귀를 해석할 때, "[기독인의] 삶은 정체(停滯)되는 것이 아니라 더 개혁적인 방향으로 움직이기 때문"이라고 기술한다.[69] 중요한 것은 회개의 의미다. 루터는 한마디로 "회개치 않으면 소용없다"고 강조한다.[70] 회개는 부정의와 의를 연결하는 매체다. 그것은 두 길의

---

69 Ibid.

70 Ibid.

교차로를 명확하게 드러낸다. 이에 관해 루터는 다음과 같이 말한다.

인간은 언제나 비존재 속에, 되어가기 속에, 존재 속에 있다. 언제나 박탈 상태에, 능력 있는 상태에, 움직임 속에 있다. 언제나 죄 안에, 의 안에 있다. 즉 언제나 죄인이고 언제나 회개하는 사람이고 언제나 의인이다. 왜냐하면 회개하면서, 그는 비존재에서 존재가 되기 때문이다. 그러므로 회개는 불의와 의 간의 중간에 있다.[71]

인간이 비존재 안에 있을 때 회개는 출발점(*terminus a quo*)으로 여겨진다. 반면 열정 속에 있을 때는 도착점(*terminus ad quem*)으로 여겨진다. 우리가 늘 회개하면 우리는 언제나 죄인이고(*simul peccator*), 동시에 의롭다(*simul justus*)고 인정된다.

우리는 라깡이 "정체화 제3장르"에서 설명한 "환상의 논리"를[72] 이용해 루터가 말한, 노예의지의 개혁되는 삶의 반복을 잘 해석할 수 있다. 그것은 한편으로 무의식적 주체와 오브제 아 간의, 또 다른 한편으로 노예의지의 인간과 암흑에 재현되는 계시되신 하나님 간의 "상호 상징적" 관계를 설명해준다. 라깡은 "교차점"을 정의하기 위해 오일러의 원을 이용했다. 두 원 사이에는 세 가지 관계가 성립한다. 합, 교, 대칭적 차이다. 여기서 대칭적 차이의 본성을 정확히 설명하기 위해 라깡은 "거꾸로 된 8"을 도입한다. 거꾸로 된 8은 자신을 포함하지 않는 전체 속에 자신을 포함한다. 즉 내부에 다른 원을 가질 가능성을 가진다. 따라서 이것은 외

---

71 Ibid.
72 Cf. Lacan, *La logique du fantasme*.

376 제5부_ 라깡과 신학 II: 루터

부 원으로부터의 추출, 즉 외부 원의 여집합은 자신을 포함하지 않는 전체인 내부 원을 지칭한다. 이 내부 원은 외부 원에 의해 구성된 "경계"에 맞닿는다. 라깡은 이 경계를 "차이의 자동성"이라 부른다. 이 경계는 열리는 동시에 닫힌다. 외부의 두 원을 이루는 선은 서로 만나기 위해 내부 원의 선 안에 지속된다. 내부 원은 외부 원에 의해 구성된 "경계"에 닿는다. 출발점이 열릴 때 인간은 겸허의 행동을 하고, 그것이 닫힐 때 율법의 행위를 미워한다. 이것이 "인간의 신앙"이다. 도착점이 열릴 때 계시하시는 하나님의 역사하심은 그에게 말씀을 보이시고 그것이 닫힐 때 그는 신앙 안에 나타난 그리스도에 정체화된다. 이것이 "그리스도의 신앙"이다. "경계"라 불리는, 이 두 개의 대립점은 노예의지의 탄생과 하나님의 성육신을 가리킨다. 이런 과정에서 주체는 상징화된 자신의 모습을 보여준다.

나가는 말

결국 루터의 노예의지는 두 원으로부터 배제된 "거꾸로 된 8" 안에 기입된다. 다시 말해 노예의지의 인간은 그리스도의 육체, 즉 현존하는 그리스도와 오실 그리스도를 표상하는 교회 속에 살아 있다. 노예의지를 가진 인간이 스스로를 구원하는 데 절망하면 절망할수록, 복음은 그에게 더욱 분명하게 "네 속에 사는 것은 네가 아니라 바로 그리스도"라고 말한다. 노예의지의 인간은 언제나 죄인인 동시에 언제나 의인으로 표상된다.

　복음은 말씀으로, 세례로, 성례로, 우리를 도우러 온다. 이런 모든 것을 종합하여 루터가 라깡에게 들려주는 가장 의미심장한 문장은 다음과 같다.

그리스도는 말씀 이외의 어떤 다른 것으로 우리 앞에 나타나실 수 없다.

라깡의 정체화 이론과 루터의 노예의지론은 그들의 많은 이론 가운데 일부일 뿐이다. 하지만 지금까지 살펴본 것처럼 양자가 서로 만나 구조적으로 엮일 때 유기적으로 상통한다는 사실을 알 수 있다. 앞으로 더 큰 유익도 기대할 수 있는 이런 연구가 지속적으로 활성화되기를 바란다.

제6부

라깡과 사랑

13장

자기 사랑[1]

거울 도식과 나르시시즘

들어가는 말

이번 장에서는 "거울 단계"가 등장하는 문헌을 통해 그 의미와 역사를 알아보자. 세부적으로 다루게 될 주제는 나르시시즘과 영상, 내부와 타자의 욕망, 거울 도식과 장막 도식 간의 연속성, 거울 단계와 나르시스적 사랑 등이다. 나는 거울 단계를 "i′(a)←i(a)←a"라는 형식으로 요약할 것이다. 여기서 "a"는 실재 대상, i(a)는 실재 영상, i′(a)는 허구 영상을 의미한다. 거울 단계는 현실과 허구의 분리를 보여준다. 그 분리로 인해 상징적 세계가 나타난다. 상징적 세계는 언어화된 세계이며 말로서 재

---

1   이 글은 2010년 한국라깡과현대정신분석학회 정기(전기) 학술 대회(2010.5.29., 동국대학교)에서 발표한 것을 보완하여 다음과 같이 학회지에 실었고 이번에 다시 수정한 것이다. 강응섭, "거울도식과 나르시스적 사랑", 「라깡과 현대정신분석」 12권 2호 (2010.12). 그리고 이는 계간지 「시현실」의 "나르시시즘" 특집 때 편집자의 의뢰를 받고 승낙하여 다음과 같이 다시 실렸었다. 강응섭, "라깡의 거울 도식과 나르시스적 사랑", 「시현실」 제50호(서울: 예맥출판사, 2011.12). 이 글의 주제어는 거울 단계, 장막 도식, 거울 도식, 나르시시즘, 내투, 나르시스적 사랑(Stade du miroire, Schéma du voile, Schéma du miroire, Narcissisme, Introjection, Amour narcissique) 등이다.

현된 세계다.

거울 단계와 원-자아 간의 관계는 프로이트가 말한 두 개의 나르시시즘에 대응해 설명될 수 있다. 프로이트의 "리비도"는 라깡의 "이미지"에 해당한다. 일차적 나르시시즘은 실재 영상에 관계되고 이차적 나르시시즘은 허구 영상에 관계된다. 리비도의 이동 자리 길은 이상의 이동 자리 길과도 같다.

외부가 내부가 되는 "내투"는 아버지가 초자아가 되는 과정을 설명한다. 이런 의미에서 욕망은 타자의 욕망이다. 이 말은 타자가 가진 욕망이 주체의 내부로 유입됨을 의미한다. 욕망은 타자 안에서, 타자에 의해서, 타자에게서 실현된다. 장막 도식에서 "막"은 타자의 거울이고 대상이 이미지로 변형을 일으키는 렌즈다. 무의식의 주체는 나르시스적 사랑에서 시작해 다양한 사랑의 방정식으로 이어진다. 무의식의 주체는 "아갈마(agalma)의 주체"인데, 이는 주체와 대상 사이를 끝없이 왕래하는 반복의 주체라는 뜻이다. 이런 의미에서 거울 도식은 주체와 타자의 관계를 근본부터 사고하는 라깡식 접근의 핵심 장치라고 볼 수 있다.

프로이트의 주석가로서 활동하기 시작한 1953년 당시 라깡의 주된 관심은 "이미지"에 관한 것이었다고 보아도 과언은 아닐 듯하다. 프로이트의 사상과 라깡의 사유가 만남으로써 파생한 "거울 단계 이론"(Théorie du stade du miroir)은 인간이 언제나 궁금하게 여기는, 말 못 하는 아기의 "세계 구성론"에 관한 이론이다. 프로이트가 오이디푸스 콤플렉스를 기반으로 아이의 관점에서 아이 자신의 심리를 관찰한다면, 라깡은 거울 단계 이론을 통해 부모의 관점에서 아이의 심리를 관찰한다고 볼 수 있다. 라깡은 계속된 세미나와 『에크리』를 통해 "주체의 형성과 역사"에 관해 이야기했다. 라깡과 함께 인간에 관한 이해를 끊임없이 탐구하는 우리에게 거울 단계 이론은 "인간의 태고적 시절"을 돌이켜보게 한다.

이번 제13장은 "거울 단계와 관련된 문헌들", "거울 단계의 역사", "나르시시즘과 이미지", "내투와 타자의 욕망", "거울 도식과 장막 도식의 연속성", "거울 도식과 나르시스적 사랑"으로 구성된다. 우리는 이번 장을 통해 거울 도식의 변천과 그 의미를 살펴볼 것이다. 여기서 우리는 프로이트의 리비도가 라깡에게서 이미지로 변하고, 이미지의 이동은 리비도의 이동이며, 이는 곧 나르시시즘에 연관된다는 것을 확인할 수 있다. 또한 이미지의 이동은 욕망의 이동이고 욕망의 이동은 곧 사랑에 관계된다는 것도 살펴보자.

1. 거울 단계와 관련된 문헌들

라깡이 거울 단계 이론을 처음으로 국제사회에 선보인 것은 1936년 마리엔바드(Marienbad)에서 개최된 "제14차 국제정신분석학회"에서다. 그는 프랑스의 심리학자 앙리 왈롱의 용어인 "거울 단계"를 차용하여 새로운 개념을 발표한다. 그 논문의 제목은 "거울 단계: 정신분석적 경험과 이론의 관계에서 이해된 현실 구성의 생성과 구조 시기에 대한 학설"이었다. 하지만 라깡의 강연이 10여 분 진행되었을 때 의장인 존스(Ernest Jones)가 내용을 문제 삼고 중단시킴으로써 "거울 단계"는 더 이상 소개될 수 없었다. 프랑스의 젊은 정신분석가는 그 웨일즈 사람에게 원한을 품게 되었고, 주무관청에 자기 원고를 제출하는 것을 망각했다. 그래서 당시 논문 모음집에 라깡의 초안은 포함되지 않았다.

2년 뒤인 1938년, 왈롱의 요청에 따라 라깡이 제시한 "거울 단계"의 본질적인 내용은 『프랑스 백과사전』에 "망상증적 인식 학설: 인식 형이상

학에 대한 정신병리학의 공헌"이란 제목으로 게재되었다. 또 이런 관점
은 "심인적 원인성에 대한 설명"(1946)과 "정신분석에서의 공격성"(1948)
이라는 글에 담겨 1966년 『에크리』에 수록된다.

라깡이 "거울 단계"라는 주제로 다시 공개적인 강연을 한 것은 마리엔
바드 학회가 열린 지 13년 만인 1949년에 개최된 제16차 국제정신분석
학회 취리히 대회에서였다. 이때 제출된 글은 그 해에 「프랑스 정신분석
잡지」에 수록되었다. "정신분석적 경험에서 우리에게 나타나는 기능 형
성 원형으로서의 거울 단계"라는 제목으로 발표된 이 글은[2] 세미나 1 "프
로이트의 정신분석 테크닉에 대한 글쓰기"와 다른 세미나들, 그리고 『에
크리』의 여러 부분에서 점차적으로 내용이 덧붙으면서 라깡 사유의 기
반이 되어갔다. 라깡이 프로이트의 주해가로서 성숙해가면서 형성된
"거울 단계 이론"은 무의식적 주체의 역사 서술이자, 상상적인 것 또는
영상적인 것(Imaginaire), 상징적인 것(Symbolique), 실재적인 것(Réel)에
관한 종합 연구 형태를 담게 된다.

라깡에 따르면 "외부 세계에 관한 모든 인화는 과거에 이미 지각한 것
들에 모호하게 관계된다. 이것은 무한에 적용된다. 특히 지각된 모든 형
질은 반드시 이전에 지각된 것에 근거한 준거틀을 필요로 한다. 따라서
우리는 이런 영상적인 것의 차원, 근원적 형태의 영상 모델의 차원에 귀
착된다. 이때 상징화되고 언어화된 인지는 문제시되지 않는다. 우리는
오히려 플라톤적 이론을 통해 발생된 문제, 즉 회상이 아닌 상기와 재
회한다."[3] 여기서 보듯이 "Imaginaire"는 이미 지각된 것들을 돌이켜서

---

2 Lacan, *Ecrits*, 93-100.
3 Lacan, *Les écrits techniques de Freud*, 70-71.

생각하는 회상의 차원이 아니라, 이데아 세계를 순간적으로 본 인간이 그 세계를 상기한다는 식의 개념이다. 그래서 이미 지각된 것이나 이데아 세계와의 매개로서 "Imaginaire"를 어떻게 번역할 것인가에 관해 많은 논의가 있어왔다. 보통은 "상상계"라고 번역하지만 이는 "Imaginaire"가 무의식-전의식-의식, 또는 이드-자아-초자아처럼 정신의 한 심급을 이루는 듯한 오해를 불러일으킬 수 있기에 "상상적인 것"이라고 번역하자는 의견도 있고,[4] 거울과 이미지(영상)와의 관계를 고려해 "거울 영상계"라고 하자는 견해도 있다.[5]

2. 거울 단계의 역사

먼저 "세미나" 이전에 라깡이 쓴 글을 통해 거울 단계에 관해 알아보자. 그리고 세미나 1에서 제시된 거울 도식의 독창성과 강조점이 무엇인지 살펴보자.

---

4 이종영, 『지배양식과 주체형식』(서울: 백의, 1994), 128-29. "한국에서 라깡의 l'Imaginaire, le Symbolique, le Réel'을 '상상계, 상징계, 실재'로 옮기는 사람들이 있는데, 라깡은 그의 세미나 1권에서 l'Imaginaire, le Symbolique, le Réel은 하나의 장(場)을 다른 장에 대립시키는 스콜라적 외적 구분이 아니다. 즉 이들은 세 개의 장이 아니다'라고 했으며, 동일한 행동에 대해 l'Imaginaire, le Symbolique, le Réel을 구분할 수 있다고 했다(Jacques Lacan. *Le Seminaire I*[Paris: Seuil, 1975], 130-31). 즉 라깡의 위상학적 층위들을 별개의 독립된 장으로 구분하는 듯한 인상을 주는 상징계, 상상계, 실재 등의 표현은 결코 적합하지 않다. 또한 le Réel은 외적인 실재와는 전혀 무관한, 인간의 행동을 지배하는 마음속의 무의식의 실상을 지시하는 것으로서 혼란을 피하기 위해 실상으로 옮기는 것이 더 적합하게 보인다. 따라서 나는 l'Imaginaire, le Symbolique, le Réel을 상상적인 것, 상징적인 것, 실상으로 옮기며, l'ordre imaginaire, l'ordre symbolique는 상상적 질서, 상징적 질서로 옮긴다."
5 이유섭, 『정신건강과 정신분석』, 37.

1) 공식 세미나 이전의 거울 이론[6]

침팬지는 거울을 통해 경험한 영상이 허상임을 자각한 뒤, 곧 그것에 흥미를 잃어버린다. 하지만 인간은 그와 달리 놀이를 통해 자신의 관심을 끌었던 영상들이 시간이 지난 다음에도 자기 행동과 연관됨을 알게 된다. 여기에 착안한 거울 단계 이론은 간단하게 말해서 보는 사람과 그 사람에게 보이는 영상들 간의 상호작용에 관심을 둔다.

그런데 인간과 동물 간에는 신체와 시각 발달 측면에서 근본적인 차이가 있다. 동물은 태어난 뒤 얼마 지나지 않아 스스로 거동하는 반면 인간은 태어나서 걷기까지 오랜 시간 동안 남의 도움을 받아야 한다. 6개월에서 18개월 경의 아기에게서 경험된다고 라깡이 말하는 거울 단계는, 나와 타자 사이의 동일시 변증법으로 객관화되기 이전, 그리고 주체의 기능이 말로서 회복되기 이전의 상태인 "원초적 형태"로서의 "나"(Je)의 형성에 그 강조점을 둔다. 이 "원초적 형태로서의 나"는 바로 라깡이 1949년 거울 단계에서 사용한 용어인 "이상적 나"(Je-idéal)[7] 개념이다.

"이상적 나"의 아이는 자신의 시각을 통해 여과된 세상과 아직 자신의 경험 속에서 체험되지 못한 세상 사이의 "원초적 모순"을 인식하지 못한다. 라깡은 이때 자아의 근원적인 모습을 "원초적 형태"라고 규정하고, 그 속성은 자기중심적이고 자기 편향적인 인간 구조라고 주장했다. 이런 존재론적 구조에서 획기적인 전환을 하는 것은 바로 "거울 영상"을[8] 통해서다. 라깡은 이것을 "가시 세계의 문턱이 된다"고 기록한다.[9]

---

6 라깡은 이 단계에서 "거울 도식"을 직접적으로 제시하지 않는다.
7 Lacan, *Ecrits*, 94.
8 Ibid., 95.
9 Ibid.

자기 육체와 자기를 둘러싼 것들과의 "불일치"를 해소하려는 시도, 즉 "내부 세계(Innenwelt)와 외부 세계(Umwelt)" 간의 관계를 정립하기 위해 이마고(*Imago*)의 기능에 새로운 의미를 부과한 것이 바로 "거울 단계의 기능"이라 할 수 있다. 세미나 이전의 "거울 단계"는 기본적으로 이런 인식의 토대 위에 세워졌으며, 세미나 1을 거치면서 그 깊이를 더해가게 되었다.

2) 세미나 1의 거울 도식

라깡은 세미나 1의 두 번째 이야기 주제인 "영상적인 것에 대한 강의"에서 세 차례에 걸쳐 거울 도식을 설명한다.[10] 이 장치는 "원형적 자아"(Ur-bild)와 주체 간의 관계를 보여주기 위한 것이다. 그는 거울 장치를 위해 다음과 같은 준비물을 열거한다. 둥근 냄비, 상자, 꽃다발과 꽃병, 시선 등이다. 여기서 둥근 냄비는 둥근 거울, 구면체 또는 오목거울이다. 이 준비물들은 대상을 있는 그대로 비추기보다 시선의 위치에 따라 사물의 형태가 바뀐다는 점을 부각한다.

우선 대상이 평면거울에 비쳐서 생기는 영상에 대해 말해보자. 꽃다발이라는 대상은 거울 장치를 향해 수렴되는 모든 빛의 교차를 통해 표상되고, 꽃다발의 영상은 그로부터 나오는 빛의 교차점을 통해 수정체를 지나 망막에 구성된다. 빛의 교차점이 거울 장치 전에 위치할 때 대상은 "실재 대상"이지만 거울 이면에 위치할 때 우리는 "허구 대상"에 사로잡힌다. "실재 대상"에서 출발한 모든 빛은 거울 면 방향으로 분산되어 거울 이면의 허구 공간에 "실재 영상"—라깡은 이것을 i(a)라고 표현

---

10   Lacan, *Les écrits techniques de Freud*, 85-182.

한다—을 구성한다. 그 거울 면에서 수렴 형식으로 시선에 와 닿는 빛의 특성으로 "허구 영상", 즉 $i'(a)$가 형성된다. 다시 말해 대상으로부터 거울 면에 가 닿을 때 "실재 영상", 이로부터 시선에 수렴될 때 "허구 영상"이 나타난다. 거울 면이 "실재 대상"으로부터 "실재 영상"을 생산하듯($a{\to}i(a)$), 시선은 "실재 영상"으로부터 "허구 영상"을 포착한다 ($i(a){\to}i'(a)$). 즉,

• $i'(a){\leftarrow}i(a){\leftarrow}a$

아래 그림에서 보듯이 오목거울을 마주 보고 있는 속이 빈 상자 안에는 꽃다발(실재 대상)이, 그 위에는 꽃병(실재 대상)이 있다. 꽃다발에서 시작된 빛은 오목거울 중심을 향해 분산되어 "실재 영상"이 구성되고 이 영상에서 반사된 빛은 시선에 수렴되어 "허구 영상"이 나타난다. 관찰자의 시선이 약간이라도 전략적인 위치로 변경되면 환각이 시작되고, 꽃은 꽃병의 목 안에 들어 있는 것처럼 보이기도 한다. 평면거울과는 달리 오목거울은 좌우대칭이면서 위아래가 바뀐 영상을 생산하는 특수성을 지닌다.

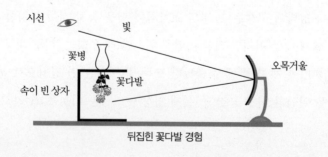

뒤집힌 꽃다발 경험

이 그림은 좀 요상한 장치를 보여준다. 우리의 눈은 "시선" 자리에 위치한다. 속이 빈 상자 뒤에서 보면 오목거울에 어떤 영상이 맺힐까? 이를 위해 우선 오목거울의 특성을 이해해야 한다. 숟가락 안쪽에 맺힌 얼굴을 본 적이 있는가? 오목거울과 같은 숟가락 안쪽을 보면 우리 얼굴은 아래와 위가 뒤집혀 있고 양옆이 바뀌어 있다. 매우 복잡한 구조다. 그렇다면 앞의 오목거울에서 꽃병과 꽃다발은 어떻게 보일까? 우선 아래 위가 뒤집혀 보이니까 꽃병과 꽃다발의 위치가 바뀐다. 즉 꽃병에 꽃다발이 들어 있는 것처럼 보인다. 또한 꽃과 꽃병의 좌우 모양도 바뀐다.

이 그림을 보면 꽃다발은 거울 면에 반사되어 대칭점에 위치한다. 기점에서 발산되는 모든 광선은 대칭점에 모여 실제적인 형태를 구성한다. 그런데 만약 광선이 반대 방향으로 반사된다면, 그때 보이는 것은 허상일 뿐이다. 이 도식은 심리적 구조 안에서 상상적 세계와 실제 세계 사이의 협소한 뒤얽힘을 짐작하게 해준다. 처음에, 원 자아(Ur-Ich)는 내부 세계 안에서만 구성되고, 자아 이상은 외부 세계에서 분리되어 내부 세계에 구성된다. 내부에 포함된 것은 내투 과정에 의해 거부된 것과 구별된다.

이때 주체의 망막이 어디에 자리하느냐에 따라 빛의 작용에 의해 꽃다발이 꽃병 안에 생겼다 사라졌다 하는 현상이 발생한다. 라깡은 이것을 "영상적인 놀이"라고 불렀다. 즉 영상을 추방하고 내투하고 다시 투사하고 병합하는 작용은 영상을 받아들여서 영상적인 것을 형성하여 실재 세계와 영상적 세계를 구분한다. 이것이 "상징적인 것의 방정식" 기능이다.

영상의 수용 과정은 바로 영상 간의 명확화 작업인 동시에 외부 세계의 구성 과정이 된다. 그러면 영상이 대상을 포함할 수 있고, 대상이 영상을 포함할 수 있는 조건은 무엇인가? 라깡은 그 조건이 "원뿔의 내부 안에서"라고 말한다. 즉 원뿔은 빛이 수렴되어 분산되는 범위를 나타내는 원뿔을 의미한다. 빛이 미치는 범위인 이 원뿔 내부에서 대상과 영상 간에는 광학 반응이 일어난다. 이 반응은 주체의 상황에 의존한다. 주체의 상황, 즉 "시선"의 위치에 따라 대상은 실재 영상 또는 허구 영상이 된다. 주체의 상황은 "시선"을 통해 파악된다. 이 "시선"은 주체의 창이다. 이 창을 거친 영상은 영상적인 것이 되고, "말하는 것으로서의 타자"와의 관계에서 이 영상적인 것은 상징적인 것이 된다.

거울 단계를 통해 라깡이 말하는 것은 "상징적인 것"인데, 여기서 상징적인 것이란 주체의 "외부 세계"를 의미한다. 이 외부 세계란 인간화된 세상, 상징화된 세상, 언어화된 세상, 명확히 말로 표현된 세상이다. 인간이 태어나서 자기와 사물 세계를 분리해가며 자신의 세계를 만들어가는 것은 상상을 통한 사물의 자기화 과정이 아니다. 라깡의 관점에 따르면 그 과정은 오히려 사물을 카메라로 찍어서 스캐너를 통해 컴퓨터에 입력하고 그 데이터들을 편집해서 모아놓는 행위와 유사하다. 이 행위의 주체는 "원형적 자아"이고, 앞으로 우리가 다룰 "자아의 이상형"은 이 행위를 방해하는 요인이다. 이렇게 구성된 외부 세계는 라깡의 "도식 R"이 보여주는 현실(la réalité)이 된다.

3. 나르시시즘과 이미지

프로이트를 이해하는 독자라면 거울 단계와 원초적 자아의 관계가 두 개의 나르시시즘과 어떤 연관이 있다는 암시를 받을 것이다.[11] 그렇다면 리비도와 영상은 서로 무슨 상관이 있을까 하는 난해한 문제가 우리 앞을 가로막는다. 바로 이 의문점이 라깡을 프로이트의 주석가이면서 자기만의 독특함을 간직한 과학자로 만들어준 것이 아닐까 싶다. 이 문제를 다루기 위해서는 앞서 살펴본 거울 도식보다 좀 더 복잡한 장치가 필요하다.

라깡은 다음 그림과 같이 오목거울 맞은편에 평면거울을 둔다. 환각이 일어나려면 관찰자가 평면거울 방향으로 시선을 두어야 한다. 그러면 실제로 일어나는 현상과는 다른 형태가 나타난다. 우선 거울 면에는 속이 빈 상자의 내부는 보이지 않고 겉면이 보인다. "실재 영상"인 내부의 꽃병은 허구 영상에서 꽃을 담은 꽃병으로 보인다.[12]

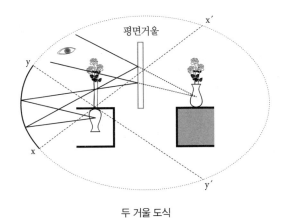

두 거울 도식

이 경우 평면거울을 보고 있는 관찰자는 "실재 영상"을 직접 지각할 수 없다. 평면거울은 "실재 영상"으로부터 반사되어 생기는 "허구 영상" 안

11 조엘 도르(홍준기, 강응섭 옮김), 『라깡 세미나·에크리 독해』(서울: 아난케, 2009), 121-43. 도르는 거울 단계와 오이디푸스 콤플렉스의 세 단계를 비교한다.
12 이 그림은 "세미나 1" 160쪽에 제시된 형태다.

에서 거꾸로 된 꽃병에 대한 환각을 재구성한다. 여기서 시선의 주체는 거울 면의 허구 영상을 통해 실재 영상을 재추적해 볼 수 있을 뿐이다.

두 개의 나르시시즘이란 각각 제1차 나르시시즘, 제2차 나르시시즘을 말한다. 나르시시즘이란 결국 리비도의 문제다. 이 문제를 중심으로 프로이트는 융과 의견 차이를 보였다. 프로이트에 따르면 제1차 위상 때 자아 [보존] 욕동 또는 자기 성애에는 리비도가 없고 성 욕동에만 리비도가 있다. 반면 융에 따르면 리비도는 처음부터 존재한다. 전자를 제1차 나르시시즘, 후자를 제2차 나르시시즘이라고 말한다. 성 욕동은 자아 리비도와 대상 리비도로 나누어진다. 참고로 프로이트의 제1차 위상 때와 제2차 위상 때의 욕동의 이원성이 어떻게 변하는지 다음 표를 통해 살펴보자.

구분 \ 분화	욕동		
욕동	자아 욕동 ↗ (자기 성애)	성 욕동(=리비도) ↘	
리비도	(리비도 無) ↓	자아 리비도 ↗	대상 리비도 ↘
나르시시즘		제1차 나르시시즘 (근원적 나르시시즘) ↓	제2차 나르시시즘 (부차적 나르시시즘)

제1차 위상 때의 욕동의 이원성(강응섭 2010: 127)

⇩

구분 \ 분화	욕동			
욕동	죽음 욕동 ↗	생명 욕동(=리비도의 저장소인 자아) ↘		
리비도	(리비도 無)	자아 보존 욕동 (자아 보존 욕동 리비도)	자아 리비도 ↘	대상 리비도 ↘
나르시시즘			제1차 나르시시즘 ↓	제2차 나르시시즘 ↓

제2차 위상 때의 욕동의 이원성(강응섭 2010: 195)

프로이트에게 제1차 위상은 정신 구조를 무의식-전의식-의식으로 구분하던 시기다. 이때 자아 욕동 또는 자아 보존 욕동에는 리비도가 없었다. 그러나 이드-자아-초자아로 정신 구조를 구분하던 제2차 위상 때의 자아 보존 욕동은 생명 욕동에 포함된다. 이 점이 프로이트에게 나타난 큰 변화다. 프로이트는 "원초적 자아"에 관해 오랫동안 숙고했고 죽음 욕동과 생명 욕동의 구도에 따라 이론에 수정을 가했다.

프로이트가 제시한 욕동의 이원성과 앞서 다룬 라깡의 거울 도식을 함께 생각해보자. 제1차 나르시시즘은 거울 면 왼쪽 부분을 지칭하는데 이는 실재 영상에 해당하며, 아직 타자라는 거울을 통해 실재 대상을 바라보지 못하는 단계다. 제2차 나르시시즘은 거울 면 오른쪽 부분으로서 주체가 실재 영상에서 평면거울에 되비친 후 나타나는 허구 영상을 통해서만 실재 영상을 포획할 수 있다는 사실을 보여준다. 자신의 모습을 타자에서 확인하며 환호성을 지르는 아이의 모습은 이 단계에 속한다. 라깡은 "세미나 1"의 187쪽에서 바로 앞에 제시된 거울 도식을 두 나르시시즘과 연결하여 다음처럼 단순화한 도식을 제시한다.

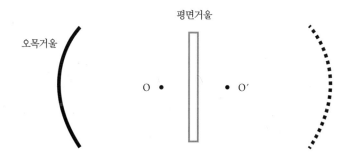

나르시시즘이 리비도(libido)의 문제라면, 거울 단계는 영상(image)의 문제다. 라깡은 성 욕동의 원동력을 성을 가진 사람의 현실이나 개인의

특수성이 아니라 "영상"으로 본다. 즉 "성 본능의 기계적 연동장치는, 그러므로 본질적으로 영상들과의 관계, 영상적 관계 위에 집결된다."[13] 다시 말해서 성 욕동의 근원인 "리비도적 욕동은 영상적인 것의 기능 위에 집중된다"고 할 수 있다.[14] 바로 앞서 다룬 두 도식을 합하면 다음과 같은 형태의 새로운 도식이 만들어진다.

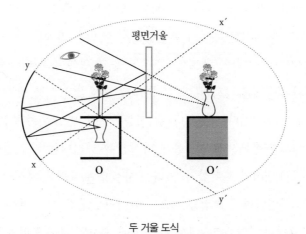

두 거울 도식

"실재 영상"을 표기하는 O, "실재 영상"을 통해 "허구 영상"을 받아들일 때의 O′를 표기하는 거울 도식(O-O′)은 주체 내부에서 일어나는 현상을 기술한다. 평면거울 때문에 주체는 대칭적 허상 위치에 자리하게 된다. 여기서 이상적 자아(Moi-idéal)가 구성된다. 즉 근본적인 영상적/거울 근원, 다시 말해 자아의 근원이 구성된다. 그리고 아직 "자아 이상"은 상관되지 않는다. 거울 도식에서 "원형적 자아"의 형성은 제1차 나르시시즘인 O에서 구성되고, 이때 자아에 의한 "타자"에 대한 투사로 "이상적 자

---

13 Lacan, *Les écrits techniques de Freud*, 140.
14 Ibid.

아"(moi-idéal)가 구성된다. "자아 이상"(Idéal du moi)은 2차 나르시시즘인 O′에서 형성된다. 그래서 거울 도식의 "이상적 자아"와 "자아 이상" 사이의 내투와 병합 과정에서 주체가 탄생한다.

프로이트가 볼 때 제1차 나르시시즘에서 제2차 나르시시즘으로의 이행은 리비도의 이동에 의해 이루어진다. 그런데 라깡은 거울 단계에 적용된 리비도의 이동이 "이상"(Idéal)의 이동이라고 말한다. 이 "이상"은 영상, 자아의 영상, 자아의 틀 위에 형성된다. 이는 제2차 나르시시즘이 "자아 이상"의 자기화에 의해 형성된 "이상적 자아"에 관련됨을 뜻한다. 그래서 나르시시즘의 이행은 "이상"(Idéal)의 이동, 즉 "자아 이상"의 내투다. 라깡은 "자아 이상"을 구성하는 "영상"이란 "지금 있는 것"이 아니라 "이미 있었던 영상과 닮은" 것들이라고 말한다. 이것은 계속되는 내투 작용에 의해 겹겹이 중첩되어, 다시 말해 나르시스적 정체화를 통해 축적되어 마치 양파와 같은 구조를 갖게 된다. 이 구조는 언어처럼 구조화된 무의식으로 구성된다. 제1차 위상에서 무의식은 전의식 이전에 있는 한 공간이지만 제2차 위상에 와서 무의식은 이드-자아-초자아 모두에게 해당한다. "이상"의 이동으로 구조화된 주체는 언어처럼 짜여진 무의식의 주체다.

4. 내투와 타자의 욕망

거울 단계에서 "환희하는 아이", 일명 "성모 승천"(assomption)에 관하여 말할 때, 6개월 때 그것이 시작된다는 것보다 18개월 때 끝난다는 것을 강조해야 한다. 왜냐하면 이 18개월이란 오이디푸스 콤플렉스가 사라지는 시기이고 이때 내투(introjection)가 나타나기 때문이다. "외부에 있던 것이 내부가 되고, 아버지였던 것이 초자아가 된다."[15] 이때 전복이 일어난다. 보이지 않고 생각할 수도 없는 것이 주체의 단계에 나타난다. 이것은 자아와 ça의 단계, 즉 super-ego라고 불리는 데서 생겨난다. "아이가 자기 아빠를 먹고 그것은 그의 위(胃)에 들어가서 초자아가 되는가?"라고 질문하는 것은 바로 내투 과정에 관련된다.

라깡은 내투에 의한 욕망 작용을 시소 놀이, 거울 놀이라고 부른다. 욕망의 투사는 끊임없이 영상의 투사에 뒤따른다. 여기서 우리는 프로이트에게서의 리비도가 라깡에게서의 영상임을 다시 기억해야 한다. 상관적으로, 영상의 재-내투는 바로 욕망의 재-내투다. 이 연관은 한 번만 이루어지는 것이 아니라 반복된다. 이 과정에서 욕망은 아이에 의해 재통합되고, 재인수된다. 상징적 국면은 영상적 국면과 연결된다. 우선 아이의 욕망은 거울 욕망을 통과한다. 이 거울 욕망에서 욕망은 승인되거나 배척되든지, 수용되거나 거부된다. 이 거울 장치를 통해서 아이는 상징적 질서를 수련하고 자기의 근원에 접근한다. 앞서도 밝혔지만 여기서 거울 욕망이란 "타자의 욕망"(le désir de l'autre), 즉 타자가 가진 욕망이지 타자에 대한 욕망을 의미하는 것은 아니다. 다시 말해 이 욕망은 타자에게 있어서의 욕망이지, 타자를 향해서 내가 갖는 욕망이 아니다. 라깡은 "인간 주체에게 있어서 욕망은 타자 안에서, 타자에 의해서, [당신이 말하듯이] 타자에게서 실현된다"고 설명한다.[16] 이는 주체가 언어의 병합과 나와 너의 상호 인정이라는 상징적 질서 안에 들어감을 의미한다.

라깡의 비유에 따르면 말은 마치 흐르는 물(타자의 욕망)에 의해 끊임

---

15 Ibid.
16 Ibid.

없이 회전하는 풍차(언어체계)의 바퀴와도 같다. 거울 단계는 주체가 자아 형성기에 겪는 위험, 동요, 위기를 보여준다. 그래서 O-O′ 사이의 관계는 타자와의 영상적 관계다. 독일어에서 "반해 있음", "열애" 등의 뜻이 있는 "Verliebtheit"를 담고 있는 위치인 O′는 도라가 K 부인을 욕망하는 자리, 동성연애적 요소가 있는 자리다. 1차 나르시시즘에서 2차 나르시시즘으로의 나르시스적 관계는 바로 이 O-O′ 면을 통과하는 영상의 관계와도 같다. 라깡은 거울에 대하여 끊임없이 진동하는 O-O′ 관계를 "일회기"(一回期)라고 부른다. 이런 회기의 반복으로 주체는 타자의 욕망을 추구하다가 기진맥진하게 된다. 그런데도 이 피곤한 작업을 중단하지 않는 것은 자기의 고유한 욕망이 바로 "타자의 욕망", 즉 타자에 대한 주체의 욕망이 아니라 주체에게 보내는 타자가 가진 욕망이기 때문이다. 결국 우리는 이 중단 없는 회기의 목표와 대상이 바로 자기 자신이라는 것, 그리고 이것이 또 상호 주관적 관계를 지탱하는 도착적 욕망으로서 타자의 욕망과 주체의 욕망 사이의 기진맥진한 상태를 줄기차게 유지하는 힘이 된다는 결론에 다다른다.

5. 거울 도식과 장막 도식의 연속성

라깡의 글 가운데 처음 등장하는 도식이 바로 거울 단계에 관한 것이었다. 이 도식은 그 이외의 다른 도식들과 어떤 연관이 있을까? 우리는 한 사람의 사상이 자기 내부에서 단절되지 않는 한 계속해서 변화한다는 사실을 알고 있다. 그 흔적은 때에 따라 다른 표현 방식으로 드러나게 된다. 나는 우선 세미나 4에서 라깡이 소개한 "장막 도식"이 거울 도식과 연관이 있다고 본다. 우리는 앞서 두 개의 거울 도식을 살펴보았다. 두 번째 거울 도식은 다음과 같이 "주체"와 두 나르시시즘 간의 관계를 다룬다.

- 주체(허구 영상) ⌐ O'(허구 영상) ⌐ O(실재 영상)…(실재 대상)
- 주체(허구 영상) ↻ O'(허구 영상) ↻ O(실재 영상)…(실재 대상)

거울 도식은 빛의 수렴으로 설명되는 과정을 드러낸다. 빛의 성질 때문에 이 과정은 직선(⌐)의 굴절(↻)을 이해해야 그 의미를 이해할 수 있다. 그러나 장막 도식은 이에 비해 매우 단순하다. 그래서 독자들이 두 도식 간의 연관성을 간과하기 쉽다.

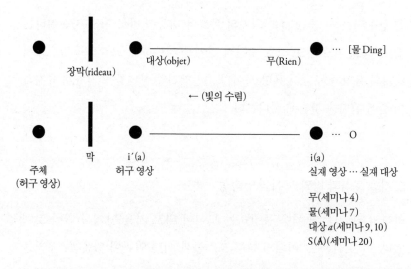

"장막 도식"(Shéma du Voile)[17]

강응섭, "라깡의 불안 변증법과 탈경계", 「라깡과 현대정신분석」 11권 2호(2009.12), 105.

제6부 _ 라깡과 사랑

거울 도식과 장막 도식을 비교해보면 서로 상응하는 요소가 있음을 알게 된다. 즉 실재 대상, 실재 영상, 허구 영상, 주체 등이다. 그런데 여기서 "거울"에 해당하는 "막"(rideau)을 어떻게 이해할지가 중요하다. "막"은 상징 체계에 대한 모든 것이다. 주체의 정체성은 이 막과의 관계를 통해 나타난다. 이 "막"은 타자의 거울이며 타자의 욕망이 넘나드는 "칼때기", 대상이 영상으로 바뀌어 주체에게 들어오는 "렌즈", 더 나아가 "스크린"이다. 정신분석은 이를 중심으로 허구 영상으로 상징화되는 주체와 실재 영상으로 이루어진 실재, 주체와 실재 사이를 잇는 상상적 과정을 다루며 이루어진다. 라깡이 거울 도식에서 "이미지"를 "리비도"의 다른 이름으로 차용하듯이, 장막 도식에서 각 요소는 범상징적인 의미로 확대된다. 이를 통해 대상관계가 설명되며, 이것이 세미나 4에서 전개되는 내용이다.

"장막 도식"을 "거울 도식"의 관점에서 읽음으로써 얻을 수 있는 장점은 "장막 도식"에 녹아 있는 이미지, 리비도 그리고 나르시시즘 등의 개념을 풍성하게 이해할 수 있다는 점이다. 무미건조해 보일 수 있는 "장막 도식"은 그런 개념들의 도움을 얻어 철학적 인식론이 아니라 정신분석적 관점에서 주체와 물의 관계를 파악하는 데 도움을 줄 수 있다. 라깡은 대상을 지칭할 때 세미나 4의 무(rien), 세미나 5의 물(Chose), 세미나 8 이후에서의 대상 a(오브제 아), 세미나 20의 "사랑의 문자" S($\mathbb{A}$) 등으로 기호를 바꾸었다. 하지만 그가 언급하고자 하는 내용은 맨 처음 거울 도식의 실재 대상과 실재 영상에서 시작하여 점점 변화해온 것이다. 거울 단계에 발견되는 "원초적 자아"는 성숙한 사람이 되어갈수록 다른 기호를 사용해 실재 대상과 실재 영상을 표기하고 설명하게 된다. 라깡은 급기야 오브제 아라는 개념을 만들어내고 좀 더 가서는 서구의 뿌리 깊은 방법론 중 하나인 "부정의 길"을 S(Ⱥ)로 재현한다. 이는 상징화될 수 없는 시니피앙, 기표를 표기한다.

6. 거울 도식과 나르시스적 사랑

라깡은 "특별한 운명점을 특징짓는 이상적 정체화 안에서 존재의 정지"를 부연하기 위해 "광기의 일반적 형태"를 상세히 설명한다.[18] 그에 따르면 사람들은 광기의 본질에 관하여 잘 인식하지 못한다.[19] 일반적으로 우리는 광기(la folie)가 실상(l'actualité)과 허상(la virtualité) 사이의 세상의 무질서를 아는 데서 비롯된다고 생각하지만, 라깡은 오히려 광기가 실상과 허상을 이중화하는 그 무질서를 모르는 데서 비롯된다고 말한다. 광기는 이중 현실을 연관 지으려 시도하지만, 자아의 최초 형태 또는 원자아(Ur-bild)의 동력 안에 사로잡힌다. 바로 여기서 주체의 소외가 생긴다.[20]

　라깡은 허상과 실상의 대립 가운데 다시 허상 속으로 되돌아가 갇히는 현상을 주시한다. 즉 상상적 현실과 실제적 현실의 불일치는 이상과 실상 사이의 허상적 일치로 해결된다. 허상적 일치가 바로 허상 안에 갇히게 된다는 의미다. 이렇게 망상 속에 갇힌 상태의 사랑을 "사랑의 유형

18　Ibid., 172.

19　Ibid., 171-72.

20　Ibid., 172. "광인은 이 허상에 의해서만 이 실상에서 벗어날 수 있다. 그러므로 이 존재는 자기에게 무질서로 나타나는 것에 반대하여 반기를 들며 사회에 반항하는 노선을 취하는 어떤 물리적 힘으로 세상의 무질서를 끊을 수는 있지만 이 원 안에 갇혀버린다."

제1장르"라 부를 수 있다.[21] 이런 무질서는 광기의 일반적인 틀과 일치하지 않는다. 가장 순수한 심리적 현상을 상징하는 상상적 정체화는 이마고(Imago)의 기능을 좀 더 주지하도록 우리를 인도한다. 아이의 자아는 자기와 닮은 영상으로부터 출발하여 구성된다. "망상적 인식"이란 용어로 이해된 자아 개념은,[22] 행위의 세계와 말의 세계 사이에 위치한 아이의 나르시스적 상태를 상징한다. 자아의 동력의 최초 형태 안에 형성된 이마고의 본질적 내용은 주체의 소외를 표현한다. 왜냐하면 "타자 안에서 주체는 정체화되고 동시에 고난을 겪게 되기 때문이다."[23]

사람은 태어나면서 신체적으로는 미성숙하지만 시각은 상대적으로 빨리 발달한다. 라깡은 이 현상에 착안하여 "거울 단계"를 구성한다. 그는 거울 단계를 설정함으로써, 아이에게서 거울 뒤에 숨은 가장 간단한 비 실존적 영상에 관한 경험적 지표를 관찰한다.

아이들의 초기 놀이인 숨바꼭질(숨는 행위)에 현실적 가치를 부여한 것은 심리적 세계의 질서에서 프로이트가 해석한 가장 빛나는 직관의 표현 중 하나다.…모든 사람이 그것들을 볼 수 있었지만, 그 누구도 프로이트 이전에는 그들의 반복된 특성 안에서 모든 유형의 분리를 겪는 아이 또는 젖떼기 아이가 행하는 자유 반복을 이해하지 못했다.[24]

---

21 내가 "사랑의 유형 제1장르"라고 말하는 까닭은 라깡의 동일시 유형에 근거하기 때문이다. 라깡은 *L'identification*, 1961년 12월 13일 강의에서 정체화를 3개의 장르로 나눈다. 이 정체화의 장르와 사랑의 장르는 동일한 구조 속에 있다고 할 수 있다. 예를 들어 나르시스적 사랑을 설명하는 정체화의 유형 제1장르는 사랑의 유형 제1장르와 같은 것을 설명한다. 나는 이를 『동일시와 노예의지』, 118에서 다루었다.

22 Lacan, *Les écrits techniques de Freud*, 180.

23 Ibid., 181.

24 Lacan, *Ecrits*, 187.

라깡이 말하는 아이들의 숨바꼭질, 또는 젖떼기 아이가 보이는 반복 행위는 우리를 프로이트의 손자 일화로 이끈다. 프로이트는 "포르트-다"라고 말하면서 실패를 던졌다 잡아당겼다 하면서 노는 손자를 관찰했다. 라깡은 이 놀이를 상기하면서 허상과 실상 간의 불일치를 허상적 일치로 해석하는 광인을 이해한다.[25] 거울 국면의 구조는 광기의 근본 구조가 되는 듯하다. 이 발전 단계에서 원 자아는 본질적으로 그 이마고 안에 고립된다. 라깡은 여기에서 시각의 조기 성숙을 강조한다. "인식에서 시각 구조의 특정 우위…또 이 형태에서 정체화의 기회",[26] 특히 조기 성숙으로 발생된 거울에 정체화되기는 "상상적 매듭"을 구성한다.

결과적으로 나르시스 신화가 본질적으로 표현하는 자살 경향과 영상과의 관계가 존재하는 것은 이 매듭 안에서다. 프로이트가 죽음의 욕동, 또는 원형적 마조히즘 욕동이라는 이름 아래 메타심리학에 자리를 잡아준 자살 경향은, 인간의 죽음이 신체적으로 미성숙한 6개월 말까지 근본적 불행의 국면 안에서 겪은 출생의 충격과 젖떼기의 충격에 대한 생각 속에 각인된 것이란 사실과 관계가 있다.[27]

프로이트가 "양가 감정"이라 불렀던 이 매듭은 이상과 실상의 허상적 일치를 통해 발생하는 무질서를 해결하는 곳이다. 또한 이 지점은 "나르시스적 자살"이 일어나는 곳이기도 하다. 라깡은 나르시스적 자살이 "박

25 Lacan, *Les quatre concepts fondamentaux de la sychanalyse*, 59–60, 187.
26 Ibid., 186.
27 Ibid., 186–87.

애라고 불리는 모든 저변에 내재해 있는 공격적인 반응"이라고 말한다.[28] 이를 프로이트의 관점으로 다시 말하면 사랑과 미움을 동일한 대상에게 갖는 양가 감정이다. 정신분석에서는 이 양가 감정을 "나르시스적 매듭"이라고 부른다.[29] 공격적 성향은 근본적으로 망상증적 증상과 망상적 정신병의 일련의 의미 있는 상태 안에서 나타난다. 우울증 환자가 근본적으로 나르시시즘 메커니즘을 따르듯이, 망상증 환자는 나르시스적 고착점에 기반을 둔다. 그러므로 라깡은 양가 감정을 설명하기 위해 나르시시즘에 병행하는 상상적 매듭을 구축한다. 망상증 환자에게 있어 대상에 대한 사랑은 자아 자신에 대한 사랑이다. 그가 나르시스적 대상을 사랑하면 사랑할수록 그는 그 대체 대상을 미워한다. 다시 말해 그는 그 매듭점에서 멈추고, 고정되고 결국에는 감금된다. 라깡은 거울 단계 이론으로 이것을 증명한다. 라깡은 거울이 만들어내는 영상이 가시계(可視界)의 입구라고 말할 정도로 거울 단계에 근본적인 의미를 둔다. 망상증을 다룬 라깡의 박사 논문과, 그가 1936년에 소개한 거울 단계를 통해 우리는 나르시스적 사랑이 어떤 역할을 하는지 이해하게 된다.

나가는 말

지금까지 우리는 거울 단계 이론에 대한 문헌과 역사, 거울 도식 이미지, 내투와 타자의 욕망, 거울 도식과 장막 도식의 연속성, 거울 도식과 나르시스적 사랑을 다루면서 거울 도식의 변천을 개괄하고 그 의미에 관해

---

28 Lacan, *Ecrits*, 107.

29 Ibid., 108.

살펴보았다.

라깡이 프로이트에게 부여한 단어인 "독창성"(la singuralité)은 나르시시즘을 거울 단계 이론으로 바꾸어서 주체의 역사를 설명하고, 리비도를 영상으로 대체함으로써 "타자"와의 관계에서만 구성되는 주체를 기술한 라깡에게도 어울린다. 우리는 거울 단계에서 실재 대상을 허구 영상으로 받아들이는 끊임없는 반복 운동의 원인과 동력은 무엇일까 하는 질문을 던질 수 있다. 주체의 욕망이 타자의 욕망이라면 주체는 과연 "그의 욕망을 담고 있는 껍데기로서의 타자"에게서만 자기 욕망의 대상인 아갈마(agalma)를 보기 원하는, 영원히 수동적인 존재인가 하는 물음도 던질 수 있다. 이런 질문은 능동적인 주체가 존재하지 않는 것 같은 느낌 때문에 발생한다. 하지만 라깡은 "존재하지 않는 곳에서 생각하는 동시에 생각하지 않는 곳에서 존재"하는 주체를 말한다. 또한 그는 "존재의 아토피아(atopia)"—어디에도 있지 않은 그의 존재를 의미한다—때문에 끊임없이, 중단됨 없이, 기진맥진하는 주체를 상정한다. 이번 장에서 우리가 살펴본 도식들은 이런 의미를 담고 있다. 또한 이 도식들은 라깡의 특징이라고 할 만한, 위상학을 통한 설명의 뿌리가 된다고도 볼 수 있다.

14장

이웃 사랑[1]

불안 변증법과 경계

들어가는 말

이번 장의 목적은 라깡이 세미나 10에서 제시한 "불안 변증법" 도식을 풀이하고 도식의 각 요소 간에 발생하는 경계와 탈경계 상황을 해설하는 것이다. 불안 변증법의 구조는 "대타자 쪽"과 "내 쪽"이라는 수직 양쪽 구조와 상상계-상징계-실재라는 수평 삼층 구조로 구성된다. 경계선은 중앙 구분선과 삼층 분리선 두 영역으로 나뉜다. 수직 양쪽 구조의 대표적인 요소는 $ujet와 a, 그리고 A다. 수평 삼층 구조의 대표적인 요소는 위층 구조의 근친상간과 절대쾌, 중간 구조의 불안 메커니즘 작동 시기, 아래 구조의 욕망·향유·증상 등이다.

---

1 이번 장의 내용은 2009년 한국라깡과현대정신분석학회 정기(후기) 학술 대회 (2009.12.5., 동국대학교)에서 발표한 것을 보완하여 다음과 같이 학회지에 실었고 이번에 다시 수정했다. 강응섭, "라깡의 불안 변증법과 탈경계", 「라깡과 현대정신분석」 11권 2호(2009.12). 이 글의 주제어는 라깡, 불안 변증법, 환상 방정식, 베일 도식, 코기토 에르고 에스, 공집합(Lacan, Dialectique de l'angoisse, La logique de Fantasme, Schéma du Voile, *Cogito ergo* ES, l'ensemble vide) 등이다.

프로이트가 1919년 발표한 "매 맞는 아이"를 예로 들자면, 위층 구조는 "아버지는 나를 때리지 않는다"(paradis), 중간 구조는 "아버지는 나를 때린다"(ex-paradise), 그리고 아래 구조는 "아버지는 한 아이를 때린다"(paradise nouvel or paradise fantasmé)로 설명될 수 있다. 여기서 중간 구조는 기억되지 않고 가설될 뿐이다. 왜냐하면 억압되기 때문이다. 아래 구조는 환상의 구조인데 이 구조는 중간 구조와 아래 구조의 경계가 허물어질 때, 그 경계가 마름모꼴의 작용을 할 때 생성된다. 이런 식으로 경계선의 허물어짐과 생성됨을 설명하는 것이 바로 불안 변증법이다.

여기서 우리는 불안 변증법을 주로 다룰 것이다. 불안 변증법 도식에는 "환상의 논리"와 "사랑의 문자"가 명기되어 있다. 우리가 주지하듯이 "환상의 논리"는 세미나 14에서 부연되고 "성구분 도식"의 핵심인 "사랑의 문자"는 세미나 14와 20에서 구체적으로 설명된다. "환상"과 "사랑의 문자"라는 두 개념은 수학소 "$\$\diamond a$"와 "$\Phi \leftarrow La \rightarrow A$"를 구체적으로 보여준다. 불안 변증법의 공식을 중심으로 라깡의 탈경계 개념을 추적하면서 그 의미를 살펴보자.

1. 불안 변증법과 그 구조

다음 그림은 1962년 11월 21일 세미나 초반부에 라깡이 제시한 것으로서 몇 개의 수학소(matheme)와 중앙 구분선으로 구성된다.

이 도식의 구조에 관한 라깡의 설명을 하나씩 살펴보면서 도식을 완성해보자. 이 도식의 구조는 수직적으로는 "중앙 구분선"에 의해 "대타자 쪽/내 쪽"으로 구분, 수평적으로는 "삼층 분리선"에 의해 "상상계/

상징계/실재"로 분리된다. 이런 구분과 분리는 역사적이거나 은유적이 아니라 동시대적이며 환유적이다. 즉 정신분석의 논리적 시간 개념에 따른 것이다.

불안 변증법

1) 수직 양쪽 구조: 대타자 쪽과 내 쪽

라깡은 "대타자 쪽"에 Autre, $ujet와 a, 맞은 편의 "내 쪽"에는 Sujet, Ⱥ를 명기했다.

"대타자 쪽"의 $ujet와 a는 환상 방정식 "$ ◇ a"로 표현될 수 있는데, "내 쪽"의 욕망을 떠받치는 역할, 즉 타자의 욕망 역할을 하기에 "내 쪽" 맞은 편에 위치한다.

"내 쪽"의 Ⱥ는 내가 도달할 수 없는 그랑 오트르(Autre)로서 빗금 친 A 로 표기한 것이다. 이는 무의식처럼 구성되는, 무의식적인 것에 의해 구성되는, 기표로 구성되기에 사물 자체로서 만날 수 없는 것을 의미한다. 즉 이 도식은 $ujet와 Ⱥ 간의 불가능성을 보여준다.[2]

---

2 Lacan, *L'angoisse*, 28, 1962년 11월 21일 강의.

2) 수평 삼층 구조: 정신의 3위[3]

"위층"에서 "주체"는 "대타자"와의 관계에 의해, 이 대타자에 의존하여 몫으로 기입된다. 여기서 주체는 아직 빗금 그어진 주체가 아니고(Sujet), 대타자 역시 그렇다(Autre).[4]

"중간층"의 "빗금 그어진 주체"($ujet)는 대타자 안에서 시니피앙의 "유일무이한 특징"에 의해 흔적이 남게 된다. "시니피앙의 장소"인 "대타자" 앞의 주체는 빗금 그어진 주체($ujet)로 나타난다. 이 주체는 대타자를 직접 경험할 수 없고 기표를 통해서만 접촉한다. 그 결과 대타자는 빗금 그어진 것(Ⱥ)으로 이해된다.[5]

"아래층"은 나눗셈의 "나머지"에 해당한다. 가령 "13"(Autre)을 "2"(Signifiant)로 나누면 "6이란 몫"($ujet)과 "1"이란 나머지가 생긴다. 이 나머지는 "a"로 표기한다.[6]

다시 말해, "위층"의 키워드는 "대타자의 향유"(la jouissance de l'Autre)이다. 빗금 그어지지 않은 "상상계"의 Autre, Sujet다. "중간층"은 "대타자의 요구"(la demande de l'Autre)다. 빗금 그어진 "상징계"의 $ujet와 Ⱥ다. "아래층"은 "대타자의 욕망"(le désir de l'Autre)이다. "필요"(besoin, need)에서 "요구"(demande)를 빼고 남은 "욕망"(désir)으로서 "실재"의 a다.[7]

---

3 "3층"과 "3위"라는 용어는, 편의상 내가 표현한 것이다. Lacan, *L'angoisse*, 36-38, 1962년 11월 28일 강의에는 창조의 시기인 "사물의 장소", 역사의 시기인 "그 장소의 장면", 연극의 시기인 "그 장면의 극중 인물" 등 세 단계가 제시된다.

4 Lacan, *L'angoisse*, 48, 1962년 12월 5일 강의.

5 Ibid.

6 Ibid., 28, 1962년 11월 21일 강의; 53-54, 1962년 12월 5일 강의.

7 Ibid., 57, 1962년 12월 5일 강의.

3) 중앙 구분선과 삼층 분리선

제시된 그림은 두 종류의 선("중앙 구분선"과 "삼층 분리선")에 의해 나누어진다. 우선 "중앙 구분선"은 가운데 수직 굵은 선, "구분의 막대"(barre de division)로서 "대타자 쪽"(Côté de l'Autre)과 "내 쪽"(mon Côté)을 가른다. 이로 인해 타자와 나, 주관과 객관이 구분된다. 이 막대의 성격은 마치 큰 고기를 빠져나가지 못하게 하는 촘촘한 그물과도 같다. 즉 "언어처럼 구조화된 무의식"인 대타자(Autre)의 침투를 막아내는, 충실한 바리게이트로 기능하는 것이다. 이 막대는 "꿈의 사고"를 감추고 "꿈의 내용"을 드러내는 꿈 왜곡을 실행하는 "저항"으로서 마치 "장막 도식"(세미나 4)의 "막"과도 같다.

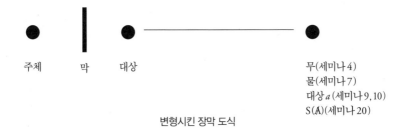

변형시킨 장막 도식

그리고 "삼층 분리선"은 좌우를 가로지르는 2개의 선, "분리의 막대"(barre de séparation)다. 이로 인해 "상상계"(Imaginaire) "상징계"(Symbolique) "실재"(Réel)가 분리된다. 상상계에서 상징계로, 상징계에서 실재로의 논리적 이행을 가로막는 이 선은 앞의 그림에서 "대상-무" 사이의 직선에 해당한다고 가정할 수 있다. 삼층 분리선에서 "윗부분 수평선"의 성격은 자아충동(욕동)에서 성적 충동(욕동)으로, 자아 리비도에서 대상 리비도로, 절대쾌에서 거세로, 쾌-불쾌 원리에서 현실 원리로, 은유에서 환유 등으로 이행하는 것을 보여준다. "아랫부분 수평선"의 성격은 상징에서 환상으로,

대상에서 대상 a (오브제 아)로, 요구에서 욕망으로, 법에서 자유, 거세에서 향유로 이행하는 것을 보여준다.

"불안 변증법" 도식은 간단해 보이지만 매우 복잡하다. 거미줄이 어떤 순서로 짜여 있는지를 모르는 것처럼 이 도식도 매우 난해하게 설켜 있다. 라깡이 그린 그림이 보여주듯이 이 도식은 수평과 수직을 함께 고려해가며 풀어야 한다.

우리는 "불안 변증법" 도식에서 이중적 경계를 찾을 수 있다. 그 하나는 수직 양쪽 구조에 따른 경계 짓기이고, 다른 하나는 수평 삼층 구조에 따른 경계 짓기다.[8] 이를 정리하여 도식으로 표시하면 다음과 같다.

위층: 상상계	Autre	Sujet	근친상간-향유, 절대쾌
가운데층: 상징계	$Sujet	Á	불안 메커니즘작동 시기, 기표로 표기할 수 없는 것, S(Á)
아래층: 실재	a		욕망의 장
	대타자 쪽 (Côté de l'Autre)	내 쪽 (Mon Côté)	

불안 변증법

2. 수직 양쪽 구조와 탈경계

우선 "대타자 쪽"(Côté de l'Autre)의 수학소를 보면, 빗금 그어지지 않은 "대타자"(Autre)와 "환상 방정식" 공식인 "$ \$ \diamond a$"가 있다. 여기서 유의할 점은 환상 방정식이 "내 쪽"(mon Côté)에 관한 것이 아니라 "대타자

---

8 Ibid., 57, 1962년 12월 5일 강의.

쪽"(Côté de l'Autre)에 관한 것이라는 사실이다.

그리고 "내 쪽"(Mon Côté)의 수학소를 보면, 빗금 그어지지 않은 "주체"(Sujet)와 빗금 그어진 "대타자"(Ⱥ)가 있다. 빗금 그어지지 않은, 온전하다고 여겨지는 "나"조차도 도달할 수 없는, 그래서 존재 여부를 알 수 없는 것이 대타자(Ⱥ)다. 여기서 유의할 점은 "내 쪽"이 단순히 나 홀로만의 의미가 아니라 이미 "대타자 쪽"에 맞서고 있는 상태의 "내 쪽"이라는 것이다.

이해를 돕기 위해 수평적인 가름 선을 제거한 상태에서 수직 양쪽 구조의 수학소를 살펴보자. 아래 도식은 수직적인 가름 선만을 남겨둔 "불안 변증법" 또는 "대타자 쪽과 내 쪽의 변증법"이다. 수평 가름 선을 제거한다는 것은 탈경계 상황으로 Autre-$ujet-a와 Sujet-Ⱥ를 몰고 가는 것을 의미한다. 탈경계 상황에서는 복잡한 경우의 집합론이 발생한다. 라깡은 마름모(◊+◊=◊)로 그 상황을 해석한다. 지금부터 대타자 쪽의 "$", "◇", "$a$"에 관해 자세히 알아보기로 하자.

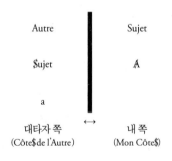

불안 변증법

1) 대타자 쪽의 수학소: $, ◇ + ◇ = ◆, a

이 수학소는 1896년 당시 프로이트의 근본적인 생각, 즉 "유혹 이론"을 포기하게 한 "반복"(automaton)을 설명해준다. "반복"을 가동시키는 것은 "실재"인데 프로이트는 이 지점에서 "오이디푸스 콤플렉스"와 "무의식"을 착안하게 된다.

"$"는 프로이트의 원리에서 일관되게 나타나는 "주체의 분리"를 나타낸다. "주체는 무의식적 기능으로서 구성된다"는 의미에서 빗금이 그어진다.

"a"는 논리적 관계로서의 관계 안에서 그 지위가 결정되는 환상의 논리의 한 대상이다. 라깡의 "도식 L"에서 오른쪽 위에 있는 a는 상상계의 i′(a)를 의미하지만, 환상의 축($-a)에 있는 a는 다른 지위를 갖는다.

◇ 역할 안에서 $와 a는 $로부터 고립될 수 있는 a를 $에 결합한다. ◆는 $와 a간의 관계를 "보다 작게" 또는 "보다 크게", "포함" 또는 "삭제", "포괄 관계" 또는 "반리 관계" 등으로 나타내는 기호다. "마름모 안의 +"의 가운데 부분은 "소파 점"(point de capiton), 뫼비우스의 띠(band de moëbius: mitre, crosscap 참고) 등으로 표기될 수 있는데, 이 모든 기호는 경계와 탈경계에 관한 내용과 관계된다.

"환상의 논리"에서 마름모 ◇는 ⟨, ⟩, ∨, ∧의 결합체인 ◆를 나타낸다. 기표는 태초에 없던 주체 자체를 낳는다. 태초에는 "1"(Das Ein)은 없고 대상 안에 소외된 형태로서 주체($)가 나타난다.[9]

결국 상징계와 실재를 넘나드는 작용을 표시하는 ◇ + ◇ = ◆에 의해 소외된 주체는 a로 그 모습을 드러낸다. 주체화는 상징계와 실재를 넘나

---

9 Ibid., 28, 1962년 11월 21일 강의.

들면서 욕망의 주체로 드러난다. "$ \$ \lozenge a $"로 표기되는 "환상의 방정식"은 경계를 벗어나는 모습을 잘 보여준다고 볼 수 있다. 이 과정은 불안에 의해 작동된다. 불안은 상상계에서 상징계로 들어오면서 작동되기 시작하고, 환상 가운데서 소외, 거세 등의 과정 가운데서도 작용한다.

2) 내 쪽의 수학소: Sujet, $ \mathbb{A} $, S($ \mathbb{A} $)

A의 실추가 의미하는 것은 무엇인가? A가 있느냐 없느냐를 선택할 수는 없다. 텅 빈 낱말이 없다는 말은, 말에 의해 구성된 "진리의 장소가 없다"는 것을 가정한다. 여기서 라깡은 한 걸음 나아가게 하는 열쇠로서 S($ \mathbb{A} $)라는 형식을 첨가하는데 이것은 환상의 논리에서 아주 중요한 요소가 된다.

분석가들이 분석할 때마다 경험하는 것은 근본적인 무엇이 이 "사랑의 문자" S($ \mathbb{A} $) 이면에 작동한다는 사실이다. "대타자가 없다" 또는 "대타자를 표현할 기표가 없다"는 것을 보여주는 이 기호는 "자기를 방어"할 때 나타나는 무엇을 보여준다. 라깡은 "대타자가 존재하지 않는다"는 것을 철학적 전통과 무신론을 주장하는 사람들을 통해 밝힌다.

S($ \mathbb{A} $)를 후원하기 위한 수학적 형태의 산식으로서 라깡이 제시하는 것은 종교적인 것으로든 무신론적인 것으로든, 현대 정신이 표명하는 것과는 달리 아주 중요한 의미가 있다고 확신하는 것이다. 이 A 뒤에 있는 것은 어떤 것도 작동하지 않는, A의 비-존재를 확신하는, 그런 것이 아니다. 여기에는 다른 것이 문제시된다는 것을 알아차릴 수 있다. 날인된 $ \mathbb{A} $는 무엇을 말하는가?

파스칼에게서 철학의 하나님, 데카르트에게서 가장 본질적인 대타자에 관계된 신이라 부른 것의 의미는 무엇인가? 파스칼이 철학자들의 신이라 부르는 것의 대타자, 그가 모든 철학 수립에 필요한 것으로서 요청하는 대타자는 날인되지 않은 대타자의 반향인 신이 아닌가!

즉 그 신은 본질적으로 날인되지 않는 신이다. 이 대타자(Autre)는 신(神)의 존재 증명에서 인간의 손길을 통해 어떤 날인도 신에게 가하지 않은 완전함을 의미하는 것이다. 우리는 날인된 대타자인 S(Ⱥ)가 "부정의 신학"을, S(A)는 "긍정의 신학"을 말한다고 이해한다. S(Ⱥ)는 인간의 기호체계로 설명되지 않는 것이고, S(A)는 상징적 질서에서 설명되는 것이다. 하지만 S(Ⱥ)도 대타자가 날인되었다는 데서 비롯하여 우리의 경험을 논할 수 있다. 정신분석 경험을 통해 주체(Sujet)는 모성적 존재와의 충만함으로부터 거세되는 과정($ujet)을 거친다. 이 거세 과정이 보여주는 것은 "주체"가 거세될 뿐 아니라 "대타자도 거세되었다"는 것을 보여준다. 진실의 영역으로서 대타자는 날인(/)되었다. "불안 변증법" 도식에서 "Sujet" 아래에 "Ⱥ"가 있는 것은 바로 그런 의미다.

이 부재의 자리로 인해 현대철학은 그 자리, 이 지점을 무엇인가로 메우고자 시도한다. 하지만 이 자리는 닮은 것으로 채울 수 있는 자리도 아니고, "빨려듬"(verliebtheit)의 자리라고 생각될 수 있는 지점도 아니다. 이 자리는 코기토(Cogito)를 다시 읽으면서, 방향이 전환된 독서의 절점에서 발견되고 정의 내려질 수 있다. 라깡에 의하면 마르크스주의의 소외 개념에는 대타자의 실존이 가정되지 않는다. 그는 "사랑의 명제"를 내세우고는 다음과 같이 번역한다.

"Si tu n'es pas, je meurs."

(너가 없다면, 나는 죽어버릴 거야.)

↓

"Tu n'es rien que ce que je suis." → "Tu n'es que ce rien que je suis."

(너는 내가 존재하는 '무'[rien, 無, 空]일 뿐이다.)

즉 이 문장은 "너도 무"이고 "나도 무"라는 것이다.

"무(rien, 無, 空)는 너의 소외이고 나의 소외다"라는 말이다.

너와 나의 소외는 그래서 "공집합"이다.[10]

3) a, *Cogito ergo* ES, 잉여

라깡은 세미나 11 "정신분석의 네 가지 기본 개념" 1월 29일 강연("3. 확실성의 주체에 관하여")에서 데카르트를 언급했다. 그는 데카르트의 코기토를 수학자 오일러의 집합 개념과 연결해 "환상의 논리", "소외", "부정"의 개념을 구성해간다. 세미나 9, 11, 그리고 14에서도 코기토가 거론된다. 라깡은 코기토를 다음과 같이 번역한다.

"ou je ne pense pas ou je ne suis pas."

(내가 생각하지 않거나 내가 존재하지 않거나.)[11]

라깡에 의하면 여기서 "ou"(or)는 "교집합" 또는 "합집합" "교집합과 합집합" 등으로 읽어서는 안 되고 "소외"의 경우처럼 읽어야 한다. 또 그는 이를 부를 때 "오메가"(Ω)라고 해야 한다고 말한다.[12] 즉 "ou"는 "소외"에서처럼 "ne-pas"(not), "여집합"(부정, la négation)의 의미로 읽게 된다. 그

---

10 Lacan, *La logique du fantasme*, 102-3, 1967년 1월 25일 강의.

11 Ibid., 55, 1966년 12월 14일 강의; 59, 1966년 12월 21일 강의; 67, 1967년 1월 11일 강의.

12 Ibid., 59, 1966년 12월 21일 강의.

래서 "A와 B의 교집합"에 대한 "여집합"은 "A와 B의 교집합"의 "부정"(la négation), "여집합"과 같다. 이를 다시 풀면 "교집합의 부정"은 "A 부정과 B 부정의 합집합"이 된다.

- $(A \cap B)^c = A^c \cup B^c$ [13]

이 집합 기호가 보여주는 것은 "공집합"이 존재한다는 사실이다. "언표의 주체"와 "언술의 주체"로 나눌 때, "언술의 주체"는 공집합의 가능성 위에 근거하고, 공집합은 "언술의 주체"를 표상한다. 여기서 "공집합"(l'ensemble vide)의 의미는 다음과 같다.

이 대상의 위치는 매우 본질적이어서, 코기토의 핵심이기에, 그 대상의 위치는 어떤 요소도 포함하지 않는 것으로서, "나는 존재한다"의 "나"가 있는 곳에서, 존재하는 나를 구성하는, 공집합처럼 정의될 수 있는 경계를 구성한다.[14]

여기서 "나의 부재"(Ne suis pas)가 의미하는 것은 이 집합의 "구성 요소가 없다"는 것을 뜻한다.[15] "부재"한다고 해서 전혀 없는 것이 아니라 "내

---

13 여기서 기호 ^{c}는 "부정", "부인" 또는 "논리적 모순"을 의미한다.

14 Lacan, *La logique du fantasme*, 72, 1967년 1월 11일 강의. 이 인용문의 원문은 다음과 같다. "Que la dimention de cet autre qui est si essentielle, qu'on peut dire, qu'elle est au nerf du *Cogito*, et que c'est elle qui constitue proprement la limite de ce qui peut se définir et s'assurer au mieux, comme l'ensemble vide que constitue le : je suis, dans cette référence, où je, en tant que je suis, se constituer de ceci : de ne contenir aucun élément."

15 Ibid., 원문은 다음과 같다. "Ne suis pas signifie qu'il n'y a pas d'élément de cet

가 부재"하는 그곳에 "잉여", "차액", "*a*"가 남게 된다는 것이다. 이처럼 코기토의 핵심인 대상은 대상 *a*를 창출한다. 이를 그림으로 표현하면 "공집합의 자리"는 다음과 같이 표현되고, 그 자리에 대상 *a*가 등장한다.

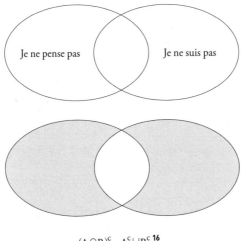

$$(A \cap B)^c = A^c \cup B^c \text{ [16]}$$

"소외"(Aliénation)는 "소타자"(autre) 안에서 표상되고 획득된 것이 아니다. 그것은 본질적으로 "대타자"(Autre)에 대한 "거부"에 근거한다. 이 "대타자"란 존재를 의문할 때 오고 이 의문을 중심으로 "코기토"(*Cogito*)의 한계가 드러나고 탈경계가 생성된다.

"나는 존재한다. 그러므로 신은 존재한다"(*sum ergo deus est*)는 "나는 생각한다. 그러므로 나는 존재한다"(*cogito ergo sum*)의 연장이다. 그러나 데카르트가 읽는 방식으로 이 문장을 읽으면 안 된다. 라깡은 "코기

---

ensemble."

16 Ibid., 68, 1967년 1월 11일 강의.

토"(*Cogito*)에서 유래하는 모든 것을 거부한다고 세미나 9 "정체화"에서 밝혔다. 다시 말해 라깡은 "코기토"에서 "나"(Je)의 현존을 부인하고 "나"(Je)의 부재를 말한다. 그래서 내가 현존한다(*sum*)는 말 다음의 그러므로(*ergo*)는 "나"(Je)의 현존이 아니라 "나의 부재"(pas Je)를 의미한다. 결국 라깡은 이 자리를 "le ça의 자리"라고 부르는데 "le ça"(그것)는 "pas Je" 인 모든 것, 즉 문법적 구조의 "모든 나머지", "나의 부재 자리" 곧 "공집합의 자리"다. 여기서 "le ça"의 본질은 "Je가 아닌 것"이다. 프랑스어 "le ça"는 영어의 비인칭 대명사 "it"과 독일어의 중성대명사 "es"로 대체되기도 한다. 환상의 언표 안에서 "Je"는 "ES"로 변형되어 표기된다. 이것은 "내가 사고하지 않은"(je ne pense pas) 곳에 "내가 있다"(je suis)와 "내가 있지 않은"(je ne suis pas) 곳에서 "내가 사고한다"(je pense)를 만족시킬 수 있는 공통 요소인 "ES"를 보여준다. 이 "ES"는 내가 생각할 때 나타나지 않는 것이고, 내가 있는 곳에서 사고하지 않는 것이다. 그래서 "ES"가 나타나는 자리는 날인된 대타자(Ⱥ)에서다. 집합론으로 표현한 공집합을 "코기토"로 표현하면 다음과 같다.

공집합 ES[17]

프로이트가 제시한 유명한 사례 "한 아이가 맞고 있다"(Un enfant est

---

17 Ibid., 74-75, 1967년 1월 11일 강의.

battu)는 "Je"가 제외된 환상의 문법적 구조를 잘 보여준다. 프로이트가 "매 맞는 아이, 성욕 도착의 원인 연구에 기고한 논문"[18]에서 말하는 환상의 삼단 구조는 다음과 같다.

① "아버지는 나를 때리지 않는다. 아버지는 어떤 아이를 때린다. 나를 때리지 않는 아버지는 나만 사랑하고 다른 아이들은 사랑하지 않는다."
② "아버지는 나를 때린다. 나를 때리는 아버지는 나를 사랑하지 않는다."
③ "나는 매 맞는 아이를 구경하고 있다."

프로이트에 따르면 세 번째 환상인 "한 아이가 매 맞고 있다"는 환상이 이루어지기까지 앞의 두 단계를 거치는데, 두 번째 단계는 기억되지 않고 단지 가정될 뿐이다. 여기서 죄책감이 개입된다. 죄책감은 곧 불안으로 이어진다. 여기서 Je는 이 환상 구조에서 제외된다. 즉 Je는 소외되고 억압된다. 이것은 논리의 모순(contradictoire)이다. 이것이 바로 "공집합의 논리"다.

프로이트는 매 맞는 것은 아프지만 매 맞는 환상에는 즐거움이 개입되어 있다고 말한다. 이런 모순이 우리가 환상의 방정식을 더 연구하는 이유가 된다.

---

18 지그문트 프로이트, "매 맞는 아이, 성욕도착의 원인 연구에 기고한 논문", 『억압, 증상 그리고 불안(1919)』(서울: 열린책들, 1997), 146-52.

3. 수평 삼층 구조와 탈경계

지금까지 우리는 수평 가름선을 제거한 상황을 살펴보았다. 이제는 수직 가름선을 제거해보자. 다음 도식은 "정신의 3층" 또는 "정신의 3위"를 표기한 것으로서 윗부분의 수평선과 아랫부분의 수평선을 사이에 두고 상상계, 상징계, 실재로 나누어진다.

위층: 상상계	Autre	Sujet	근친상간-향유, 절대쾌
가운데층: 상징계	$Sujet	Å	불안 매커니즘작동 시기, 기표로 표기할 수 없는 것, S(Å)
아래층: 실재	a		욕망의 장
	대타자 쪽 (Côté de l'Autre)	내 쪽 (Mon Côté)	

불안 변증법

1) 위층의 구조: 상상계와 절대쾌

프로이트가 말하는 오이디푸스 콤플렉스의 2자 관계인 "엄마와 아기"의 관계는 근친상간을 추구한다. 그러나 삼자(三者)인 "엄마-아기-아빠"의 관계로 변하면서 이 관계는 깨진다. 그러나 프로이트는 "순수한 2자 관계"가 성립하지 않는다는 사실을 알게 된다. 왜냐하면 이미 이 상태에도 제3요소가 개입하기 때문이다. 라깡은 이를 "-φ" 즉 "상상적 팔루스"(un phallus imaginaire)라고 말한다. 따라서 이 상태를 "엄마+아기+-φ=1"로 표시할 수 있다. 여기서 "1"은 "절대쾌"를 의미한다. 라깡은 1936년 이후, 거울 도식으로 이 상태를 설명했다.

2) 중간층의 구조: 상징계와 불안 메커니즘

프로이트는 1923년에 발표한 논문 "오이디푸스 콤플렉스의 소멸"에서 "분리로 인해 불안"이 생기고 이 불안은 오이디푸스 콤플렉스의 내재화 때 잠재기에 들어간다고 말했다. 그러나 오토 랑크(Otto Rank, 1884-1939)의 『출산에 따르는 심한 충격』이란 글을 대하고는 "분리로 인한 불안" 명제를 재고하겠다고 밝혔다. 그리고 프로이트는 1926년 『억압, 증상 그리고 불안』에서 "불안에 따른 분리"라는 뒤집힌 명제를 들고 나타난다. 여기서 우리는 애초에 "불안"이 있었다면 왜 불안은 "위층"에 명기되지 않고 "중간층"에 명기되는 것인지 질문할 수 있다.

앞서 밝혔듯이 정신분석에 따른 시간은 역사적이거나 은유적인 것이 아니라 동시대적이며 환유적이고 "논리적인 것"이다. "상상계"에 속하는 "Autre-Sujet"는 "충만"의 상황이기에 "불안"이 개입될 여지가 없다. 그러나 "잘려지고", "경계가 생기게" 되면서 "불안"이 발생하고, 이에 "거세"가 진행되면서 "거세불안"이 나타난다. 이것이 "분리-불안-거세+불안=거세불안"의 정신분석적 순서가 된다. 여기서 "Je"는 소외된다.[19] 제2단계에서 주체의 소외, 즉 내가 빠진 사고 형태가 발생한다. "상상계"의 "충만"에서 "상징계"의 "절단"으로 이어지는 가운데 "나"는 빠지게 되고, 내가 빠진 사고(思考)는 "환상의 3단계"로 남는다고 볼 수 있다. 이를 간단하게 정리하면 다음과 같다.

① 제1단계: 아버지는 나를 때리지 않는다. [paradis]
② 제2단계: 아버지는 나를 때린다. [ex-paradise]

---

19 Lacan, *La logique du fantasme*, 76, 1967년 1월 11일 강의.

③ 제3단계: 아버지는 한 아이를 때린다. [paradise nouvel or paradise fantasmé]

여기서 눈여겨볼 것은 "제2단계"인데, "제1단계"로부터의 "분리"가 이루어지면서 "불안"이 생성되고, 이어서 "거세"가 이루어지면서 "죄책감"이 생성된다. 그 결과 유쾌하지 않은 이때의 기억은 잠재된다. 즉 잠재는 잔여물을 남기고 이는 a로 배설된다. 그 배설물이 거세 불안에 따라 나타난다. 거세 불안에 따라 나타나는 것은 증상이 된다.[20]

3) 욕망의 장: 실재와 증상

잠재되면서 배설된 *a*는 욕망을 불러일으킨다. 절단으로 형성된 주체(\$ujet)는 절단면에서 내보내는 차액인 대상 *a*를 배설한다. 즉 대상 *a*의 본질은 절단된 주체가 배설한 차액이다. 이 대상 *a*(오브제 아)는 대타자와 근본적인 관계를 갖지만 빗금 그어진 대타자와 마주하게 된다. 즉, "Autre-Sujet"의 관계를 맺지 못하기에 "\$ujet-Autre"의 관계를 맺게 된다. 여기서 발생하는 만남은 빗나간 만남이다. 실상 "Autre-Sujet" 간의 실제적인 만남이 이루어진 것도 없지만 "\$ujet-Autre"의 만남 또한 실제적인 만남은 아니다. 단지 욕망에 따른 만남이다. 이는 프로이트가 말한 "정신병리학"에 따른 행동, 꿈에서 말하는 행동과 같다고 볼 수 있다.

근본적으로 다시 질문해보자. 차액이 생기는 이유는 무엇인가? 그것은 빗금 안 그어진 주체가 충동(욕동)에 떠밀리기 때문이다. 근본적인 충동(욕동)은 죽음의 충동(욕동), 근친상간적 애정 충동(욕동)이다.

---

20 Lacan, *La logique du fantasme*, 321, 1967년 6월 21일 강의.

환상 방정식의 제1단계다. 그러나 원억압이 생기면서 제2단계의 환상 방정식이 작동된다. 이는 언어의 구조적 특성 때문에 발생한다. 기호 (signe=Signifiant/signifié)로 구성되는 언어는 Sujet가 Autre를 그대로 마주하지 못하게 한다. 즉 진실에 대한 진실을 말하기가 불완전하고 불가능함을 뜻한다. 그래서 $ujet와 Åutre가 대면하게 한다. 이는 상징계에 따른 만남이다.[21]

위층부터 중간층을 거쳐 아래층에 이르는 과정을 다시 정리해보자.

심적 장치의 제1차 과정은 비분리를 균열하게 하는 법, 상상적 기능으로 절대쾌를 추구하게 하는 쾌-불쾌의 원리가 작용하는 과정이다. 사물의 표상이기에 결코 의식화되지 못한다. 단지 응축(condensation), 전치(déplacement)라는 장치를 통해 언어의 표상으로 가능하게 된다. 이 장치는 자아 충동(욕동)에서 성적 충동(욕동)으로 이행하는 과정에서 하나의 단절·잘림을 만드는데 여기서 "나머지-차액-대상 a"가 나타난다.

심적 장치의 제2차 과정은 "원억압" 때문에 나타나는 억압된 기표들의 형성물로 구성된다. 절대쾌의 균열로 획득된 것이며 우회 방법으로 얻게 된 것이다. 이는 언어의 표상으로 나타난다. "무의식의 형성물" "정신병리적 생산물"이 만들어지는 이 단계에는 "현실 원리"가 작동한다. "원억압"은 언어적 인간, 은유적 기표와 환유적 기표로서의 주체를 표상하고, "물"(la chose)과의 관계에서 박탈을 드러내고 대상 a를 드러낸다.[22]

"행동화"(Acting out, 욕망, 쾌락의 범주)는 대타자에게 건네는 상징적 메시지로서 상징계 범주에 속한다. 반면 "행위로의 이행"(le passage a l'acte)

---

21 Lacan, *La logique du fantasme*, 87, 1967년 1월 18일 강의.
22 Lacan, *L'angoisse*, 42-43, 1962년 11월 28일 강의.

은 대타자로부터 실재 차원으로 도주하는 충동(욕동)과 향유의 범주에 속한다. 즉, 상징적 그물망(대타자)으로부터 탈출하기, 즉 탈경계를 의미한다. 이는 사회적 연대의 해체이고 주체의 해체다. 곧 해체된 주체가 순수한 대상이 되고자 하는 것이다. "행위로의 이행"은 소외작용 안에서 허락된다. "행동화"에서 "행위로의 이행"으로의 "반복"은 라깡이 말하는 "이중 고리" 또는 "거꾸로 된 8"이라는 위상학으로 설명된다. "행동"(l'acte)은 주체의 토대이자 "반복"의 다른 이름이며 "유일한 특성"의 반복이다. 이 행동은 또한 뫼비우스의 띠에서 반복되어 만들어지는 것이다. 행동 자체는 기표의 "이중 고리 그 자체"이기도 하다.

"행동"은 주체의 건설이고, 참다운 행동으로부터 주체는 단절로 인해 다르게 움직이고 그 구조는 수정된다. "성적 행동"은 무엇인가가 반복되는 기표로 나타난다. 반복되는 성적 행동이 반복되는 것은 바로 오이디푸스적 무대에서 반복되던 장면이다.[23]

라깡은 위층과 아래층의 A를 a와의 관계에서 연결한다. 우선 제1차 나르시시즘에서 아이의 제로(0, zero, 필요, besoin, need)와 엄마의 1(un, 욕망)은 연관된다. 엄마의 1(Autre)은 아이에게 a(가령 유방)를 제공함으로 파편화되고 잘리고 날인된 대타자(Ⱥ)가 된다. 여기서 "부성적 은유"(métaphore paternelle)는 그러므로 근원적인 것이고, 0에서 1로 이행하는 주체의 단절 통로, 행위의 통로가 된다. 모성적 만남 안에서 "부성적 은유"와 "엄마의 유방"이라는 이중회귀에 의한 일회기가 성립된다. 이 이중회귀는 엄마와 아이 각각의 양극적 충동(욕동)이 도치되면서 일회기되는 과정에서 닫히게 된다. 이렇게 만들어진 것은 주체의 근원적 다

---

23 Lacan, *La logique du fantasme*, 136, 1967년 2월 15일 강의.

름, "géniteur"(여성의 생산)와 "engendré"(족보에서 남성의 생산) 간의 다름이다. 구조로서의 주체는 0과 1 사이에서 끊임없이 포착된다. 즉 아이의 행위로의 이행과 엄마의 행동화, 아이의 충동(욕동)과 엄마의 욕망, 0과 1, 등 두 축 간의 반복 과정은 정체화(identification)와 주체화(sujetivation) 과정이다.[24]

이 시점에서 충동(욕동, Trieb, Pulsion)과 향유를 비교해보자.

프로이트는 "충동"(욕동)을 "자기성애적 충동"과 "성 충동"으로 구분한다. "자기성애적 충동"(욕동)은 바로 "근친상간적 충동"을 나타낸다. 이 "근친상간적 충동"은 "자기애"이고 "죽음의 충동"(욕동)이고 배고픔이나 목마름에 대한 호소다. 이때는 리비도가 발생하지 않는다. 주체가 "쾌락 원리"를 위반토록 하는 것이 바로 "자기성애적 충동"(욕동)이다. 반면 "성 충동"(성 욕동)은 "자아 리비도"와 "대상 리비도"로 구분된다. 리비도가 발생하면서 대상에 가 닿아 관계를 맺는 단계다. 내부로 과도한 흥분의 양이 퇴행하는 리비도가 문제되지만(자아 리비도, 1차 나르시시즘) 내부에서 외부로 또한 투사하게 되고 대상과 관계를 맺는다(대상 리비도, 2차 나르시시즘).[25]

이와는 달리 "욕망"(désir)은 "충동"의 대립지점에 위치한다. 태반으로부터 박탈되면서 "자기성애적 충동"이 발생하며 이때 결여가 생긴다. 이 결여는 "물"(la chose)을 중심으로 충동(욕동)의 원천이 된다. 대상 a(오브제 아)는 이 구멍을 메우기 위해 도래하는 것이다. 그러나 그 틈은 메워지지 않는다. "자기성애적 충동"(욕동)은 배고픔이나 목마름인 "필요"를

---

24   Ibid., 199-200, 1967년 3월 15일 강의.
25   Freud, "Pour introduire le narcissisme."

요구하는 것이다. "성 충동"(욕동)에서 "자아 리비도"는 이 필요를 요구하면서 자기애적 리비도를 방출한다. 그리고 자기애와 엄마의 필요충족 행위는 부족함이 없는 충만한 상태를 아이에게 제공한다. 이때 아이는 엄마와의 분리를 피하기 위해 엄마와의 온전한 상태였던 자궁 속의 조건을 그리워한다. 이것이 "근친상간적인 향유"다. 또한 이것은 "쾌-불쾌 원리"를 작동시키는 "제1차 심적 과정"이다. 다시 말해서 "제1차 심적 과정"이란 부족한 사랑을 100% 채울 수 있는 "쾌락 원리"를 실행시킨다. 이 원리는 "근친상간적 향유"와 "100% 절대 쾌락 추구"라는 것을 지향한다. 이를 라깡은 "성만 있고 성행위는 없다"[26]고 말한다.

그러나 "제2차 심적 과정"이 이런 충만상태를 분리하는 "상징적인 법"으로 나타나서 "엄마-아이", 또는 "물(la Chose)-주체" 간의 거리를 벌려 놓는다. 즉 "제2차 심적 과정"은 근친상간적 향유를 금기하고 엄마-아이를 "분리"한다. "성 충동"(욕동)에서 "대상 리비도"(대상에 가 닿는 리비도)는 Autre-Sujet 간의 분리를 끌어낸다. 그러나 이런 분리는 필요와 요구, 또는 생물학적 요구 충족과 사랑의 제공이라는 것 사이의 불일치, 차액으로 인해 "욕망"을 일으키는 원천이 된다. 즉 제1차 심적 과정에서 완전히 방출되지 않은 리비도와 무의식의 메커니즘(응축, 이동)이 일으키는 방해로 우회의 길을 선택한 리비도가 다른 길을 통해 "부분 쾌락"만을 추구한다. 앞서 말한 "대상 리비도"가 작동한다. 이것이 "현실 원리" 즉 "제2차 심적 과정"이다.[27]

---

26 Lacan, *La logique du fantasme*, 207, 1967년 4월 12일 강의.
27 Ibid., 275-79, 1967년 5월 30일 강의.

나가는 말

지금까지 우리는 라깡이 세미나 10 "불안"에서 1962년 11월 21일에 제시한 도식을 풀어보았다. 처음 라깡이 제시한 도식에는 몇 개의 수학소만 있을 뿐, 구분하는 선이 없어서 이해하기가 어려웠다. 그러나 하나씩 그의 설명에 따라 경계를 정하면서 그 의미가 뚜렷해졌다.

수직 구분선에 의해 대타자 쪽과 내 쪽, 대타자 쪽의 $\mathcal{S}$ ◇, a와 a, $Cogito$ $ergo$ ES, 잉여, $\mathcal{S} ⊕ a$를 살핀 후, 내 쪽의 Sujet $\mathbb{A}$와 $\mathbb{A}$, 사랑의 문자, S($\mathbb{A}$)를 보았다. 수평 분리선을 통해서는 정신의 3위(상상계, 상징계, 실재)를 살펴보았다. 우선 "위층의 구조: 상상계"는 근친상간-절대쾌의 공간이고, "중간층의 구조: 상징계"는 불안 메커니즘이 작동하는 시기다. 마지막으로 "욕망의 장: 실재"는 행위로의 이행과 향유, 증상의 장이다.

구분선을 활용해 구획을 정한 결과, 경계가 강화된 주체화와 동일화가 획득된 것이 아니라, 절단되고 분열되고 거세된 상황을 만나게 된다. 처음에는 없던 경계가 생기면서 그 경계 상태가 지속되는 것은 아니고 오히려 그 경계를 이탈하는 상황이 끝없이 발생한다. 이 과정은 정신의 3위 과정을 통해 "위에서 아래로" 이행되었다. "수직의 구분선"에 의해 좌우로, "수평의 분리선"에 의해 한 단계에서 또 한 단계로 이어지는 과정은 확고한 경계 짓기 상황이라기보다는, 경계를 허무는 탈경계의 상황이라고 보아야 한다. 정신의 성장 과정은 이런 탈경계 과정을 거치면서 동일화 또는 정체화되고 주체화와 대상화된다고 볼 수 있다.

15장

하나님 사랑

사랑의 문자 S(A)와 실재[1]

들어가는 말

이번 장의 의의는 라깡과 지젝이 논한 "사랑"의 문제를 서술할 뿐 아니라 중세 스콜라 신학 및 신학적 안목으로 그 사랑을 재해석하는 데 있다. 라깡에게서 사랑의 개념은 대상, 대타자 개념과 관련이 있다. 그래서 지젝은 라깡의 대타자 개념에 관심을 둔다.

지젝은 라깡이 두 차례에 걸쳐 대타자 개념을 수정했다고 평가한다. 지젝에 따르면 라깡은 1950년대에는 기의 없이 비어 있는 기표로서 대타자를 거론했다. 라깡은 장막 도식을 통해 무로서의 대상을 말한다. 무

---

1 이번 장의 내용은 2012년 한국라깡과현대정신분석학회 정기(후기) 학술 대회 (2012.12.1., 경희대학교 국제 캠퍼스 외국어대학 한누리소극장)에서 발표한 것을 보완하여 다음 학회지에 실었고 이번에 다시 수정했다. 강응섭, "사랑의 문자 S(A)와 실재의 사랑: 라깡, 지젝, 중세스콜라신학에 따른 고찰", 「라깡과 현대정신분석」 14권 2호 (2012.12). 이 글의 주제어는 사랑, 라깡, 지젝, 사랑의 문자, 떼어내기와 덧붙이기(Love, Lacan, Žižek, Letter of love, Uncoupling and coupling) 등이다.

로서의 대상은 기의 없이 비어 있는 기표로 구성된 것인데, 지젝은 이런 기표를 얻어내는 과정이 바로 "사랑"이라고 본 것이다.

반면 지젝은 라깡이 세미나 20에서는 성 구분 도식에 따라 남성과 여성으로서의 대타자를 거론했다고 본다. 라깡이 말한 "성 관련은 없다"는 명제는 남성과 여성이 관련이 없다는 파격적인 대타자 개념이다. 라깡은 기표로 더 이상 설명할 수 없는 것을 "사랑의 문자" S(A)라고 칭했다. 그는 주체가 대상에 붙인 기의를 떼어내고 덧붙이는 것을 사랑의 노동이라고 보았고, 중세 스콜라 신학에서 말하는 긍정의 방법, 부정의 방법, 유비의 방법 등은 다소 정도의 차이는 있으나 대상에게 기의를 입히는 과정이라고 이해했다. 더 나아가 지젝이 말하고자 하는 참사랑은 라깡의 책에서뿐 아니라 성서에서도 발견되며 성서의 예를 통해 그 의미가 설명되기도 한다.

한국라깡과현대정신분석학회는 "2008년 전기 정기학술대회"에서 "라깡과 사랑"(Lacan and Love)을 주제로 다루었다. 이때 발표된 9편의 글은 라깡이 말하는 사랑이 무엇이며, 라깡의 관점이 무엇에 이바지하는지를 잘 보여주었다.[2] 나는 그때 발표에 참여하지 못했는데 이번 글에서는 앞선 연구자들의 결실에 덧붙여 라깡-지젝-신학이라는 틀에서 사랑을 다루어보고자 한다.

---

2 이 중 4편의 글이 「라깡과 현대정신분석」 8권 1호(2006)에 게재되었다. 서용순, "비-관계의 관계로서의 사랑: 라깡과 바디우"(87-104); 박선영, "여자는 어떻게 존재하는가? 라깡에서의 다른 향유와 사랑"(105-28); 김서영, "사랑의 방식들: 〈파도를 가르며〉와 〈마부〉에 나타난 두 종류의 실재적 사랑"(129-48); 김석, "남자의 사랑, 여자의 사랑: 〈색, 계〉를 중심으로"(149-70).

나는 앞선 몇 편의 글에서 라깡과 종교, 라깡과 기독교를 주제로 담론을 전개했다.[3] "라깡과 종교"에서는 장막 도식(세미나 4)에 따라 물의 전치로서 "종교 담론"(세미나 7)을 전개했고, "종교의 형식과 내용에 관한 라깡적 에세이"에서는 "네 가지 담론"(세미나 17)과 수학소 "S(Ⱥ)"(세미나 7, 20)에 연결해 라깡식 종교 담론을 펼쳐보았다. "라깡과 종교"의 마지막 부분에서는 "무와 종교 담론"을 전개한 바 있는데, 여기서 사랑과 무(nothing)에 관해 논의하면서 초자아에서 벗어나기 위한 대안이 사랑이라고 말한 지젝의 말을 잠깐 살펴보았다.

이번에 나는 라깡-지젝-중세 신학이라는 세 가지 틀에서 사랑을 다루면서 현재 우리의 모습을 들여다보고자 한다. 우선 이 글에서 세 가지 틀을 제시하는 것으로 일단락하고, 상호 비교 및 분석은 다음 기회에 더 발전시킬 것이다. 여기서 주로 다룬 자료는 지젝의 『무너지기 쉬운 절대성』(*The Fragile Absolute*)이다.[4]

1. 대상에 관한 라깡의 견해

라깡은 "대상관계와 프로이트의 구조"를 다룬 세미나 4에서 "장막 도식"

---

3 다음 자료들을 참고하라. 강응섭, "라깡과 종교"; "라깡, 오브제 *a*, 예수 이\름", 「라깡과 현대정신분석」 8권 1호(2006); "종교의 형식과 내용에 관한 라깡적 에세이: 장막도식, 종교담론, 히스테리담론을 중심으로 본 종교적 인간", 「철학과 현상학 연구」 42집(2009); "라깡의 종교 담론과 기독교 신학 체계 간의 유비적 접근", 「한국조직신학논총」 21집(2008). 여기서 마지막 글은 출판 편집 과정에서 기호, 도식 등에 오류가 많아 나의 뜻이 올바로 전달되지 못했다.

4 이 책은 다음과 같이 번역되었지만 여기서 나는 직접 번역한 내용을 사용했다. 슬라보예 지젝(김재영 옮김), 『무너지기 쉬운 절대성』(고양: 인간사랑, 2004).

을 소개했다.[5] 이 도식은 주체와 타자의 대상관계를 표현한 것이다. 세미나 4의 맥락에서 보면, 이 도식은 도라와 K 부인 간의 관계를 반영한다. 앞서 살펴보았듯이 도라가 신경 쓰는 건 아버지의 사랑의 대상이라고 추정되는 K 부인이다. 도라가 생각할 때 자신의 아버지는 K 부인을 만족시킬 만한 능력이 없다. 하지만 아버지는 K 부인과의 관계를 유지한다.

정신분석의 관점에서 보면 도라는 아버지의 사랑을 받지 못했다. 그래서 아버지의 연인이라고 의심되는 K 부인을 주시한다. 그 결과 도라는 아버지와 K 부인 사이에 이루어지는 구강성교 환상을 갖게 되며, 이 환상 속에 자신을 위치시킨다. 이 위치는 동성애의 근간이 된다. 도라가 겨냥하는 곳은 여인이 가진 팔루스인데, 이는 여인에게 부재하는 어떤 것이다. 도라는 여인에게서 부재하는 이것을 갖고자 한다.

도라의 동일화는 기침으로 나타난다. 도라의 기침은 무로서의 팔루스, 대상 부재의 자리로서 팔루스를 드러낸다. 도라의 기침은 증상의 표현이다. 도라는 "직접적으로 성적 만족을 추구하거나 여성적 향유를 누리기보다는 주로 증상을 통해 대리 만족을 추구한다."[6] "자신의 것이 아닌 향유인 잉여 향유를 통해, 혹은 증상 속에서만 만족을 누리므로 히스테리 환자는 자신의 진정한 욕망과 향유에 도달하지 못하고, 자신의 욕망을 만족되지 않은 상태로 유지하는 소외된 욕망을 갖고 있다."[7]

---

5 Lacan, *La relation d'objet et les structures Freudiennes*, 156. "장막 도식"(Shéma du Voile)은 다음과 같다.

주체(sujet) ● | ● 대상(objet)   무(Rien) ●
　　　　　장막(rideau)

6 홍준기, 『오이디푸스 콤플렉스, 남자의 성, 여자의 성』(서울: 아난케, 2005), 159.
7 Ibid., 179-80. 이 책은 제5장에서 도라의 사례를 정교하게 분석했다. 구강성교와 기침은 언급되지 않는 것으로 보인다.

증상으로서의 기침은 "장막 도식"에서 막(rideau)에 해당한다고 볼 수 있다. 도라는 가질 수 없는 것을 가진 증표로 기침을 하게 된다. 라깡은 K 부인이 팔루스를 가지고 있고, 도라 역시 그 팔루스를 갖고자 한다고 말한다. 이 말은 곧 K 부인이 도라가 염두에 두는 것을 갖고 있지 않음을 의미한다. 따라서 도라는 K 부인에게 없는 것과 관계를 맺고 있는 셈이다. 즉 "없는 대상"과 관계를 맺는 것이다. 그 결과 여기서 이 대상은 "무"(Rien, 無)라는 말로 표현된다.[8] "무"는 대상의 부재에 관한 표현이다. 이 "무"를 상징화하는 것이 바로 기표이고 증상이다. 증상인 "기침"은 K 부인에게도 부재하고 도라에게도 부재하는 무엇인가를 드러내고자 덧입혀진 기표다. "정신분석의 윤리"를 다룬 세미나 7에서 라깡은 "무"를 "물"(Chose, 物)과 S(A)로 표현한다.[9]

2. 대타자에 관한 지젝의 견해

앞서 밝혔듯이 지젝은 라깡이 두 번에 걸쳐 대타자의 위상 변화를 이끌었다고 본다. 그 하나의 변화는 1950년대 후반에, 또 하나는 1972-73년에 열린 세미나 20에서다.[10] 지젝은 1950년대 후반에 들어 기의 없는 기표, 기의 없이 비어 있는 기표를 거론한 라깡에 주목한다. 이 시점에 라깡

---

8 강응섭, "라깡과 종교."

9 Lacan, *L'éthique de la psychanalyse*, 227; *Les écrits techniques de Freud*, 31, 53, 75. 세미나 20에서도 이 기호를 확인할 수 있다. 또한 오브제 아를 부각한 세미나 9(*Identification*)와 10(*Angoisse*)에서는 "무"와 "물"을 오브제 아로 보기도 한다(강응섭, "라깡, objet *a*, 예수 이름").

10 Slavoj Žižek, *The fragile absolute: Why Is the Christian Legacy Worth Fighting For?*(London: Verso, 2000), 106-7.

은 주인 기표에 대해 구성원 각자가 의미를 잘 "모른다"고 지적하지만 나름대로 그 의미를 "알고" 그 의미에 해당하는 실제적인 것도 "지칭한다"고 말한다. 얼핏 봐서는 대타자에 관한 평범한 이해처럼 보이지만 지젝은 여기서 대타자 개념에 변화가 있다는 세밀하고 과감한 분석을 내놓는다.

"모르지만-알고-지칭한다"는 말은 무슨 뜻인가? 여기서 지젝은 "모른다"는 것과 "안다"는 것 사이의 좁은 틈을 비집고 들어간다. 이 틈에서 대타자의 진실을 보게 된다. 1950년대 후반에 제시한 라깡의 대타자 개념을 설명하는 지젝의 입장은 아주 신학적이다. 그는 "숨은 신"의 구도에서 "신"에 대해 기표를 부여하듯 대타자에게 기표를 부여하는 것에 대해 이의를 제기한다. 주체가 대타자에 붙인 의미는 대타자 고유의 것이 아니라 주체가 대타자에게 부여한 의미다. 즉 주체에 의해 대타자의 의미가 규정된다. 이를 주체에 의해 포획된 대타자라고 볼 수 있을 것이다. 그래서 지젝은 대타자의 본연의 모습을 알기 위해서는 덧입혀진 것을 벗겨내야 한다고 말한다. 그런 의미에서 지젝은 기표의 덩어리인 대타자가 충만한 의미를 가진 것이 아니라 의미가 결여된 기표의 덩어리로 이해된다고 설명한다.[11]

지젝이 라깡에게서 보는 또 하나의 변화는 라깡의 세미나 20에서다. 지젝은 라깡의 비-전체(pas-toute, not-all)의 논리와 예외(exception)의 논리에 주목한다. 지젝에 따르면 라깡은 여기서 다시 한번 대타자를 무너뜨린다. 이 지점에서 지젝은 라깡의 "성 구분 도식"을 구체적으로 설명하지 않고 모호하게 남겨둔다. 하지만 그는 라깡의 "성 구분 도식"에 따라 문맥을 이어간다.[12]

---

11 Žižek, *The fragile absolute*, 106.
12 라깡이 제시한 성 구분 도식은 다음과 같다. 이 도식은 김석, "남자의 사랑, 여자의 사

성 구분 도식에서 라깡은 남성과 여성의 차이를 밝힌다. 남성은 팔루스적 함수에 의해 지배당하고 여기서 벗어나는 어떤 예외적 존재를 상정하면서 보편성을 획득한다. 반면 여성에게는 팔루스적 함수에서 벗어나는 예외적인 존재가 부정되고 모든 여자가 팔루스적 함수에 종속되지는 않게 된다. 그래서 여성은 보편성을 갖지 못하는 것으로 간주된다. 여성은 상징적 질서 속에 완전히 자리 잡을 수 없는 비주체다. 예외적 존재가 부정됨으로써 여성의 입장에서는 초월적 일자의 존재를 상정할 수 없고, 보편성을 갖지 않기 때문에 전체의 경계를 설정할 수 없다. 그래서 여성을 비-전체(pas-toute)로 놓는다.[13] 이로써 남성과 여성이 만들어내는 관계는 부재하는 관계가 되고, "성관계는 없다"(Il n'y a pas de rapport sexuel)는 공식이 성립한다.[14] 이런 맥락에서 서용순은 "라깡은 여성의 보편성을 부인하고 그 향유 구조의 단독성을 드러냄으로써 두 개의 성이 완전히 분리되어 있다는 점을 드러내었다"고 말한다.[15]

랑"에서 빌려온 것이다.

$\exists x \; \overline{\Phi x}$		$\overline{\exists x} \; \overline{\Phi x}$	
$\forall x \; \Phi x$		$\overline{\forall x} \; \Phi x$	
$\$$		$S(A)$	
		a	La
Φ			

13 비-전체에 관한 좀 더 자세한 설명은 박선영의 논문을 참고하라. "여자는 차이 그 자체이므로 하나의 동일자 혹은 보편자로서 존재하지 않는다는 것을 의미한다. 즉 여자는 그 자체로 분열되어 있지만, 분열을 메우려는(상징적 질서를 넘어설 수 있다는/상징적 거세를 무화시킬 수 있다는) 남성적 환상을 갖고 있지 않으므로 동일성, 일자 혹은 보편자가 아니다. 여자는 자기 속에서의 분열, 차이, 비동일성을 받아들이는 존재인데, 정확히 그러한 이유로 각 여자는 자신 속에 팔루스적 부분과 비팔루스적 부분을 동시에 갖는다"(박선영, "여자는 어떻게 존재하는가?", 108).

14 Lacan, *Les écrits techniques de Freud*, 17, 35, 53.

15 서용순, "비-관계의 관계로서의 사랑", 92.

"기의 없는 기표"로 드러나는 대타자를 전개, 와해한 바 있는 라깡은 "성 구분 도식"을 통해 또다시 대타자를 와해한다. 지젝은 이런 대타자 개념의 전환이 증상 개념에도 변화를 가져왔다고 말한다. 지젝에 따르면 정신분석을 통해 해소 가능한 병리적 구성물로서의 증상 개념은, 정신적 대파국과 주체 세계의 와해를 가져오는 "보편화된 증상 개념"으로 변화한다.[16] 즉 증상은 주체가 자신의 욕망과 타협한 결과 아니면 상징적 법이 결핍되거나 작동하지 못하는 것의 표현이었는데, "예외는 존재하지 않는다"는 여성적 논리로의 역설적인 전환으로 인해 여성 논리에는 오직 증상만 있게 되었다는 것이다. 그 결과 상징적 공간의 일관성을 보증하는 대타자를 둘 수 없게 된다.

여기서 증상의 와해는 곧 정신병적인 대파국이며 주체 전체의 와해를 의미한다. 이런 관점에서 볼 때 증상의 와해를 통해 이해되는 대타자는 우연적이고 지엽적이며 깨지기 쉬운 안정성을 가지게 된다. 따라서 지젝은 역설적인 말로 대타자를 설명한다. 즉 라깡의 "보편화된 증상 개념"(his notion of the universalized symptom)은 예외, 파편, 제외된 것 등의 합이다.[17] 이에 따르면 애초에 온전한 보편, 안정적인 대타자는 존재하지 않는다. 이는 여성 범주의 보편성을 부정하는 것으로 보이지만 지젝은 여성의 논리에서는 증상들만 있기에 증상이 보편이 되는 것이라고 말한다. 그런 역설적인 주장은 예외의 논리를 더 강화한 결과라고 해석하는 것이다.[18]

더 나아가 지젝은 "급진적 분열"이야말로 라깡이 내세우고자 의도했

---

16 Žižek, *The fragile absolute*, 107.
17 Ibid.
18 Ibid.

던 결합 방식이라고 본다. 기표-기의 간 결합, 욕동의 향락-대타자의 향락 간 결합, 남성-여성 간 결합에 대한 라깡의 태도가 바로 "급진적 분열"이라는 것이다. 그에 따르면 라깡은 분열을 하나의 결합 방식으로 취한다. 그리고 이 분열이 포착되는 곳이 "증상"이다.

증상은 불완전하고 우연한 매듭인 주인 기표에서 그 모습을 드러낸다. 이 지점은 주인 기표가 제한되는, 근거가 약한 좌표다. 이 좌표가 보여주는 증상은 우연적이고 지엽적이며 깨어지기 쉬운 것이다. 우리는 이 증상을 통해 결코 안정적이거나 보편적이지 않은 대타자의 모습을 보게 된다. 라깡이 보여주는 대타자 개념은 무기력과 연약함 그 자체다. 라깡은 기의 없는 기표로 구성된 대타자에 이어서, 이제는 예외의 합인 대타자까지 말한다. 왜 이렇게 라깡은 대타자의 헐벗은 모습에 관심을 기울이는가?

우리는 라깡이 세미나 7에서 도입한 새로운 수학소 "S(A)"에서 그 이유를 알 수 있다. 주체는 대타자에 꽉 찬 기의를 부여한다. 그러나 이 기표는 대타자의 고유한 것이 아니다. 그 결과 대타자를 대타자답게 하기 위해서는 주체가 부여한 기의를 제거해야 한다. 여기서 "기의 없는 기표"가 생산된다. 이는 거세되고 불완전한 대타자로서, 라깡은 이를 빗금 친 대타자(A)로 표기한다. 그런데 주체가 부여했다가 주체가 다시 거두어들인 기의는 대타자에게서 완전히 사라지지 않는다. 그 기의는 대타자에게 남아서 대타자인 것처럼, 대타자인 양 행세한다. 그래서 부여하기와 벗기기는 주체가 대타자에 행하는 주요 작업이 된다.

S(A)는 기표로 표기할 수 없는 대타자를 나타낸다. 그렇다면 기표로 표기할 수 없는 대타자가 가능한가? 이 대타자는 상징계에 어떻게 그 모습을 드러낼까? 라깡은 S(A)를 "사랑의 문자"(La lettre d'amour)라고 일컫

는다.[19] 하지만 기표로 표기할 수 없는 것에 기호를 붙이는 아이러니가 발생한다. 기표화할 수 없는 어떤 것을 나타내는 수학소에 붙인 것치고는 참으로 고상한 명칭이 아닌가? 왜 라깡은 이 문자에 "사랑"이라는 의미를 부여한 것일까? 대타자를 무엇으로 표현할 것인가에 대해 깊이 생각한 라깡은 결국 아포파티크 신학(Théologie apophatique, 부정신학)에 이르게 된다.

사랑을 표기할 수 있는 문자로 S(Ⱥ)를 제시한 것에서 우리는 라깡이 말하는 사랑을 추측할 수 있을 듯하다. "사랑"은 덧입힌 것을 제거하는 것, 씌운 것을 벗기는 것, 그래서 기의가 없고 증상으로만 구성된 것 자체다. 이에 대해 김석은 "사랑이란 자신이 갖고 있지 않은 것을 그것을 원하지 않는 사람에게 주는 것이다"라고 정의한다.[20] 그리고는 "그렇기에 사랑의 운명은 영원히 하나가 되지 못하게 만드는 둘 사이의 공백을 헛되이 채우려는 비극일 수밖에 없다"고 덧붙인다.[21] 뒤집어서 생각해 보면 이런 비극적인 사랑의 운명에 직면하지 않기 위해서는 자신이 가진 것을 그것을 원하는 사람에게 주어야 한다. 그런데 그것은 가능하지 않다. 그 이유는 무엇인가? 자신이 가진 것을, 그것을 원하는 사람에게 주는 행위는 대타자에게 기의를 덧입히는 것이기에 서로가 기대하는 것을 주거나 받는 것이 아니다. 이건 참사랑이 아니다. 결국 "그것을 원하지도 않는 사람"이 받게 되는 것은 없는 것, 무이며 이 사랑은 무의 사랑이다. 참사랑이 작동해야 하는데, 그러기 위해서는 자신이 완전히 벗어

---

19 Lacan, *Les écrits techniques de Freud*, 53, 75.
20 "사랑은⋯자신이 갖고 있지 않은 것을⋯주는 것"은 라깡에게서 비롯된다(Lacan, *Ecrits*, 735).
21 김석, "남자의 사랑, 여자의 사랑", 168.

서, 없는 것을 주어야 한다. 하지만 타자는 이런 것, 없는 것을 원하지 않고 있는 것을 원한다. 가진 것을 주려는 쪽과 가지지 않은 것을 받으려는 쪽의 어긋남 가운데서 사랑은 어떻게 이루어질 수 있을까?

3. 대타자에 관한 신학적 견해

기독교 신학의 방법론 중 하나인 "긍정의 방법"은 합리성에 기초한다. 중세 스콜라 철학에서 볼 때, 긍정의 방법을 가장 구체화한 이로 안셀무스를 꼽을 수 있다. 안셀무스는 『프로슬로기온』에서 "그보다 더 큰 것이 존재한다고 생각될 수 없는 것"이[22] 자신의 이해 속에도 있으며 실재에도 있다고 말한다. 그는 가장 극단적인 합리주의적 길을 걸었다는 평을 받는다.[23]

반면 "부정의 방법"은 그리스 교부 클레멘스(Clemens, 160-215)가 주장하기 시작했다.[24] 그는 신이 인간적인 것을 초월해 있다고 말한다. 따라서 주체가 대타자에 부여한 의미는 부적당하다고 주장한다. 그래서 주체는 대타자에 의미 부여하기를 꺼린다. 주체가 대타자에게 의미를 부여하는 방식은 "그는 ~이다"가 아니라 "그는 ~이 아니다"다. 그러나 이 역시 결국에는 주체가 대타자에게 "그는 ~이 아니다"를 덧입힌 게 된다. 비록 "신"이라는 대타자에게 기의가 부여된다고 해도, "숨은 신"의 구도 하에서 말하는 그 기표는 결국 "기의를 알 수 없는", "기의 없는" 기표가

---

22 안셀무스(전경연 옮김), 『神 存在 證明: Proslogion』(서울: 한들, 1997), 21.
23 요셉 피퍼(김진태 옮김), 『중세 스콜라 철학』(서울: 가톨릭대학교출판부, 2003), 102. 물론 정반대의 견해도 있긴 하다. 칼 바르트는 그를 신앙의 유비 관점에서 본다.
24 코플스턴, 『중세철학사』, 49 이하.

되어버린다.

　예를 들어 좀 더 자세히 살펴보자. 가령 우리가 신, 하나님이라고 할 때 우리는 신의 본질을 모르지만 신의 본질을 기술하고 그것을 믿고 그 대타자도 그것을 인정하는 것이 아닌가? 여기서 우리는 라깡이 기의 없는 기표를 말하는 이유는 "주체-주인 기표" 간의 관계를 제고하기 위함임을 기억해야 한다. 즉 라깡은 "신앙인-신"이라는 구도를 제고하고자 한다. 라깡에 따르면 상징계에서 이 관계는 안정적이다. 그래서 안정적인 관계가 성립한다.

　그러나 지젝이 보기에 이 관계는 적절치 못하다. 그래서 서로 간의 안정적인 의존관계를 끊어야 한다고 본다. 여기서도 의존적 관계를 끊는다고 해서 그 관계를 부정하는 것은 아니다. 기독교 신학에서는 "주체-주인 기표", "주체-대타자"의 관계를 이해하기 위해 전통적으로 긍정의 방법, 부정의 방법, 유비의 방법, 역설의 방법, 상관의 방법 등을 사용해왔다. 여기서 우리가 지젝이 이해하는 "주체-주인 기표"를 신학적으로 어떻게 이해할 수 있을지 살펴보면, 지젝이 서구 사상을 어떻게 우회하는지를 엿볼 수 있을 것이다.

　긍정의 방법과 부정의 방법은 주체가 대타자에게 무엇인가를 덧입히는 것이다. 이 둘을 함께 보기 시작한 이는 위-디오니시우스다. 그는 "가장 보편적인 명제에서 시작하여 중간 항(말)을 거쳐서 개별적인 명칭으로 나간다"고 말함으로써 긍정의 길을 열었다.[25] 긍정의 길은 대타자에게 꽉 찬 기의를 부여한다.

　긍정의 방법과 부정의 방법을 통해 신앙인이 신에게 다가서는 모습은

25　코플스턴, 『중세철학사』, 133.

대타자에 기의를 입히고 그것을 다시 벗기는 것과도 같다. 그리고 이는 주체가 대타자에 행하는 비신화화하기(demythization)라고 볼 수 있다. 보통 기독교 신학에서 "비신화화하기"라는 말은 예수에게 "붙여진" 기의를 "제거하는" 것을 말한다. 마찬가지로 대타자를 논의하는 맥락에서 비신화화하기는 대타자에 "붙여진" 기의를 "제거하는" 것이다. 여기서 "붙여진"은 긍정의 방법과, "제거하는"은 부정의 방법과 연관된다. 이로 볼 때 현대신학에서 행한 비신화화하기는 중세 스콜라 철학에서 행한 긍정-부정의 방법론 및 라깡의 대타자 개념과 맥이 통한다고 할 수 있다.

라깡의 대타자 논의는 중세 스콜라 철학의 스펙트럼에서 볼 때, 앞서 제시한 긍정의 방법과 부정의 방법 모두에 의해 재해석될 수 있다. 중세 스콜라 철학이 추구했던 가장 주요한 임무는 신앙과 이성의 결합, 즉 기독교와 그리스 철학의 결합이었다. 이 결합은 방법론에 따른 이해, 방법론에 따른 사유 안에서 가능하다. 다시 말해 신앙과 이성이 엉켜서 결합되는 것이 아니라 어떤 방법론을 통해 신앙과 이성을 이해해야 한다는 것이다. 여기서 제시된 주요 방법이 "긍정-부정의 방법"이다. 결국 중세 스콜라 철학은 "갖다 붙이기와 억지로 떼어내기"라는 방법으로 "주체-주인 기표"의 관계를 설명했다고 말할 수 있다.

이 일을 수행한 학자 가운데 에리우게나는 앞서 언급한 위-디오니시우스를 받아들였다. 그는 그리스어로 저술한 위-디오니시우스의 저작 모두를 라틴어로 번역했다. 그 결과 그는 위-디오니시우스처럼 "긍정-부정의 방법"을 동시에 사용하게 된다. 그의 작업은 "중세의 첫 번째 형이상학적 종합"이라고 평가된다.[26]

---

26 Philotheus Böhner, Etienne Gilson, *Christliche Philosophie: von ihren Anfängen bis Niko-*

기독교 신학 방법론의 또 다른 하나는 "유비의 방법"이다. 에리우게나의 뒤를 이어 "긍정-부정의 방법"을 동시에 사용한 이는 토마스 아퀴나스인데, 그는 이 두 방법론을 추구하면서도 새로운 방법론을 제시했다. "유비의 방법"이 바로 그것이다. 아퀴나스는 대타자에 일의적(univoque) 의미를 부여하거나 다의적(equivoque) 의미를 부여하면 안 되고, 오히려 그 중간의 길을 선택해 유비적 의미를 부여해야 한다고 주장하기에 이른다. "긍정-부정의 방법"이 공히 대타자의 의미를 규정짓는 행위이기에 이를 벗어나기 위해 "유비의 방법"을 사용하자고 제안한 것이다.

유비란 대타자에 "덜 덧입히기"다. 주체는 대타자에 덧입히기를 할 때 그것이 적합하지 않다는 것을 알면서도 멈출 수 없는 상태에 빠진다. 그래서 주체는 대타자에 "덧입히기를 하면서 덜 덧입히기"를 하는 것이다. 이는 단정적으로 말해 대타자에 많이, 완전히 덧씌우지 않는 방법이다. 그런데도 이 역시 어느 정도 덧입히는 행위임은 부인할 수 없다. 앙살디는 이런 행위를 지켜보면서 "언어와 실재 간의 계속성을 전제"하는 것이라고 평한다.[27]

지금까지의 논의를 살펴보았을 때 과연 기의 없는 기표가 가능한 것일지 의문이 생긴다. 긍정의 방법에 비해 부정의 방법, 유비의 방법은 기의를 최소화시키는 수준에서 대타자, 주인 기표를 다룬다. 하지만 여전히 기의 있는 기표로 남을 수밖에 없다. 과연 라깡이 말하듯이 기의 없는 기표로 구성된 대타자가 가능한가?

---

laus von Cues, 3. Aufl.(Paderborn: Schöningh, 1954), 263.

27 Ansaldi, *L'articulation de la foi...*, 220.

4. "사랑의 문자"에 관한 라깡의 독창성

김서영은 우리가 라깡의 세미나 20이 말하는 사랑에 관해 이야기할 때 아리스토텔레스와 기표의 연쇄 속에서 살펴보는 것에 매우 유념해야 한다고 말한다.[28] 아리스토텔레스는 『형이상학』 제7권에서 우연히 딸린 것과 이 딸림의 원인에 대해 논하면서 덧입혀진 것과 있는 그대로의 것을 구분하는데, 이런 것이 바로 대타자에게 덧입혀진 것과 관련된다.[29] 또한 그는 실체에 관해 논하면서 "다른 모든 것(속성)들을 벗겨내면(제거하면) (밑감 말고는) 아무것도 남아 있지 않은 것처럼 보인다"고 말한다.[30] 또한 그는 "실체 자신은 밑감(바탕)에 대해 서술되는데 밑감은 어떤 것에 대해서도 서술되지 않는" 것이라고 주장한다.[31] 즉 밑감(바탕)은 서술되지 않는 것으로서 기표로 표기될 수 없다. 이런 관점에서 "성 구분 도식"을 보면 어떤 새로운 것이 보이게 될까?

"성 구분 도식"에서 왼쪽 아래는 남성적 향유, 오른쪽 아래는 여성적 향유를 나타낸다. 우선 남성적 향유는 타대상에 대한 향유다. 라깡은 "타대상이 욕망의 원인"이라고 말한다. 라깡의 초기 세미나에서 타대상이 엄마의 젖이었다면 중기, 후기 세미나에서 타대상의 범위는 더 확장된다. 그리고 세미나 7에서 물(物, das Ding, la Chose)은 타대상을 둘러싼 것으로서 타대상으로 메워지지 않는, 결여된 무엇으로 자리매김한다.

그런데 남성의 경우와 여성의 경우, 타대상은 동등한 효력을 갖지 않는다는 것이 라깡의 문제의식이다. 남성이 타대상을 욕망하고 반복하는

---

28 김서영, "사랑의 방식들", 133.

29 아리스토텔레스(김진성 역주), 『형이상학』(서울: EjB, 2010), 269-79.

30 Ibid., 289

31 Ibid., 289.

이유를 $\$\Diamond a$가 잘 나타내준다. 즉 남성은 여성에게 있는 타대상과 관계를 맺는다. 이것은 환상적 관계다. 남성은 자기가 갖는 타대상, 즉 아갈마(agalma)를 여성에게 투사해 관계를 가진다. 그러나 여성의 경우 "보충적 향유"의 대상은 타대상이 아니다. 가령 도라의 경우에서 도라가 구강 성교 장면에 동일화되어 K 부인의 자리에 위치할 때, 이는 자신의 남근을 대신할 아이를 K 부인의 자리에서 아버지로부터 갖기 원한다는 욕망을 나타낸다. 이것이 바로 $\not{L}a$와 Φ의 관계다. 하지만 $\not{L}a$와 $S(\mathbb{A})$의 관계는 꿈의 내용이나 표상화된 사물(die Sache)의 바깥, 저 너머에 있는 꿈의 사고, 근원적 물(das Ding, la Chose)과 연관된다. 즉 여성적 향유에서 $S(\mathbb{A})$는 상징적 질서에서 탈존하는(ex-sistant)것으로서 금지된 향유, 즉 어머니나 신적 대상을 지칭한다. 그리고 라깡에 따르면 여성적 향유는 여성에게만 있지 않다. 남성적 향유의 환상 구조를 파악한 남성, 가령 성 요한이나 키에르케고르와 같은 인물도 타대상을 포기하면서 초월적인 절대자에의 향유를 누린다(키에르케고르는 a가 아닌 약혼녀에 의해 매개된 후 $S[\mathbb{A}]$로 간다. 이것은 도착이다).

결과적으로 "성 구분 도식"은 $\$$(남성)이 $\not{L}a$와 직접적으로 관계하지 못하고 타대상과 관계할 뿐이라는 사실을 보여준다. 도표의 오른쪽 윗부분에서 "$\overline{\forall}x$ Φx"는 남근적 향유(Φ) 이외의 다른 향유를 누리는 여성들이 있음을 지칭한다. 즉 Φ와 동시에 $S(\mathbb{A})$를 향유하는 여성을 나타낸다. 다시 말해 모든 남성이 타대상(a)만을 향유하는 것도 아니고, 모든 여성이 Φ를 향유하는 것도 아니다. 그렇다고 모든 남성과 여성이 타대상(a)과 Φ를 향유하지 않는 것도 아니다. 그들은 이런 향유와 동시에 $S(\mathbb{A})$에 대한 향유를 지향한다.

라깡은 존재하지 않는 성관계(성 관련)를 채우는 것이 바로 사랑이라

고 말한다. 그리스 신화에서 안티고네의 오빠 폴리네이케스는 언어에 의해 양분되는 그 경계선 위에 놓인 존재다. 언어의 이면은 상징계로 불리지만 언어의 저면은 상징적 질서에 부재하는 시니피앙으로서의 S(Å)를 공유하는 존재다. 안티고네가 가진 오빠에의 사랑, 그것은 S(Å)에의 향유다. 따라서 "성 구분 도식"에서 "사랑의 문자"란 타대상과 Φ와 관련된 것이 아닌 S(Å)를 지칭할 것이다. 그리고 영혼을 이야기한다. 영혼을 환각적인 것으로 간주하는 참을 수 없음, 이 참을 수 없음을 이겨내게 하는 것, 그것이 바로 사랑의 기능이고 사랑에 의해 유지되는 것이 영혼이기에 안티고네는 오빠를 위해 크레온 왕에게 대항할 만한 용기와 힘을 얻을 수 있었을 것이다.

그렇다면 "사랑의 문자"라고 불리는 S(Å)는 어떻게 상징계 속에서 기술되는 것일까? 문서나 영상 매체(그림, 영화 등)를 통해 기술될까? 앞서 살펴보았듯이 이에 관해 라깡은 다음과 같은 글쓰기의 세 형태를 말한다.

① 쓰이지 않기를 중단(우연)
② 쓰이기를 중단하지 않기(필연)
③ 쓰이지 않기를 중단하지 않기

지금 문제시되는 S(Å)는 바로 세 번째 경우에 해당한다. 쓰이지 않기를 중단하지 않는다는 것은 "계속적인 비기술"이다. 왜냐하면 이는 "불가능한 기술"이기 때문이다. 남성과 여성의 성관계(성 관련)는 기술하기 불가능한 것이다. 성행위의 반복이 일어나는 것은 기술하기 불가능한 S(Å) 때문이다. 이처럼 정신분석은 불가능한 "사랑의 문자"를 통해 사랑의 속성을 보여준다.[32] 결과적으로 아리스토텔레스와 기표의 관점에서 세미나 20을 바라보아야 한다고 주장한 김서영은 "남성과 여성은 기표일 뿐"이라는 라깡의 강조점을[33] 잘 지적했다고 볼 수 있다.

5. 사랑의 노동: 증오를 떼어내기

지젝은 "부모에 대한 최상의 증오 사례"로 『로미오와 줄리엣』의 주인공들이 발코니에서 나누는 대화 장면을 꼽는다.[34] 자신이 물려받은 성(姓)을 부정하는 것이야말로 부모에 대한 증오의 극단적인 표시라는 것이다. 그러나 지젝은 이보다 더한 사례를 부모나 연인에 대한 증오를 말하는 성서에서 찾는다. 그 이유를 이해하기 위해 지젝이 다룬 고린도후서 5:16-17을 살펴보자.

16그러므로 우리가 이제부터는 어떤 사람도 육신을 따라 알지 아니하노라. 비록 우리가 그리스도도 육신을 따라 알았으나 이제부터는 그같이 알지 아니하노라. 17그런즉 누구든지 그리스도 안에 있으면 새로운 피조물이라. 이전 것은 지나갔으니, 보라! 새것이 되었도다(고후 5:16-17).

16그러므로 우리는 이제부터 아무도 세속적인 표준으로 판단하지는 않을 것입니다. 전에는 우리가 세속적인 표준으로 그리스도를 이해했지만 이제는 그렇게 하지 않습니다. 17누구든지 그리스도를 믿으면 새사람이 됩

---

32 Lacan, *Les écrits techniques de Freud*, 86-87.
33 Ibid., 39.
34 Žižek, *The fragile absolute*, 117.

니다. 낡은 것은 사라지고 새것이 나타났습니다(고후 5:16-17, 공동번역 개정판).

여기서 지젝은 "지나갔으니" 혹은 "사라지고"를 "상징적 죽음"으로 이해한다. 또 "새것이 되었도다" 혹은 "새것이 나타났습니다"를 "승화"로 이해한다. 그에 따르면 죽음과 승화 사이의 지점은 "제로 포인트"(zero point)로서,[35] 이 지점에서 "떼어내기"(uncoupling)가 이루어진다. 이 떼어내기는 그냥 간단하게 할 수 있는 것이 아니다. 떼어내기 과정에서 요청되는 대가를 충분하게 치러야 한다. 죽음 욕동이라는 끔찍한 폭력을 감내해야 하며, 새로운 창조를 위해 요청되는 그릇 닦기도 깨끗하게 해야 한다.

지젝은 "떼어내기"가 "사랑에 대한 직접적인 표현"이라고 말한다.[36] 지젝이 말하는 "떼어내기"의 수행은 앞서 내가 거론한, 덧붙여진 것에 대한 벗겨내기의 수행과 같다. 즉 대타자에게서 벗겨내는 것이 사랑이라는 것이다. 벗겨서 본 대타자, 실재로서의 대타자는 어떤 모습일까? 박선영은 "사랑은 나르시시즘적인 거울 단계, 팔루스적 질서를 벗어나 결여 없는 충만함으로 정의될 수 있는 실재를 지향한다"고 설명하면서 "상상계적, 상징계적 질서를 초월하는 실재적 세계"의 사랑은 충만하고 온전한 것이라고 말한다. 그러나 이 충만함은 지속적인 것이 아니다. 동시에 "그 실재는 또한 불가능성으로 채워져 있다."[37]

이처럼 라깡은 실재를 "무"라고 표현하고, 지젝은 이 무의 성격을 "약

---

35 Ibid., 118.
36 Ibid.
37 박선영, "여자는 어떻게 존재하는가", 125.

점"(foible)이라고 해석한다. 그리고 이 약점 속에서 절대성(The Absolute)을 발견한다. 지젝이 생각하는 절대성은 우리가 일반적으로 생각하는 것과는 전혀 다르다. 그가 말하는 절대성은 쉽게 부패하고 무너지는 것이다. 그래서 약점으로 가득한 대타자는 무너지기 쉽다. 지젝이 보는 약점으로 가득한 대타자는 비신화화의 과정을 밟고 있는 대타자이며 허울로 씌워진 것이 벗겨지는 대타자다.

지젝은 "참사랑은 물(Thing), 비조건적 대상(Object)의 자리에 그녀 또는 그를 두면서, 있는 모습 그대로의 방식으로 연인을 받아들인다"고 말한다.[38] 있는 그대로 본다는 것은 타성에 젖지 않는다는 의미다. 또 우리가 몸담은 세계에서 벗어나는, 반복에 반복을 거듭하는 떼어내기를 계속해야 함을 의미한다. 이런 떼어내기 때문에 지젝은 기독교가 정적인 종교가 아니라 매우 역동적인 종교라고 말한다. 이런 맥락에서 그는 "사랑은 사랑의 노동(work)"이라고 말하면서[39] 기독교의 사랑을 급진적인 노동으로 규정하는 듯하다. 여기서 지젝이 강조하는 "work"를 "노고"라고 번역해도 좋을 것이다.

지젝이 기독교의 사랑을 이렇게 이해하는 맥락은 근본주의적 기독교를 겨냥하는 데 있다. 지젝은 근본주의적 기독교가 자신들이 덧입힌 대타자를 사랑하는 데 치중한다고 지적한다. 그에 따르면 근본주의적 기독교에서는 "떼어내기"라는 담론이 수행되지 않는다. 따라서 근본주의적 기독교는 사회 질서 유지에 기여하는 주체를 양산할 뿐이다. 벗겨내기보다는 오히려 붙이고 또 붙이는 일을 계속하는 근본주의적 기독교를

---

38 Žižekk, *The fragile absolute*, 119.
39 Ibid.

비판이라도 하듯 지젝이 또다시 성서에서 가져오는 단락은 고린도전서 7:29-31이다.

29형제들아, 내가 이 말을 하노니 그 때가 단축하여진 고로 이후부터 아내 있는 자들은 없는 자 같이 하며 30우는 자들은 울지 않는 자 같이 하며 기쁜 자들은 기쁘지 않은 자 같이 하며 매매하는 자들은 없는 자 같이 하며 31세상 물건을 쓰는 자들은 다 쓰지 못하는 자 같이 하라. 이 세상의 외형은 지나감이니라(고전 7:29-31).

29형제 여러분, 내 말을 명심하여 들으십시오. 이제 때가 얼마 남지 않았으니 이제부터는 아내가 있는 사람은 아내가 없는 사람처럼 살고 30슬픔이 있는 사람은 슬픔이 없는 사람처럼 지내고 기쁜 일이 있는 사람은 기쁜 일이 없는 사람처럼 살고 물건을 산 사람은 그 물건이 자기 것이 아닌 것처럼 생각하고 31세상과 거래를 하는 사람은 세상과 거래를 하지 않는 사람처럼 살아야 합니다. 우리가 보는 이 세상은 사라져가고 있기 때문입니다(고전 7:29-31, 공동번역 개정판).

이 본문은 긍정의 방법과 부정의 방법이 한데 어우러져 이중주를 하는 모양새를 보여준다. 앞서 내가 말했던 "덧붙이기와 벗겨내기" 절차가 짧지만 아주 분명하게 드러난다. 지젝은 바울이 제시하는 이 대목이 "적극적인 사랑의 노동"(the active work of love)에 대한 "정답"이라고 이해한다.

이번 장의 흐름에서 보면 지젝이 말한 "증오"는 "벗겨내기"다. 예를 들어 프로이트는 유대인인 아버지가 기독교인을 피하려고 하다가 새 모자를 진흙 바닥에 떨어뜨리고도 오히려 그 기독교인에게 사과했다는 이야기를 들었다. 하지만 프로이트는 아버지에 대한 인상을 아버지에게서 벗겨낸다. 아버지에 대한 증오는 곧 새로운 아버지에 관한 이해의 순간이 도래한 것과도 같다.

벗겨낸 후 더는 벗겨낼 것이 없는 상태, 떼어내기가 수행된 상태, 덧붙일 수 없는 상태를 라깡은 S(A)로 표현한 듯하다. 지젝은 라깡에 의해 "무"라고 표현된 이 지점을 죽음과 승화의 지점, 즉 제로 포인트라고 보고 여기서부터 새로운 의미화가 진행된다고 말한다. 바로 거기서 새로운 사랑, 새 생명이 시작된다. 이는 루터의 명제인 "언제나 죄인이고 언제나 회개하는 사람이고 언제나 의인이다"가 이루어지는 지점으로도 볼 수 있을 것이다.[40] 결여되고 약점이 있다는 것을 알고 돌이킬 때(회개할 때)에야 비로소 역설적으로 풍부해지는 "무"를 체화하게 된다.

나가는 말

라깡은 실재에 대한 사랑을 "사랑의 문자"라고 지칭한 S(A)로 표현했다. 표현할 수 없는 대타자를 S(A)로 표현한 라깡이 겨냥한 대타자는 누구였을까? 이에 관해 지젝은 "매우 약한 그녀 때문에"(for her very foibles)[41]라고 말하면서 바울도 "아내가 있는 사람은 아내가 없는 사람처럼…"이라는 말을 통해 자신의 입장을 뒷받침한다고 주장한다. 라깡이 대타자의 속성을 "무"로 한정 짓는 것과는 달리, 지젝은 "약함"이라는 단어로 좀

40 Luther, "Commentaire de l'Epître aux Romains(t. II)," 210(ch. 12, v. 2).
41 Ibid.

더 온건하게 설정하고 있다. 그 결과 대타자에 관한 지젝의 견해에는 대타자의 근본적인 속성에 가 닿지 못하는 어려움이 있다. 즉 지젝이 염두에 두는 대타자는 절대적인 대타자 개념은 아닌 듯하다.

정신분석 상황에 반영되는 대타자는 도라의 사례에서 볼 수 있듯이 K 부인의 자리, 아버지와 구강성교를 즐기는 환상 속의 대상일 것이다. 벗기고 떼어낸 후 남게 되는 주체와, 벗기고 떼어낸 후 남게 되는 대타자는 정신분석 상황에 반영되고, 헐벗은 분석가(analyste)와 헐벗은 분석수행자(analysant)는 정신분석 과정에서 적극적이고 급진적인 사랑의 노동을 행한다. 분석수행자는 자신의 증상에 덧씌워진 기의를 한풀 한풀 벗겨냄으로써 약한 대상으로서 대타자를 마주하게 되며 급기야는 무엇이라 표기할 수 없는 그 실재 대상을 직면하게 된다. 이는 참된 회개 때 이르는 자리로도 볼 수 있을 것이다. 도라가 기침으로밖에 표현할 수 없었던 것도 바로 그것이라 하겠다. 도라의 기침은 라깡의 S($\mathbb{A}$)에 대한 번역어에 해당한다고 볼 수 있다. 도라의 기침은 아버지와 K 부인 간의 설명할 수 없는 관계를 반영한다.

이런 정신분석의 과정을 지젝은 사랑이라고 보는 듯하다. 지젝은 "실재의 사랑"을 "떼어내기"라는 관점에서 이해한다. 비록 그는 수학소 S($\mathbb{A}$)를 간과했지만, 벗기고 벗기는 과정을 "사랑의 노동"이라고 말하고, 그 결과 남게 되는 약한 대상 때문에 사랑하게 된다고 말한다. 여기서 우리는 지젝이 라깡이 표현하고자 했던 수학소 S($\mathbb{A}$)를 동일한 의미로 읽은 것은 아닌가 묻게 된다.

명시적으로 표현 불가능한 것을 표현한 라깡의 기호를, 지젝이 우리가 주로 다룬 저서에서 적극적인 방식으로 다루어주었다면 얼마나 좋았을까 하는 아쉬움이 남는다. 지젝은 그에 관해서는 전혀 거론하지 않왔다. 지젝의 저서 이름이 말해주듯이 "부서지기 쉬운", "깨지기 쉬운" 절대성으로서의 대타자에 대한 사랑이라면, 무로서의 대타자에 대한 사랑이라면, 이 사랑이 사랑하는 "것"은 "무엇"인가? 우리가 "것"과 "무엇"이라는 말로 질문하면 이는 개념적인 측면에서의 사랑을 말하는 것이 되어버린다. 반면 이 사랑이 사랑하는 "방식"은 "어떤" 것인가 하고 질문하면 이것은 사건적인 측면에서의 사랑을 말하는 것이 된다. 거듭 붙이는 동시에 거듭 떼어내는 작업은 사랑을 개념으로서만 이해하는 것이 아니라, 하나의 사건으로서 말해야 함을 의미할 것이다. 우리 일상에서 이런 방식의 사랑을 어떻게 수행할 수 있을지 고민해보는 기회가 있기를 바라며 부족한 글을 맺는다.

제7부

라깡과 실재

16장

종교의 형식과 내용에 관한 라깡적 에세이[1]

들어가는 말

이번 장의 목적은 종교의 형식과 내용에 관한 라깡의 견해를 살피는 데 있다. 이를 위해 라깡의 텍스트에서 "장막 도식", "종교 담론", "히스테리 담론"을 순차적으로 정리할 것이다.

앞서도 살폈듯이 아주 간과하기 쉬운 "장막 도식"은 "대상관계"를 다룬 세미나 4에 등장한다. 이 도식에서 "무"는 세미나 7에서 "물"로, 세미나 9, 10에서 "오브제 아"(대상 a)로, 그리고 세미나 20에서는 "S($\mathbb{A}$)"로 대치 또는 전치된다. 이처럼 라깡은 종교에 관해 말하지 않는 듯하면서도

---

[1] 이번 장의 내용은 2009년 한국라깡과현대정신분석학회 정기(전기) 학술 대회 (2009.6.20., 동국대학교)에서 발표한 논문("물의 전치를 통해 본 라깡의 종교담론")을 보완하여 다음과 같이 학회지에 실었다가 이번에 다시 수정했다. 강응섭, "종교의 형식과 내용에 대한 라깡적 에세이", 「철학과 현상학 연구」 제42집(2009.8.), 103-23. 이 글의 주제어는 라깡과 종교, 장막 도식, 종교 담론, 히스테리 담론, 종교적 인간(Jacques Lacan, Schéma du Voile, Discours de la religion, Discours de l'hystérie, Homo religiosus) 등이다.

종교적 대상을 표기하는 장치를 마련했다.

라깡의 세미나 17은 "네 가지 담론"을 소개한 것으로 널리 알려져 있다. 그 담론의 네 가지 형식-위치(발신자-수신자-생산물-진리)는 불변하지만 네 가지 내용-요소는 이동 또는 전치된다(S1-S2-a-$). 이 중 "히스테리 담론"은 "종교 담론"과 유사하다. 즉 자신이 누구인지 궁금해하는 히스테리 주체의 모습은 자신의 기원을 찾는 종교적 인간의 모습과 닮았다. 다시 말해 종교, 종교 지식 등에 의해 제시된 답에 감금되지 않고 그 이상을 위해 나아가는 종교적 인간은, 규정하는 지식을 넘어서 규정되지 않는 경험을 추구하지만 여전히 자신이 누구인지를 궁금해한다는 면에서 히스테리 주체와 비슷하다.

나는 다른 몇 편의 글에서 라깡의 "장막 도식"(세미나 4)에 따라 물의 전치로서의 "종교 담론"(세미나 7)을 다루었다.[2] 그러나 그 글들은 라깡식 정신분석의 전체 틀 안에서 전개되는 종교적 의미를 확연하게 드러내지는 못했던 것 같다. 그래서 이 글에서는 그런 논의를 세미나 17에 등장하는 정신분석의 "네 가지 담론"과 연결하고, 이를 또다시 세미나 20에서 소개된 수학소 S($\mathbb{A}$)로 확장하여 라깡식 종교 담론을 보완하고자 한다.

단, 이번 장에서는 담백한 종교 형식론만 전개하는 것이 아니라 "히스테리 담론"으로 이어지면서 산출되는 주체의 문제를 주요하게 다루고자 한다. 이는 최근 "라깡과 종교"에 관해 담론한 권희영과 이유섭의 견해

---

2 강응섭, "라깡과 종교"; "라깡, 오브제 a, 예수 이름"; "라깡의 종교 담론과 기독교 신학 체계 간의 유비적 접근". 마지막 글은 출판 편집 과정에서 기호, 도식 등에 오류가 많아 내 뜻이 올바로 전달되지 못했다.

와 맥락을 함께한다.[3] 하지만 이들의 논의는 라깡식 종교론 자체를 다루지 않고 정신분석의 무의식적 주체 개념과 오이디푸스 콤플렉스 개념 등 일반적인 정신분석 개념으로 종교를 분석하는 데 그친 한계가 있었다. 이런 일반적인 적용식 글쓰기를 극복하기 위해 나는 라깡식 종교론이 무엇인지를 직접 다루고, 이를 종교적 텍스트(마 16:13-29)에 적용하면서 라깡식 "종교적 인간"을 설명하기 위한 원전 읽기와 응용에 매진할 것이다.

1. 대상들

라깡은 세미나 4에서 "장막 도식"을 선보인다.[4] 나는 이 도식을 풀면서 "무"(Rien, 無)를 문자 그대로 본 적도 있고,[5] 이 "무"를 다시 "물"(chose, 物)로 읽어본 적도 있다.[6] "무"로 읽을 때는 세미나 4에 초점을 둘 때이고, "물"로 해석할 때는 "물"을 도입한 세미나 7에 근거할 때다. 이번 장에서는 오브제 아를 부각한 세미나 9와 10을 토대로 "무"와 "물"을 오브제 아로 읽거나, 세미나 20에 근거해 기표로 표현될 수 없는 것을 사랑의 문자 S(Ⱥ)로 표현하면서 아포파티크 신학(부정신학, Théologie apophatique)에 다가서는 라깡식 종교 담론을 다시금 살펴보게 될 것이다. 이런 관점을 포함해 "장막 도식"을 변형시키면 다음과 같은 도식을 얻을 수 있다.

---

3 권희영, "정신분석적 주체와 *homo religiosus*", 『라깡과 종교』(2009년 한국라깡과현대정신분석학회 정기학술대회 전기 학술대회자료집), 36; 이유섭, "정신분석으로 읽는 단군 신화", 『라깡과 종교』, 53.

4 Lacan, *La relation d'objet et les structures Freudiennes*, 156.

5 강응섭, "라깡과 종교."

6 강응섭, "라깡, 오브제 *a*, 예수 이름."

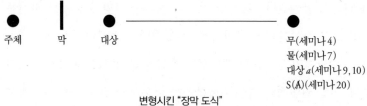

주체　　　막　　　대상　　　　　　　　　　　　무(세미나4)
　　　　　　　　　　　　　　　　　　　　　　　물(세미나7)
　　　　　　　　　　　　　　　　　　　　　　　대상 a(세미나9, 10)
　　　　　　　　　　　　　　　　　　　　　　　S(Ⱥ)(세미나20)
변형시킨 "장막 도식"

또한 이 변형된 장막 도식을 앞으로 다루게 될 "네 가지 담론" 형식을 염두에 두면서 분수 형식으로 표시하면 다음과 같이 정리할 수 있다.

$$ S \ \Big| \ \text{무, 물, 대상 } a, S(Ⱥ) \quad \Rightarrow \quad \frac{S}{\text{무, 물, 대상 } a, S(Ⱥ)} \quad \Rightarrow \quad \frac{\$}{a} $$

장막 도식에서 히스테리 담론으로

우리는 곧 이 형식이 라깡의 "네 가지 담론" 형식 가운데 "히스테리 담론" 형식이 된다는 사실을 확인하게 될 것이다. 이는 라깡의 대상관계론이 하나의 맥을 이루면서 세미나 4에서부터 세미나 20에 이르기까지 확대되었음을 잘 보여준다.

2. 네 가지 담론의 형식과 내용

세미나 17을 강연하는 첫날이었던 1969년 12월 10일, 라깡은 "네 가지 담론"의 생산에 관해 말한다. 이를 위해 그가 제시한 형식은 네 가지 위치와 네 가지 요소로 된 분수의 교환식이었다. 라깡은 이를 "네 가지 위치와 함께 4발 장치"라 칭한다.[7] 여기서 위치는 "형식"이고 요소는 "내용"이라 볼 수 있다.

다음에 제시된 도식이 담론의 네 가지 위치(형식)를 보여준다. 이 분수를 보는 방법은, 우선 왼쪽 분수의 "분자"(발신자/집행자)에서 오른쪽 분수의 "분자"(수신자/노동하는 타자)로 이동하는 화살표(→)를 따라가는 것이다. 그리고 오른쪽 분수의 분자에서 "분모"(생산물)로 내려온다. 마지막으로 오른쪽의 분모와 왼쪽의 "분모"(진리)의 단절된 관계(≠)를 보고 그다음 바로 위 왼쪽 분자와의 관계를 본다.

담론의 형식-위치

위치(형식) 면에서 볼 때 오른쪽보다는 "왼쪽"이, 분모보다는 "분자"가 상대적으로 우월하다. 분자와 분모를 가르는 선은 그들을 가르며 방해하고 제한한다. 즉 담론에서 그 선은 의사소통에 부정적인 영향이 작용한다는 것을 보여준다.

반면 요소(내용) 면에서 볼 때 발신자의 위치에 어떤 요소가 오는가에 따라 담론의 이름과 성격이 정해진다. 발신자의 위치에 주인 또는 집행자를 지칭하는 "S1"이 오면 "주인 담론" 또는 "지배자 담론"이 된다. 반면 $가 오면 "히스테리 담론", "a"가 오면 "분석가 담론", "S2"가 오면 "대학 담론"이라 일컬어진다. 이때 위치-역할(형식)은 변하지 않는다. 그러나 하나의 위치에 4개의 요소(내용), 즉 S1, S2, a, $가 돌아가면서 들어간다.[8] 라깡이 제일 먼저 요소들을 배열한 모습은 다음과 같고, 이는 "주인

---

7 Lacan, *L'envers de la psychanalyse*, 19, 53.

8 Lacan, *Le transfert*, 12.

담론" 또는 "지배자 담론"에 해당한다.

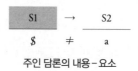

주인 담론의 내용-요소

이 도식의 의미를 이해하기 위해 우선 위치에 따라 발신자, 수신자, 생산물, 진리의 순으로 살펴보자. 발신자가 수신자에게 메시지를 보내면, 수신자는 지시 결과로 생산물을 제공한다. 하지만 수신자가 생산한 것은 자발적인 것이 아니기에 발신자와 참된 소통은 없다. 발신자 역시 자신의 지시 사항에 따른 생산물을 획득하긴 하지만 그것은 진리로부터 소외된 생산물이다. 여기서 발신자와 수신자의 관계는 분리(→)되고, 진리는 생산물로부터 소외(≠)된다.

이어서 각 요소를 중심으로 S1(주인 기표), S2(지식 기표), a(오브제 아), $ (분열된 주체)에 관해 살펴보자. 주인 기표는 대타자의 결핍을 지칭하는 S(Ⱥ)의 대체로 보면 된다. "사랑의 문자"라 불린 이 기호는 기표화될 수 없고, 텅 빈 것을 기표로 표기한 것이다. 지식 기표는 주인 기표를 제외한 나머지다. 주인 기표와 지식 기표 간의 상반된 효과에 의해 파생된 것이 오브제 아와 분열된 주체다. 즉 "S1→S2"에 의해 대상으로부터의 분리와 기표에 의한 소외가 이루어진다. 이 분리(결핍)와 소외를 메우는 역할, 메울 수 없는 것을 메우는 역할을 하는 것이 바로 "a"다. 욕망의 원인, 또는 잉여 향유, 또는 불안의 대상인 "a"가 나타나는 곳에는 분리되고 소외된 "$"가 나타난다. 이런 면에서 앞서 도식으로 소개한 "주인 담론"은 "S1→S2"의 분리에 따른 "a"와 "$"의 소외를 보여준다.

라깡은 "주인 담론"의 도식을 기초로 다른 3개의 담론을 끌어낸다. 각 요소가 한 칸씩 이동하면서 다른 담론을 표현하는 도식이 생성된다. 아래 도식에서 네모로 강조된 주인 담론을 기준으로 각 요소를 90도씩 시계 방향으로 돌리면 "히스테리 담론", "분석가 담론", "대학 담론"이 되고, 시계 반대 방향으로 돌리면 "대학 담론", "분석가 담론", "히스테리 담론"이 된다. 이 중 우리가 구체적으로 살펴볼 담론은 "히스테리 담론"이다.

U	M	H	A
Université	Maître	Hystèrie	Analyste
대학 담론	주인 담론	히스테리 담론	분석가 담론
$S2 \rightarrow a$	$S1 \rightarrow S2$	$\$ \rightarrow S1$	$a \rightarrow \$$
$S1 \quad \$$	$\$ \quad a$	$a \quad S2$	$S2 \quad S1$

네 가지 담론

3. 히스테리 담론으로 종교 담론 읽기

라깡은 세미나 7에서 "물"에 대한 예술, 종교, 학문의 담론을 언급했다. 물론 이때 그는 세미나 17에서 "네 가지 담론"을 상세하게 분석하듯 하지는 않았다. 10년 전에 간략하게 밝힌 개념을 10년 후의 관점으로 다시 평가한다는 것은 세미나 7의 "종교 담론"을 세미나 17의 "히스테리 담론"으로 읽는 것과 같은 유의 접근이 될 것이다.

De même que dans l'art il y a une *Verdrangung*, un refoulement "de" la Chose—que dans la religion il y a peut-être une *Verschiebung*—cest à proprement parler de *Verwerfung* qu'il s'agit dans le discours de la science.[9]

앞서도 살펴보았던 이 문장은 예술-종교-학문 담론이 "la Chose"와 맺
는 관계에 관해 말해준다. "물에 대한"(de la Chose)이란 어구는 반복을 피
하기 위해 "예술에"(dans l'art)와만 연결되어 한 번밖에 안 나오지만, "종
교에"와 "학문 담론에"도 동일하게 적용된다. 그래서 이 문장은 예술은
"물에 대한" 억압이, 종교는 "물에 대한" 전치가, 학문은 "물에 대한" 부인
이 작용한다는 의미다. 즉 예술에 물에 대한 억압이 있듯이 종교에는 전
치가 있는 듯하며, 학문 담론에서 작동하는 것은 말하자면 부인이다.

그런데 정확한 해석을 위해서는 고민이 필요하다. 의미상으로 볼 때
예술에 물에 대한 억압이 있다는 것은 예술이 물을 억압하는 것인가, 아
니면 예술이 물로부터 억압을 받는 것인가? 또 종교는 물을 전치하는가,
아니면 종교에 물로부터의 전치가 있는가? 마찬가지로 학문이 물을 부
인하는가, 아니면 학문에 물로부터의 부인이 있는가? 우리는 이 중 어떤
것이 의미상 바른지를 가려내야 한다.

이 중 우리는 "종교 담론"에 관심을 둔다. "une Verschiebung de la
Chose"에서 "de"는 "Libido du moi"와 "Libido d'objet"에서의 용법과 같
이 번역해야 한다. 여기서 전자는 출발을, 후자는 도착을 의미한다. 즉
자아에게서 시작되는 리비도와 대상에 가 닿는 리비도를 말한다. 이에
따라 "une Verschiebung de la Chose"는 "물에서 시작되는 전치(퇴행)"와
"물에 가 닿는 전치(투사)"로 번역될 수 있다. 이때 전치는 장막 도식에
서 보면 주체(sujet)와 "무-물-오브제 아-S(Ⱥ)" 사이의 전치이고, "네 가

---

9 Lacan, *L'éthique de la psychanalyse*, 157. 큰따옴표(" ") 안의 내용은 덧붙인 것이다.

지 담론"의 위치에서 보면 발신자와 수신자 사이의 전치라고 볼 수 있다. 가령 주체와 S(A)의 기표인 S1 간의 담론은 라깡이 "히스테리 담론"이라고 부르는 것의 분자 부분에 해당한다($\rightarrow$S1). 이런 논리로 보면 세미나 7의 전치에 관한 "종교 담론"은 세미나 17의 "히스테리 담론"에 해당한다고 볼 수 있다. 따라서 나는 "장막 도식"과 "종교 담론"을 "히스테리 담론"에 담아 다음과 같은 틀을 구상해보았다.

$$\frac{\$}{\text{무, 물, 대상 a, S(A)}} \quad \rightarrow \quad \frac{S1}{S2}$$

히스테리 담론에 담긴 장막 도식과 종교 담론

"히스테리 담론"은 주체($)가 주인 기표(S1)와 맺는 관계를 보여준다. 여기서 주체는 자신의 정체성을 주인 기표에서 찾고자 한다. S(A)의 또 다른 표기 형태인 주인 기표는 지식 기표를 통해 주체에게 답을 제시한다. 주인 기표와 지식 기표 간의 관계는 주인 담론에서 다루는데, 이 둘은 소통이 불가능하다. 그 이유는 두 "요소" 때문이 아니라 두 "위치의 성격" 때문이다. 주체는 주인 기표에서 제시하는 지식 기표를 통해 자신을 확인하지만 진리(a)는 그 관계에서 소외된다.

이와 같은 틀에 속하는 "종교 담론"은 자신의 "진리"를 알고자 하는 "주체"에서 비롯된다. "주체"는 자신의 "진리"(=정체성)를 "누구"에게 질문한다. 여기서 형식적인 면에서 "주체"는 "종교적 인간"(*Homo religiosus*)이고 "누구"는 "종교"(S1)다. "종교적 인간"($)은 "참 자신-진리"(a)가 무엇인가에 지대한 관심을 둔다.[10] 그가 찾을 수 있는 답(생산물)은 "종

---

10 권희영, "정신분석적 주체와 *homo religiosus*", 36.

교"(S1)가 던져주는 "경전, 교리, 신조"(S2) 정도다. "질문자인 $"는 "답변자인 S1"에 의해 제시된 것(S2)으로만 만족을 얻어야 한다. 그러나 그렇게 되지 않기 때문에 "주체"는 여전히 분열적이다. 왜냐하면 "답변자"는 "질문자"가 원하는 "진리"를 말하기보다 "답변자" 자신이 품었던 궁금증에 관해 찾은 결론을 제시하기 때문이다. 즉 "질문자"가 "물"에 대해 호기심을 가지면서 "종교"에 질문을 던진다면(종교 담론), "답변자" 역시 이미 생산된 종교의 산물인 "경전, 교리, 신조"를 제시한다. 하지만 "신앙인"은 이렇게 해석이 전제된, 해석을 통해서만 수용 가능한 내용에 대해서는 그것이 "진리"라고 믿지 못한다. 이 관계를 도표로 표시하면 다음과 같다.

내게 답해주시오	→	당신은 그런 존재요
내가 누굽니까?	≠	당신에게 말한(제시된) 대로요

풀어본 히스테리 담론

4. 담론에서 전치의 기능

이제부터 다룰 내용은 앞서 논한 "2. 네 가지 담론의 형식과 내용"에서 제시한 도표를 염두에 두어야 이해하기 쉽다. "종교 담론"의 연장인 "히스테리 담론"에서 "진리"를 알고자 "질문자"가 문제를 제기하면, "답변자"(S1)는 그 답으로 "S2"를 제시한다. 이는 S1이 "또 다른 답변자"(S2)에게 답을 요구하고 "S2"는 그 답으로 "a"를 제시한 것과 구도가 같다(=주인 담론). 이러면 답변은 계속해서 겉돌게 된다. 답은 "S2"가 되기도 하고 "a"가 되기도 한다. 심지어는 담론에 따라 답(생산물)의 위치에 $(대학 담론), S1(분석 담론)이 올 수도 있다.

이렇게 "주체"가 답을 구하는 과정(→), 즉 "진리"에 접근하는 데 여러 장애를 갖는 "주체"가 답을 찾는 과정이 "전치"라고 볼 수 있다. "전치"는 고정된 의미에 "주체"를 묶어놓지는 않는다는 면에서 주체를 분열적으로 만든다. 그래서 발신자와 수신자 간에는 "분리"가 있다고 말할 수밖에 없다. "분열적 주체"는 "S1"에게 자신의 진리를 묻지만 "S1"은 "S2"에게 그 답을 하게 한다. "S2"는 "지식 기표"로서 상징계에서는 자신이 "진리"라 여기지만, "진리"에 대한 요구와 대면하면 자신의 것이 진리가 아니라는 인식에 의해 소외된다. 즉 S2는 하나의 기표로서 S1에 연결된 S2일 뿐이다. 그 결과 "진리"를 갈구하는 "주체"는 정박할 곳을 찾지 못하고 S1S2…Sn의 형식으로 전치된다. 라깡은 이를 두고 "un signifiant représente le sujet pour(auprès de) un autre signifiant"이라 말한 바 있다.[11] 이를 직역하면 "하나의 시니피앙은 또 다른 시니피앙 곁에 주체를 드러낸다"는 의미로서 "주체는 시니피앙과 시니피앙의 연결 고리에 의해 드러난다"는 말이다. 여기서 S1S2…Sn처럼 연결되는 것을 "전치"라고 말한다. 따라서 라깡이 말하는 주체는 시니피앙의 행렬, 곧 전치에 의해 드러난다. 라깡은 다음과 같이 전치를 환유의 함수로 설명한다.[12]

$$f(S\ldots S')S \cong S(-)s \cong \frac{S}{s}$$

환유의 기표 방정식

가령 "내가 누구인가? 그것을 말해주시오!" 할 때 "내가", "~인가?", "말해주시오!" 등은 전치(déplacement) 기능을 한다. "누구", "그것을" 등은

---

11 Lacan, *Le transfert*, 19, 53.

12 Jacques Lacan, "L'instance de la lettre dans l'inconscient," *Ecrits*, 515.

전치 기능이면서도 압축(condensation) 기능을 한다.

신약성서에서 "나사렛 예수"는 이런 유형의 질문을 던진다. 마태복음 16:13-20에서 예수($)는 제자들(S1)에게 "사람들(S2)이 인자(나사렛 예수 자신)를 누구라 하느냐?"(a)고 질문한다. S1은 S2의 견해에 관해 다음과 같이 말한다.

"더러는 세례 요한, 더러는 엘리야,
더러는 예레미야, 더러는 선지자 중 하나라 하나이다."

예수는 더 나아가 S1의 견해를 묻는다. 이에 S1의 대표격인 베드로가 대답한다.

"너희는 나를 누구라 하느냐?"
"주는 그리스도시요, 살아 계신 하나님의 아들이시니이다."

이 본문에 근거해 기독교의 신앙고백, 신조가 형성되었다. S1의 대표 격인 베드로는 제1대 교황으로 추대되고 그의 고백은 종교(S1)의 위치를 점했다. 이에 관해 예수는 다음과 같이 말한다.

"바요나 시몬아, 네가 복이 있도다. 이를 네게 알게 한 이는 혈육이 아니요,
하늘에 계신 내 아버지시니라."

잠시 성서의 기표를 벗어나서 현실적인 예를 들어 생각해보자. 오늘 날 신앙인($)도 나사렛 예수가 던진 질문을 똑같이 던진다. 가령 장로

교회를 다니는 신앙인($)은 교회 목사(S1)에게 "사람들(S2)은 저(우리)를 누구라 합니까?(a)" 하고 질문한다. S1은 S2의 원칙에 따라 이렇게 말한다. "기독교인이라고 합니다. 기독교인 중에서도 개신교인이라고 합니다. 개신교인 중에서도 장로교 교인이라고 합니다. 장로교 교인 중에서도 어떤 교단 소속 교인이라고 합니다. 어떤 교단 소속 교인 중에서도 어떤 교회 교인이라고 합니다. 어떤 교회 교인 중에서도 초신자라고 합니다. 초신자는 S1의 고백을 합니다" 등 계속해서 "누구인가"를 말한다.

다시 그 신앙인($)이 질문한다. "그렇다면 목사님(S1)은 저(우리)를 누구라 합니까?" S1이 $에게 말하는 것은 S2와 유사한 S3⋯Sn 등이다. 이렇게 종교 담론에서 주체는 "진리"에 목말라 질문한다. 주체는 그 진리를 알기 위해 "주인 기표"(S1)에게 의존한다. 그러나 주인 기표 역시 지식 기표(S2)에 의존한다. 상반되는 S1과 S2의 성격상 진리는 소외된다.

이제 조금 전 살펴본 성서의 기표를 다시 논해보자. 비록 베드로는 S2에 의지하지 않고 독자적인 답을 한 듯하지만 예수는 베드로가 하늘에 계신 예수의 아버지(S3)를 통해 그 답을 알게 되었다고 말한다. 제자들이 만난 사람들(S1S2⋯)과 예수의 아버지(⋯S3⋯Sn) 등의 전치 기능에 의해 주체는 규정된다. 여기서 유의할 것은 "히스테리 담론-종교 담론"의 주체가 베드로의 고백을 소중하게 평가하고는 그 진실을 "아무"(Sn)에게도 말하지 말라고 한다는 점이다.

"내가 네게 이르노니 너는 베드로(반석)라. 내가 이 반석 위에 내 교회를 세우리니 음부의 권세가 이기지 못하리라. 내가 천국 열쇠를 네게 주리니 네가 땅에서 무엇이든지 매면 하늘에서도 매일 것이요, 네가 땅에서 무엇이든지 풀면 하늘에서도 풀리리라" 하시고 이에 제자들에게 경고하사 자기가 그리스도인 것을 아무에게도 이르지 말라 하시니라.

담론의 생산자인 예수($)는 담론의 생산물 위치에 있는 Sn(아무)과 담론의 진리 위치에 있는 a(그리스도)의 의사소통 와해 또는 소외를 염두에 둔다. 예수는 베드로(S1)에게 진리가 감추어져야 한다고 말한다. 제자 무리(S1)에게도, 무리들(S2)에게도, 예수의 아버지(S3)에게도 진리는 감추어져야 한다. 이것이 인자($)가 바라는 것이다.

"히스테리 담론"의 주체는 이렇듯 진리와 대면하지만 진리를 감춘다. 이는 주체의 분열에 기인한다. 정신분석은 온전한 주체(S)에서 시작하여 "주체의 분열"($)을 말하는 영역이다. 주체 스스로가 온전하다(S)고 말한다면 그것은 정신분석 영역의 담론이 아니다. 정신분석에 따른 주체의 참모습은 분열된 바로 그 모습이다($). 이는 예수가 참 그리스도가 아니라는 말이 아니다. 상징적인 것을 통해 실재적인 것을 다룰 수밖에 없는 신앙의 실천을 염두에 둔 예수의 진의를 강조하는 말이다. 이는 신앙의 실천에 상상적인 요소가 개입되더라도 상상적인 것에 매몰되지 않고 상징적인 것으로 이끌기 위한 예수의 심오한 가르침으로 이해된다. 예수의 질문을 "히스테리 담론"에 대입하면 다음과 같은 도식이 된다.

인자	→	제자들(베드로)	S1
진리		사람들	S2
		아버지	S3
		아무	Sn

그리고 이 질문에 따른 답변을 정리하면 다음과 같다.

인자 →	그리스도 – 하나님의 아들	S1
그리스도 하나님의 아들	세례 요한, 엘리야, 예레미야, 선지자	S2
	그리스도 – 하나님의 아들 = 예수의 아버지의 가르침	S3
	자신이 그리스도인 것을 아무에게도 이르지 말라	Sn

"그리스도, 하나님의 아들"을 담는 진리의 자리(a)는 주체에 의해 숨겨져 있다. 하지만 그것은 그렇게 불리고자 하는 욕망의 원인이면서도 그렇게 불리면 Sn 체계에 의해 위협을 당하게 되는 불안의 대상이 되기도 한다. 전치 기능은 압축 기능이 작용하는 가운데서도 전치 기능을 수행한다. 압축된 것이 풀리는 과정에서 전치 기능이 작용한다. 압축된 것은 계속해서 풀리고 풀려야 한다. 그 과정에서 의미화는 미끄러짐에 의해 지연된다. 앞에서 네 가지 담론이 90도씩 회전하는 것은 이런 "전치" 기능에 의한 것이라 볼 수 있다. 이때 회전 방향은 시계 방향일 수도 있고 그 반대 방향일 수도 있다. 라깡은 종종 순방향(투사)과 역방향(퇴행)을 말한다. 가령 주인 담론의 순방향은 히스테리 담론이지만 역방향은 대학 담론이고, 히스테리 담론의 순방향은 분석가 담론이지만 역방향은 주인 담론이다. 다시 말해 "전치"는 투사적인 기능과 퇴행적인 기능 둘 다를 일컫는 것이다.

5. 히스테리적 주체와 종교적 인간

종교적 주체와 히스테리적 주체는 어떤 관계인가? 히스테리란 어떤 것을 상실한 상태의 사람을 일컫는데, 그가 상실한 대상은 상징 질서에서는 찾을 수 없는 영원히 상실된 것, 말의 육화(Incarnation), 기표로 표현할 수 없는 오브제 아다. 즉 히스테리 주체($)가 찾고자 하는 진리(a)

는 오브제 아인데, 이는 말로서는 표현할 수 없는 상실된 대상에 관한 것이다. "장막 도식"에서 오브제 아는 "물"이기도, "무"이기도, "S(Ⱥ)"이기도 하고 말(*Logos*)의 몸 됨이라고 볼 수도 있다. 즉 이는 상징적인 것에 담긴 실재에 관계된다. 그래서 결국 오브제 아는 지식 기표(S2)로는 모두 설명될 수 없다. 그래서 종교적 주체는 기표에 의해 붙들려지거나 고착화하기보다 반복적인 신앙 경험에 의해, 투사적 기능과 퇴행적 기능에 의해 작용하는 전치에 의해 반복의 과정에 놓이게 된다.[13] 이런 면에서 하늘 보좌(신성)에서 내려온 인자(인성)의 상실태와 이 상실태에 붙여진 기호 "그리스도" 및 이 기표를 숨기는 "인자" 등을 이해할 수 있을 것이다. 여기서 "인자"는 구약성서와 신약성서의 중간기 때 생성된 묵시문학에서 말하는 "예부터 계신 이가 하늘로부터 내려오는 것"에 관한 상징적인 기호다. 예수는 스스로를 칭한 인자라는 상징어로 질문하면서도, 자신을 상징어로 고착시키는 베드로의 말에 대해서는 숨기는 기능이 필요함을 역설한다. 기표화되기를 바라면서도 기표화될 때는 그것을 멈추게 하는 이것에서 바로 종교적 주체($)가 드러난다. 이런 예수의 의도를 두고 역사 속의 에큐메니컬 공의회에서 합의한 신조들과 다른 합의 신조에서는 신성과 인성이 공존하는 그리스도라고 규정하지만(Sn), 그렇게 규정하면 할수록 그것은 여전히 기표화될 수 없는 주체($)의 문제임을 드러내게 된다. 신앙의 실천가들, 가령 영지주의는[14] 신앙의 문제가 바로 $와 *a* 간의 문제임을 드러냈다. 라깡은 이런 문제를 담론의 형식과 내용에 담

---

13 Lacan, *Le transfert*, 53.

14 James M. Robinson ed., *The Nag Hammadi Library*(New York: Harper & Row Publishers, Inc., 1977); Elaine Pagels, *The Gnostic Gospels*(New York: Random House, 1981); *Beyond Belief: The Secret Gospel of Thomas*(New York: Vintage, 2004).

아 다음과 같이 풀어낸다.

$$
\text{인자} \;(\text{진리}) \rightarrow \frac{\text{신성}}{\text{인성}} \rightarrow
\begin{array}{ll}
\text{제자들(베드로)} & S1 \\ \hline
\text{사람들} & S2 \\
\text{아버지} & S3 \\
\text{아무} & Sn
\end{array}
$$

학문 담론으로서 종교(S1)는 이 종교적 인간의 경험을 기표 고리(S2)에 담으려 한다. 종교학(S1)은 기표 고리를 통해 정형화된 종교(S2)를 제시한다. "S1"이라 불리는 종교학은 S2의 내용을 보증하는 역할을 한다. "S1"은 "지식 기표"(S2) 자체를 명하는 "종교학"이란 이름이 된다. S1과 S2의 관계를 논할 때 둘 간의 일치, 대립, S2를 초월하는 S1, 역설, 모순-부정, S2의 변혁체로서의 S1 등을 말할 수 있다. 또는 이 둘 간의 정체화, 분리, 변혁 등이 발견되기도 한다.

$$
\text{환상 공식} \;(\$\Diamond a) \left[\frac{\text{종교적 인간}}{\text{진리}} \rightarrow \frac{\text{종교학}}{\text{종교 지식}\;(\text{경전, 교리, 신조})} \neq \begin{array}{l}[\text{전체집합}]\; S1 \\ [\text{부분집합}]\; S2 \end{array} \right.
$$

종교적 인간

"S1"이 "전체집합"(S[A])이라면 "S2"의 고리는 "부분집합"일 수 있다. 일치-초월-역설-변혁 모델에서 보면 "S1"은 "S2" 고리들에 의해 채워지는 "꽉 찬 집합"이지만, 모순-부정 모델에서 보면 "S2" 고리에 의해서도 "S1"은 규정되지 않고, 바디우 식으로 보면 "S2"의 합이 "S1"보다 클 수 있다.[15]

---

15 서용순, "철학의 윤리, 진리의 윤리: 바디우 진리 철학이 내포하는 윤리적 함의에 대하

종교라는 이름은 종교인, 지도자, 단체 등을 총괄하는지, 아니면 종교라는 이름은 한 명의 지도자, 모임, 단체보다 더 작을 수 있는지에 관해서 일상의 세계는 여러 측면을 보여준다. 전자의 상황에서 주체는 S1의 기표에 함몰되어 살 것이고, 후자의 상황에서 주체는 S2를 생산하면서 S1을 전복시키고자 할 것이다.

히스테리적 주체는 "S1"을 호명하지만, 즉 S(Ⱥ), "물", "무", "오브제 아"를 호명하지만 S1에 함몰될 수 없는 처지에 있다. 왜냐하면 S2가 "a"를 충족시킬 수 없기 때문이다. 여기서 호명의 기표인 "S1"(주인 기표)은 아버지의 이름, 초자아, 또는 대타자의 욕망이라 볼 수 있다. 히스테리적 주체는 S1을 호명하면서 자신의 충족 상태를 요청한다. 종교를 일컫는 명칭이 아버지-어머니로 대표되는 기표를 사용한다는 것은 이런 면에서 이해될 수 있다. 종교 명칭(가령 기독교, 불교 등)은 이미 그 자체가 비탈진 미끄럼틀 위에 선 주체를 그 자리에 머물게 하는 기능을 한다. 즉 "행위로의 이행"을 막는, 그 자리에 묶는 역할을 한다. 이 자리에서 "지식 기표"는 주체가 영원히 상실된 대상의 진리를 깨닫게 한다. 종교적 인간의 자리는 히스테리적 주체, 분열된 주체의 자리다.

여기서 분열은 부정적인 면에서 말하는 것이 아니다. 오히려 이는 정신분석이, 온전한 주체라고 여기는 주체가 스스로를 분열된 주체로 인식하도록 하는 것과 같은 맥락이라고 볼 수 있다. 모든 주체는 분열될 때 진리와 맞닥뜨린다. 분열되지 않으면 Sn을 진리로 오인하게 된다. 바로 이 지점에서 참된 종교적 인간과 그렇지 못한 인간의 구분이 시작된다. 사실 모든 주체가 태어나면서부터 대상으로부터의 분리와 기표에 의한

여", 「사회와 철학」 13호(2007).

소외를 겪는다. 이는 라깡식 정신분석이 보여주는 기본 토대다. 그래서 도무지 찾을 수 없는 "유일 자질의 시니피앙"(signifiant unaire)이 정신분석에서는 가정될 뿐이다.[16] 이를 기독교의 "원죄"와 비교할 수도 있을 것이다. 이런 토대는 주체가 "종교적 주체"임을 보여준다. 라깡은 상징 체계의 S1과 S2를 통해 보이고 들려지는 주체를 말하는 동시에 주체 스스로가 보고 듣고 생산하는 S1과 S2도 말한다.

이는 상징계 속에서 실재를 대면하는 주체의 상호 상징적 활동이라 할 수 있다.[17] 이 활동은 투사와 퇴행 방식을 취하는 전치를 통해 끝없이 돌고 도는 과정이다. 그러나 실상 전치의 원인은, 즉 종교적 인간에게 반복되는 경험을 하게 하는 원인은 네 가지 담론에서 볼 때 "진리"의 위치다. "히스테리 담론"에서 그 위치는 "a"다. 종교적 인간을 종교적 인간 되게 하는 것은 파편적인, 온전한 것의 조각인, 온전한 것을 얻기까지 뫼비우스의 띠 위를 전치하게 하는 "a"다. "a"의 상징 체계가 바로 S1이고 S2이며 S1S2…Sn의 기표 고리다.

나가는 말

라깡식 "무"는 있으면서도 없고 없으면서도 있는 허무적인 것이 아니라 적극적인 상징으로 재현되어 "물", "오브제 아", "S(Ⱥ)"로 표현된다. 이런 성격의 "무"는 인도 힌두교의 브라흐만(Brahman)과도 비교할 수 있다. 브라흐만은 앞·뒤·안·밖 그 어디에도 없고 어떤 어휘로도 표현되지 않

---

16 이유섭, "정신분석으로 읽는 단군신화", 53.
17 강응섭, 『동일시와 노예의지』, 163.

으며 어떤 틀로써도 잡을 수 없는 무한한 영역에 있는 세상의 신적 원인, 우주적 "나"다. 그러나 브라흐만으로 가기 위해서는 반드시 마야 세계를 거쳐야 한다.[18] 브라흐만으로 가는 길목인 마야 세계에서는 능동적 현실 생활 지침으로서 인과응보라는 "카르마의 법칙"을 따라야 한다. 이와 비슷한 맥락에서 라깡식 "무"의 세계는 상징계 안에서 기표화될 수 없는 것(S1)을 기표화하면서(S2) 무의식의 주체, 분열된 주체를 보여주는 공간이 된다.

이 "무"의 흔적은 승화된 예술 작품에서, 언어로 서술된 경전에서, 특히 영원한 상실의 경험을 안고 살아가는 모든 사람에게서 나타난다. 종교라는 틀 안에서 "무의 전치"가 발생하면 "분열된 주체"는 한편으로는 종교의 상징 체계로부터 분리와 소외를 겪지만, 다른 한편으로는 새로운 상징 체계를 형성한다. 어떤 의미에서 라깡은 각 시대에 따라 종교 상징 체계가 흥망성쇠의 길을 걸어온 현상을 "무의 전치"로 설명하고자 한 것은 아닐까 평가해본다. "전치" 기능이 역동적이기 위해서는 "진리"의 위치에 무엇이 자리하는지가 중요하다. "진리"의 위치에 S1, S2가 자리하면 욕망은 개입되지 않는다. 히스테리 담론을 종교 담론에 결합할 수 있는 것은 "진리"의 위치에 "a"가 오기 때문이다. 장막 도식에서 $가 대면하는 것이 "a"(무-물-오브제 아-S[Ⱥ])이고 이 둘 간의 관계에서 역동적인 신앙인의 담론, 종교경험을 위한 담론이 가능하듯이 "히스테리 담론"에서는 a에 의해 욕망하게 되고 자극받은 $가 S1, S2…Sn의 사막 한가운데로 들어가서 그 초원의 지평 위에서 방랑하는 것 역시 종교적 행위, 순간순간 반복되는 신앙경험, "종교 담론"이라고 볼 수 있을 것이다.

---

18 Mircea Eliade, *Mythes, rêves et mystères*(Paris: Gallimard, 1957), 71-72.

17장

라깡의 종교 담론과
기독교의 신학 체계[1]

들어가는 말

이번 마지막 장에서는 현대신학의 정황 가운데서 라깡의 종교론을 이해하고, 그런 이해를 바탕으로 다시 기독교의 신학 체계를 들여다보고자 한다. 이를 위해 우선 "실재" 개념을 중심으로 현대신학의 흐름을 간략하게 살펴볼 것이다. 그리고 현대신학의 정황 가운데서 "장막 도식"과 "도식 L"을 통해 라깡식 종교 담론이 무엇이며 그것이 어떤 의미가 있는지 알아보자. 여기서 우리는 라깡의 종교 담론은 종교에 관한 구체적인 표현이 담긴 그의 글에서 발견되는 것이 아니라 현대신학의 안경을 끼고

---

1 이번 장의 내용은 2007년 예일신학대학원대학교 제9회 예일콜로퀴움(2007.12.18., 임페리얼 팰리스호텔)에서 발표한 "현대신학의 주제로서 '예수이름' 연구: '예수이름세미나'에서 얻은 결론들"에 근거해 다음과 같이 논문으로 발표했던 것을 이번에 다시 수정했다. 강웅섭, "라깡의 종교담론과 기독교 신학체계 간의 유비적 접근", 「한국조직신학논총」 제21집(한들출판사, 2008.9). 이 글의 주제어는 라깡, 자연신학, 계시신학, 예수이름, 실재, 현대신학(Lacan, revealed Theology, natural Theology, Name of Jesus, Real, Contemporary Theology) 등이다.

그의 글을 읽은 결과물임을 기억해야 한다.

그 후 마지막 부분에서는 기독교 신학 체계와 라깡식 개념을 유비적으로 엮어볼 것이다. 계시신학과 자연신학이라는 기독교의 두 신학 체계는 현시된 실재에 관한 두 가지 이해 방식에서 비롯된, 오랜 역사를 지닌 사유 틀이다. 이를 염두에 두고 종국적으로 실재의 현시를 이해하는 라깡의 사고가 신학 체계를 다루는 데 어떻게 기여할 수 있는지를 간단하게 짚어보는 것이 이번 장의 목적이다.

1. 실재에 관한 현대신학의 입장

1) 실재에 접근하는 제원칙

현대신학의 시작은 실재에 접근하는 방식의 변화에서 유래한다고 볼 수 있다. 슐라이어마허는 "어떤 가르침이나 저작을 완전히 이해하기 위해서는 기교적 행위, 일종의 기교론, 즉 해석학이라 불리는 기술이 필요하다"고 했다.[2] 그런데 기술로서의 해석학은 "공통의 제원칙에 따라"야 한다.[3] 제원칙에 따른 해석은 실재에 접근하는 방식 가운데 하나이며 이 제원칙은 현대신학의 토대가 된다.

그동안 "해석자-본문-실재"는 다양한 방식으로 설명되어왔다. 그 결과 실재에 관한 견해는 극과 극으로 치닫는다. 장왕식은 실재에 관한 현대신학의 변화를 다음과 같이 정리한다.[4]

---

2 F. 슐라이어마허(박근원 옮김), 『神學硏究入門』(서울: 대한기독교출판사, 1999), n° 132.

3 Ibid., n° 124.

4 장왕식, "현대성의 신학적 담론-서론적 시도", 「신학과 세계」 30(감리교신학대학교, 1995년 봄), 259-80.

① 신 죽음의 근대철학

② 신 없앰의 해체주의

③ 신 있음의 종교철학 1(언어분석철학과 종교적 비실재론)

④ 신 있음의 종교철학 2(건설적 현대이후주의)

이런 변화가 생긴 원인으로는 슐라이어마허의 "철학적 신학"이 차지하는 비중이 크다. 해석자의 의도이자 공동체의 정체성인 "철학적 신학"은 원저자의 의도보다 우선한다. 어떻게 보면 "역사적 신학"과 "실천적 신학"도 "철학적 신학" 위에서 전개된다. 즉 어떤 전제를 가진 해석자가 원저자의 의도를 파악하게 되면서부터 실재에 관한 견해는 해석자와 공동체마다 각각 다른 양상으로 드러날 수밖에 없었다.

2) 실재를 다루는 자율성

데카르트는 자신의 내부를 통해 실재에 이르게 된다고 말했다. "나는 생각한다. 그러므로 나는 존재한다"(*Cogito ergo sum*)가[5] 바로 그런 주장을 대표하는 명제다. 칸트는 "정언적 명령"이라 불리는 도덕법칙을 수립하는 주체가 인간 이성이라고 보았다. "너의 의지의 준칙이 항상 동시에 보편적 법칙 수립의 원리로서 타당할 수 있도록, 그렇게 행위하라"가 바로 그 주장이다.[6] 칸트의 도덕법칙은 "규범적"인 것이 아니라 "형식적"이다. 또 "상대적"인 것이 아니라 "절대적"이며, "주관적"인 것이 아니라 "보편적"이다. 그래서 칸트의 도덕법칙은 "너 자신의 인격에서나 다른 모든 사

---

5   르네 데카르트, 『방법서설』(서울: 삼성출판사, 1970), 475; 원석영 옮김, 『철학의 원리』(서울: 아카넷, 2003), 14.

6   칸트, 『실천이성비판』, O54; 백종현 옮김, 『실천이성비판』(서울: 아카넷, 2002), 86.

람의 인격에서 인간(성)을 목적으로서 [대하고,] 결코 한낱 수단으로 사용하지 않도록 행위하라"고 명령한다.[7]

이런 과정을 통해 자율성을 얻은 인간 이성과 인간 의지는 그렇지 못했던 때와는 전혀 다르게 실재를 이해하게 되었다. 사실 이런 상황은 이미 아우구스티누스와 펠라기우스, 루터와 에라스뮈스, 칼뱅과 아르미니우스(Jacobus Arminius, 1560-1609) 사이에서 벌어졌었다. 최근에는 바르트와 브루너(Emil Brunner, 1889-1966) 사이에서도 이 주제가 공개적으로 논의되었다. 인간 이성의 자율성 문제는 점점 더 강하게 "현대신학"에 부딪쳐온 문제임은 틀림없는 사실이다.

2. 자크 라깡의 종교론

1) 종교 담론

앞서도 밝혔지만 라깡이 확연하게 종교 담론을 제시한 곳은 세미나 7이 진행 중이던 1960년 2월 3일, 열 번째 강의인 "주제 밖의 간단한 주석"(X. petits commentaires en marge)에서였다. 이 날 라깡은 아주 간단하게 예술, 종교, 학문에 관해 언급한다.

예술 [담론]에 물에 대한 억압이 있듯이, 종교 [담론]에 아마도 전치가 있듯이 학문 담론에는 솔직하게 말해서 부인이 있다.[8]

---

7 임마누엘 칸트(백종현 옮김), 『윤리형이상학 정초(1785)』(서울: 아카넷, 2005), IV-429; 『실천이성비판』, 392 참조.

8 Lacan, L'éthique de la psychanalyse, 157. 앞서 살펴보았듯이 이 인용문의 원문은 다음과 같다. 밑줄은 덧붙인 것이다. De même que dans l'art il y a une Verdrangung, un refoulement

이 문장에서 생략된 주어는 "주체"다. 이 문장에 주어를 넣어 "전치"에 관한 "종교 담론"을 읽으면 "주체"와 "물"(物, la Chose, the Thing) 사이에 두 가지 방향이 나타난다.

① 주체가 "물" 쪽으로 향하면서 그 "물"을 메우려고 시도한다.
② 주체가 "물"로부터 오는 욕망에 사로잡혀 그 "물"에 감금된다.

이런 면에서 라깡이 말한 종교 담론은 두 방향을 내포한다고 말할 수 있다. 즉 "주체"가 "물" 쪽으로 전치하는 것, 그리고 "주체"가 "물"로부터 전치되는 것이다. 이를 라깡의 의미대로 다시 읽어보면 "물" 쪽으로 전치한다는 것은 주체가 "대상 부재" 쪽으로 향한다는 말이다. 그리고 "물"로부터 전치된다는 것은 주체가 "타자의 욕망"에 사로잡힌다는 말이다. 여기서 "대상 부재"와 "무"는 "물"을 대변하고, "타자의 욕망"은 "물"에서 기인하는, 타자가 가진 "무" 또는 "대상 부재"에서 비롯된다.

2) 물(物): "장막 도식"으로 보기

앞서도 거론했지만 "물"(物, la Chose)은 칸트-프로이트-라깡으로 이어지는 계보를 염두에 두고 이해해야 한다. 라깡의 "물"이 칸트의 "물 자체"(Das Ding)와 어떤 연관이 있는지 살펴보기 위해서는 라깡과 칸트 사이에 활동했던 프로이트를 조사해야 한다. 라깡에 따르면 프로이트는 『무의식』(1915년)에서 사물 표상과 말 표상을 대립시켰다. 프로이트

---

de la Chose-que, dans la religion il y a peut-être une Verschiebung[déplacement], c'est à proprement parler de Verwerfung[dénégation] qu'il s'agit dans le discours de la science.

는 사물 표상은 무의식에 속하고 말 표상은 전의식에 속한다고 보았다. "사물"(Sache)과 "말"(Wort)은 언어로 활동하는 인간에 의해 만들어진 것으로서 인간이 알 수 있도록 표상된다. 이때 전의식-의식 체계가 작동한다. 여기서 프로이트는 무의식에 있는 것이 어떤 식으로든지 표상된다는 점을 강조한다.

그러나 라깡은 전의식-의식 체계에 나타나지 않는 것이 있다고 주장했다. 그리고 그것을 "무"라고 지칭했다. "물"은 전의식-의식 체계에 속하는 "사물", "말"과는 다른 곳에 위치한다. 이런 점에서 라깡의 "물"은 "무"나 "대상 부재"와는 다르다. 이는 "사물", "말"로 나타나는 프로이트의 "무의식"과 다를 뿐 아니라 "현실 세계"인 "가감계"와 구분되는 칸트의 "물 자체의 세계"인 "가상계"와도 다르다.

라깡은 하이데거의 『에세이와 강연』, 『물』을 강독하면서 "꽃병"을 예로 들어 "꽃병 자체"(res)와 그것의 "기호"[9] 사이에 존재하는 "구멍"을 설명했다. 여기서 "구멍"이란 "물"로서의 꽃병에서 생기는 것이 아니라 "물"로서의 꽃병에 "이름"을 붙이므로 생기는 구멍, "물"과 그것의 이름 간에 생기는 구멍이다. 앞서 인용한 라깡의 문장을 이 구멍과 관련해 정리하면 다음처럼 세 가지 방식이 나온다.[10]

① 그 구멍을 피한다(예술 담론은 그 구멍을 피한다. 작품은 그 구멍을 우회하여 승화된 결과다).

---

9 앞서 살펴보았듯이 라깡은 소쉬르식 기호에 변형을 가하여 다음과 같이 표기한다. 기호 = 시니피앙/시니피에, $Sn = \frac{S}{s}$

10 Lacan, *L'éthique de la psychanalyse*, 146. 일상적인 측면에서 볼 때 "꽃병"은 "재료에 의해 만들어진다. 무에서 만들어지는 것은 없다."

② 그 구멍을 채운다(학문 담론은 그 구멍을 부인한다. 글쓰기는 그 구멍을 메우는 활동이다).

③ 그 구멍을 비운다(종교 담론은 그 구멍을 비운다. 신앙은 빈 구멍일 때 역동적이다).

정신분석적 측면에서 볼 때 "꽃병"의 중심은 "무"를 표상한다. 가령 토기장이는 손으로 이 "빈 공간"의 "둘레에-저편에" 물을 만든다.[11] 이 "물"의 실존을 알려주는 것은 바로 "무"다. 이 공간에서 "시니피앙"(signifiants, 기표)이[12] 발생한다. 그러나 이것은 "물"의 본질을 알려주지 못한다. "물"의 본질은 알려지지 않고 "기표"의 실존만이 나타나는 것이다. "물"에 도달하고자 하지만 "물"의 파생물만을 접하는 인간은, 그 파생물인 "기표" 때문에 괴로워한다.[13] "물"은 사물(res)이나 기호(sign)가 아님에도 "기표"에 의해 명명된 모습으로 재현된다. 라깡은 이런 모습을 "장막 도식"으로 설명한다.[14]

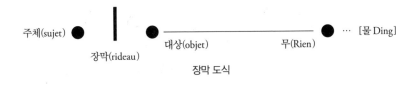

장막 도식

---

11 Ibid.
12 라깡의 용어는 신학자들에게 익숙하지 않다. 프랑스어이기 때문이기도 하고, 정신분석 용어이기 때문이기도 하다. 가령 signifiant(시니피앙)은 "소리", "기표", "능기" 등으로 번역되는 언어학, 기호학에 관계된다. signifié(시니피에)는 "뜻", "기의", "소기" 등으로 번역된다. 이번 장에서는 편의를 위해 "기표"와 "기의"로 통일한다.
13 Lacan, *L'éthique de la psychanalyse*, 150.
14 Lacan, *Les formations de l'inconscient*, 156. 라깡의 장막 도식에 "물"을 덧붙인 것이다.

3) 기표: "도식 L"로 보기[15]

라깡은 "물"을 드러나게 하는 담론 양태로 예술, 종교, 학문 담론의 세 가지를 들었다. 예술 담론은 "물"이 주는 억압을 "승화"(sublimation)시킨다. 서양 전통의 지혜와 철학에 기원을 두는 학문 담론은 "물"을 언어화하는 것을 "부인"(dénégation)한다. 여기서 "부인"이란 단어는 빈 공간의 서술을 거부-부정하는 것이 아니라, 오히려 "불가능하지만 시도하는 것"을 말한다. 종교 담론은 "물"을 "전치"(déplacement)시킨다. 신앙은 "물"을 다른 것으로 대치시키는데 일종의 "우상"이 그 결과물이다.[16]

이런 과정을 거치면서 라깡이 말하는 "물"의 개념은 더 정교해진다. 그에게 "물"은 무언(無言)의 현실, 기의(signifié)를 넘어서는 것, 실재의 "물"이다.[17] 또 상상하는 것이 불가능한 어떤 것이다.[18] "장막 도식"에서 보면 "대상"은 "물"과는 별도로 표시된다. "대상"은 사회적 합의에 따라 "기표"와 "기의"의 결합으로 "장막"에 표기된다. 앞서 밝혔듯이 이 "장막"은 아주 큰 한 장짜리 사전, 이 세상의 모든 것을 기입할 수 있는 메모리 칩과도 같은 것이다. 라깡은 이를 상징 체계 혹은 상징계라고 부른다. "주체"와 "물" 사이에는 상징계가 놓여 있다. 상징계는 "주체"와 "물"을 분리한다. 또한 "분리선으로서의 장막"은 "기표의 합"과도 같다. 여기서 "기표"란 입에서 나오는 소리, 몸짓, 실수하는 행위, 화면 위의 영상들 등 다양한 형태를 띤다.

---

15 앞서도 밝혔듯이 보통 autre는 소타자, Autre는 대타자, signifiant은 기표나 능기라고 번역되지만, 프랑스어 발음과 철자에 따라 autre는 "프티 오트르", Autre는 "그랑 오트르", 그리고 signifiant은 "시니피앙"이라고 부르는 것이 낫다.

16 Lacan, *Les formations de l'inconscient*, 157.

17 Cf. Ibid., 44-55.

18 Cf. Ibid., 125.

정신분석은 초기부터 무의식의 주체가 욕망할 때 그 욕망의 에너지를 100% 충족시킬 수 있는 대상이 있느냐를 논의해왔다. 상상계에서는 그렇다고 할 만한 대상이 있는데 어머니, 유방, 팔루스 등의 "부분 대상"이 바로 그것이다. 하지만 상징계에서는 그 해결이 불가능하고 오직 상징계를 벗어나는 것만이 그런 충족을 얻을 수 있는 길이 된다. "죽음 욕동"은 이런 문제를 해결하기 위해 도입된다. 100%로 충족을 얻지 못하는 주체는 부분 충족을 얻을 수 있는 "부분 대상"을 찾음으로써 해결책을 모색한다. 앞서 살펴보았듯이 이 "부분 대상"은 프티 오트르(autre, 소타자)라고 불린다. 이는 줄여서 알파벳 "a"로 표현된다. 오이디푸스 2자구도는 "아이-어머니", 오이디푸스 3자 구도는 "아이-어머니-팔루스(남근, φ)" 또는 "아이-어머니-아버지"로 표기되는데, 여기서 어머니가 주로 "a"로 표기된다.

지금까지 여러 차례 설명했지만 대상들의 총칭인 "소타자"와는 달리 이 대상들을 표기하는 "기표"의 총칭을 일컬을 때는 대문자를 사용해 "그랑 오트르"(Autre, 대타자)라고 나타낸다. 그랑 오트르는 "기표의 저장소"다.[19] "물"이 "기표" 형태로 드러날 때 주체가 등장하는데, 라깡의 "도식 L"은 이를 잘 설명해준다. "물"은 프티 오트르와 그랑 오트르로 현시된다. 프티 오트르는 보이는 것으로, 그랑 오트르는 들리는 것으로 "물"을 현시한다. "도식 L"은 우리가 지금까지 살펴본 내용과 "장막 도식"을

---

19 앞서 살폈듯이 이 개념은 1961-62년의 세미나 9 "정체화"에서 줄곧 주장되며 필리프 줄리앵도 *Le retour à Freud de Jacques Lacan*, 204에서 Autre를 "언어의 장소"(le lieu du langage), "기표의 질서"(l'ordre du signifiant), "부재의 질서"(l'ordre du manque)라고 설명한다.

한 번에 구조화해 보여준다.[20]

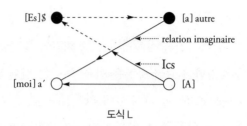

도식 L

"도식 L"에서 "a"는 프티 오트르(autre, other, 소타자), "M"은 "자아"(Moi, Ego), "$"는 "무의식의 주체"(Sujet inconscient, unconscious Subject), "A"는 그랑 오트르(Autre, Other, 대타자)다. 이 도식은 a→a´, A→a´, A→$, $◇a로의 경로를 잘 보여준다.

"a→a´"란 대상(autre)이 자아(M)에게 와서 각인되는 과정이다. 즉 빛이 몸 외부에서 내부로 이동해 "대상"이 인식되는 과정과 같다. 이는 "기표"와 인간의 관계가 아니라 "대상"과 인간의 관계를 말해준다. 이것이 바로 상상적인 관계, 상상계(Imaginaire)다.

"A→a´"는 "기표의 저장소"에서 내보내는 기표를 "자아"가 접수하는 과정을 보여주고, "A→$"는 "기표의 저장소"에서 보낸 "기표"를 "무의식의 주체"가 접수하는 것을 보여준다. 이때 a-a´와 A-$의 교차 지점에서 의미가 생성된다. "$→a"는 환상의 생성을 의미한다. 여기서 의미는 "실재 그대로", "물 그대로"가 아니라 "환상의 논리"($◇a)에 따른다.

이 도식에서 각 경로들(a→a´, A→a´, A→$, $◇a)은 실재가 유입되

20 Cf. Lacan, "Le séminaire sur la lettre volée," 53; *Le moi dans la théorie de Freud et dans la technique de la psychanalyse*, 134, 355-73; *Les psychoses*(Séminaire III [1955-56], Paris: Seuil, 1981), 22.

고 이해되는 과정을 보여준다. 그리고 이 경로들은 현대신학이 말하는 해석자의 의도, 공동체의 의도, 철학적 신학 등을 새롭게 설명해줄 도구가 될 수 있다.

3. 실재의 현시

1) 두 신학 체계

"소타자" 또는 "대타자"를 라깡의 종교 담론과 연결하면서 실재에 관한 신학적 견해를 살펴보자.

> ① "물"로부터의 전치가 있기 위해서는 "물"이 "무"를 건너 "대상"에게로, "대상"을 건너 "장막"에 각인되어야 한다.
> ② "물" 쪽으로의 전치가 있기 위해서는 "장막"을 뚫고 "대상"을 지나 "무"를 건너 "물"에 도달해야 한다.

이렇게 주체와 실재 간의 이중적인 운동을 "상호 실재성"(interréel)이라고 부를 수 있다. 앞서도 살펴보았지만 첫 번째 견해가 만들어내는 구도에 관해 잠시 생각해보자. "물"이 "장막"에 각인되는 경우를 기독교에서는 어떤 방식으로 설명할 수 있을까? "물"이 무엇이고, "장막"이 무엇이라 말할 수 있을까? 두 번째 견해가 만들어내는 구도에 관해서도 생각해보자. "장막"을 뚫고 나간다는 의미가 무엇인가? "무"를 지나 "물"에 도달하는 과정을 어떻게 설명할 수 있을까?

서구 신학 전통에서는 첫째 견해가 만들어내는 구도를 계시신학(Théologie révélée), 둘째 견해가 만들어내는 구도를 자연신학(Théologie naturale)이라고 표현해왔다고 할 수 있다. 이렇게 라깡의 종교 담론은 서방 신학의 큰 두 줄기에 관계된다.[21] 이 둘을 연결하려고 했던 중세 시대의 대표적인 학자는 "유비의 방법"으로 연역과 귀납을 연결한 아퀴나스, 현대에 와서 대표적인 학자는 "상관의 방법"으로 두 축을 정리한 폴 틸리히다. 앞서 밝혔듯이 틸리히는 이런 두 극의 "경계선"에서 발생하는 일을 다루었는데 라깡 역시 "도식 L"에서 "경계"를 다루었다.

"a → a′" 구도는 밖에서 안으로 내투된 "욕망"에 관계된다. 반면 "a′ ←A"와 "A → $" 구도는 안에서 밖으로 투사된 "욕동"에 관계된다. 욕망과 욕동의 만남 지점은 바로 "a → a′"와 "A→$"의 교차 지점이다. 여기서 "의미"가 생성된다. 이 경계는 라깡적 정신분석에서 아주 중요한 지점이다. 지금까지 여러 차례 살펴보았지만 라깡은 이를 "소파 점"(point de capiton),[22] "거꾸로 된 8"(huit inversé)[23]이라 불렀다. 여기서 "생성된 의미"는 실재 그 자체는 아니다. 하지만 인간은 실재를 이렇게 "생성된 의미"로 이해한다. 중세의 "실재론"은 "실재 그 자체"와 "생성된 의미"를 정체화했는데, 그런 주장을 펼친 대표적인 스콜라 학자로는 안셀무스를 들 수 있다.[24]

라깡이 말하는 욕망, "타자의 욕망"(désir de l'autre)이란 타자에 대하여 주체가 갖는 욕망이 아니라 타자가 가진 욕망에 주체가 사로잡히는 것과 관계된다. "물"로부터 시작된 욕망은 "무"를 건너 "대상"을 거쳐,

---

21 다시 한번 말하지만, 이런 구도는 서방 기독교의 주장이지 종교학의 보편적인 주장은 아니다. 그래서 이런 구도로 종교학을 구조적으로 설명하려는 태도는 지양해야 한다.

22 Lacan, *Les psychoses*, 304.

23 Lacan, *L'identification*, 1962년 4월 11일 강의.

24 안셀무스, 『神 存在 證明』, 19.

"a → a´" 구도로 내투된다. 이는 신학에서 말하는, 계시에 의해 사로잡혀, 즉 그리스도의 신앙에 사로잡혀 새로운 피조물이 되는 과정에 유비된다. 따라서 "타자의 욕망"에 사로잡힌다고 해서 자아가 무능 그 자체라고 볼 수는 없다.

정신분석에서 "욕동" 논쟁은 신학에서 "의지" 논쟁만큼이나 치열하다. "자기성애적 욕동"은 리비도가 존재하지 않는 상태지만 "성 욕동"은 리비도가 생성된 상태다. "자아 리비도"(제1차 나르시시즘)는 우선 자기 자신과 대상관계를 맺고, "대상 리비도"(제2차 나르시시즘)는 소타자와 대상관계를 맺는다. 나르시시즘 이론은 실재에 근접하는 능력원으로서 리비도를 이용하고, 그 추진 과정을 "욕동"으로 설명한다. 정신분석에서 "자기애"와 관련한 이론을 살펴보면 인간은 자기애가 없는 때에서 자기애의 생성 시기로 나아가고, 자기애는 결국 대상애로 전개된다. 신학에서도 "자기애"는 궁극적으로 포기되어야 할 것으로 여겨진다. 하지만 애초부터 사람에게 자기애가 없다면 실재로 나아가는 추진 자체에 문제가 생길 것이다. 여기서 "욕동"은 언어화 과정을 추진시키고 사람을 상징계에 편입시키는 역할을 하는 것으로 이해된다.

그런데 상징계에 편입된다는 것은 실재로부터 소외된다는 의미다. "A → $"라는 구도는 소외된 주체를 보여준다. "도식 L"에서 "M"과 "$"는 한 몸에서 발생하지만 분열된다.[25] "a → a´"는 선택, 전치, 환유의 위치이고, "A → $"는 결합, 응축, 은유의 위치다. "a → a´"와 "A → $"이 결합하면 의미가 생성된다. "물"의 현현인 "a"를 통해 대상을 입수한 "자아"는,

---

25 이렇게 욕망과 신앙을 연결하려고 시도한 학자로는 돌토가 있다. 돌토, 『정신분석학의 위협 앞에 선 기독교 신앙』; 『인간의 욕망과 기독교 복음』 참조.

기표의 저장소로서 상징 체계인 "A"와 만나면서 교란되어 분열된 "$"가 된다. "a→a′"가 자연신학적 구도라면 "A→$"는 말씀의 신학이 갖는 구도라고 볼 수 있다. 이 두 구도의 만남은 "유비"라는 방식으로 정리되었는데, 아우구스티누스에서 아퀴나스에 이르기까지 중세의 사유는 이를 즐겨 활용했고, 현대에 들어서는 틸리히와 부르너도 그러했다고 평가할 수 있다.

2) 전지전능한 코기토의 해체와 새로운 기표의 등장

상징 체계로서의 "장막"은 대상 체계로서의 "피조물"과는 전혀 다르다. 무를 칼로 자르듯이 딱 잘라서 말해보면 우리 눈에 보이는 사물 체계는 상상계, 귀에 들려지는 기표 체계는 상징계에 속한다. 기표의 저장소로서 "성서"는 상징 체계에 속한다. 장막에 표기된 기표의 합으로서 성서는 "사물 체계의 합"이 아니라 "기표들의 합"이다. "성서"는 "기표로 계시된 것"에 관한 "경험"을 담는다. 사물 체계와 말 체계는 전혀 다르다. "계시신학"은 "a=a"를 추구하지만 자연신학은 "a≠a"를 말한다. 그래서 전자의 "a"는 그 의미를 상실하게 된다. 단지 후자의 "a"를 통해서만 전자의 "a"를 흔적으로나마 발견하는 식이 되어버린다. 실제로 아우구스티누스는 이를 "흔적"이라 명명했다. 정신분석은 이런 양상을 "사후적"이라고 부른다. 따라서 정신분석의 "사후성"은 "자연신학"과 관계된 속성이다.

바르트는 아우구스티누스처럼 "흔적"으로 삼위일체를 설명하는 시도가 자연신학적 요소라고 지적했다.[26] 자연신학은 처음부터 후자의 "a"를 통해 전자의 "a"를 찾아가는 방식을 취하기 때문이다. 근대 이전의 자연

---

26 Barth, *Church Dogmatics I*, 334.

신학에서는 후자의 "a"를 통해 전자의 "a"에 접근할 수 있다는 가능성이 있었다. 그러나 데카르트 이후에는 단지 후자의 "a" 안에서만 "a"를 알 뿐이다. 데카르트는 후자의 "a"를 담지하는 주체가 "a"의 속성을 알고 있다고 낙관적으로 생각했다. 칸트는 그런 사고 체계의 정점에 있었다. 이들이 설정한 주체 개념은 "전지전능의 코기토"라는 어구와 잘 어울렸다.

하지만 이때의 주체는 기표 덩어리인 라깡식 주체와는 전혀 다르다. 라깡은 "a≠a"라는 의미에서 자연신학자들, 데카르트, 칸트 등과 동일선 위에 있다. 그렇지만 후자의 "a"를 담지하는 주체가 그 "a"를 전혀 알지 못한다고 주장하는 점에서 차이가 있다. 즉 라깡은 전지전능의 코기토를 부인하는 것이다. 라깡은 "코기토"(cogito)를 받아들이지만 이전과는 전혀 다른 방식으로 받아들인다. 즉 "나는 생각한다. 그러므로 나는 존재한다"를 "나는 존재하지 않는 그곳에서 나는 생각하며, 나는 생각하지 않는 그곳에서 나는 존재한다"로 받아들인다.[27] 데카르트적 "코기토"는 전자의 "나"와 후자의 "나"가 동일성을 갖지만 라깡의 "코기토"는 그런 동일성을 획득하지 못한다. 그래서 "나는 존재하지 않는 그곳에서 나는 생각한다"와 "나는 생각하지 않는 그곳에 나는 존재한다"는 서로 단절된다.

라깡은 "경계"를 대단히 중요하게 다루지만 라깡의 경계는 틸리히의 것과는 전혀 다른 의미를 지닌다. 라깡은 틸리히가 의식 철학 또는 현상학적인 의미에서, 다시 말해 전지전능의 코기토에서 "노에즈(의식의 작용면)와 노엠(의식의 대상면)"을 다루듯이 주체와 실재를 다루지는 않는다. 여기서 "경계"는 "장막 도식"에서 "장막"을, "도식 L"에서 "a → a′"와

---

27 Lacan, *La logique du fantasme*, 1967년 1월 11일 강의.

"A→$"의 접점을 의미한다. 라깡에게 "경계"는 모호 그 자체이고 "텅 빈 말"로서만 설명되는 무엇이다. 라깡의 상상계를 설명하는 축인 "a → a´"는 "의식의 축"이다. 반면 상징계의 축인 "A→$"는 "a → a´"에 의해 교란되는 "무의식의 축"이다. 라깡에게서 의식과 무의식은 이렇게 다른 축에 위치한다. 그리고 이 두 축이 만나는 지점이 라깡식 "경계"다.

다시 말하지만 라깡은 이 지점을 "소파 점", "거꾸로 된 8", "뫼비우스의 띠" 등으로 설명했다. 라깡의 실재 개념은 바로 이 지점에서 발생한다. 라깡은 이 지점을 "S(Ⱥ)"라고 표기하기도 한다. 이 기호는 "표기되지 않기를 멈추지 않는 것"에 대한 표기다.[28] 이는 논리적 모순 같지만 학문 담론은 표기되지 않기를 계속해온 것을 표기하기를 멈추지 않고 계속해왔다. 이와는 달리 예술 담론은 이를 피하고 종교는 이를 "대체한다." 피하는 예술 담론은 쓰기가 아닌 방식으로 "물"을 다루며, 대체하는 종교 담론은 서술하는 방식이 아닌 신앙으로 "물"을 대면한다.

라깡은 "의식적 자아"에 의해 포획된 실재의 전지전능성을 해체한다. 상징 체계는 실재를 "의식적 자아"에 더는 가둘 수 없다는 사실을 드러냈다. 그리고 실재 문제를 "무의식의 주체" 영역으로 전치시켰다. 현대적 의미에서 "의식은 데카르트에게서처럼 모든 의심에 굴복하지 않는 명증의 최고점을 확보하는 임무를 맡거나, 칸트에게서처럼 객관적 대상 인식의 형식적 근거를 차지하거나, 후설[Edmund Husserl, 1859-1938]에게서처럼 대상의 의미 부여의 원리나 토대의 역할을 수행하는 것"이지만, 이제 의식은 "무의식을 어떻게 대면하고 수용해야 하는지를 고민"하고

---

28 Lacan, *Encore*, 55.

있다.[29] 이런 고민을 던져준 이는 프로이트다. 프로이트의 뒤를 이어 라 깡은 무의식을 자신의 한 부분으로 이해하는 전지전능의 주체인 의식에 죽음을 선포했다. 바로 "S(A)"가 그런 의미를 담은 기호다. "사랑의 문자" 라고 읽히는 이 기호는 사랑을 설명하는 방식이기도 하다. 사랑은 "기표" 로 표현될 수 있는 것이 아니지만 기표로서 고백되기를 기다린다.

데카르트적 코기토에 따른 사랑은 둘이 하나가 될 때 모든 상황이 종 료될 수 있지만 라깡적 코기토에 따른 사랑은 둘이 하나가 되고자 할 때 도 여전히 둘로서 존재하는 모습으로 표현된다. 라깡은 강제적으로 실 재를 좌지우지하는 자아의 횡포를 지적한다. 그 결과 늘 실재와의 충실 한 만남 속에서도 늘 결여된 실재와 만나는 주체의 모습이 드러난다. 라 깡에게서 실재의 죽음은 바로 실재를 포획하고 고정하는 전지전능의 자 아가 맞는 죽음이고 그 자아가 만들어낸 실재에 대한 죽음이다. 라깡은 실재가 아닌 것을 실재라고 여기고 그것과 만나는 사례를 연구했다. 그 리고 거기서 허구적 실재 이면에 있는 참 실재로 나아가지 못하는 주체, 참 실재로 나아가고자 하는 주체를 발견한다.

현대신학에도 "전지전능의 코기토"의 잔재가 존재한다. 성서가 말하 는 신앙은 신앙을 지닌 육체적 인간이 아니라 신앙의 고백을 중심에 두 고 하는 말이다. 성서는 신앙을 고백하는 사람을 제자, 그리스도인이라 규정한다. 성서는 "신체기관"을 가진 인간이 아니라 "신앙고백"하는 사 람들을 담은 책이다. 신앙이란 "기록된 계시"를 "경험"하는 방식(인간의 신앙)뿐 아니라 "물 자체"가 "스스로를 계시"하는 방식(그리스도의 신앙) 도 포함하는 용어다. 즉 신앙은 "인간의 신앙+그리스도의 신앙"이라고

---

29   윤성우, 『해석의 갈등, 인간 실존과 의미의 낙원』(서울: 살림, 2005), 139.

볼 수 있다.[30]

현대신학은 "계시된 실재"와 "기록된 계시" 간의 차이를 부각해 "역사적 예수"를 연구 주제로 삼았다. 실재의 죽음이 선고되고, 초기 신앙인에게 각인된 예수 그리스도의 죽음과 부활이라는 경험의 핵에서부터 다시 "스스로를 계시"하는 것과 "기록된 계시"를 엮는 작업이 진행되었다. 즉 "숨은 하나님"과 "스스로를 드러내는 하나님" 간의 분리와 연결, "내재적 삼위일체"와 "경륜적 삼위일체"의 분리와 연결 작업이 계속되었다. 라깡이 설명하듯이 "물"은 숨은 하나님, 보좌와 그 좌우에 앉은 하나님을 가리킨다. 또 "무"는 "물"과 "대상" 사이의, 임박한 신의 현현 순간을 보여준다. 신구약성서에는 신의 현현을 알려주는 많은 표현이 있다. 그리고 "대상"은 상징계에 떠오른 "물"의 모습이다. 그래서 "대상"으로서 어떤 것은 "물"로서의 그것과 다르다. 즉 a≠a다. 이런 면에서 볼 때 "기독론을 강조하는 신학 체계"는 라깡에게서 수용될 가능성이 크다.

신약성서는 성부께로 가는 길로서 유일성이며 보편성인 어린양 예수의 속죄가 "부분 대상이지만 유일 대상"이라고 이야기한다. 즉 "어린양 예수" 또는 "예수의 이름"으로 지칭되는 구원자는 부분적 대상이지만 유일한 대상이다. 이런 접근은 a=a라는 구도에 빠지지 않게 하면서도 예수 그리스도의 속죄가 갖는 효력을 극대화·보편화시킨다. 구원자 어린양 예수/예수의 이름은 "사물의 표상"(représentations de choses)이 "단어의 표상"(représentations de mots)으로 전치될 때 나타나는 "기표"로서, 아버지인 하나님과 구분되는 아들의 공생애를 담고 있다. 이런 경우가 바로 라깡이 말하는 "물"이 전치된 종교 담론이라 볼 수 있다.

---

30 Cf. Ansaldi, *Dire la Foi aujourd'hui*, 2장.

그러나 "신론을 강조하는 신학 체계"에서 "물"과 "무"는 공생애의 나사렛 예수라는 "기표"를 매개로 드러나지는 않는다. 단지 "일상적 대상" 또는 "선별된 대상"을 통해 "무"를 대면하고, 이를 통해 "물"을 경험하게 된다. 구약성서에서 "선별된 대상"을 통해 "무"에서 "물"로 나아가는 경우를 보여주는 예는 많다. 가령 꿈, 우림과 둠밈(삼상 28:6), 거울(겔 1:4), 구름(출 19:9) 등을 통해 하나님과 만나는 것이다. 즉 "신론을 강조하는 신학 체계"는 도처에 산재하는 대상을 통해 "물"을 경험한다. 그와는 달리 "기독론을 강조하는 신학 체계"에서는 "부분적이지만 유일한 대상"으로서의 "예수의 이름의 구원자", "어린양 예수"를 통해 "물"을 경험한다.

여기서 "어린양 예수"는 풀밭에서 거니는 동물이 아니다. 이 단어는 나사렛 예수의 공생애 사역 전체를 담고 있는 상징어다. 다시 말해 이 상징어를 지칭할 수 있는 새끼 양을 풀밭 어느 곳에서도 찾을 수 없다. 단지 우리가 알 수 있는 것은 풀밭의 수많은 양과 어린양 예수 간의 차이점이다. 후자는 동물로서의 "실재 대상"(i[a])이나 "허구 대상"(i′[a])이 아니라 양이라는 동물과는 전혀 다른 하나님의 아들로서 인정되고 고백된다. 즉 그것은 실재 대상도 허구 대상도 아니기에 상상계의 대상이 아니다. 상상계의 대상이 아니기에 상징계의 대상 역시 아니다. 그러나 그것은 상상계를 통해 흘러들어 왔고 상징계에서 포착되지만 의미화가 연기된 채 실재로 흘러간다. 말하자면 상상계에 흔적을 남기지 않은 것도 아니고 상징계에 반영되지 않은 것도 아니면서 실재에 그 흔적을 남기는 것이다. 신앙으로서만 포착 가능한 이것은 상상계에서 포착할 수 없고 상징계에서도 오인된다. 그리고 오직 "기표"의 연결 고리로 나타나며 의미의 고정이 계속해서 연기된다.

동방 신학과 달리 서방 신학은 1054년 제3위로서 성령을 인정하면서

"신론을 강조하는 신학 체계"와 "기독론을 강조하는 신학 체계"에 덧붙여 "성령론을 강조하는 신학 체계"를 전개할 가능성을 열어놓았다. 우리가 "삼위일체론"이라 일컫는 하나님에 관한 교리는 성부, 성자, 성령 각각을 이야기하면서도 세 교리를 통합해서 거론하기도 한다. 앞서도 평가했지만 교리사적으로 볼 때 "성령론을 강조하는 신학"은 아직도 삼위일체론 내에서 정합적으로 거론되지 못하는 것 같다. 라깡의 구도에서 볼 때 "성령론을 강조하는 신학"은 "a → a´", "A→$", "$→a"를 관통할 힘으로 나타날 수 있다.

3) 라깡의 오브제 (프티) 아

"도식 L"의 "a → a´", "A→$", "$→a"는 "a"에 관한 새로운 이해를 불러일으킨다. 시작 부분의 "a"와 종결 부분의 "a"는 서로 같은 "a"가 아니다. 라깡은 종결적인 "a"에 이탤릭체를 사용해 "오브제 아"(objet *a*)라는 이름을 붙여주었다. 이 개념은 라깡이 생산한 여러 개념 중 그 중요성이 남다르다. 오브제 아는 부분적이지만 유일한, 그래서 "물"의 본질을 가장 잘 표상(représenter)할 수 있는 장치다. 오브제 아는 "물"의 흔적을 내포한다. "물"의 흔적을 내포하는 오브제 아는 실재를 뚫고 나온다. 그래서 실재는 이런 오브제 아 때문에 구멍투성이가 된다.[31] 실재를 구멍투성이로 만드는 오브제 아는 "a´"와 대면하는 것이 아니라 $와 대면한다. 몸을 가진 인간이 아니라 기표의 결과물인 $가 만나는 오브제 아 역시 우리가 상징계에서 이해하는, 의미가 있는 "대상"이 아니다. 여기서 오브제 아는 "물의 흔적"일 뿐이다.

---

31 Lacan, *L'angoisse*, 1963년 3월 13일 강의.

신학에서도 이런 흔적을 계속해서 이야기해왔다. 그중 아우구스티누스는 자신의 『삼위일체론』에서 "삼위일체의 흔적"(vestigium trinitatis)에 관해 이야기했다.[32] 앞서 밝힌 대로 이 책은 15권으로 구성되는데 처음 7권은 연역적 의미에서 삼위일체를 거론하고, 마지막 15권은 각 권을 요약한다. 그리고 중간에 해당하는 8-14권은 피조계에 각인된 삼위일체성의 흔적을 예로 들어 삼위일체론을 증명한다. 그가 예로 드는 흔적들은 유비의 방법을 전제로 사용되는데 실례로는 물-포도주-꿀, 마음-사랑-지식 등이 있다. 그는 이처럼 흔적으로 "물 자체"를 설명할 때 문제는 인간이라고 말한다. 인간이 외적 인간인지, 내적 인간인지, 영적 인간인지에 따라 결과가 다르다는 것이다. 이 중 영적 인간은 "흔적"을 통해 의미를 얻게 된다.[33]

결국 종교로서의 기독교 신앙은 "무" 뒤에 아른거리는 "물"로 침투하려는 사람들의 부단한 갈망이자 "물"의 다양한 전치물 앞에서 우왕좌왕하는 사람들에게 내려지는 계시다. 교리로서의 삼위일체론은 "물"에서 "대상"으로 침투한 수많은 흔적을 보여준다. 이런 가운데 신앙은 "물"을 만났거나 소유한다고 오인하기도 한다. 신앙이 "물"을 만나는 것이 "부분적·유일한 대상"을 통해서만 가능한지, 아니면 다른 가능성도 열려 있는지의 문제는 각자가 취하는 신앙의 개념에 따라 다소 차이가 있게 느껴질 것이다. 오브제 아는 1960년 세미나 "전이"에서부터 "부분 대상"인

---

32 앞서 밝혔듯이 나는 "아우구스티누스와 라깡"에서 이 흔적에 관해 이야기했다. *vestigium trinitatis*는 바르트가 비판한 개념이기도 하다(Barth, *Church Dogmatics I*, 334). 바르트에 따르면 삼위일체의 흔적은 피조계에서 찾을 수 없고, 따라서 아우구스티누스식 설명은 계시신학에서 볼 때 올바르지 않다.

33 다음 자료들을 참고하라. 아우구스티누스, 『삼위일체론』; 강웅섭, "라깡적 기호학으로 본 아우구스티누스의 '정신'과 '말'의 관계", 「철학과 현상학 연구」제36집(2008년 봄).

오트르(autre)의 한계를 벗어나서 존재론적인 개념어로 사용되었다. 상호주체성(L'intersubjective)이란 말은 거울 단계와 현상학을 연구하던 시기의 라깡이 상상계에 속하는 담론을 설명한 용어라고 볼 때, 오브제 아는 상징계와 실재의 담론을 더 잘 설명하기 위해 고안되었다고 할 수 있다.

라깡의 종교 담론인 "종교에는 물로부터 전치가 있다. 그리고 종교에는 물 쪽으로의 전치가 있다" 사이에는 "물로부터와 물 쪽으로"의 경계인 오브제 아가 자리한다. 오브제 아는 역설이 작용하는 지점이기도 하다. 역설점은 하나의 반복점이다. 라깡은 반복 개념을 강조하는데 그 장치로 "뫼비우스의 띠", "거꾸로 된 8", "고정점"을 이용한다.[34] 이 점은 욕망과 욕동이 만나는 곳이고, "기표"와 "기의"가 만나 "의미"가 고정되는 "소파 점"이고, 고정된 또 다른 지점 사이를 왕래하는 기준점이 되기도 한다.

예수의 이름은 나사렛 예수 그리스도의 삶의 행적을 대표하는 기표로서 복음서에는 나타나지 않는 독특한 용어다. 이 용어는 사도행전에서처럼 예수의 승천 이후 지상명령을 받은 제자들이 스승의 분부대로 행할 때 사용했다. 제자들이 이 이름은 무엇이라고 생각하며 사용했는지는 성서학적 연구의 도움을 받아야 한다.[35] 나는 나사렛 예수를 지칭하는 이 용어가 하나님 그 자체를 의미하는지(즉 이 용어가 물 자체인지), 나사렛 예수를 지칭하는지, 하나님 그 자체도 아니고 나사렛 예수도 아닌 그리스도로서 예수를 지칭하는지의 세 가지 범주에서 이 문제에 접근

---

34 강웅섭, 『동일시와 노예의지』, 제3, 4부 참조.
35 Cf. Ruck-Schröder, *Der Name Gottes und der Name Jesu.*

할 수 있다고 본다. 우리는 지금까지 마지막 부분에 가능성을 두면서 논의를 전개하기 위해 형식적인 면(장막 도식, 도식 L)과 내용적인 면(오브제 아 등)에서 라깡의 개념을 동원했다.

"오브제 아"는 욕망의 원인이고 욕동을 정의한다.[36] 에반스는 이 용어를 설명하는 항목에서 "오브제 아는 욕망을 작동시키는 어떤 대상, 특히 욕동을 정의하는 부분 대상들이다. 욕동은 오브제 아를 얻으려고 하기보다는 오히려 그것의 주위를 맴돈다"고 정리했다.[37] 이렇게 "오브제 아"로 인해 외부에서 내부로 유입된 타자의 욕망으로 말미암아 주체는 욕망을 일으키지만 이 주체의 욕망은 "오브제 아"를 획득하지는 못하고 그 주위를 맴돌 뿐이다.

나는 "오브제 아"를 "역사적 예수"로 설명했었다.[38] 그 후 "오브제 아"를 더 세분화시킬 기회가 있었고 그때 "오브제 아"를 기독론의 인성이 아니라 "예수의 이름"이라는 "부분적·유일한 시니피앙"으로 보게 되었다. 여기서 "예수의 이름"은 역사적 예수에 대한 지칭이 아니라 삼위일체 하나님을 통전적으로 경험한 제자들에 의해 고백된 "기표"이자 동시에 "아버지로부터 상속받고"(마 1:21; 요 5:43), "성령이 가지고 온"(요 14:26) 계시의 "기표"다. 이 "기표"는 "물로부터-물 쪽으로"의 만남 지점이 된다. 그러나 이 "기표"는 지금껏 우리가 보았듯이 "물 그 자체"를 표현할 수 있는 것은 아니다. 성서에 나오는 "주", "예수", "그리스도", "예수 그리스도",

---

36 오브제 아가 욕망의 대상이 아니라 욕망의 원인이라는 것은 세미나 10(*Angoisse*, 불안), 1963년 5월 15일 강의에 나타난다.

37 에반스, 『라깡 정신분석 사전』, 401.

38 1998년 6월에 공개 심사를 거쳐 학위 논문으로 인정받은 나의 박사 논문 *Les théories Freudiennes et Lacaniennes sur l'identification*을 참조하라.

"예수의 이름"은 그 의미가 각각 문맥마다 다르다. 성서학의 엄밀한 석의가 선행되어야 하겠지만 성서에서 "예수의 이름"이 등장하는 본문은 삼위일체가 동시에 거론되어야 의미가 통하는 부분이 많다. 본질적인 면에서 삼위일체는 표상되지 않는 "물"이지만 기호적으로 표현될 때는 형식이기도 하다. 이 "물"은 인간 언어로 거론조차 할 수 없는 것이지만 일단 인간의 언어로 표현되는 순간의 그 무엇(삼위일체라는 교리를 포함하여)은 "물"도 "무"도 아닌 하나의 표상, "오브제 아"에 지나지 않게 된다. 이에 관한 엄청나게 많은 "오브제 아"가 상징계에 있을 수 있고 이는 "물"과 "무"를 보여줄 수 있다. 라깡은 그래서 이를 "존재의 모사"라고 했다.[39] 라깡을 통해 우리는 서구 신학 전통에서 "신론"을 강조하거나 "기독론"과 "성령론"을 "강조하는 신학 체계"처럼 "예수의 이름을 강조하는 신학"의 인식론적 의의를 높이 살 수 있다.[40]

4) 현대신학의 과제

앞서 언급했지만 "예수"라는 단어만큼 현대신학에서 큰 파장을 불러일으킨 화두는 없을 것이다. "역사적 예수"를 거론해 신학 전통을 흔들어놓은 불트만의 시도는[41] 앞서 우리가 전개한 맥락에서 보면 "물 자체"를 학문으로 기술하려는 것이었다. 라깡의 "학문 담론"에 따르면 불트만의 그런 시도는 "부인"일 수밖에 없다. 결국 불트만의 시도는 "무"와 대면하게

---

39 Lacan, *Encore*, 84.
40 강응섭, "기독교세계관 영역에서 제시하는 예수의 이름을 강조하는 신학 체계 혹은 세계관 변혁체계로서 예수이름에 관한 고찰"(제3회 예일콜로퀴움, 2001.3.22).
41 Cf. Rudolf Bultmann, *Jesus*(*München/Hamburg: Siebenstern Taschenbuch Verlag*, 1926), 허혁 옮김, 『예수』(서울: 삼성출판사, 1977).

된다. 불트만에게 "성서의 기표"는 "물"의 표상으로서 "무"가 아니라 "허구"였다. 허구인 "성서의 기표"를 통해서는 물 자체를 만날 수 없고 단지 무에 함몰된다. 그의 용감한 시도는 전지전능의 코기토에 기반을 두었다고 말할 수 있다. 왜냐하면 텍스트 밖으로 나가서 "물 자체"를 거론하려 했기 때문이다. 이는 정신분석에서 말하는 "주이상스"(Jouissance)에 해당한다. "물 자체"를 만나려는 시도는 고통의 쾌를 안겨준다.

그 이후 신약학은 보른캄, 케제만, 헹엘을 거치면서 좀 다른 길로 나아간다. 『신약성서의 속죄론』에서 헹엘은 "물 자체"로서 예수에 접근하는 다른 시도를 보여주었다. 이런 시도는 메이천과 헹엘의 "바울"에 관한 연구에서도 이미 분명한 조짐을 드러냈었다. 즉 "물 자체"로서 "예수"에게 가는 길은 "바울"을 통해서 가능하다는 것이다.[42] 바울이 예수를 메시아라고 이해한 것은 신구약 중간 시대의 묵시문학 전통을 따른 것인지, 자신이 역사적 "예수"를 직접 목격하고 경험한 결과인지, 다메섹 도상에서의 경험에 따른 것인지, 그에 덧붙여 이미 예수를 알고 있는 사람들과 접촉하여 그들로부터 지식을 얻고 그것들을 종합하여 서술한 것인지에 관한 다양한 가능성이 제기되었다. 메이천과 헹엘은 마지막 가설에 무게를 두었다. 그들은 이때 바울이 다른 많은 자료 가운데 하나의 사건에 강조점을 둔다고 본다. 그 사건은 바로 십자가에서의 죽음과 부활이다. 이

---

42 Cf. G. Machen(1912), *Jesus and Paul: Biblical and Theological Studies*(ed. the Members of the Faculty of Princeton Theological Seminary, New York: Charles Scribner's Sons, 1972), 545-78, 김길성 옮김, "예수와 바울", 「신학지남」 제268호(2001년 가을), 372-407; G. Machen, *The Origin of Paul's Religion*(1921), 김남식 옮김, 『바울 종교의 기원』(서울: 베다니, 1996); M. Hengel, *The Atonement: The Origins of the Doctrine in the New Testament*(1980), 전경련 옮김, 『신약성서의 속죄론』(서울: 대한기독교서회); *Der vorchristliche Paulus*(1991), 강한표 옮김, 『그리스도인 이전의 바울』(서울: 한들, 1999).

런 관점에 따르면 신약성서에 나타나는 자료들이 출처가 불확실하다고 해도 발생한 그 사건만큼은 바울을 비롯해 그 사건을 증언하는 자들에게 분명한 의미가 있었다.

우리는 "뜻"(기의)에 강조점을 두는 습관이 있다. 이 말은 기표와 기의의 결합에 의해 "의미화"가 이미 일어난 상황을 염두에 두는 것이다. 그러나 성령의 역사는 이미 의미화된 것에 "새로운 의미화"를 불러일으킨다. 그렇기에 "지금-여기"(*hic et nunc*)가 강조되는 신앙의 실존, 다시 말해서 "물로부터-물 쪽으로"의 구도가 힘을 얻는 체계에서는 "기의"보다 "기표"가 강조된다. 작동된 기표가 기의와 결합해 의미화를 일으키기 때문이다. 때로는 이런 과정에서 의미화가 생기지 않을 수도 있다. 가령 사도행전 1장에 기록된 방언 사건도 이런 맥락에서 이해할 수 있다. 그 사건은 인간이 알 수 없고 이해할 수 없는 방식으로 성령이 역사하는 일이 상징계에서도 일어난다는 사실을 보여준다. 오히려 신앙은 그런 일들로 구성되는 경우가 많다. 라깡의 종교 담론은 "사물의 표상"이 "단어의 표상"(계시)으로, "단어의 표상"에서 "사물의 표상"(고백)으로 오가는 분석 상황에서 서술될 수 있다.

실재에 관해 접근하는 예술, 학문, 종교의 견해는 서로 다르다. 현대 신학은 예술 담론의 노선에서 실재를 다뤄야 할지, 학문 담론의 입장에서 실재를 대면해야 할지, 종교 담론의 위치에서 실재를 접해야 할지 결정하지 못한 것 같다. 이로 인해 신학 체계에 혼선이 생길 수밖에 없다. 각자 실재를 피하거나, 실재에 관한 연구를 계시신학적인 측면과 자연신학적 측면의 균등한 고려 없이 시도하거나, 실재를 고정해버림으로써 상황이 복잡하게 꼬인 것 같다. 틸리히가 실재를 "3과 1"의 산술적 표기를 넘어 "궁극"으로 초월시키고자 했던 것처럼, 현대신학은 실재에 관한 계시적 측면과 자연신학적 측면을 재고해야 할 시점에 서 있다. 어쩌면 라깡의 종교 담론은 무구한 신학의 역사에서 이미 선행된 작업의 아류일 수도 있다. 하지만 현시점에서 그의 이론을 통해 다시금 전통을 들여다보고, 그 속에서 오늘의 현안을 되새기는 것은 현대의 문제의식 가운데서 실재를 다시금 고찰하게 하는 유익한 일이라 생각된다.

나가는 말

현대신학은 "전지전능의 코기토"의 영향 아래에서 실재에 대한 상실을 경험했다. 현대성의 논리에서 볼 때 이는 필연적 귀결이었다고 볼 수 있다. 라깡은 "전지전능의 코기토"의 진정성을 발견했다. 현대성의 맥락에서 라깡은 "번지수를 알 수 없는 코기토"의 자리를 "자아"에 두고 "코기토"의 범위를 벗어나는 "무의식적 주체"를 발견했다. 그는 "의식 지상주의"에서 벗어나 "대타자의 담론"인 "무의식"을 발견하면서 의식 철학에 대한 코페르니쿠스적 전환을 가져왔다.

라깡은 다시금 실재를 다루었다. 그가 말하는 실재는 고정된 의미도 아니고 고정된 기표도 아니고 단지 기표로 표기될 수 없지만 표기되기를 멈추지 않는 어떤 것으로 드러났다. 그는 이를 예술-학문-종교를 예로 들어 설명한다. 예술은 승화를 통하여 실재를 다룬다. 학문은 글로 표현될 수 없는 실재, 즉 글로서의 표기가 부인되는 실재를 계속해서 글쓰기를 통해 밝히려고 한다. 종교는, 실재를 경험하지만 글쓰기로 표현되지 못하는 실재가 비게 되고, 다시금 경험을 통해 실재를 만나지만 실재가 또다시 비게 되는 순환과정을 드러낸다. 그래서 유대교인이 만난 실재에 관한 표기 방식과 그리스도인이 만난 실재에 관한 표기 방식에는 차이가 있다. 이는 초기 교회의 신론과 기독론, 삼위일체론에 변화를 가져왔다. 그 결과 경험한 실재에 관한 표기 방식의 차이는 다른 공동체의 형성을 불러왔다. 기독교 공동체가 현대에 직면한 가장 큰 문제 역시 실재에 관한 것이라 볼 수 있다.

"종교에는 물로부터 전치가 있다. 그리고 종교에는 물 쪽으로의 전치가 있다"는 라깡의 담론은 기독교와 관련해서도 타당성이 있다. 기독교가 전파된 곳에서는 이 둘의 성격 중 어느 쪽이 바르냐 그르냐를 놓고 시비가 있어왔다. 하지만 인간이란 존재 자체가 "욕동"에 내몰리고 "욕망"에 감금되는 한, 그리고 "물 자체"로 침투하는 인간이 있고 "물 자체"로부터 각인된 인간이 존재하는 한 라깡이 말한 종교 담론은 일리가 있을 것이다.

이번 마지막 장에서는 라깡의 "장막 도식"과 "도식 L"을 통해 그의 주요 개념을 정리하고 이를 통해 기독교 교리를 간단하게 살펴보았다. 이런 논의가 실천으로 이어져 신앙인의 자기 이해를 도울 수 있는 길을 열어놓는다면 라깡은 분명 우리에게 필요한 도구를 제공한 셈이 될 것이다.

맺음말

지금까지 우리는 라깡의 생애와 사상을 기독교와 연관해서 간략하게 살펴보고 그의 사상이 기독교와 어떤 접점을 가지고 있는지 다양한 측면에서 고찰해보았다.

이 책의 첫 번째 주제는 "짜여진"(Structuré)에 관한 것으로서, 이를 통해 우리는 인간 정신의 구성 및 라깡 담론의 구조를 정리할 수 있었다. 인간의 발달을 설명하는 이론에는 다양한 관점이 있지만, 라깡이 말하는 발달은 환유의 축과 은유의 축에 의한 언어활동으로 진행된다는 점에서 "언어활동처럼 짜여진 무의식"이라는 개념의 중요성이 두드러졌다.

그리고 뒤이어 살펴본 4개의 주제는 "성서", "사랑", "신학", "실재"였다. 이 짜임새는 라깡의 정신 비계(échafaudage, 飛階)인 상징계(symbolique), 상상계(imaginaire), 실재(réel)에 대응한다. 우리가 살펴본 대로 아우구스티누스와 루터는 이 주제들을 모두 아우른 학자였다. 루터는 아우구스티누스 수도원의 수사로 있을 때 종교개혁을 단행했다. 그가 수도원에 입회해 밝힌 의견은 "하이델베르크 논제" 40개의 내용으로 남았다.

프랑스 남부 몽펠리에의 신학자이자 정신분석학자인 앙살디는 "성서", "신학", "실재"를 "사랑-신앙-희망"으로 연결하기도 했다.

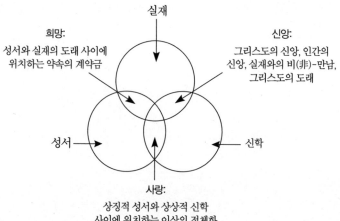

희망:
성서와 실재의 도래 사이에
위치하는 약속의 계약금

실재

신앙:
그리스도의 신앙, 인간의
신앙, 실재와의 비(非)-만남,
그리스도의 도래

성서

신학

사랑:
상징적 성서와 상상적 신학
사이에 위치하는 이상의 정체화

앙살디는 라깡의 비계를 신학에 적용하는데, 그가 말하는 실재는 대문자로 표기하는 "피데스"(*Fides*)다. 실재를 다루는 "신학"은 소문자로 표기되는 "피데스"(*fides*, 그리스도의 신앙, 인간의 신앙)에 의해 연결되어 "상상적"인 신학이 되고, 실재를 다루는 "성서"는 희망(언약)에 의해 연결되어 "상징적"인 성서가 된다. 상상적 신학은 그리스도의 도래를 통해 실재를 신앙하고, 상징적 성서는 도래하는 실재를 언약의 방식으로 희망하며, 이와 같은 방식으로 실재를 붙드는 상상적 신학과 상징적 성서는 이상(Idéal)의 형식으로 임하는 실재를 사랑하고 그것에 정체화된다. 이 책은 그런 정체화된 모습을 담고자 했다.

이런 관점으로 이 책의 각 주제를 엮는다면 내 의도를 정확히 파악하는 데 어느 정도 도움을 받을 수 있고, 다른 한편으로 독자의 독창적인 안목을 열어가는 데도 도움이 되리라 기대한다. 또한 나의 이런 사유가 1999년 개교 때부터 조직신학과 정신분석학 영역을 모두 다룰 수 있도록 자리를 마련해주신 이명범 총장님께도 현실화되어 그동안 애정을 쏟으신 귀한 자료를 정리하는 데 실질적인 도움이 되기를 바란다.

3장. "라깡에게서 'structuré'의 의미," 「라깡과 현대정신분석」 5권 1호 (2003.12).

4장. "라깡에게서 기호학과 기하학의 운용문제 연구: 세미나 9권을 중심으로", 「라깡과 현대정신분석」 9권 2호(2007.12).

5장. "라깡, objet *a*, 예수의 이름", 「라깡과 현대정신분석」 8권 1호(2006.8).

6장. "〈다윗의 편지〉에 나타난 주체: 프로이트와 라깡의 관점으로", 「한국조직신학논총」 제41집(동연출판사, 2015.6).

7장. "예수의 직무 연구: 바리사이파 사람 시몬 집에서의 경우", 「한국조직신학논총」 제46집(동연출판사, 2016.12).

8장. "아우구스티누스와 라깡: 율동하는 마음의 동인으로서 성령", 「한국조직신학논총」 제11집(2004.11.)/『생명의 영성』(대한기독교서회, 2004).

9장. "아우구스티누스의 *intentio*와 라깡의 pulsion", 「라깡과 현대정신분석」 8권 2호(2006.12).

10장. "라깡적 기호학으로 본 아우구스티누스의 '정신'과 '말'의 관계", 「철학과 현상학 연구」 제36집(2008. 2).

11장. "루터에 따른 믿음과 회개: 들려줌과 들음의 변주", 「한국조직신학논총」 제38집(한들출판사, 2014.6).

12장. "라깡과 루터: 정체화와 노예의지 비교", 「한국조직신학논총」 제16집 (한들출판사, 2006.6).

13장. "거울도식과 나르시스적 사랑", 「라깡과 현대정신분석」 12권 2호 (2010.12). "라깡의 거울 도식과 나르시스적 사랑", 「시현실」(계간지) 제50호(예맥출판사, 2011.12).

14장. "라깡의 불안 변증법과 탈경계", 「라깡과 현대정신분석」 11권 2호 (2009.12).

15장. "사랑의 문자 S(A)와 실재의 사랑: 라깡, 지젝, 중세스콜라신학에 따른 고찰", 「라깡과 현대정신분석」 14권 2호(2012.12).

16장. "종교의 형식과 내용에 대한 라깡적 에세이: 장막도식, 종교담론, 히스테리담론을 중심으로 본 종교적 인간", 「철학과 현상학 연구」 제42집 (2009.8).

17장. "라깡의 종교담론과 기독교 신학체계 간의 유비적 접근", 「한국조직신학논총」 제21집(한들출판사, 2008.9).

MARTIN LUTHER(1483-1546)

1513. *W. A.*(De Martin Luthers Werke, Weimarer Ausgabe) 4(1513/15). in Gerhard EBELING, *Luther: introduction à une réflextion théologique*, Genève: Labor et Fides, 1983.

1516. "Commentaire de l'Epître aux Romains(t. I)," in *Œuvres 11*. Genève: Labor et Fides, 1985.

1516. "Commentaire de l'Epître aux Romains(t. II)," in *Œuvres 12*, Genève: Labor et Fides, 1985.

1517. "Divi Pi ad Hebreos epistola," in *W. A.* 57-3.

1517. "Les sept Psaumes de la pénitence"(première rédaction, 1517), in *Œuvres 1*, Genève: Labor et Fides, 1957.

1517. "Disputatio contra scholasticam theologiam," in *W. A.* 1, n° 6.

1517. "Controverse destinée à montrer la vertu des indulgences," in *Œuvres 1*, Genève: Labor et Fides, 1975.

1518. "Controverse tenue à Heidelberg," in *Œuvres 1*, Genève: Labor et Fides, 1957.

1525. "Du serf arbitre," in *Œuvres 5*, Genève: Labor et Fides, 1958.

1535. "Commentaire de l'Epître aux Gâlates (t. Ⅰ)," in *Œuvres 15*, Genève: Labor et Fides, 1969.

1535. "Commentaire de l'Epître aux Gâlates (t. Ⅱ)," in *Œuvres 16*, Genève: Labor et Fides, 1972.

1537. "Les Articles de Smalkalde," in *Œuvres 7*, Genève: Labor et Fides, 1962.

1537. "Commentaire de l'Epître aux Gâlates (t. Ⅰ)," in *Œuvres 15*, Genève: Labor et Fides, 1969.

1537. "Commentaire de l'Epître aux Gâlates (t. Ⅱ)," in *Œuvres 16*, Genève: Labor et Fides, 1972.

1543. "Commentaire du livre de la Genèse," in *Œuvres 17*, Genève: Labor et Fides, 1975.

SIGMUND FREUD(1856-1939)

1920. *Über die Psychogenese eines Falles von weiblicher Homosexualität*, G. S. vol. 5, 312-43; G. W. vol. 1, 271-302; S. A. vol. 7, 257-81; S. E. vol. 18, 147-72; D. Guérineau, "Sur la psychogenèse d'un cas d'homosexualité feminine," in *Névrose, psychose et perversion*, Paris: PUF, 1973.

1921. *Massenpsychologie und Ichanalyse*, G. S. vol. 6, 259-349; G. W. vol. 13; S. A. vol. 9, 61, 65-134; S. E. vol. 18, 69-143; P. Cotet etc., "Psychologie des foules et analyse du moi," in *Essais de psychanalyse*, Paris: Payot, 1993.

1933. *Nouvelles conférences d'introduction à la psychanalyse*, Paris: PUF (Folio). 1984.

연대 불명. *Gesammelte Werke*(G. W.) XVII(단편 12), 151.

1920. "Au-delà du principe de plaisir," in *Essais de psychanalyse*, Paris: Payot.

1914. "Pour introduire le narcissisme," in *La vie séxuelle*, Paris: PUF, 1977.

1917. "Deuil et mélancolie," in *Œuvres complètes*, Paris: PUF, 1988.

1967(1900). *L'interprétation des rêves*, Paris: PUF.

1992(1905). "Fragment d'une analyse d'hystérie(DORA)," in *Cinq Psychanalyses*, Paris: PUF.

1993(1923). "Le Moi et le Ça," in *Essais de psychanalyse*, Paris: Payot.

1975. *Inhibition, Symptôme et Angoisse*(1926), Paris: PUF.

1977. "Pour introduire le narcissisme"(1914), in *La vie séxuelle*, Paris: PUF.

1977. "La disparition du complèxe d'œdipe"(1923), in *La vie séxuelle*, Paris: PUF.

JACQUES LACAN(1901-1981)

Les Séminaires

1975. *De la psychose paranoïaque dans ses rapports avec la personnalité*, thèse de doctorat en médecine, Faculté de Médecine de Paris, Paris: Le François, 1932/Paris: Seuil, 1975.

1966. *Ecrits*, Paris: Seuil.

1973/1992, éditions révisée. *Les quatre concepts fondamentaux de la psychanalyse*, Paris: Seuil; 맹정현, 이수련 옮김, 『자크 라캉 세미나 11: 정신분석의 네 가지 근본 개념』, 서울: 새물결, 2008.

1973. "L'Etourdit," in *Scilicet*/1972, n° 4, Paris: Seuil.

1973. *Télélvision*, Paris: Seuil.

1975. *Encore*, Paris: Seuil.

1975. *Les écrits techniques de Freud*, Paris: Seuil; 맹정현 옮김, 『자크 라캉 세미나 1: 프로이트의 기술론』, 서울: 새물결, 2016.

1978. *Le moi dans la théorie de Freud et dans la technique de la psychanalyse*, Paris: Seuil.

1981. *Les psychoses*, Paris: Seuil.

1991. *Le transfert*, Paris: Seuil.

1994. *La relation d'objet et les structures Freudiennes*, Paris: Seuil.

1998. *Les formations de l'inconscient*, Paris: Seuil.

1986. *L'éthique de la psychanalyse*, Paris: Seuil.

1991. *L'envers de la psychanalyse*, Paris: Seuil.

2004. *Angoisse*, Paris: Seuil.

> 1962년 11월 21일 강의 19쪽, 1962년 11월 21일 강의 28쪽, 1962년 11월 28일 강의 42-43쪽, 1962년 12월 5일 강의 48쪽, 1962년 12월 5일 강의 53-54쪽, 1962년 12월 5일 강의 57쪽.

미출판. *L'Identification*(1961-62년 세미나).

미출판. *La Logique du Fantasme*(1966-67년 세미나).

> 1966년 12월 14일 강의 55쪽, 1966년 12월 21일 강의 59쪽, 1967년 1월 11일 강의 67쪽, 1967년 1월 11일 강의 72쪽, 1967년 1월 11일 강의 74-75쪽, 1967년 1월 18일 강의 87쪽, 1967년 1월 25일 강의 102-3쪽, 1967년 2월 15일 강의 136쪽, 1967년 3월 1일 강의 163쪽, 1967년 3월 15일 강의 199-200쪽, 1967년 4월 12일 강의 207쪽, 1967년 5월 30일 강의 275-79쪽, 1967년 6월 21일 강의 321쪽.

Ecrits(Paris, Éditions du Seuil, 1966)

1936. "Au-delà du Principe de réalité."

1946. "Propos sur la causalité psychique."

1948. "L'agressivité en psychanalyse."

1949. "Le stade du miroir comme formateur de la fonction du Je."

1955. "La chose freudienne."

1955. "Le séminaire sur *La Lettre volée*."

1958. "La direction de la cure et les principes de son pouvoir."

1966. "De nos antécédents."

1966. "La science et la verité."

외국어 문헌

ALLOUCH, Jean(1994). *Marguerite ou l'Aimée de Lacan*, Paris: EPEL.

ALTHAUS, P(1966). *The Theology of Martin Luther*, Philadelphia: Fortress Press.

ANSALDI, Jean(1979). "Savoir et vérité, gnose et théologie," in *Etudes Théologiques et Religieuses*, 1979/1.

_____ (1980). *La patenité de Dieu. libération ou névrose?*, Montpellier, numéro spécial d'Etudes Théologiques et Religieuses, 1980.

_____ (1982). "Traduction-commentaire du Du homine de Luther," in *Etudes Théologiques et Religieuses*, 1982/4.

_____ (1983). *Ethique et sanctification*, Genève: Labor et Fides.

_____ (1983). "Le concept de Loi dans la Théologie de Martin Luther et dans la réflexion psychanalytique française contemporaine," in *Revue d'histoire et de philosophie religieuses*, janvier-juin 1983, 143-54.

_____ (1985). "La théologie des deux régnes chez Martin Luther, cohérence ou accident?," in Actes recueillis par Michel PERONNET responsable du Centre d'Histoire des Réformes et du Protestantisme de l'Université Paul Valery de Montpellier, *Luther en son temps 1483-1546*, Montpellier: Editas.

_____ (1986). *Le dialogue pastoral*, Genève: Labor et Fides.

_____ (1988). "Débat autour de l'article de Ch. Genevas: Inconscient et Théologie," in *Hokhma*, 1988/37, 64-71.

_____ (1991). *L'articulation de la foi, de la théologie et des écritures*, Paris: Les éditions du Cerf.

_____ (1991/1992). *L'expérience de Dieu. Analyse de texte*, Montpellier: polycopie, 1991-1992/2.

_____ (1992). "Diableries et naissance d'un sujet devant Dieu," in *Hokhma* 1992/51.

_____ (1994). "Une discipline ancienne et nouvelle: la psycho-anthropologie religieuse," in *Etudes Théologiques et Religieuses*, 1994/1.

_____ (1995). *Dire la Foi aujourd'hui*, Suisse Aubonne: Editions du Moulin.

ANSELME, de Cantorbery(1963). *Pourquoi Dieu s'est fait homme*, Paris: Cerf.

ANSELM, of Canterbury(1077-78). *Proslogion*; 박승찬 옮김, 『모놀로기온 & 프로슬로기온』, 서울: 아카넷, 대우고전총서 3.

ANZIEU, Didier(1988). *L'Auto-analyse de Freud et la découverte de la psychanalyse*(1959). Paris: PUF.

AQUIN, de Thomas(1272-74). *Opuscules de saint Thomas d'Aquin: Compen-*

dium Theologiae, Paris: Vrin, 1984.

AQUINAS, Thomas(1272-74). *Compendium Theologiae Compendium of Theology*, Veritatis Splendor Publication, 2012.

ARISTOTE(1987). *Ethique à Nicomaque*, Nouvelle traduction avec introduction, notes et index par J. Tricot, Paris: Librairie philosophique J. Vrin.

ARPALI, B. "Caution, A Biblical Story! Comments on the Story of David and Bathsheba and on the Problem of the Biblical Narrative," in *Ha-Sifrut 1*, 1968-1969: 580-97(히브리어 부분), *Ha-Sifrut 2*, 1969-1971: 684-83(영문 요약 부분).

AUERBACH, Erich(1957). *Mimesis: The Representation of Reality in Western Literature*, tr. Williard Trask, Garden City, N. Y.: Doubleday Co.

AUGUSTINUS(1991). *Œuvres de Saint Augustin 15. La Trinité*(Livres I-VII) *16. La Trinité*(Livres VIII-XV). Paris: Bibliothèque Augustinienne.

BARTH, K(1931). *S. Anselme, Fides quaerens intellectum, la preuve de l'existence de Dieu*, Genève: Labor et Fides.

_____ (1932). *Church Dogmatis I/1*, tr. G. W. Bromiley, Edinburgh: T & T Clark, 1975.

_____ (1950). *Esquisse d'une Dogmatique*, Paris et Neuchâtel: Delachaux & Niestlé.

_____ (1953-1980). *Dosmatique*, 26 vols, et Index général et textes choisis, Genève: Labor et Fides.

_____ (1969). *La théologie protestante au dix-neuvième siècle*, Genève: Labor et Fides.

_____ (1985). *S. Anselme, Fides quaerens intellectum: la preuve de l'existence de Dieu*, Genève: Labor et Fides.

BERCHERIE, P(1991). *Les Fondements de la clinique, vol. 1. Histoire et structure du savoir psychiatrique*, Paris: Editions Universitaire.

_____ (1991). *Les Fondements de la clinique, vol. 2: Genèse des concepts Freudiens*, Paris: Editions Universitaires.

BOHNER, P. und E. GILSON(1954). *Christliche Philosophie von ihren Anfängen bis Nikolaus von Cues*, 3rd edition, Paderborn.

BOISSET, J(1962). *Erasme et Luther: Libre ou Serf Arbitre?*, Paris: PUF.

BUBACZ, B. S(1978). "St. Augustine's 'si fallor, sum'," in *Augustinian Studies 9*.

BÜHLER, P(1982). "La doctrine des deux justices d'après Luther: Réflexions dogmatiques sur la justification et la justice," in *Justice en dialogue*, Genève: Labor et Fides.

_____ (1993). "La responsabilité devant Dieu, fondement théologique de l'engagement éthique," in *Positions luthériennes*, 1993/1.

_____ (1994). "La Dispute au sujet de l'être humain de Luther: hier et aujourd'hui," in *Etudes Théologiques et Religieuses*, 1994/4, 529-48.

BULTMANN, R(1926). *Jesus*, München/Hamburg: Siebenstern Taschenbuch Verlag; 허혁 옮김, 『예수』, 서울: 삼성출판사, 1977.

CALVIN, J. *Ioannis Calvini Opera quae supersunt omnia*, vol. 1.

_____ (1859). *Institution de la religion christienne, Vols 2*, Paris: Librairie de Ch. Meyrueis et Compagnie.

_____ (1960). *Commentaires de Jean Calvin sur le Nouveau Testament, Épître aux Romains*, texte établi par Jules-Marcel Nicole, avec la collaboration de Pierre Marcel et de Michel Réveillaud, édition nouvelle publiée par la société Calviniste de France, Genève: Labor et Fides, t. 4.

_____ (1968). *Commentaires de Jean Calvin sur le nouveau Testament t. 2., Evangile selon Jean*, Ed. par M. Reveillaud, Genève: Labor et Fides.

CHARRAUD, Nathalie(1997). *Lacan et les Mathématique*, Paris: Anthropos.

CLERAMBAULT, G. G. de(2002). *Passion érotique des étoffes chez la femme*; 강응섭 옮김, 『여성의 에로틱한 열정과 페티시즘: 클레람보와 라캉의 직물과 정신분석』, 서울: 숲, 2003.

CONGAR, Y(1964). "Regards et réflexions sur la christologie de Luther," in *Chrétiens en dialoque*, Paris: Cerf.

COPLESTON, F(1950). *Mediaeval Philosophy. Augustine to Scotus*(A History of Philosophy의 2권). Westminster: The Newman Press.

COTTET, J(1987). "Je pense où je ne suis pas, je suis où je ne pense pas," in Sous la direction de G. Miller, *Lacan*, Paris: Bordas.

COTTIN, J(1990). *Jésus-Christ en écriture d'images: Premières représentations chrétiennnes*, Genève: Labor et Fides.

DARMON, Marc(1990). *Essais sur la topologie Lcanienne*, Paris: Editions de l'Association Freudienne.

DESCARTES, R(1941a). A. Bridoux ed., "Discours de la Méthode"(4ème partie, 1637), in *DESCARTES, Œuvres et Lettres*, n° 40. Paris: La Pléiade

_____ (1941b). "Lettres," in *DESCARTES, Œuvres et Lettres*, n° 40, Paris: La Pléiade.

DIDIER, Fontaine(2007). *Le nom dans le Nouveau Testament*, Paris: L'Harmattan.

DOLTO, F(1983). *La foi au risque de la psychanalyse*; 김성민 옮김, 『정신분석학의 위협 앞에 선 기독교 신앙』, 서울: 다산글방, 1999.

_____ (1996). *Les Evangiles et la foi au risque de la psychanalyse*; 김성민 옮김, 『인간의 욕망과 기독교 복음: 정신분석학으로 성서읽기』, 서울: 한국심리치료연구소, 2000.

DOR, Joël(1983). *Bibliographie des travaux de Jacques Lacan*, Paris: InterÉditions.

_____ (1985). *Introduction à la lecture de Lacan, tome 1. L'inconscient structuré comme un langage*, Paris: Denoël; 홍준기, 강응섭 옮김, 『라캉 세미나·에크리 독해 I』, 서울: 아난케, 2009.

_____ (1987). *Les identifications: confrontation de la clinique et de la théorie de Freud à Lacan*, Collaboration sous la direction de J. Dor, Paris: Les éditions Denoël.

_____ (1992). *Introduction à la lecture de Lacan, tome 2: La structure du sujet*, Paris: Denoël.

EBELING, G(1983). *Luther: introduction à une réflextion théologique*, Genève: Labor et Fides.

ELIADE, M(1957). *Mythes, rêves et mystères*, 강응섭 옮김, 『신화·꿈·신비』, 서울: 숲, 2006.

ERASMUS(1523). "De Libero arbitrio diatribe Seu Collatio"(édition latine), in *Erasmi Opera omnia*, t. 9, London: The Gregg Press, 1962.

_____ (1523). "De libero arbitrio diatribe seu collatio"(édition française), in *La philosophie chrétienne*, Paris: Librairie philosophique J. Vrin, 1970.

ETCHEGOYEN, R.-H(1984). "Les destins de l'identification," in *Revue française de Psychanalyse*, 1984/3, 873-901.

EVANS, Dylan(1996). *An introductory Dictionary of Lacanian Psychoanalysis*, London: Routledge Limited; 김종주 외 옮김, 『라캉 정신분석 사전』,

서울: 인간사랑, 1998.

FLORENCE, J (1984). *L'identification dans la théorie Freudienne*, Bruxelles: Publications des Facultés universitaires Saint-Louis.

_____ (1987). "Les identifications," in Sous la direction G. Taillandier, *Les identifications. Confrontation de la clinique et de la théorie de Freud à Lacan*, 149-87, Paris: Denoël.

GERARD, Gertoux (1999). *Un historique du nom divin*, Paris: L'Harmattan.

GILSON, E (1929). *Introduction à l'étude de Saint Augustin*, Paris: Librairie Philosophique J. Vrin.

_____ (1957). "The Future of Augustinian Metaphysics," in A. Peggis ed., *A Gilson Reader*, Garden City N. Y.: Image Books.

GOUNELLE, A (1974). *Après la mort de Dieu*, Paris: Éditions Berber-Levrault: Alethina (n° 11).

_____ (1981). "Le dynamisme créateur de Dieu: Essai sur la théologie du Process," in *numéro spécial d'Études Théologiques et Religieuses*, Montpellier.

_____ (1981). "Conjonction ou disconjonction de Jésus et du Christ: Tillich entre l'extra calvinisticum et l'intra Lutheranum," in *Revue d'hisoire et de philosophie religieuses*, 1981/3.

_____ (1990). *Le Christ et Jésus, trois christologies américaines: Tillich, Cobb, Altizer*, Paris: Desclée, Collection "Jésus et Jésus-Christ", dirigée par Joseph Dore).

_____ (1992). "Le frontière. Variations sur un thème de Paul Tillich," in *Études Théologiques et Religieuses*, 1992/3.

HENGEL, M (1980). *The Atonement: The Origins of the Doctrine in the New*

Testament; 전경련 옮김, 『신약성서의 속죄론』, 서울: 대한기독교서회.

_____ (1991). *Der vorchristliche Paulus*; 강한표 옮김, 『그리스도인 이전의 바울』, 서울: 한들, 1999.

HINTIKKA, Jaakko(1972). "Cogito, ergo sum: Inference or Performance?," in Willis Doney ed., *DESCARTES: A Collection of Critical Essays*, Garden City N.Y.: Doubleday.

JAKOBSON, Roman(1956). "Deux aspects du langage et deux types d'aphasie," in *Fundamentals of Languge*, The Hague.

_____(1963). *Essais de linguistique générale*, Paris: Éditions de Minuit.

JULIEN, Philippe(1990). *Le retour à Freud de Jacques Lacan*, Paris, E.P.E.L.

JUNG, C. G(1963). *L'âme et la vie*, Paris: Editions Buchet/chastel.

_____(1964). *Dialectique du Moi et de l'inconscient*, Paris: Gallimard, Essais.

_____(1984). *Essai d'exploration de l'inconscient*, Paris: Editions Denoël.

JURANVILLE, A(1988). *Lacan et la philosophie*, Paris: PUF.

KANG, Eung-Séob(1998). *Les théories Freudiennes et Lcaniennes sur l'identification, Application au Traité Du Serf Arbitre de Martin Luther*, Montpellier, Thèse de Doctorat à la Faculté de Théologie protestante, 1998. 강응섭, 『동일시와 노예의지』, 서울: 백의, 1999.

KANT, I(1787). *Kritik der reinen Vernunft*; 전원배 옮김, 『순수이성비판』, 서울: 삼성출판사, 1982.

KANZER, M(1984). "L'identification et ses avatars," in *Revue française de Psychanalyse*, 1984/3. 853-72.

KLEIN, M(1930). "L'importance de la formation du symbole dans le développement du moi," in *Essais de psychanalyse*, Paris, Payot, 1965.

_____ (1959). *La psychanalyse des enfants*, Paris: PUF.

_____ (1965). *Essais de psychanalyse*, Paris: Payot.

_____ (1973). *Psychanalyse d'un enfant*, Paris: Claude Tchou éditeur.

KOjEVE, K(1947/1968). *Introduction à la lecture de Hégél*, Paris: Ed. Gallimard, Bibliothèque des idées.

KRAEGE, J.-D(1979). "Théologie analogique et théologie dialectique," in *Revue de théologie et de philosophie*, Genève-Lausanne-Neuchâtel, 1979/3.

_____ (1986). "La dialectique Kierkegaardienne," in *Revue de théologie et de philosophie*, 1986/118.

_____ (1986). "Rupture et continuité," in *Etudes Théologiques et Religieuses*, 1986/4.

LAPLANCHE, J. & J.-B. PONTALIS(1967). *Vocabulaire de la psychanalyse*; 임진수 옮김, 『정신분석사전』, 서울: 열린책들, 2005.

LECLAIRE, Serge(1968). *Psychanalyser*, Paris: Seuil.

_____ (1971). *Démasquer le réel: un essai sur l'objet en psychanalyse*, Paris: Seuil.

LIENHARD, M(1962). "Christologie et humilité dans la Theologia crucis du commentaire de l'Epître aux Romains de Luther," in *Revue d'histoire et de philosophie religieuse*, 1962/4.

_____ (1962). *Luther: Witness to Jesus Christ*, tr. E. H. Robertson, Minneapolis: Augsburg Publishing House.

_____ (1962). "Notes sur un texte christologjque du jeune Luther," in *Revue d'histoire et de philosophie religieuses*, 1969/4.

_____ (1973). *Luther: témoin de Jésus-Christ*, Paris: Cerf.

_____ (1983). *Martin Luther: un temps, une vie, un message*, Paris-Genève:

Centurion / Genève: Labor et Fides.

LUQUET, P(1984). "A propos de l'identification," in *Revue française de Psychanalyse*, 1984/2, 529-40.

MACHEN, G(1912). *Jesus and Paul: Biblical and Theological Studies*, 545-78, ed. the Members of the Faculty of Princeton Theological Seminary, New York: Charles Scribner's Sons, 1972; 김길성 옮김, "예수와 바울", 「신학지남」 제268호, 372-407.

_____ (1921). *The Origin of Paul's Religion*; 김남식 옮김, 『바울 종교의 기원』, 서울: 베다니, 1996.

MANNONI, Octave(1977). *Freud*, Paris: Seuil; 변지현 옮김, 『프로이트』, 서울: 백의, 1996.

MATTHEWS, Gareth B(1972). "Si fallor, sum," in R. A. Markus ed., *Augustine: A Collection of Critical Essays*, Garden City N. Y.: Doubleday.

McGRATH, A.-E(1985/1990). *Luther's theology of the cross*, Oxford and Cambridge: Basil Blackwell.

_____ (1986/1991). *Justitia dei: A history of the Christian doctrine of justification. From 1500 to the present day*, Vol. 2, Cambridge: Cambridge University Press.

_____ (1988). *Reformation thought: An introduction*, Oxford: Wiley-Blackwell.

MELTZER, D(1984). "Les concepts d'identification projective(Klein) et de contenant-contenu(Bion) en relation avec la situation analytique," in *Revue française de Psychanalyse*, 1984/2, 541-50.

_____ (1984). "La distinction entre les concepts d'identification projective(Klein) et de contenant-contenu(Bion)," Sous la collaboration avec Giuliana Milana, Suzanna Maiello, Dionire Petrelli, in *Revue française de Psychanalyse*, 1984/2, 551-70.

MILLER, G(1987). *Lacan*, Sous la direction de G. Miller, Paris: Bordas, Philosophie Présente.

MOLNAR, A(1968). "A propos de la doctrine luthérienne des deux règnes," in *Revue d'histoire et de philosophie religieuses*, 1968/3.

MOSHE, Garsiel(1976). "David and Bathsheba". in *Dor le Dor 5*, 24-28(1부), 85-90(2부), 134-37(3부).

_____ (1973). "A Review of Recent Interpretations of the Story of David and Bathsheba," in *Immanuel 2*, 18-20.

MOURANT, John A(1979). "The Cogitos: Augustinians and Cartesian," in *Augustinian Studies 10*.

NASIO, Juan-David(1987). *Les yeux de Laure: le concept d'obiet a dans la théorie de J. Lacan*, Paris: Aubier.

_____ (1990). *L'hystérie ou l'enfant magnifique de la psychanalyse*, Paris: Rivage.

_____ (1992). *Enseignement de 7 concepts cruciaux de la psychanalyse*, Paris: Payot.

_____ (1992). *Cinq leçons sur la théorie de Jacques Lacan*, Paris: Rivages.

_____ (1994). *Introduction aux œuvres de Freud, Ferenczi, Groddeck, Klein, Winnicott, Dolto, Lacan*, Paris: Payot & Rivages; 이유섭 외 옮김, 『위대한 7인의 정신분석가: 프로이트에서 라깡까지』, 서울: 백의, 1999.

OGILVIE, B(1988). *Lacan: la fomation du concept de sujet(1932-1949)*, Paris: PUF; 김석 옮김, 『라캉 주체 개념의 형성』, 서울: 동문선, 2002.

_____ (1992). "Lacan: le corps et le nom du corps," 222-44, in Sous la direction Jean-Christophe Goddard et Monique Labrune, *Le corps*, Paris, Librairie philosophique J. Vrin.

PAGELS, Elaine(1989). *The Gnostic Gospels*; 하연희 옮김,『숨겨진 복음서 영지주의』, 서울: 루비박스, 2006.

_____ (2004). *Beyond Belief: The Secret Gospel of Thomas*; 권용주 옮김,『믿음을 넘어서: 도마의 비밀 복음서』, 서울: 루비박스, 2006.

Menakhem, Perry(1968-1969). "The King Through Ironic Eyes: The Narrator's Devices in Biblical Story," in *Ha-Sifrut 1.*

PLATON(1967). *Cratyle ou sur la justesse des noms*, genre logique, trad. Emile Chambry, Paris: Flammarion.

PASCAL, Blaise(1941). "Pensées," 815-1095 in *L'Œuvre de Pascal*, Paris: Ed. de la nouvelle revue Française, Bibliothèque de la Plèiade; 홍순민 옮김.『팡세』, 서울: 삼성출판사, 1990.

REISINGER, Marc(1991). *Lacan l'insondable*, Paris: Les Empêcheurs de penser en rond; 강응섭 옮김,『라캉 신드롬』, 서울: 문예, 2003.

RICŒUR, P(1960). *Philosophie de la volonté 2. Finitude et Culpabilité. 1) L'homme faillible, 2) La symbolique du mal*, Paris: Aubier.

_____ (1965). *De l'interprétation: essai sur Freud*, Paris: Seuil.

_____ (1969). *Le conflit des interprétations: essais d'herméneutique*, Paris: Editions du Seuil.

ROUDINESCO, Elisabeth(1993). *Jacques Lacan: Esquisse d'une vie, histoire d'un système de pensée*, Paris: Fayard.

_____ (1994). *Histoire de la psychanalyse en France*, vol. 2, Paris: Fayard.

_____ (1994). *Généalogies*, Paris: Fayard.

ROUDINESCO, Elisabeth, Michel PLON (1997). *Dictionnaire de la Psy-*

chanalyse, Paris: Fayard; 이유섭 외 옮김, 『정신분석대사전』, 서울: 백의, 2005.

RUCK-SCHRÖDER, Adelheid(1999). *Der Name Gottes und der Name Jesu: eine neutestamentliche Studie*, Neukirchen-Vluyn: Neukirchener Verl.

SARTRE, S.-P(1943). *L'être et le néant: essai d'ontologie phénomenologique*, Paris: Editions Gallimard.

_____ (1946/1970). *L'existentialisme est un humanisme*(une conférence faite au Club Maintenant de 1945), Paris: Les Editions Nagel.

_____ (1960). *Critique de la raison dialectique: précédé de Questions de méthode t. 1. Théorie des ensembles pratiques*, Paris: Editions Gallimard.

SARUP, Madan(1992). *Jacques Lacan*, London: Harvester Wheatsheaf; 김해수 옮김, 『알기 쉬운 자끄 라깡』, 서울: 백의, 1994.

SAUSSURE, F. de(1949). *Cours de linquistique générale*, Paris: Payot.

SCHUR, M(1975). *La mort dans la vie de Freud*, Paris: Editions Gallimard.

A Select Library Of The Christian Church(1999). *The Seven Ecumenical Councils Of The Undivided Church: Nicene and Post-Nicene Fathers Second Series vol. 14*, Massachusetts: Hendrickson Publishers.

STEENBERGHEH, E.-V(1983). *Thomisme*, Paris: PUF(Que sais-je? n° 587).

STROHL, H(1962). *Luther jusqu'en 1520*, Paris: PUF.

STUCKI, P.-A(1970). *Herméneutique et dialectique*, Genève: Labor et fides.

SÜSS, TH(1968). "Actualité de la justification par la Loi," in *Revue d'histoire et de philosophie religieuses*, 1968/3.

_____ (1969). *Luther*, Paris, PUF.

TAILLANDIER, G(1987). *Les identifications: Confrontation de la clinique et de la théorie de Freud à Lacan*, Paris, Denoël.

_____ (1991). "Presentation du Séminaire de J. Lacan sur L'angoisse," in *Esquisses psychanalytiques*, 1991, n°15.

TILLICH, P(1953). *Systematic Theology* vol. Ⅰ, Chicago/Illinois: University of Chicago press.

WIDLOCHER, D(1984). "Désir d'identification et effects structuraux dans l'œuvre de Freud," in *Revue française de Psychanalyse*, 1984/3, 827-52.

WILLIAMS, R(1988). "The Paradoxes of Self-Knowledge in the *De Trinitate*," in J. T. LIENHARD et alii ed., *Augustine: Presbyter factus sum*, New York: Peter Lang.

ŽIŽEK, S(2000). *The fragile absolute*, N. Y.: Verso; 김재영 옮김, 『무너지기 쉬운 절대성』, 서울: 인간사랑, 2004.

ZUPANCIC, Alenka(2000). *Ethics of the Real: Kant and Lacan*, N. Y.: Verso; 이성민 옮김, 『실재의 윤리, 칸트와 라캉』, 서울: 도서출판 b, 2004.

한국어 문헌

강응섭(1998). 『라깡 세미나 읽기』, 서울: 성균관대학교대학원학생회.

_____ (1999). 『동일시와 노예의지』, 서울: 백의.

_____ (2001). "기독교세계관 영역에서 제시하는 예수이름을 강조하는 신학 체계 혹은 세계관 변혁체계로서 예수이름에 관한 고찰"(제3회 예일 콜로퀴움, 2001.3.22).

_____ (2001). 『예수 이름을 강조하는 신학에 관한 고찰』, 서울: 도서출판 레마.

_____ (2003). "라깡에게서 'structuré'의 의미", 「라깡과 현대정신분석」 5권

1호.

_____ (2005). "아우구스티누스와 라깡: 율동하는 마음의 동인으로서 성령", 『생명의 영성: 조직신학논총 11집』, 서울: 대한기독교서회.

_____ (2005). "라깡과 종교", 「라깡과 현대정신분석」 7권 2호.

_____ (2006). "라깡, objet a, 예수 이름," 「라깡과 현대정신분석」 8권 1호.

_____ (2006). "라깡과 루터: 정체화와 노예의지 비교", 「한국조직신학논총」 제16집.

_____ (2006). "아우구스티누스의 intentio와 라깡의 pulsion", 「라깡과 현대정신분석」 8권 2호.

_____ (2007). "아우구스티누스의 인간론", 「한국조직신학논총」 제19집.

_____ (2007). "라깡에게서 기호학과 기하학의 운용문제 연구: 세미나 9권을 중심으로", 「라깡과 현대정신분석」 9권 2호.

_____ (2008). "라깡의 종교담론과 기독교 신학체계 간의 유비적 접근", 「한국조직신학논총」 제21집.

_____ (2008). "라깡적 기호학으로 본 아우구스티누스의 '정신'과 '말'의 관계", 「철학과 현상학 연구」 제36집.

_____ (2009). "종교의 형식과 내용에 관한 라깡적 에세이: 장막 도식, 종교 담론, 히스테리 담론을 중심으로 본 종교적 인간", 「철학과 현상학 연구」 제42집.

_____ (2009). "라깡의 불안 변증법과 탈경계", 「라깡과 현대정신분석」 11권 2호.

_____ (2010). 『프로이트: 무의식을 통해 마음을 분석하다』, 서울: 한길사.

_____ (2010). "거울도식과 나르시스적 사랑", 「라깡과 현대정신분석」 12권 2호

_____ (2010). "라깡과 민중신학", 『다시, 민중신학이다』, 서울: 동연.

_____ (2011). "예수의 이름과 양성일치 기독론", 「한국조직신학논총」 제29집

_____ (2011). "라깡의 히스테리주체와 기독교의 신앙고백", 「한국조직신학논총」 제31집.

_____ (2011). "라깡의 거울도식과 나르시스적 사랑", 「시현실」 제50호.

_____ (2012). "사랑의 문자 S(A)와 실재의 사랑: 라깡, 지젝, 중세스콜라신학에 따른 고찰", 「라깡과 현대정신분석」 14권 2호.

_____ (2013). "룩-슈레더에 따른 '예수의 이름'에 재현된 삼위일체 하나님의 유일성과 현재화에 대한 연구", 「한국조직신학논총」 제36집.

_____ (2014). 『자크 라캉과 성서 해석: 정신분석학으로 성서 읽기』, 서울: 새물결플러스, 2014.

_____ (2015). "'다윗의 편지'에 나타난 주체: 프로이트와 라깡의 관점으로", 「한국조직신학논총」 제41집.

_____ (2015). 『자크 라캉의 세미나 읽기: 파리 생탄병원에서 행한 세미나들』, 서울: 세창미디어.

_____ (2016). 『첫사랑은 다시 돌아온다: 프로이트와 라캉의 사랑론』, 서울: 세창출판사.

권진관(2009). 『예수, 민중의 상징, 민중, 예수의 상징』, 서울: 동연.

_____ (2010). "중진국 상황에서 민중신학하기: 민중론을 중심으로", 『다시, 민중신학이다』, 서울: 동연.

권택영(2000). "주이상스의 정치성: 『선셋 대로』의 서술 음성", 「라깡과 현대정신분석」 2권 1호.

_____ (2000). "무의식: 프로이트의 발견과 라깡에 의한 그의 재독해", 「라깡과 현대정신분석」 2권 1호.

권희영(2009). "정신분석적 주체와 homo religiosus", 『라깡과 종교: 2009년

한국라깡과현대정신분석학회 정기학술대회 전기 학술대회자료집』.

글로윈스키 외 편저(2003), 김종주 옮김, 『라깡정신분석의 핵심용어』, 서울: 하나의학사.

김경재(2002). 『이름 없는 하느님: 유일신 신앙에 대한 김경재 교수의 본격 비판』, 서울: 삼인.

김균진(1992). "기독교의 일신론적 사고와 그 문제점", 「신학논단」 20호.

김상환(2006). "데까르뜨의 코기토에서 무의식적 주체로", 『라깡과 철학: 2006년 한국라깡과현대정신분석학회 정기학술대회 후기 학술대회자료집』.

_____ (2006b). "데카르트, 프로이트, 라깡: 어떤 평행관계", 「라깡과 현대정신분석」 7권 2호.

김서영(2008). "사랑의 방식들: 〈파도를 가르며〉와 〈마부〉에 나타난 두 종류의 실재적 사랑", 「라깡과 현대정신분석」 10권 1호.

김석(2007). "시니피앙 논리와 주이상스의 주체", 「라깡과 현대정신분석」. 9권 1호.

김세윤(1999). 『"그 '사람의 아들'"(人子)-하나님의 아들』, 서울: 엠마오.

김영선(2002). 『생명과 죽음』, 서울: 다산글방.

김율(2006). "합리적 자발성의 신적 근원: 토마스의 '의지의 신적 시동(始動)' 이론이 안고 있는 심리학적 문제들"에 대한 강응섭의 "토론", 『새로운 교육수요와 철학교육의 대응』(제19차 한국철학자대회, 대회보 3, 2006.11.4., 1047-1065).

김재진(1993). "한 분 하나님의 자기계시 속에 있는 구약과 신약의 연속성", 「신학논단」 21호.

김진호(1996). 『예수 르네상스-역사적 예수연구의 새로운 지평』, 서울: 한국신학연구소.

_____ (2000).『예수 역사학』, 서울: 다산글방.

김태숙(2004). "라깡의 네 가지 담론",「라깡과 현대정신분석」6권 1호.

나지오, 주앙-다비드(1999). 표원경 옮김,『정신분석학의 7가지 개념』, 서
    울: 백의.

나지오, 주앙-다비드 외(1999). 이유섭 외 옮김,『위대한 7인의 정신분석
    가: 프로이트에서 라깡까지』, 서울: 백의.

노희원(1998). "다윗, 이방인?",「신학사상」제101호.

놀랜드, 존(2003). 김경진 옮김,『누가복음(WCC 주석 35 상)』, 서울: 솔로몬.

도르, 조엘(2005). 홍준기 옮김,『프로이트·라깡 정신분석임상』, 서울: 아
    난케.

_____ (2009). 홍준기, 강응섭 옮김,『라깡의 세미나·에크리 독해 I』, 서울:
    아난케.

돌토 프랑소와즈(1999). 김성민 옮김,『정신분석학의 위협 앞에 선 기독
    교』, 서울: 다산글방.

_____ (2000). 김성민 옮김,『인간의 욕망과 기독교 복음: 정신분석학으로
    성서읽기』, 서울: 한국심리치료연구소.

레이징거, 막(2002). 강응섭 옮김,『라캉 신드롬』, 서울: 문예.

루디네스코, 엘리자베트(2000). 양녕자 옮김,『자크 라캉』, 서울: 새물결.

루디네스코, 엘리자베트, 미셸 플롱(2005). 이유섭 외 옮김,『정신분석대사
    전』, 서울: 백의.

데카르트(1637). 김형효 옮김,『방법서설』, 서울: 삼성출판사, 1970.

_____ (1644). 원석영 옮김,『철학의 원리』, 서울: 아카넷, 2003.

라이트, 엘리자베스(1997). 박찬부, 정정호 외 옮김,『페미니즘과 정신분석
    학 사전』, 서울: 한신문화사.

라플랑슈, 장, 장 베르트랑 퐁탈리스(2005). 다니엘 라가슈 감수, 임진수 옮

김,『정신분석사전』, 서울: 열린책들.

라콕, 앙드레, 폴 리쾨르(2006). 김창주 옮김,『성서의 새로운 이해』, 서울:
살림.

마샬, 하워드(1999). 배용덕 옮김,『신약 기독론의 기원』, 서울: 기독교문서
선교회.

메이첸, 그레샴(1996). 김남식 옮김,『바울 종교의 기원』(1921), 서울, 베다니.

_____ (2001). 김길성 옮김, "예수와 바울"(1912),「신학지남」제268호.

문상희(1954). "역사적 예수의 문제",「신학논단」제2호.

몰트만, 위르겐(1982).『삼위일체와 하나님의 나라』, 서울: 대한기독교출
판사.

바르트, 칼(2003). 박순경 옮김,『교회교의학 Ⅰ/1』(1932), 서울: 대한기독
교서회.

박선영(2008). "여자는 어떻게 존재하는가: 라깡에서의 다른 향유와 사랑",
「라깡과 현대정신분석」10권 1호.

박승찬(1998). "유비 개념 발전에 관한 역사적 고찰: 토마스 아퀴나스 유비
이론 입문",「가톨릭 신학과 사상」제26호.

_____ (1999). "유비 개념의 신학적 적용",「가톨릭 신학과 사상」제28호.

_____ (1999). "토마스 아퀴나스의 유비 개념에 대한 재조명",「신학과 철
학」제1호.

_____ (2005). "유비 개념의 다양한 분류에 대한 비판적 성찰: 토마스 아퀴
나스에 대한 카예타누스의 해석을 중심으로",「중세철학」제11호.

박원일(2003). "다윗의 범죄와 통일 왕국의 몰락",「세계의 신학」제59호.

박재순(2000).『한국생명신학의 모색』, 서울: 한국신학연구소.

_____ (2001). "삶 속에서 몸으로 성서보기",「조직신학논총」제6집.

박종화, 김진우, 박정수, 이정배(2002). "심포지움: 역사적 예수 연구와 한

국 교회의 나아갈 길", 「신학사상」 제116호.

배종수(1994). "루터의 요한복음 주해에 나타난 기독론", 「교수논총」 제5호.

백원정(2000). "여성신학적 시각으로 본 다윗의 여인들: 미갈, 밧세바, 아비가일 이야기", 「한국여성신학」 제41호.

베르고트, 앙투안(2009). 김성민 옮김, 『죄의식과 욕망: 강박신경증과 히스테리의 근원』, 서울: 학지사.

보그, 마커스, 톰 라이트(2001). 김준우 옮김, 『예수의 의미』, 서울: 한국기독교연구소.

보렌, 루돌프(1979). 박근원 옮김, 『설교학원론』, 서울: 대한기독교출판사.

부르너, 에밀, 칼 바르트(1997). 김동건 옮김, 『자연신학』, 서울: 한국장로교출판사.

불트만(1977). 『예수』(1926), 서울: 삼성출판사.

서남동(1983). 『민중신학의 탐구』, 서울: 한길사.

성염(1999). "*Si fallor sum*: 아우구스티누스 인식론의 형이상학적 맥락, 『삼위일체론』을 중심으로", 「중세철학」 제5호.

서용순(2006). "바디우 철학에서의 공백(vide)의 문제", 「라깡과 현대정신분석」 8권 2호.

_____ (2007). "철학의 윤리, 진리의 윤리: 바디우 진리 철학이 내포하는 윤리적 함의에 대하여", 「사회와 철학」 제13호.

_____ (2008). "비-관계의 관계로서의 사랑: 라깡과 바디우", 「라깡과 현대정신분석」 10권 1호.

성종현(1989). "예수: 그 이름 속에 담긴 복음", 「기독교사상」 제362호.

_____ (1992). "신·구약성서와 유대문헌에 나타난 하나님의 성호와 예수의 이름에 대한 고찰", 「장신논단」 제8집.

_____ (1998).『신약성서의 중심주제들』, 서울: 장로회신학대학교출판부.

소칼, 앨런, 장 브리크몽(2000). 이희재 옮김, 『지적 사기: 포스트모던 사상
　　가들은 과학을 어떻게 남용했는가』, 서울: 민음사.

쉴라이에르마허, F(1999). 박근원 옮김, 『神學硏究入門』, 서울: 대한기독교
　　출판사.

신교선(1990). "메시야관의 발전과정", 「신학전망」 제88호.

「신학사상」 제116호.

아감벤, 조르조(2008). 김승훈 옮김, 『남겨진 시간』, 서울: 코나투스.

아렌트, 한나(2013). 서유경 옮김, 『사랑 개념과 아우구스티누스』, 서울: 텍
　　스트.

아리스토텔레스(2010). 김진성 역주, 『형이상학』, 서울: EjB.

아우구스티누스(1991). 『참된 종교』, 왜관: 분도출판사.

_____ (1998). 『자유의지론』, 왜관: 분도출판사.

_____ (1998). 김종흡 옮김, 『삼위일체론』, 서울: 크리스천다이제스트.

_____ (1998). 김종흡 옮김, "재고론", 『삼위일체론』, 서울: 크리스천다이제
　　스트.

_____ (2004). 성염 옮김, 『신국론』(Vol 2, 11-18권), 왜관: 분도출판사.

아이히로트, 발트(1995). 『구약성서신학 1』, 서울: 크리스천다이제스트.

아퀴나스, 토마스(1985). 정의채 옮김, 『신학대전』(Ⅰ 5,6,ad3), 서울: 성바오
　　로출판사.

_____ (1993). 정의채 옮김, 『신학대전』(Ⅰ.13.1-12), 서울: 성바오로출판사.

_____ (1997). 정의채 옮김, 『신학대전 4권(Ⅰa. 31.1)』, 왜관: 바오로딸.

_____ (2008). 박승찬 옮김, 『신학요강』, 서울: 나남.

안병무(1988). 『민중신학이야기』, 서울: 한국신학연구소.

안석모(2004). "'예수님의 이름'을 부르는 기도", 「신학논단」 제37호.

안셀름(1997). 전경연 옮김,『神 存在 證明: Proslogion』, 서울: 한들.

_____ (2001). 이은재 옮김,『인간이 되신 하나님』, 서울: 한들.

안셀무스(2002). 박승찬 옮김,『모놀로기온, 프로슬로기온』, 서울: 아카넷.

양명수(1999).『어거스틴의 인식론』, 서울: 한들.

어거스틴(1991).『고백록』, 서울: 대한기독교서회.

어도선(2002). "라깡 정신분석학과 '후기 - 오이디푸스' 사회: 라깡의 쥬이
쌍쓰에 대한 새로운 이해와 응용",「라깡과 현대정신분석」4권 1호.

에반스, 딜런(1998). 김종주 외 옮김,『라깡 정신분석 사전』, 서울: 인간사랑.

에벨링, 게르하르트(1981). 박근원 옮김,『神學硏究槪論』, 서울: 대한기독
교출판사.

예레미아스, 요아킴(1991). 황종렬 옮김,『비유의 재발견: 예수의 비유 축소
판』, 왜관: 분도.

오덕호(1995). "신약성서 연구를 위한 독자 반응 비평",「신학이해」제13집.

_____ (1997). "신약성서 연구를 위한 독자반응비평",『성서해석학: 호남신
학대학교 해석학연구소 논문집 제2집』,

와일리, 컬벗슨(2002). 전성용 옮김,『웨슬리안 조직신학』, 서울: 세복.

윤성우(2005).『해석의 갈등: 인간실존과 의미의 낙원』, 서울: 살림.

윤혜진(2012).『하나님의 이름, 예배 그리고 음악』, 서울: 예일신학대학원
대학교출판부.

이, 게일 A(1988). 김형기 옮김, "뒤가 복잡하다: 사무엘하 11장의 문학상의
애매모호함",「기독교사상」제360호.

이경숙(1987). "다윗 왕조에 관한 신명기 역사가들의 기대와 비판",「기독
교사상」제341호.

이만우(2000). "클라인과 라깡의 대화(2): 상징형성과 상징계",「라깡과 현
대정신분석」2권 1호.

이명범(1986). "제7장 삼위일체", 『신앙과 이성』, 미출판.

_____ (1987). 『예수 이름』, 서울: 레마.

_____ (1987). 『성령론』, 미출판, 자료집 형태.

_____ (1990). "제3장 하나님과 예수이름", 『하나님의 뜻』, 미출판.

_____ (1995). "성령은 누구이신가 또는 삼위일체", 『REM Weekend Talks』, 미출판.

_____ (1996-1998). 『요한복음강해』, 미출판, 자료집 형태.

이상직(2007). "현존 그리스도론의 과제", 『성장 이후 시대의 교회와 신학』, 제2회 전국조직신학자대회(2007.4.27-28., 충북 영동 단해교회) 자료집.

이오갑(1993). "칼뱅의 속성교류 연구", 「신학사상」 제81호.

_____ (1993). "엑스트라 칼비니스티쿰 연구", 「기독교사상」 420호, 421호.

_____ (2010). 『칼뱅의 신과 세계』, 서울: 대한기독교서회.

이유섭(2006). 『정신건강과 정신분석』, 서울: 무지개사.

_____ (2006). "연쇄살인범 유아무개의 정신분석적 이해", 「라깡과 현대정신분석」 8권 1호.

_____ (2007). 『라깡의 임상 기호학』, 한국라깡과현대정신분석학회 제7차 월례학술세미나(2007.10.19., 이스탄불 문화원 세미나실) 발표문.

_____ (2008). "라깡의 기호학적정신분석에 관한 일고찰", 「라깡과 현대정신분석」 10권 1호.

_____ (2009). "정신분석으로 읽는 단군신화", 『라깡과 종교: 2009년 한국라깡과현대정신분석학회 정기학술대회 전기 학술대회자료집』.

이은선(2001). "페미니즘 몸 담론과 역사적 예수, 그리고 다원주의적 여성기독론" 「조직신학논총」 제6집.

_____ (2004). 『한국 여성조직신학 탐구』, 서울: 대한기독교서회.

이장식(1979). 『기독교신조사(제1권)』, 서울: 컨콜디아사.

_____ (1980). 『기독교 신조사(제2권)』, 서울: 컨콜디아사.

이정배(1996). 『한국적 생명신학』, 서울: 감신대출판부.

이종성(1984). 『그리스도論』, 서울: 대한기독교출판사.

이종영(1994). 『지배양식과 주체형식』, 서울: 백의.

_____ (2001). 『지배와 그 양식들』, 서울: 새물결.

이찬수(2001). "몸과 나: 그 卽非的 關係", 「조직신학논총」 제6집.

장성민(2008). 『마음의 질서』, 서울: 총신대학교출판부.

장영일(1996). "'야훼'(Yahweh) 이름의 기원과 의미", 「장신논단」 제12집.

장왕식(1995). "현대성의 신학적 담론: 서론적 시도", 「신학과 세계」 제30호.

장일선(1985). "다윗과 요압: 사랑과 미움의 갈등관계", 「현대와 신학」 제10호.

정달용(2007). 『그리스도교 철학 상: 고대와 중세』, 서울: 분도.

정현경(1994). 『다시 태양이 되기 위하여: 아시아 여성신학의 현재와 미래 아시아신학 7』, 서울: 분도.

정혜숙(2001). "욕망의 판타즘: '떼레즈 데스케이루우'", 「라깡과 현대정신분석」 3권 1호.

조남신(1996). "말씀과 성령의 유희: 루돌프 보렌의 설교론을 중심으로", 「신학연구」 제37호.

주세페, 알베리고 외 엮음(2006). 김영국, 손희송, 이경상 옮김, 『보편 공의회 문헌집 제3권: 트렌토 공의회-제1차 바티칸 공의회』, 서울: 가톨릭출판사.

주승민(1997). "어거스틴의 신학방법론: 디아렉티키(변증법)", 「신학과 선교」 제22호

지젝, 슬라예보(2004). 김재영 옮김, 『무너지기 쉬운 절대성』, 서울: 인간사랑.

질송, 에티엔느(2010). 김태규 옮김, 『아우구스티누스 사상의 이해』, 서울: 성균관대학교출판부.

최영실(2012). 『신약성서의 여성들』, 서울: 동연.

최정자(2009). "칼뱅에 의한 그리스도의 삼중직(munus triplex)에 관한 연구", 제4차 한국조직신학자 전국대회(2009. 4.25., 호서대학교 천안캠퍼스) 자료집.

최혜영(1993). "예수께 香油를 부은 여인의 이야기", 「신학전망」 제100호

칸트, I(2002). 백종현 옮김, 『실천이성비판』(1788), 서울: 아카넷.

_____ (2005). 백종현 옮김, 『윤리형이상학 정초』(1785), 서울: 아카넷.

코플스톤, F. C(1989). 『중세철학사』, 서울: 서광사.

쿨만, 오스카(1987). 김근수 옮김, 『신약의 기독론』, 서울: 나단.

크로산, J. D(1998). 한인철 옮김, 『예수는 누구인가』, 서울: 한국기독교연구소.

_____ (2000). 김준우 옮김, 『역사적 예수: 지중해 지역의 한 유대인 농부의 생애』, 서울: 한국기독교연구소.

타이쎈, 게르트, 아네테 메르츠(2001). 손성현 옮김, 『역사적 예수: 예수의 역사적 삶에 대한 총체적 연구』, 서울: 다산글방.

핑크, R.(1999). 김준우 옮김, 『예수에게 솔직히』, 서울: 한국기독교연구소.

플라시, K(1998). 신창석 옮김, 『중세철학이야기』, 서울: 서광사.

피퍼, 요셉(2003). 김진태 옮김, 『중세 스콜라 철학』, 서울: 가톨릭대학교출판부.

핑크, 브루스(2010). 김종주 옮김, 『라깡 정신분석 테크닉』, 서울: 하나의학사.

헹엘, M(2003). 전경연 옮김, 『신약성서의 속죄론』, 서울: 대한기독교서회.

_____ (1999). 강한표 옮김, 『그리스도인 이전의 바울』, 서울: 한들.

홍주민(2009). 『디아코니아학 개론』, 서울: 한국디아코니아연구소.

홍준기(1999). "라캉의 성적 주체 개념: 세미나 제20권: 앙코르의 성 구분 공식을 중심으로", 「라깡과 현대정신분석」 1권 1호.

_____ (2005). 『오이디푸스 콤플렉스, 남자의 성, 여자의 성』, 서울: 아난케.

홍준기, 김상환 엮음(2002). 『라깡의 재탄생』, 서울: 창작과비평사.

성서

『성경전서』. 개역한글판, 서울: 대한성서공회, 1961.

『성경전서』. 개역개정판, 서울: 대한성서공회, 1998.

『신약성서』. 공동번역 개정판, 서울: 대한성서공회, 1999.

Biblia Hebraica. Stuttgart: Deutsche Bibelgesellschaft, 1967/77.

Nestle-Aland, Novum Testamentum Graece. Stuttgart: Deutsche Bibelgesellschaft, 1898/1979.

Septuagint Version of Old Testament. London: Zondervan Edition, 1970.

Traduction œcuménique de la Bible, TOB. Paris: Le Cerf, 1975.

90, 492-95, 497

대타자(오트르, 프티 오트르, 그랑 오
  트르) 12, 17, 98, 100, 105-7, 118-
  22, 125-27, 130, 132, 156, 157, 164,
  169, 194, 217, 222-24, 232, 259,
  260, 280, 315, 357-60, 366, 405-
  14, 417, 418, 420, 422-24, 427, 429,
  430, 433-43, 447, 448, 450-52, 460,
  472, 482n15, 483-485, 496, 501
데카르트 59, 60, 252, 255, 285n1, 287,
  288, 413, 415, 417, 477, 489-91
도식 L 27, 67, 81n1, 87, 91, 100, 107,
  111, 121, 122, 124, 131, 155-58,
  162-66, 169, 173-75, 177, 193-203,
  274, 305, 345, 353, 355, 357, 412,
  482-84, 486, 487, 489, 494, 497, 502
동생(여동생, 남매) 13, 17-21, 31, 101,
동일시(동일화, 정체화, 정체성) 11, 12,
  37, 39, 49, 65, 72, 73, 75, 78, 81-
  108, 180n4, 200, 202, 224, 233, 234,
  241, 276, 345-78, 386, 395, 399,
  400-2, 425, 427, 432, 444, 471, 486,
  506,

ㄹ

루터 11, 12, 24, 31, 48, 50, 132, 175,
  203n32, 255, 313-43, 345-78, 450,
  478, 505
리비도 49, 50, 85, 88, 89, 102, 103,
  124, 125, 165, 249, 262-64, 286,
  299, 351, 382, 383, 390, 392-96,
  399, 404, 409, 425, 426, 462, 487

ㅁ

마음(정신), 500개(593개)
말씀(verbum) 41, 46, 50, 144, 177,
  277, 315, 317, 320-26, 328, 330,
  331, 336, 339, 342, 343, 354, 358-
  61, 364-67, 377, 378, 488
뫼비우스의 띠 37, 68-70, 82, 99, 133,
  231, 272, 297, 338, 343, 373-75,
  412, 424, 473, 490, 496
무의식 27, 28, 37, 45, 46, 50, 55-57,
  68, 69, 72, 73, 77-79, 82, 93, 97,
  102, 105, 107, 112, 116, 120, 121,
  122, 125-27, 130, 132, 152-55, 157,
  158, 160-62, 164-66, 170, 171,
  173-177, 179, 186, 194, 195, 198,
  201-5, 217, 223, 230, 231, 238, 240,
  249, 264-67, 272, 276, 277, 281,
  285-88, 295, 299-301, 357, 359,
  363, 366, 370, 371, 373, 376, 382,
  384, 385, 393, 395, 407, 409, 412,
  423, 426, 457, 474, 479, 480, 483,
  484, 490, 491, 501, 505
믿음(신앙) 12, 18, 19, 21, 24, 41, 47,
  50, 51, 59, 112, 125-27, 130, 132,
  137, 183, 193, 204, 210, 211, 214,
  215, 227, 238, 245, 250, 275, 286,
  288, 306, 313-43, 348-51, 354n23,
  356-64, 366, 367, 374, 375, 377,
  439n23, 441, 468, 470, 474, 482,
  487, 490-93, 495, 500, 505, 506

193, 195, 197, 202, 213, 222, 229,
235, 255, 257, 259, 260, 262, 263,
265, 269, 279-82, 285, 286, 292,
295, 299, 304, 306, 308, 309, 315,
316, 325, 339, 364n47, 375, 381,
382, 384, 385n4, 387-99, 404, 405,
407-10, 412, 420-27, 429-52, 468,
470, 473, 475-78, 482, 484-502,
505, 506

ㅇ

아우구스티누스 12, 31, 58, 91, 131,
132n29, 173, 174n26, 209-47, 249-
83, 285-310, 338, 478, 488, 495, 505
앙살디 134n33, 204, 320, 327, 329,
352, 355, 361, 442, 505, 506
야콥슨 45, 46, 56, 57, 66-68, 72, 87,
88, 122, 155, 156, 159, 194, 195,
285, 295, 297
에라스뮈스 332, 336, 338, 345-47,
350, 351, 353, 357, 368, 370, 372,
373, 478
에메 23-25, 34, 77, 88, 89, 348
예수 이름(예수의 이름) 12, 45, 111-39,
205, 475, 492, 493, 496-98
오브제 아(타대상, 대상 a) 32, 33, 38,
43-45, 50, 51, 65, 70, 72, 73, 95, 99,
103-7, 111-39, 157, 165, 166, 262,
264, 265, 269, 282, 299, 300, 304,
309, 359, 363, 364, 372, 373, 376,
398, 399, 409, 410, 417, 422, 423,
425, 433n9, 443-45, 455, 457, 458,

462, 463, 469, 470, 472-74, 494-98
오이디푸스 40, 44, 84, 120, 124, 348,
349, 382, 391, 395, 412, 420, 421,
424, 457, 483
오일러 65, 69, 72, 81, 96, 97, 99, 369,
376, 415
욕동 12, 70, 90, 111, 115, 124, 133,
134, 138, 153, 216, 234, 249-51,
262-69, 273, 276, 277, 281, 282,
285-87, 295, 298-300, 302-4, 308,
309, 368, 392-94, 402, 409, 422-26,
437, 447, 483, 486, 487, 496, 497,
502
욕망(욕망의 그래프) 12, 17, 22, 31, 37,
38, 41, 43-45, 50, 51, 65, 70-73, 83,
90, 95, 99-107, 111, 115, 120, 124,
125, 133, 134, 138, 155, 157, 159,
160, 162, 164-66, 169-75, 177, 201,
216, 224, 225, 234, 239, 240, 264,
265, 282, 299, 300, 309, 321, 322,
329-31, 342, 346, 349, 350, 352,
363, 366-68, 370, 371, 374, 375,
381-83, 395-97, 399, 403, 405, 407,
408, 410, 413, 420, 422-27, 432,
436, 443, 444, 460, 469, 472, 474,
479, 483, 486, 487, 496, 497, 502
원(圓) 37, 38, 65, 69-72, 75, 94-99,
112, 169n22, 170n24, 352, 368-71,
373, 376, 377, 400n20
은유 18, 27, 40, 45, 46, 48, 49, 56, 68,
81, 91, 95, 97, 103, 104, 121, 122,
126, 152, 155, 157, 159, 164, 175,
193-96, 266, 267, 286, 295, 297,

298, 301, 302, 357, 359, 367, 407,
409, 421, 423, 424, 487, 505
의지(아르비트리오) 174, 204, 209n1,
213, 219, 239-41, 262n20, 273-75,
279, 282, 285n1, 304-7, 309, 326,
330, 332-38, 340, 345-78, 477, 478,
487

ㅈ

자아 26, 27, 39, 67, 85, 86, 89, 93, 112,
121, 122, 124-26, 130, 153, 154,
156, 157, 159, 161, 163-66, 168,
173-77, 179, 194, 201, 202, 223,
229, 233, 234, 249, 262, 281, 285,
348-53, 356, 357, 363, 382, 385-
87, 389, 390, 392, 393, 394-97, 399-
403, 409, 423, 425, 426, 431, 462,
472, 484, 487, 490, 491, 501
자연신학 111, 123, 275, 306, 475n1,
476, 485, 488, 489, 500, 501
장막 도식 111, 118, 122, 381-83, 397-
400, 403, 409, 429-33, 455-58, 462,
463, 470, 474, 475, 479-83, 489,
497, 502
전이 82, 103, 107, 130, 132, 133, 177,
239, 240, 264, 277, 299, 495
전치 88, 113, 114, 115, 117, 118, 122,
123, 125, 126, 128, 129, 132, 133,
138, 152, 266, 297, 301, 423, 431,
455, 456, 462-67, 469, 470, 473,
474, 478, 479, 482, 485, 487, 490,
492, 495, 496, 502

접합점 368-71
정신분석(학) 11-13, 18-20, 22, 23, 25,
29-31, 34, 35, 38-44, 46, 50, 55-57,
60, 65, 66, 69, 72, 75, 76, 77, 79, 81,
83, 84, 86-88, 105, 107, 111, 112,
114, 116, 118, 120, 124, 125, 134,
136, 141, 153, 154, 155, 158, 162,
174, 177, 179, 180, 184, 193, 198,
201-3, 210, 215, 217-21, 223, 224,
227, 232, 237, 238, 241, 243, 244,
245, 247, 249, 262, 264, 266, 276,
277, 282, 287, 293, 296-99, 303,
304, 308, 309, 346, 348, 349, 351,
359, 368, 373, 381, 383, 384, 385,
398, 399, 403, 405, 407, 414, 415,
421, 429-33, 436, 445, 451, 455-57,
463, 468, 472, 473, 481, 483, 486,
487, 488, 497, 499, 505, 506
종교 13, 21, 31, 32, 48, 111-15, 117,
118, 122, 123, 125, 126, 128, 129,
132, 136, 137, 138, 179, 180, 199-
5, 253, 289, 308, 317, 319, 345, 346,
355, 362, 413, 431, 433, 448, 455-
57, 459, 461-67, 469-75, 477-79,
481-83, 485-87, 489-93, 495-97,
499-2, 505
지향성(인텐티오) 12, 249, 251, 257,
262-68, 273-82, 285, 287, 292, 293,
298, 300-9

ㅊ

첫 부부 41, 42, 4547, 50, 321

라깡과 기독교의 대화

라깡의 정신분석으로 기독교 읽기

Copyright ⓒ 강응섭 2018

1쇄 발행 2018년 4월 30일
지은이 강응섭
펴낸이 김요한
펴낸곳 새물결플러스

편집 왕희광 정인철 최율리 박규준 노재현 한바울 신준호 정혜인
    김태윤 이형일 서종원
디자인 이성아 이재희 박슬기 이새봄
마케팅 박성민 조광수
총무 김명화 이성순
영상 최정호 조용석 곽상원
아카데미 유영성 최경환 이윤범

홈페이지 www.holywaveplus.com
이메일 hwpbooks@hwpbooks.com
출판등록 2008년 8월 21일 제2008-24호
주소 (우) 07214 서울특별시 영등포구 양평로 11, 4층(당산동5가)
전화 02) 2652-3161
팩스 02) 2652-3191

ISBN 979-11-6129-059-1 03230